任俠映画伝説
高倉健と鶴田浩二

大下英治

Ohshita Eiji

下巻

さくら舎

【目次】任侠映画伝説　高倉健《たかくらけん》と鶴田浩二《つるたこうじ》　下巻

第11章　「女侠客」参上！　9

「女博徒《ばくと》・緋牡丹《ひぼたん》お竜」の誕生まで／渡世人の鎧《よろい》からこぼれ落ちる女らしさ／「心に墨ば打てんとよ」／三シリーズの「任侠映画の花」／「緋牡丹」の花は自ら散った／寺島純子、富司純子への転身／人たらし若山富三郎の業《ごう》／若山の隠れたスポンサー／鶴田浩二と若山富三郎の役者の差／ヤクザさながらの俊藤浩滋の喧嘩裁定／清川虹子が乱入した「若山一家」の騒動／高倉健と江利《えり》チエミの離婚

第12章　鶴田《つるた》浩二《こうじ》のテレビ進出　53

フジテレビ系『新選組』の近藤と土方／歳三役の「十八番《おはこ》」栗塚旭の眼／伊吹吾郎の見る鶴田や岡田茂ら／泊懋の奮闘プロデュース／鶴田をめぐる東映東京撮影所の人々／殺陣《たて》師・菅原俊《すがわらとし》夫《お》の伝説への出発／東映の殺陣と大映の殺陣の違い／殺陣の上手と苦手な役者／鶴田と中島貞夫監督との「手打ち」／『やくざ戦争　日本の首領（ドン）』の絶妙キャスティング／中島、千葉真一が思う鶴田の芝居

第13章　実録路線への大転換　93

「飢餓俳優」菅原文太《すがわらぶんた》の登場／菅原への鶴田浩二の罵倒《ばとう》と若山富三郎の格上意識／ノーヒット監督深作欣二《ふかさくきんじ》と五番俳優菅原の出会い／深作と菅原のチームに加わった渚まゆみ／『極道VSまむし』さながらの若山VS菅原／深作と鶴田は実は相性がいい／実録路線プロデューサー日下部《くさかべ》

五朗《ごろう》／『仁義なき戦い』がクランクイン！／ヒットの裏で評価の分かれた『仁義なき戦い』／『仁義なき戦い　広島死闘篇』での千葉真一の葛藤／『広島死闘篇』で大きく成長した千葉／殺人すれすれの深作の狂った《ハードな》演出／人間の臭いぷんぷんの深作の裏側／伊吹吾郎の見た「実録もの」の真実

第14章　高倉健《たかくらけん》の脱東映　145
俊藤浩滋《しゅんどうこうじ》との決別に至る『神戸《こうべ》国際ギャング』／ガッツ石松も感じた田中登監督と周囲との乖《かい》離《り》／東映以外の映画に活路を見出していく高倉健／中野《なかの》良子《りょうこ》への『君よ憤怒《ふんど》の河を渉《わた》れ』のオファー／当時の日本映画らしからぬ骨太な物語展開／高倉・中野の初対面時の硬直／佐藤純彌《さとうじゅんや》監督のアドリブ自由な演出／中野の緊張と全身全霊で高倉が見せる別世界／俳優は現実と虚構世界とを行き来する／十億人以上の中国大歓迎陣／高倉が憧れたジャン・ギャバンと『冒険者たち』／続く国際映画『ザ・ヤクザ』／掉尾《ちょうび》を飾る『山口組三代目』の記録的な大ヒット

第15章　ドラマ『大空港』の有為転変　194
フジテレビの起死回生策、鶴田《つるた》浩二《こうじ》の刑事ドラマ／岡本富士太の鶴田への不安を払拭した田中春男／鶴田の一流役者性を実見する岡本／松竹プロデューサー補高橋信仁が知った鶴田の矜持《きょうじ》／成田空港開港反対闘争でロケがピンチに／鶴田を怒らせたエピソード／極め付きの自動車事故発生／鶴田と親交を築いた中村雅俊の「いじり」／出会うはずのなかった鶴田と中村の交差／「自然体」田中邦衛のトピック二つ／『大空港』終了とその後

第16章　各役者「当て書き」の『男たちの旅路』　240

鶴田浩二《つるたこうじ》のテレビドラマ代表作の誕生経緯／NHK改革策のあれこれの中で……／最初の重要事「主演の鶴田を口説き落とす」／核は若い世代と戦争を知る世代の対立／「本当におまえは生きたか？」／近づいていく鶴田と若いキャストたち／柴俊夫の礎《いしずえ》となった鶴田の伝言／役柄を超え感情移入していく山田太一の脚本／格好良いオヤジが恋に悩むボロボロの姿／自分の人生を投影した当て書きに巡り逢う奇跡／今も古びない障がい者と戦争責任の課題／鶴田の遺作『シャツの店』の深い味わい

第17章　ストイックな男の生きざま　295

脱走俳優も出た「地獄」の『八甲田山』ロケ／『野性の証明』は北上《きたかみ》山地の原生林を模した廃村で撮影／独特の厳しい精神世界を感じさせる高倉健／「健さんは、あの時代だからこそ存在しえた」／『居酒屋兆治』の高倉への平田満《ひらたみつる》の感慨／全状況に屹立《きつりつ》する高倉の横綱相撲芝居／高倉のキャリアに大きい山田洋次《やまだようじ》監督との出会い／田岡一雄《たおかかずお》の男ぶりに惹かれた高倉／鶴田浩二の選挙応援と山本健一《やまもとけんいち》との談笑／松竹映画や舞台を楽しむ若山富三郎《わかやまとみさぶろう》／「差し込み」のカットを一発撮了にした鶴田

第18章　東映社長跡目争い　336

岡田茂《おかだしげる》と俊藤浩滋《しゅんどうこうじ》とのあいだに生まれた確執／岡田を「助ける」俊藤の東映東京《とうきょう》本社行き／『修羅の群れ』原作のための稲川会会長取材／松方弘樹主演に燻《くすぶ》る菅原文太の想い／使用不可となったファーストシーンと事後のさまざま／鶴田さやかが始めた刑務所慰問の実態／岡田・俊藤体制からの離脱／何よりも情を重んじ情で動く俊藤／万感胸に迫る『最後の博徒』のエンド

第19章　娘たちの視線　372

高橋信仁の念願叶える『父にかかる電話』企画／鶴田浩二の娘さやかの芸能界デビュー／娘と同じシーンの出演に照れる鶴田／実の父娘でもドラマはあくまで虚像／鶴田さやかの感じる父の時代と個性／相似た父と娘の舞台感覚と「情歌」／鶴田の「一家」と他の俳優への眼／父に対する娘さやかの複雑な想い／鶴田と「近親相愛」関係の長女、耐える母……／突然変異的に出現したヤクザの世界の三田佳子《みたよしこ》／モンゴル平原に立つ三田と高倉健

第20章　永遠のスターの輝き　412

高倉健《たかくらけん》担ぎ出しの俊藤浩滋《しゅんどうこうじ》執念の『トーキョー・ジョー』／『ブラック・レイン』を軸に見た高倉の付き合い／俊藤の遺作『修羅《しゅら》の群れ』リメイク版ビデオシリーズ三部作／遺言「俊藤の片付けは岡田茂《おかだしげる》にしかできひん」／「映画人」鶴田浩二の多彩な引出し／病床の鶴田の見舞いに訪れた人たち／「エネルギーが強くないとヤクザは演じられない」／俊藤、鶴田死去後の高倉の訪問と若山富三郎の葬儀／死に向かっていた高倉の周辺／高倉の最初と最後のカチンコを打った泊懋《とまりつとむ》／知られざる高倉と草彅剛《くさなぎつよし》の交流／高倉の衰えと自分を全うした晩年／山城新伍と菅原文太の死の種々の意味合い

おわりに　460

上巻目次

第1章　任侠映画の発端
第2章　女優二人の彩り
第3章　知られざる高倉健
第4章　「ヤクザ」映画の内幕
第5章　道を分けた二人
第6章　レジェンド周りの群像
第7章　斜陽する映画界で……
第8章　戦争・恋……暗い情念
第9章　「国民歌謡」を担う
第10章　「造反有理」呼号の客たち

任侠映画伝説　高倉健と鶴田浩二　下巻

第11章「女侠客」参上！

「女博徒《ばくと》・緋牡丹《ひぼたん》お竜」の誕生まで

「女の任侠映画をやろう」

ある日、京都《きょうと》撮影所の岡田茂《おかだしげる》所長が俊藤浩滋《しゅんどうこうじ》プロデューサーに言った。

突然だったので、俊藤はちょっと考えた。

「女の任侠映画なあ……」

「うん、藤純子《ふじじゅんこ》で。いけるぞ」

「しかし、男の世界で女が出しゃばるというのは、どうかなあ。メロドラマならともかく、女はいつも男の後ろで控えめにしてるのが、ヤクザ映画の世界やからな」

「初めから女の任侠ものだから、そんなことを思うやつもいないだろ。いっぺん考えてみてくれ」


当時、任侠映画は当たっていた。

しかも、藤純子は、鶴田《つるた》浩二《こうじ》や高倉健《たかくらけん》の相手役として人気が出ていた。実の娘である藤純子を主役にするというアイデアは、俊藤の頭の中にもなくはなかった。

藤純子

岡田は、さっそく鈴木《すずき》則文《のりぶみ》監督と東映の企画事務係だった佐藤雅夫《さとうまさお》を呼び、指示した。
「大映で江波杏子《えなみきょうこ》の『女賭博師』がヒットしているのに、本家の東映が放っておく手はない。藤純子で女賭博ものをやる。タイトルは『おんな狼』だ。シナリオを書け。条件は『片肌《かたはだ》脱いで刺青《いれずみ》を見せる場面を必ず入れること』だ」

藤純子は、かつて助監督時代の鈴木則文に言っていた。

「鈴木さんが監督になったら、わたし第一作に、必ず出るからね」

鈴木は、昭和四十年（一九六五）に公開された監督第一作の『大阪ど根性物語　どえらい奴』で約束どおり藤純子を使った。

そして今回、いよいよ藤純子にとって初の主演第一作の脚本を手掛けることになったのだ。

〈よーし、藤純子の集大成になる作品を書いてみせる〉

鈴木は、旅館に閉じ籠もり、佐藤としゃべりながら、アイデアを膨らませていった。

鈴木と同世代の若手プロデューサーの日下部五朗《くさかべごろう》も、途中から参加し、正式企画作品として許可されることになる。

通称「五朗ちゃん」と呼ばれた日下部は、巨漢で異能派であった。「男がやることを女がやる」「自分は女じゃなか、男ばい」というパラドキシカルな設定に面白さと魅力を感じて、三人のディスカッションは弾みに弾んだ。

主演の藤純子以外のキャストも決まっていなかったため、のびのびと考えることができた。

実は、ヒロインにはモデルがいた。大正初期、九州博多《きゅうしゅうはかた》に馬賊芸者と呼ばれる意気と侠気をもって鳴る芸者の一団である。九州弁で、男のように啖呵《たんか》を切る。

まず、父の仇《かたき》を求めてさすらう女ヤクザの名を考えた。鈴木の脳裏には小島政二郎《こじままさじろう》の小説『人妻椿』のヒロイン矢野嘉子の名が焼きついていた。矢野という名字には高貴さを感じた。女ヤクザにその高貴さを匂《にお》わすため、姓は矢野とした。

次は、名前である。マキノ雅弘《まさひろ》監督、笠原和夫《かさはらかずお》脚本の『日本大侠客』に出演したときの藤純子演じる馬賊芸者の名がお竜だった。

〈よし、二つを結びつけて矢野竜子でいこう〉

次は、矢野竜子をどこの出身の女にするかである。

この当時、日本は高度成長に移ったものの、東京《とうきょう》には地方出身者が多かった。

地方出身者の女の子たちは、東京で歯を食いしばって頑張って働いていた。

鈴木は、そういう女の子たちの気持ちを藤純子に託すためにも、矢野竜子を地方弁で話すキャラクターにした。

当時、鈴木が個人的に気に入っていた女性に、鹿児島《かごしま》弁の女性がいた。が、鹿児島弁では難しいと思い、矢野竜子には熊本《くまもと》弁をしゃべらせることにした。

熊本は五木《いつき》の生まれ、本名、矢野竜子。人呼んで「緋牡丹のお竜」の誕生である。

鈴木は、藤純子のイメージは花ならば燃えるような赤の緋牡丹だと思っていた。そのイメージが「緋牡丹のお竜」という渡世上の通り名になり、矢野竜子のキャラクターがさらに鮮明になっていった。

鈴木は、脚本を書き終える直前、偶然、京都の高島屋の紳士服売り場で、企画の発案者であり、当時、東映の京都撮影所の所長だった岡田茂と会った。岡田は鈴木に訊いた。

「おい、例の『おんな狼』の脚本、どこまでできている？」

「そろそろ、終わります」

「そうか。女独特の立ち回りはあるか？」

「はい、十二分に入れております」

「いいな、女の立ち回りが勝負だからな。ドスを、まともに持つんじゃないぞ。こうして逆手に持って、斬るのもな……」

岡田は、つい話に熱中して、周囲の客の目も気にせずに、藤純子の立ち回りをその場でやってみせた。

鈴木は、女性の店員や一般客の好奇の視線もかまわずに熱演を続ける岡田に呆れていた。

だがそのいっぽうで、岡田の熱心さに、活動屋の魂を見る思いがした。

いざ脚本を読む会議になった。『おんな狼』という題名を陰気で色彩感に乏しいと感じていた鈴木は、できあがった第一稿の表紙に仮題として「女博徒・緋牡丹お竜」とマジックで書いていた。

岡田はそれをジーっと睨《にら》み、声を弾ませた。

「よし、『緋牡丹博徒』でいこう、客は来るぞ」

何しろ、岡田はタイトルをつける名人で、それを自任していた。

岡田は、実は俊藤に内緒で藤純子を呼び、言っていた。

「任侠ものの女の主演は東映では初めてだ。うちで新しい映画をやろう」

さらに具体的に口説いた。

「片肌、脱げるか」

藤は即答した。

「片肌なら脱ぎますよ」

「よし、刺青も入れろ」

渡世人の鎧《よろい》からこぼれ落ちる女らしさ

ここで筆者は思うのだが、東映にとって「女任侠路線」は、あの昭和三十八年公開の『人生劇場　飛車角』に続く第二の転換点であったのではないだろうか。最初は「時代劇路線」から「ヤクザ路線」への転換、次はこの「女侠客」の登場である。さらにはあとに詳述する、より大きな第三の転換点もくるが、奇《く》しくもそれぞれ『人生劇場　飛車角』を起点に五年ごとになされるのだった。

ともあれ、鈴木監督による脚本が仕上がり、監督は鈴木の兄弟子の山下耕作《やましたこうさく》と決まった。が、山下監督は『兄弟仁義・逆縁の盃』にとりかかっていた。急遽《きゅうきょ》、鈴木が『兄弟仁義』を代わりに撮り、山下が『緋牡丹博徒』を撮ることになった。

俊藤は、せっかく娘の藤純子に初主役をやらせるのだから相手役にまず、高倉健を据えた。

九州の博徒矢野組の一人娘竜子は、結婚をひかえていたある夜、何者かの闇討《やみう》ちで父親を喪《うしな》う。竜子は一家を解散し、犯人捜しの旅に出る。

全国津々浦々の賭場を流れ歩き、五年の歳月が過ぎていた明治十八年の晩春、〝緋牡丹のお竜〟の異名をとっていた竜子は、胴師のイカサマを見破ったことから恨みを買う。ただし、旅の博徒の片桐（高倉健）に助けられる。

竜子の唯一の子分で父親を殺した犯人の顔を覚えているフグ新（山本麟一《やまもとりんいち》）が道後《どうご》でいざこざを起こし、岩津一家と熊虎一家の対決騒ぎにまで発展した。

それを知った竜子は、さっそく道後に向かった。

が、彼女のきっぷの良さに惚れた大阪堂万一家の女親分おたか（清川虹子《きよかわにじこ》）の仲裁で、竜子と熊虎（若《わか》山富三郎《やまとみさぶろう》）は兄弟分の盃を交わす。

やがて、竜子とフグ新はおたかの勧めで大阪《おおさか》に出た。

大阪は、千成一家二代目の加倉井（大木実《おおきみのる》）が仕切っていた。

賭場で対決した加倉井に手籠めにされそうになった竜子を救ったのは、またもや片桐だった。

片桐は、実は、加倉井の兄貴分で、竜子の父親を殺した犯人でもあった。

犯人の顔を知るフグ新が加倉井に斬られ、さすがの片桐も竜子に加勢せざるをえなかった。

千成一家に殴り込んで次々と敵を倒していく竜子が見たものは、加倉井と刺し違えて倒れている片桐だ

市川右太衛門

った。

『緋牡丹博徒』の映画の冒頭、藤純子演じる矢野竜子が仁義を切る場面が印象的であった。

紅のホリゾントを背にした竜子の姿が、逆光から次第に明るくなる照明の中に浮かび上がっていく。そのなかで、キリリとした声調で、竜子が仁義を切る。

「ご当家の親分さん、お姐さん。かげながらお許しこうむります。向かいます上さまとは、初の御意を得ます。従いまして生国は肥後《ひご》熊本でござんす。熊本は五木の生まれ。姓名の儀は矢野竜子。通り名を緋牡丹のお竜と発します。ご視見のとおり、しがなき者にござんす。行く末お見知りおかれまして、よろしくお引き立てのほどお願いいたします」

任侠映画では馴染《なじ》みの儀式であったが、女性の声で仁義が述べられるのはなんとも新鮮であった。仁義として発せられる言葉は七五調の美辞麗句で、独特の節回しのテンポと口跡の冴《さ》えが肝要だった。

藤純子は、見事にこの場面を演じきって、このトップシーンを新たなシリーズの始まりにふさわしいみごとな見せ場にした。

『緋牡丹博徒』で、最初のほうの殺陣《たて》でスローモーションが出てくる場面がある。

この映画を監督した山下耕作監督が藤純子の立ち回りについて、語っている。

「純子が立ち回りをやるのが最初でしょう。毎日立ち回りの練習をしていた。ところが、慣れないからすぐ目をつぶっちゃう。おまけに小太刀って短いでしょう。だから『もうちょっと色気のある立ち回りをやろう』って言った。『ちょっと高いところから足元、股をできるだけ開いて、このへんがピタッと見えるくらい』とか言った。さすがだよ。すぐに上手くなった」

『緋牡丹博徒』は、もともとは市川右太衛門《いちかわうたえもん》が主演した『旗本退屈男』の女版をつくろうとして企画されていた。

だが、山下監督は、派手な衣装がどうも気に入らなかった。まったく逆で男物の衣装を着せたいと思っていた。衣装の中に女を閉じ込めるくらいの地味な衣装にしようと、最初は紺無地の衣装にしたほどだった。

さらに、花にこだわる山下監督らしく、花の演出にも工夫を凝らしたという。

「『私はこれから男になっとよ』って言うじゃない。牡丹の花は造花。白、赤、黒をこさえてくれって。黒は一輪。娘のときは真っ白なんです。『男になっとよ』と言ったら白をワーッと赤く変えてくれって。『最後はこの女はヤクザから抜けられないから、エンドマークに黒い牡丹を使う』と言った。健さんが死んだのがエンドマークだったんじゃないかな。わざわざ使おうと思ったから。竜子の唯一の子分の山本麟一が死ぬ前に竜子に歌ってくれって言うんだ。それで、回想で川っぺりが出てきて、その間にパチンと黒っぽい牡丹に変わっちゃう。死んだと思わせる」

「緋牡丹のお竜」の道具立てや性格設定にも、藤純子ならではの個性を取り入れる工夫がなされた。

真紅の裾回しが粋な男っぽい無地の着物は藤純子のスレンダーな体軀を強調し、熊本《くまもと》弁の啖呵や小太刀、手裏剣に変わる簪《かんざし》、拳銃を使っての殺陣は、丁寧な所作や華麗な動作を引き出して、封じ込められていた女らしさも醸し出した。

スローモーションで足元から始まる殺陣のシーンにはハッとさせられるが、このエロティシズムも山下監督の狙いであったという。

俠客らしく片肌を脱いで背中に彫った緋牡丹の刺青を見せても、華奢《きゃしゃ》な肩からは否応なく女らしさが匂いたった。

女を捨てて渡世人の鎧に身を包んでも、こぼれ落ちてくる女らしさがお竜の魅力である。もともと勝ち気だった性格のお竜が、相手役の高倉健に対して見せる一瞬の恋心や、子分のフグ新が臨終の際に夢想する娘時代のお竜の可憐《かれん》さも際立っていた。

シリーズ化される第一作目ということもあって、お竜が渡世人になりきれていないところにも味わいがあった。

「心に墨ば打てんとよ」

『緋牡丹博徒』では、第一作から藤純子が主題歌を歌った。

♪娘ざかりを渡世にかけて
張った身体に　緋牡丹燃える
女の　女の　女の意気地《いきじ》
旅の夜空に　恋も散る

藤純子はのちに『女優富司《ふじ》純子《すみこ》』（キネマ旬報社）で主題歌について語っている。

「あれは絶対に嫌だったんですけど、先輩の鶴田浩二さんや高倉健さんも、映画の主題歌は主演の本人が歌うということになっていたので。音痴だから嫌だ嫌だと言ったんですけど（笑）。今、聞いても恥ずかしいし、歌えないですね（笑）」

俊藤によると、『緋牡丹博徒』では、藤純子に本当の博奕《ばくち》打ちのやる「手本引き」をやらせた。

簡単に言うと、「手本引き」は、矢野竜子役の藤純子の胴師が一から六までの数の六枚の札から一枚を見えないようにして選び、みんながそれを当てるという博奕である。だが、実際には女性が「手本引き」をやることはまずない。「手本引き」は神経と体力をものすごく使うため、女性には無理であった。

十畳から二十畳ぐらいの部屋に、四角い盆が敷いてあり、低く下ろした電灯の笠に新聞紙を巻き、光が下にだけ行くようにしてある。

札を繰る胴師を、盆のぐるりから、客が殺気のみなぎった顔で下から睨むようにジーッと見ている。胴師は、六枚の札を片手に持って懐に入れて繰るとき、身動きせず、肩や腕の筋を動かしても駄目である。一を出すのにも五を出すのにも、入れている時間は同じでなければならない。女性がこれをやるのは、手が男に比べて小さいということもあり、考えられなかった。

しかし、俊藤は、藤純子にその「手本引き」をやらせたのである。

『緋牡丹博徒』は大ヒットしたが、そういう要素も大きかったという。

撮影時には、本物のヤクザに来てもらい、博奕のシーンは全部指導してもらった。それればかりか賭場のお客になって張ってもらった。

そのため、殺気がみなぎり、本格的な画《え》を撮ることができた。そういうことも映画が人気になった要因の一つである。

藤純子は、前出の『女優富司純子』でこうも語っている。

「映画女優としての私の代表作はどうしても『緋牡丹博徒』になってしまうのですが、最初はとても抵抗感がありました。ひと前でもろ肌になって刺青を見せたりするのがとても嫌だったんですね。まだ二十一、二歳でしたから。映画は大ヒットしてシリーズ化が決まり、一作目の山下耕作監督からコーブンさん（鈴木則文）に監督が替わったときもコーブンさんやプロデューサーに片肌にもなりたくないと言って抵抗したんですが、『じゃあ映画館に行ってお客さんを見てみろ』と言われて深夜興行に行ったんです。もう扉が閉まらないくらいお客様が入っていて、熱心に見てくださっているのにびっくりしました」

『緋牡丹博徒』第一作目は、昭和四十三年九月十四日に公開、大ヒットした。ただちに二作目の『緋牡丹博徒　一宿一飯』の撮影に入った。

この作品は、矢野竜子の生みの親である鈴木則文が監督した。

鈴木監督は、東京に行き、この作品の共同脚本に決まった野上龍雄《のがみたつお》の池袋の家にプロデューサーの日下部五朗と泊まりこんで脚本づくりを始めた。

「藤純子が、緋牡丹の刺青を嫌っている。刺青のない映画にしてもらいたいと言っている。一本目は仕方ないとしても、二本目からはやめてくれ、とまで言っているんだ」

「じゃあ、物語から、刺青が削れないようなシーンをつくらなくちゃいけないな」

「そうなんだ」

「ウーン……」

話が進むうちに、野上が思い出した。

「砂川《すながわ》闘争のとき、『心に杭は打たれない』って言葉があったな」

昭和三十年から五年間にわたって立川《たちかわ》基地の拡張に反対して東京《とうきょう》都北多摩《きたたま》郡砂川町（現・立川市）において激しく続いた住民運動である。

鈴木は閃《ひらめ》いた。

「『心に杭は打たれない』ねぇ……そうか、『体に墨ば打てても、心に墨ば打てんとよ』というセリフをお竜に吐かせよう」


明治十七年（一八八四）秋。お竜は上州戸ヶ崎一家に草鞋《わらじ》を脱いでいた。

戸ヶ崎（水島道太郎《みずしまみちたろう》）の舎弟分の笠松一家の賭場では弁天のおれんがつきまくり、笠松（天津敏《あまつびん》）に頼まれたお竜は見事な手並みでおれんに勝つ。

いっぽう、笠松はひそかに生糸の独占を計画し、その邪魔になる戸ヶ碕一家を全滅させてしまう。

さらに笠松は邪魔なお竜を消そうとするが、一匹狼の風間周太郎（鶴田浩二）に阻まれる。

ここに至ってはお竜の堪忍袋の緒《お》は切れ、周太郎とともに笠松一家に殴り込み、笠松を倒したのだった。

劇中で、戸ヶ崎親分の娘（城野《じょうの》ゆき）が笠松一家の連中に強姦されたあとに、「私は汚れたんです」と自殺しようと嘆く。

そのとき、お竜は片肌脱ぎになって刺青を見せて言う。

「女と生まれて人を好きになったとき、一番苦しむのは、こん汚しちまった肌ですけん。だけん、からだじゃなかとよ。人を好きになるのは心」

女心を説いて、熊本弁で名セリフを吐く。

「肌に墨ば打てても、心には誰も墨を打つことはできんとよ」

藤純子は回想録で、このセリフについて感激したと語っている。

「あのシーン、長いワンシーンで、カメラがグーっと移動で回って、何分間かのシーンでした。私もすごく好きなシーンです。彼女に言うということは、自分にも言っているわけだから。あのシーンは勝負を賭けておりましたから、『緋牡丹博徒』シリーズの中でも一番好きなシーンです。こんなにいいセリフをつくっていただいたら、きちっとやらざるをえません。コーブン（鈴木則文）さんはそんなふうに私のことを思ってくださっていたのかと思うと、胸が熱くなります」

藤純子は、矢野竜子役についても語っている。

「最初、なんでこの娘が女侠客になったか、前の娘時代を入れてほしい、と言って書き足してもらったんです。初心の時代の娘のシーンを入れて、どうして、ヤクザにならなければいけなかったかというところを出してほしいと言って。ただの女侠客のかっこいいところを見せるだけじゃなくて、そういうシーンを入れてほしいと。そのシーンがあるからこそ、やってこれたというのはありますね」

刺青を入れた役の受け止めも語っている。

「牡丹が咲いているところで死んだ父のことを忘れないため。それから自分は女を捨てようという思いで刺青をしたんだろうし、自分の一家を背負っていかなければいけない覚悟の象徴ですからね」

助演してくれたスターについても語っている。

「皆さん、私を守り立ててくださって、父（俊藤浩滋プロデューサー）の力も大きかったと思いますけど、ありがたかったですね。だって、自分のシリーズをつくってもらえるのは女一人ではだめですもの。それはやっぱり名優の鶴田浩二さんがあってこそ、緋牡丹のお竜が活きるわけで、高倉健さんが出てくださってこそ、お客様が見てくださる。それはもう先輩の力です」

『緋牡丹博徒　一宿一飯』は、一作目のわずか二カ月後の昭和四十三年十一月二十二日に公開され、またヒットを飛ばした。

三シリーズの「任侠映画の花」

第三作目の加藤泰《かとうたい》監督の昭和四十四年二月十一日公開の『緋牡丹博徒　花札勝負』では、悪玉一家に草鞋を脱ぐ花岡役で高倉健が花を添えた。

前半にお竜が偶然会った花岡に傘を貸す逸話があり、それが終幕の伏線になる。

ラストシーンでお竜が一人で悪玉一家に殴り込もうとすると、殴り込みの最中に花岡が助っ人に現れる。勝負がついた後、お竜が花岡に問いかけるやりとりも粋である。

「花岡さん、どぎゃんしてあなた？」

「お竜さん、お恥ずかしいんですが、あっしゃ、初めて傘貸していただいたあの堀川端の手のぬくもりは、忘れていたおふくろのあったかさと同じだったかもしれませんね」

「花岡さん……」

「お竜さん、この始末はあっしにつけさせておくんなさい」

「いいえ……」

「（捕まりに）行くのはあっし一人でたくさんだ。春がくりゃ、また窓から花が舞い込んでくらあ。おたっしゃで……」

藤純子は、熊本弁についても語っている。

「熊本の人がずっと付いて、アクセントを直してくれていたんですけど、引退間際になって、九州出身の健さんが『純ちゃん、やっと聞けるようになった』とおっしゃって、初めて褒めてくだすったんですよ(笑)。ああ、この五年間、ずうっと聞きづらかったんだなぁって思いましたね(笑)。もっと早く言ってくだされればよかったのに(笑)」

待田京介《まちだきょうすけ》は、加藤泰が監督した第三作目の『緋牡丹博徒　花札勝負』に続き、やはり加藤泰監督の第七作目の『緋牡丹博徒　お命戴きます』にも出演している。

待田は、『緋牡丹博徒　お命戴きます』では、鶴田演じる侠客の結城菊太郎が敵対する両組の睨《にら》み合いを見るに見かねて、交渉役になるシーンがあった。

そのシーンを撮影する前に加藤監督は延々と、シーンの説明をし、演出意図などを語ったうえで、役者たちにもどういうシーンなのかを質問し始めた。

鶴田や常五郎役の待田たちは、デビューしたばかりの新人などではない。多くの映画に出演した経験豊富な役者である。もちろん撮影前には脚本を読み込んで、自分なりに演じる人物の背景やキャラクターを考えて、解釈を確立させたうえで撮影に臨んでいる。

監督にいちいち細かく言われることはプロの役者として扱われていないのと同じことであった。

待田は、加藤監督に「待田さんはどう思いますか？」と訊かれたとき、たまりかねて言った。

「監督、冗談をやめてくださいよ。俺たちはこの仕事で飯を食ってる人間なんですよ。気に入らないなら外してくれたらいい。気に入ったら撮影してくれたらいい。撮影前にわざわざ三十分も講釈しないでください」

加藤監督にそこまで反論する役者は珍しかったという。

待田は当時を振り返って語る。

「監督が納得して撮ればいいし、納得しないなら撮らなければいい。それが監督の権限。どちらかといえば、役者ってものは、監督に踊らされているだけで、一生懸命やっても編集でカットされてしまったら同じ。そう思って撮影に臨んでましたよ」

『緋牡丹博徒』シリーズは、八本もつくられた。

伊吹吾郎《いぶきごろう》は、昭和四十五年十二月三日公開の笠原和夫脚本、山下耕作監督、高倉健主演の『日本侠客伝　昇り龍』では藤純子とも共演した。

火野葦平《ひのあしへい》の『花と龍』の映画化であった。

若松《わかまつ》の石炭仲仕の小頭「玉井組」の玉井金五郎は、高倉健。追われる金五郎を救ったのは、藤純子演じる浅草《あさくさ》の女刺青師お京。そして金五郎に一目惚れしたお京は、金五郎の体に、一生一代の刺青「昇り竜」を彫りこむ。

伊吹は、お京に惚れ、お京を守るため命を落とす般若《はんにゃ》の五郎役を演じた。

伊吹が語る。

「あの頃の藤さんといえば、東映というよりも、映画界の大スターでしたから。藤さんとの惚れる惚れられるという役だから、やりがいもありました。藤さんが俊藤さんの娘ということは知っていましたが、ややこしいとか、やりづらいとか、そういうのを感じさせる人ではなかったですよ。威圧感とかを感じさせない人でした。気さくに笑ったり、しゃべったりする感じで、気取った人じゃないですね。だから、遠慮したりすることもなく、普通に接していました」

藤純子は加えて、『日本女侠伝』五本、『女渡世人』二本と、合計三つの主演シリーズを誕生させた。

多くの主演シリーズを抱えていたこともあり、熱烈なファンならずとも、〝任侠映画の花〟はまだまだ咲き誇ると思われていた。

「緋牡丹」の花は自ら散った

ところが、突然、藤純子の花は自ら散った。

昭和四十六年の秋、藤純子は尾上菊之助《おのえきくのすけ》（現・七代目尾上菊五郎《きくごろう》）と結婚し、引退することを発表した。

最初、藤純子から「結婚する」と聞いたとき、父親の俊藤浩滋はびっくりしたという。

それまで俊藤は、そういうことに関してまったく干渉せず、訊こうとも思わなかった。そのため、本当に突然であった。

もちろんやがては結婚すると思っていた。本人が「嫁に行きたい」と言うならば、相手についてどうこう言うつもりもなかった。

だが、歌舞伎役者の尾上菊之助と結婚したいという話には驚いたという。

昭和四十一年の大河ドラマ『源義経』で藤純子は静御前を演じ、源義経を演じた尾上菊之助と共演していた。俊藤は思った。

〈あの縁が、結局こうなったか……〉

俊藤としては、藤純子でまだまだいい映画をたくさん撮ろうと思っていた矢先だった。

岡田茂社長もさすがにびっくりした。

尾上菊五郎

岡田はこの年、大川博《おおかわひろし》社長のあとを継いで東映の社長になったばかりであり、さすがに怒っていた。

「東映の大事な宝を奪われてしまった」

東映の任侠映画の隆盛は、高倉健や鶴田浩二ら人気スターによるローテーションで成り立っていた。

尾上梅幸

そのため岡田の言うことも俊藤にはよくわかった。まして一匹狼で好きなことをやってきた俊藤には、大川前社長に恩義があり、岡田とも二人三脚で走ってきた信頼関係があった。東映のプログラムに対する責任を感じないわけにもいかなかった。

俊藤は、プロデューサーという立場と、父親という立場のあいだで困った。父親として言えば、娘の結婚に反対する理由はない。考えてみると、俊藤はプロデューサーとして女優藤純子に無理を言うこともあった。自分の娘だから他人以上に酷使する場合もあったが、藤純子は泣きごと一つ言わずによくやってくれていた。それからすれば今度は父親が娘に譲る番であった。

俊藤は、結婚を認めて、藤純子に一つだけ言った。

「二度と映画に戻ってこないという決心でなきゃ、結婚したらあかんぞ。結婚しました、また映画に帰ってきます、そんなことは許さん」

藤純子も以前から「結婚したら映画はやめる」と言っていたので、まったくそのつもりであった。きっぱりと口にした。

「戻りません」

そういうところは俊藤から見ても、意志が堅いというか、潔い娘であったという。

梨園の妻は大変な苦労を伴うことを覚悟しなければならない。この頃はまだ菊五郎の父親の七代目尾上梅幸《ばいこう》も健在だったし、梨園独特のしきたりや付き合いもある。

また、菊五郎一座の人たち全員と、その家族を食べさせねばならない。歌舞伎の世界は人材を抱えておかねばならず、人の貸し借りはできなかった。

俊藤は、娘の意志の強さを感じ、承諾した。むしろ、ダラダラと続けていくほうがいけないと考えた。

昭和四十六年秋、藤純子は、婚約を発表して引退宣言をした。引退発表後、藤純子は、すでに準備していたシリーズ八作目となる『緋牡丹博徒　仁義通します』には出演するが、新しい企画には出ないつもりだった。

ところが、東映の岡田茂社長は俊藤に断固要求した。

「もう一本だけ、なんとか引退記念映画をつくってくれよ」

これには俊藤も断りきれず、藤純子を説得した。

俊藤は、藤純子がデビューしたときと同じマキノ雅弘監督で『関東緋桜一家』を製作した。鶴田浩二、高倉健、若山富三郎、菅原文太《すがわらぶんた》、待田京介のほか、片岡千恵蔵《かたおかちえぞう》、嵐寛寿郎《あらしかんじゅうろう》まで加わってのオールスターであった。

冒頭、藤純子演じる柳橋《やなぎばし》の芸者鶴次が紫の艶《あで》やかな芸者姿で登場し、数人のヤクザを得意の剣術でなぎ倒すと、通りの人たちからは「ヨッ」と声がかかる。鼓の音も共鳴して純子への祝祭的な雰囲気が盛り上がる。

旦那が鶴次に向かって「おめえの持っている気持ちの張りっていうやつが、とても綺麗《きれい》に見えてきた」と言うが、それはそのまま純子へ贈られたはなむけの言葉であった。

闇討ちで殺された父のあとを継いで、鳶《とび》の頭となり、組を守り、地域の悪玉ヤクザと対立するのは、まさに純子が演じ続けてきた任侠の女であるが、今回ばかりは惚れた男・高倉健と一緒に去っていく。

「ヤクザの末路はこんなもんじゃ、（好きな人と）幸せになるんじゃ」と言う鶴田浩二の言葉に、純子を任侠映画から解き放って、一人の女として幸せに送り出そうとする作り手たちの思いが込められていた。

しかし、それ以上にスタッフたちの強い気持ちが感じられるのは、終盤の十四分を超える殴り込みのシーンだった。

最初は鶴田が一人で乗り込み、そこに高倉が加わり、最後に純子が合流して繰り広げられる斬り合いには、激しさと悲壮感がない交ぜになっていて、さながら純子を嫁がせる父親たちのたまらなく切ない気持ちを見るようであった。

藤純子の引退は大きな話題となり、マスコミが大きく取り上げたため、昭和四十七年三月四日封切りの『関東緋桜一家』は大ヒットした。藤純子にとっては良い記念になった。

結婚式はその直後におこなわれた。

待田京介によると、藤純子の結婚式のときは実におかしかったという。

「菊五郎の関係の歌舞伎界と、純ちゃんの関係の映画界の大物がズラリと出ていたけれど、あの時代は全然交流がなかったから、交わることがなくて、両者の間に一つの川があったように見えたよ」

披露宴のスピーチでは、鶴田浩二、高倉健、山下耕作監督らが、次々と強烈なことを言った。

「今が盛りの女優で、監督としては最も使いたいし、役者としても一番相手にしたいのを、横からポロッと出てきた男が連れていってしまう。粗末にしたら承知せんぞ」

岡田茂は、その後、二代目の緋牡丹のお竜をつくろうと、俊藤に頼んで五人ほどの女優を候補として連れてきた。

俊藤は、周囲に「岡田さんから、この女優をスターにしてくれと頼まれとんねん」と言って順番に映画に出してみた。

が、藤純子のイメージがあまりに強く、誰が演じても二番煎じとなってしまう。高倉健や鶴田浩二と組ませてみてもダメだった。

俊藤の側近である川勝正昭は思った。

〈やはり俳優という商売は、運が必要や。なんの取り柄もない鼻たれがスターになるときもある。逆に、どれだけ頑張っても、あかんときはあかん〉

寺島純子、富司純子への転身

藤純子は引退からわずか二年後の昭和四十九年に、本名の寺島純子《てらしまじゅんこ》でフジテレビのワイドショー『3時のあなた』の司会に就任し、「司会者」として芸能界に復帰した。それは、菊五郎一座の苦しい台所事情からだった。

歌舞伎座の、五月大歌舞伎の恒例となっている「團菊祭」は、明治時代に絶大な人気を誇り、近代歌舞伎の確立に貢献した二人の名優、九代目市川團十郎《いちかわだんじゅうろう》と五代目尾上菊五郎の功績を称《たた》えるために、昭和十一年から歌舞伎座の五月大歌舞伎につけられる名称である。

純子の夫の七代目菊五郎と、十二代目團十郎もまた、歌舞伎座をはじめ松竹座など松竹系の舞台で、数カ月に一度團菊祭を開いた。それぞれの一座の座長は、何から何まで自分で面倒を見なければならない。出費に出費が重なる大変な世界だった。

その点、俳優は気楽なものである。鶴田浩二の場合は、自分の家族五人程度の面倒を見ればそれで済む。家はもともとあったので、金額にすれば知れたものである。

しかし、梨園の妻には、また別の苦労もあった。純子と結婚した菊五郎は、なんともおおらかで、酔っ払って、広尾《ひろお》の自宅に女優の太地喜和子《たいちきわこ》と一緒に「ただいま」と言って帰ってきたことがあった。太地も酔っ払っている。二人がそれ以上の深い関係があるわけではない。もしそうなら、さすがに菊五郎の家には連れてこない。

市川團十郎

それにしても、家には妻の純子がいる。が、酔っ払った菊五郎と喜和子は、そのまま泊まって眠りこけてしまった。

純子は自宅にいながらにして場所を失ってしまった。

堪《たま》らずに家を飛び出し、京都の実家まで戻ったことがあった。

娘から事情を聞いた父親の俊藤浩滋は、マネージャーに言った。

「歌舞伎の世界の人間は、なんともおおらかというか、えらいやっちゃね」

皮肉はあったが、「俺の娘をよくも悲しい目に」といった怒りはなかった。歌舞伎の世界は「芸の肥やし」として女遊びは常識である。怒ることもない。ただ、自宅に酔っ払った相手とはいえ女性を連れて帰ってくる菊五郎もひどいが、ホイホイついてくる太地喜和子も常識外れであった。

が、この頃の喜和子はものすごい色気があり、勝新太郎《かつしんたろう》とも親しく可愛がられていた。

太地喜和子が杉村春子《すぎむらはるこ》に憧《あこが》れ文学座に在籍していた昭和四十二年頃、舞台を見に行った者によると、そのときに、〈太地喜和子はすごい女優さんや〉と衝撃を受けたことがあった。濃い色気もあるが、可愛らしさも備えている。

だから勝新太郎も太地喜和子を可愛がり、パーティーを開けば太地喜和子を呼び、映画を撮るときも太地喜和子を選んだ。酔った姿の可愛らしさは、天下一品だった。

なお藤純子は、平成元年（一九八九）に公開された降旗康男《ふるはたやすお》監督の『あ・うん』に久しぶりに出演し、第十三回日本アカデミー賞の主演女優賞にノミネートされた。

緋牡丹お竜の生みの親の鈴木則文監督は、富司純子に改名した藤純子に電報を打った。

《緋牡丹は散りても　藤の花は咲く　やさしい日本の女　富司純子よ　永遠なれ》

人たらし若山富三郎の業《ごう》

女俠客の全盛時代、つまり〈第10章〉で述べたように「四つのガンガン」が置かれていたとき、その他の三つはどうだったろうか。

まず、若山富三郎は、自分のことを「俺」や「ワシ」などではなく、自ら「先生」と呼んでいた。それだけに、礼儀作法、特に挨拶には厳しかった。

若山はしばしば、東映の撮影所の演技課の前で、どっしりと座っていた。俊藤プロの川勝正昭ら制作側スタッフは裏手から入るが、関西の人間や俳優などは勝手がわからず、正面から「ただいまー」と気軽に入ってくる。すると間髪容《い》れず、若山の若い衆が声をかけた。

「ちょっと先生が呼んでいるから、来てください」

そして若山は、「挨拶が軽すぎる」と言って説教し、挨拶の仕方を教えた。

川勝が、若山富三郎と一緒に仕事をして一番怖かったのは、朝一番の饅頭《まんじゅう》だった。毎朝、「先生からや」と大きな饅頭が配られるので、無理してでも食べなければならない。

が、若山のように甘党ならともかく、前夜に酒を飲んでいる川勝の喉《のど》をなかなか通ってくれなかった。

鶴田浩二は、二歳年下の若山富三郎のことを「若山くん」「富さん」と呼んでいた。

いっぽう若山は、鶴田のことを「あんちゃん、あんちゃん」と言って、尊敬の念を表していた。特に晩年の鶴田と若山は、仲が良かった。

若山富三郎は、後輩が若気の至りで生意気な態度を取り、「あんなガキ、一度どついたらないかん」と周囲に漏らしていても、その後輩がいざ「先生！」と言いながら目の前に現れると、「うん、何や？」とすぐに許してしまう。

ちなみに、もういっぽうの高倉健には、そうした甘さはいっさいなかった。一度見切りをつけ破門した人間のことを、許すまでに三年、四年はかかる。

いずれにせよ、『博奕打ち　総長賭博』公開のあと若山の快進撃が始まり、昭和四十三年には『極道』『前科者』『極悪坊主』と主演作が次々に封切られた。いずれも人気を博し、シリーズ化される。

同年公開の藤純子主演『緋牡丹博徒』で助演。ここで演じた「シルクハットの大親分」が当たり役となり、番外編『シルクハットの大親分』が主演作として製作されるまでになった。

興行的に成功さえしていれば、東映では怖いものはない。若山は撮影所でも大手を振って歩けるようになった。

東映復帰後は「鶴田の兄貴」と持ち上げていた鶴田浩二への態度も微妙に変化していった。いつの間にか、キャメラの回っていないところでは「浩ちゃん」と呼ぶようになる。

これにはさすがの鶴田も「おい」と言い返した。そこは心得たもので、すかさず「兄貴」とうまく取りなす。若山は人たらしでもあった。


伊吹吾郎は、昭和四十五年六月二十五日に公開された鈴木則文監督の『シルクハットの大親分』などで、若山富三郎とも共演している。

「若山さんは、渋い役も多かったけれど、『シルクハットの大親分』で演じたようなコミカルな三枚目のところが彼の性格の本質的なところなんじゃないかなと思います。でもコミカルな演技もできるし、渋い演技も味があって良いんです。僕は、弟の勝新太郎さんよりも若山さんの芝居のほうが好きでした。たとえば躓《つまず》くシーンがあるとすると、勝さんの場合は、『なんだ?』とか見て睨んだりするけど、若山さんはもう一回躓くんじゃないかと思うんです。そういうのをすごく自然に演じる人でした」


かわいげがある俳優といえば、若山富三郎もその一人だ。

「怒鳴ったり、ものを投げたりする」

若山を嫌う俳優も多かった。だが、青木《あおき》卓司《たくじ》はそんな振る舞いを見たことがない。

青木が、高倉健についていたからだろうか。若山は青木に目をかけてくれた。

若山の主演作に出演したときのことだ。若山といえば、大の甘党で知られる。酒は飲まない。撮影後は甘いものばかり食べる。取り巻きもそれに付き合わされるのだ。青木は先輩の愚痴を聞かされた。

「先生には困ったもんだよなあ。だってあんころ餅だろ、おはぎだろ、そんなのばっかり出てくんだよ」

若山の取り巻きたちは御大《おんたい》の留守を見計らって酒盛りに興じていた。

　ここらあたりが高倉健と若山富三郎の違いである。高倉も酒は飲まない。もっぱらコーヒーだ。だが、高倉は付き合いを強制しない。「飲みたけりゃ飲んでいい」とふだんから言っている。それでも周りは遠慮していた。今風に言えば、忖度《そんたく》だろうか。

　若山の場合は、周りにも「飲んじゃ駄目だ」と厳命していた。そこが若山一家の大変なところだ。

　若山は焼き餅焼きでもあった。自分の若い衆がほかのスターに可愛がられると、過剰なほどに焼き餅を焼いた。


　大部屋俳優出身ながら、ピラニア軍団の一員として大ブレイクを果たした川谷拓三《かわたにたくぞう》も、若山軍団の一員であった。

　もともと、川谷は、鶴田浩二の付き人の一人だったために、鶴田の一派であった。

　だが、若山の息子の若山騎一郎《わかやまきいちろう》がのちに川谷から聞いたところによると、あるとき、撮影後に鶴田の財布から一万円がなくなっていた。

　鶴田はほかの付き人もいるなかで、川谷を疑った。

「川谷、まさかお前が……」

　川谷にしてみたら、ぬれぎぬであった。悔しかった川谷は、撮影所の陰でワンワンと泣いていた。

　その姿を見かけた若山が、川谷に声をかけた。

「おいおまえ、これからは俺のところに来い」

　それ以来、川谷は若山のことを慕うようになっていったという。

若山の隠れたスポンサー

　若山騎一郎によると、東映の撮影所では、スターたちがメイク室でかち合わないように、うまく時間を調整していたという。

多くのスターたちがメイク室で化粧を受けていたが、例外が二人だけいた。

それが鶴田浩二と若山富三郎だったという。この二人は、自分の控え室でメイクを受けていた。

渡瀬恒彦

また、若山が亡くなった際に、世話になったからと大金を届けてくれた役者の一人には渡瀬《わたせ》恒彦《つねひこ》がいた。

渡瀬も、若山一家のメンバーの一人で、若山のことを「オヤジ」と呼んでいた。

渡瀬が東映の京都撮影所で若山と初めて共演したとき、若山は渡瀬がいくら挨拶をしても素っ気なかったという。

だが、あることをきっかけに親密になったという。

その映画の中で、渡瀬が若山たちが演じるヤクザにボコボコにされるシーンがあった。渡瀬は、衣装を担当するスタッフから、撮影前にプロテクターをつけるときに「洗礼を受けるから気をつけろよ」と言われたという。

いざ、シーンが始まると、渡瀬は若山らにめった打ちにされたという。

だが、めった打ちにされつつも弱音を吐かないというシーンだったため、渡瀬は辛抱強く、若山たちの洗礼に耐え続けた。

のちに騎一郎に渡瀬が語ったところによると、血反吐《ちへど》を吐くほどのシゴキだったという。

しかし、若山は弱音を見せない渡瀬の男気を買ったらしく、撮影後に声を掛けた。

「恒彦、おまえいい根性してるな」

若山はそれ以来、渡瀬のことを可愛がるようになっていく。

若山騎一郎に対しても、渡瀬は何かと目を掛けてくれて、自身が主演するテレビドラマの『十津川警部』シリーズや『山岳救助隊』シリーズなどにレギュラーで呼んでくれたという。

若山は、浅草のロック座の経営者である斎藤智恵子《さいとうちえこ》とも親交があった。

ダンサー出身から、ロック座をはじめとする多くのストリップ場を経営する斎藤は立志伝中の人物だが、資金繰りにいつも苦しんでいた若山やその弟の勝新太郎のスポンサーになってくれた。

若山騎一郎が明かす。

「当時、テレビを見ていたら斎藤ママが出てきて、それを見たオヤジが、山城新伍《やましろしんご》さんにすぐに電話して、『今から付き合ってくれ。浅草のロック座に行こう』と、ママのところに押しかけたんです。斎藤ママに会うなり、『わたしのこと知っていますか？』と言い出した。ママが『若山富三郎でしょう。何しにきたの？』って訊かれて、すぐに『お金を貸してください。その代わりに、なんでもやります』と頼んだんです」

斎藤ママは、五千万円ほど即決で貸してくれたという。

その代わりに、若山のマネジメントも斎藤ママが手掛けることになった。

実は、役者一筋だった若山が当時大人気だったTBSの『8時だョ！全員集合』などのバラエティ番組に出演し、新たなイメージを見せることになったのは、斎藤ママの会社がマネジメントを手掛けるようになったからだという。

「結局、借りたお金を俳優としての仕事で返していくわけですが、マネジメントをやってもらうことになり、バラエティ番組にも出るようになったんです」

斎藤ママが勝新太郎のスポンサーにもなったのは、若山が勝に斎藤ママを紹介したからだという。

「オヤジが勝に電話して、『おカネ貸してくれるところがあるぞ』って教えてあげたんです。それで勝が斎藤ママのところに借りに行ったみたいですね」

若山は、全国各地の親分衆からも借金をしていた。が、平成四年四月二日に若山が亡くなったときに、彼らは香典代わりということで、若山に貸したカネをチャラにしてくれた。それだけでなく、さらに多大な香典を包んでくれたという。

若山は、周囲に自分のことを「センセイ」と呼ばせるなど、態度が大きいことで有名だった。

待田京介が語る。

「勝（新太郎）さんとは違って、若山さんは正反対。胸を張って、『オイッ』って威張る人でした。僕は『センセイ』ではなく、『若山さん』って呼んでました。東映の京都では若山さんより僕のほうが古株ですからね」

若山は殺陣が抜群に上手かったという。

「立ち回りは本当に上手い。槍《やり》を持たしたら、誰もかなわない。小太刀を持たしたら、勝ちゃんがピカイチで、二人とも抜群に殺陣が上手い。若山さんは、ほんの一メートルの中でトンボを切りますからすごいです。誰も真似できないくらい」

ただし、個人的な付き合いはなかったという。

「若山さんは下戸で、酒を飲まないから饅頭ばっかり。勝ちゃんは呑むけどね。だから、打ち解けて食事とかはなかった。鶴田さんは若山さんをあまり好きじゃなかったし、そこに入って若山さんと仲良くなって、嫌味を言われたりするのも嫌だったから。鶴田さんはねちねち嫌味を言うところがあったからね」

鶴田浩二と若山富三郎の役者の差

いっぽうで、待田は若山富三郎の実弟の勝新太郎と仲が良かったという。ここで少し、勝についても述べておこう。

「『影武者』のときに勝さんが『黒澤明《くろさわあきら》監督のところに陣中見舞いに行ってくる』って言ってて、次の日帰ってきたら、『マチキョウ、やっぱり黒澤は監督だよ』なんて言うんです。『どうしたんです？』って訊くと、『ディレクターチェアにドンと座る姿が絵になっているんだ。あいつは監督だよ。マチキョウ、俺は根性据えて『影武者』をやるよ』って言ってましたね。僕も『勝さん、何かあっても我慢しなきゃだよ』って言ったら、『俺も役者やで。わかっている』なんて言ってましたよ」

意気込んでいた勝新太郎だが、黒澤監督とは合わず、結局、昭和五十五年四月二十六日公開の『影武者』を降板することになった。

しかし、待田は勝ほど芝居の上手い役者もいなかったという。

「勝さんは、相手にぶつけたら、どう返ってくるかを楽しめる余裕がある役者。懐が広いんだ。僕は実際に勝さんと芝居をするときは、どう出てくるかなと予想してやっていたけれど、何をしてもきっちり受け返してくれるんだ。勝さんにはこっちの身体を預けられる安心感がありましたね。対照的に、鶴田さんの場合は、型があって自分を持っているから、こちらが何かをしても応えてはくれないところがあった。勝さんとは丁々発止《ちょうちょうはっし》の役者どうしのやり取りがあって、それが生き生きとしてくるんです」

勝には、ユーモラスな一面もあった。

「個人的にも仲が良くて、奥さんの中村玉緒《なかむらたまお》さんとか、みんなで麻雀をすることもありました。僕が負けたときに、小切手を切ったら、勝さんが『おい、こんな便利なものがあるのか。これを俺にも持たせろ』って言い出して、玉緒さんに怒られた。『待田さん、なんでこんなもの見せるのよ。こんなもの渡したら、後始末どうするのよ』。さすがに小切手を知らないってことはなくて、冗談でやっていたと思いますが、とぼけたりふざけたりする可愛いところがありました」

黒澤明

勝新太郎の明るさは周りを和ませるものがあった。実兄の若山富三郎とは正反対の気性である。

こと立ち回りとなると、若山に一日の長があった。時代劇俳優としての経験もあるし、居合い抜きにも通じている。

東映の昭和四十三年八月十四日公開の『極悪坊主』シリーズなどでの立ち回りはすべて若山本人が演じている。スタントはいっさいなしだ。その点では勝新太郎も同じですべて自分でやる。

ただ、太刀筋の美しさでいえば、若山が上だろう。勝新の太刀さばきは豪快に見えるから迫力がある。

昭和四十七年から六作つくられた「子連れ狼シリーズ」の主演で知られる俳優の若山富三郎は、千葉《ちば》真《しん》一《いち》が「先生」と仰ぐ一人である。

千葉は、若山から直々に殺陣を教わった。

なぜ若山が千葉に声をかけてきたのかはわからないが、あるとき、若山から声をかけられたのである。

「真一、ちょっとこい。おまえに本物の殺陣の峰打ちを教えてやる」

若山は殺陣に関していえば、当代随一の名手と評されていた。しかし、その技を直々に教わった俳優はそれほどはいない。

峰打ちは、刀の刃で切るのではなく、刃の逆側の「峰」と呼ばれる部分でどんと叩いて骨を砕く技だ。だが、叩くだけでは峰打ちにはならない。骨を砕くためには、峰の当たった部分によりいっそうの衝撃を残さなければならない。そのためには、当たった瞬間にいま一度どんと衝撃を与えるように刀を引く。

千葉がやっていた空手でも、衝撃を残すために、相手を拳《こぶし》で突いた瞬間にそれ以上の速さでいま一度押し込むようにして腕を引く。それと同じ要領で、刀を素早く引く。ただ、その引き方にもコツがある。

千葉は、『子連れ狼』をはじめ若山の殺陣の場面は食い入るようにして観た。千葉は、それ以来、若山のことを「先生」と呼ぶようになった。

若山に殺陣を教わったことが、のちに千葉の当たり役の一つだった『柳生一族の陰謀』の柳生十兵衛を演じるときに活きることになった。

いっぽう、若山は強面《こわもて》のように見える。たしかに仕事には厳しく、仕事のムシでへんなNGを出すのを見たことがない。

時間にも厳しく、ほかの俳優やスタッフが撮影時間に遅れたりすると「もうちょっと早く来ないか！帰れ！」と声を上げた。

そのため、若山との撮影では千葉らは一時間早く現場に入るほどぴりぴりしていた。

が、若山には愛すべき可愛い一面もあった。京都の撮影所にいるときには、千葉は昼間によく呼ばれた。

「真一、おまえ、今日五時には終わるだろう」

「はい、終わります」

「そうか、先生もな、五時で終わるんだ」

若山は、千葉が自分のことを「先生」と呼ぶようになって、いつの頃からか、千葉の前では自分のことを「先生」と呼ぶようになっていた。

その先生は、千葉に言った。

「真一、五時で終わるならカラオケに行こう」

千葉はそこからが大変だった。撮影の合い間に、知り合いの店に電話をし予約をする。若山が行くときにはいつも貸し切りにしてもらった。

それだけでなく、京都で有名所の和菓子屋から和菓子を取り寄せた。若山は、酒は飲まない。甘党で、カラオケを歌うときにも、ほかの仲間と飲んでいるときでも和菓子を食べた。ただ、千葉ら周りの者たちには「飲め飲め」と勧めた。

いっぽう高倉健も飲めず、周りにも「飲めよ」と勧めたが、高倉の周りの者たちは遠慮する人が多かった。

若山の歌は、それは絶品だった。レコードを出してもいいくらいの渋い声で歌った。哀愁漂う歌が得意だった。

東映京都撮影所にはレストランがあった。店内は通路にもなっており、撮影所を訪れる人は皆ここを通る。主演級のスターをはじめ、俳優やスタッフ、社員はレストランを経て俳優会館のほうに向かっていった。

ある日、俳優の一人がレストランの一角でお茶を飲んでいたときのことだ。ガラス越しに俊藤浩滋プロデューサーの姿が見えた。

ちょうど、そのとき、若山富三郎が立ち上がる。「兄貴ーっ」と大声を上げ、挨拶をした。若山も「組」の連中とお茶を飲んでいたようだ。隣の席には「代貸」格の大木実の顔が見える。

この挨拶が、とんだ結果を生んでしまう。俊藤が烈火のごとく怒ったのだ。

「おどれえ、てめえと兄弟分じゃねえぞ。わしゃあ」

レストランの店内には大勢の人がいた。それにも構わず、大変な剣幕でまくし立てる。

「何が兄貴だ、てめえは。いつ盃《さかずき》を受けたりしたんだ？　そういうことを言う奴はバカもんや」

その役者は目を見張っていた。ふだん撮影所で接するときの俊藤とはまったく違っていたからだ。「はい、はい」とおとなしく丁重に受け答えをする敏腕プロデューサーが声を荒らげてスターを面罵《めんば》している。なんとも不思議な光景だった。その役者は思った。

〈ああ、こういうときにはガラッと変わるんだ。強烈だな。こういうものなんだな〉

鶴田浩二が、若山富三郎に言った。

「俺たちはヤクザの役をやっているが、ヤクザになったらあかん。役者やろ。あくまで役者としてヤクザを演じている」

若山は、まるで本物のヤクザみたいに芝居が突き抜けてしまうことがあった。若山に限らず、演じているうちに役に没入してしまう役者はいる。

本職がヤクザである安藤昇《あんどうのぼる》も、演者の自覚をしっかり持つ鶴田浩二のもとに〝役者〟として入ってきた。

安藤は鶴田を役者の先輩として、鶴田はあくまで安藤を役者の後輩として扱った。

ヤクザさながらの俊藤浩滋の喧嘩裁定

鶴田浩二にも、若山富三郎にも、それぞれ若い衆がいた。みんな役者の卵であるが、まるでヤクザの一家のようだった。

当然、親分がどつきあいを始めれば、助っ人に入っていかねばならないと考えていた。

鶴田の側近である川勝正昭は、若い衆たちの愚痴をよく聞いた。

「オヤジが喧嘩を始めたら、やっぱり俺らも殴りに行かんとあかん」

待田京介は撮影中の騒動のとき、俊藤浩滋プロデューサーがどのようにことを収めるのかを見た。

このトラブルがあった日、待田は自分の撮影が休みだったので、俊藤と二人で京都の釜風呂のある旅館に遊びに行った。

俊藤はほとんどの撮影に立ち会っていたが、そのように息を抜くこともあった。

束の間の休みを満喫しようとしているところに、待田の元に撮影所から連絡が入った。

訊くと、撮影所で鶴田浩二と若山富三郎が喧嘩になり、撮影が止まり、俊藤が来ないと収まらないということだった。

俊藤がつかまらなくて困った撮影所のスタッフたちは、俊藤と親しい待田を見つけ出して、俊藤の所在を把握しようとしたようだった。

待田は俊藤に言った。

「社長、撮影所で問題が起きたらしいですよ。すぐ来てほしいって言ってます」

俊藤は「しょうがないな」とこぼしながら、すぐ太秦《うずまさ》に向かった。

待田も、俊藤とは時間をずらして、少し経ってから撮影所に向かった。

着いてみると、製作部のところに若山富三郎が直立不動で気をつけをして、立っているではないか。

〈なんかあったんだろうな〉

そう思った待田は、製作主任に詳しい事情を訊いた。

「あのとおりですよ。俊藤さんが若山さんに『そこに立っておれ』って言ったら、それから一時間、ずっと立ちっぱなしです」

役者として不遇の時代が長かった若山にとって、俊藤は恩人であった。俊藤の言うことには従わざるをえなかったのだろう。

待田は、鶴田と若山が揉《も》めた経緯も訊いた。


最初に揉めたのは若山と八名信夫《やなのぶお》だった。八名は代貸役。ドスを手にして鶴田に斬りかかろうとするところを若山が羽交い締めにして止める場面だった。

ところが、若山の羽交い締めの仕方が悪く、八名のドスが若山に当たってしまった。

やれやれと一息ついていると、監督が駆け寄って一言告げた。

「先生、ここ切れてまっせ。血が出てまっせ」

「先生」とは若山のこと。京都撮影所では誰しも若山をこう呼ぶ。本人が「そう呼べ」と厳命しているからだ。

とっさに若山は目尻を触った。指先は赤く濡れていた。八名は大看板にケガを負わせてしまったのだ。

「てめえ、この野郎！」

顔は俳優の商売道具の最たるものだ。それに傷をつけられ、若山は烈火の如く怒った。

次の瞬間、八名に蹴りを入れた。若山は立ち回りをはじめ芝居は上手かったが、どちらかといえば鈍い部類だ。

八名は持ち前の運動神経で素早く若山の動きをさばいてみせた。そこで、また怒声が響く。

「われ、何さらすんじゃい」

奥に控えていた鶴田が、歩み寄ってきた。

八名を庇《かば》って、若山の面前で昂然《こうぜん》と啖呵を切った。

「八名は、わしが連れてきた若い衆や。てめえが手ェ出しやがって。こんな映画なんか撮ってられるか」

二人とも一歩も引かない構えだ。

「やっとられるか。撮影を中止にせえ」

鶴田は捨て台詞《ゼリフ》を吐き、自分の部屋に引き上げた。

京都撮影所内は蜂の巣をつついたような騒ぎである。

そのまま撮影が止まってしまえば、影響は各方面に及ぶだろう。

鶴田と若山の喧嘩は、太秦の中では収まりがつかない。実は双方の背後に「本職」が控えているからだ。

伊吹吾郎も若山がトラブルを起こすその現場を目にしている。

八名信夫

セット撮影で、鶴田派の八名信夫が、誤って若山に軽い怪我をさせてしまった。
「何するんだ！」
若山が大声を上げ、周りのスタッフたちではとても収拾がつかない状態になった。そこに、ちょうど鶴田がスタジオ内に入ってきた。

「どうした」

若山に訊くと、若山が「こいつがどうの」とまくしたてる。鶴田は「そうか、そうか」と耳を傾けているが、自分の取り巻きのことだ。おいそれと退くわけにはいかない。

そのときやってきたのが、東映の敏腕プロデューサーの俊藤浩滋だった。二人が揉めているのを見かねた進行担当が呼んだのである。

俊藤は言った。

「今日の撮影は、中止！」

しばらくして、騒ぎを耳にした俊藤がようやく駆けつけてきたわけである。

「八名、所長室へ来いよ」

所長室に入ると、若山が板の間でじっと正座をしていた。鶴田は、部屋に戻ったきり出てこない。

「何でお前こういうことやったんだ？　八名、言ってみい」

俊藤に促され、八名は口を開いた。

「いや、僕の立ち回りがちょっと手が狂いまして」

スターである若山を立て、庇っている。

だが、俊藤の目はごまかせなかった。若山の気性、気質を知り抜いている。

俊藤が、ドスの効いた声で一喝した。

「この野郎！　つぶしたるぞ、こらぁ」

俊藤の言動は完全にその筋の人間のものだった。フィクションとしてヤクザの映画を撮っていたはずの現場が、いつの間にか現実の修羅場《しゅらば》と化している。

若山は正座のまま。姿勢は崩さなかったものの、目を剝《む》いて俊藤を睨みつけている。

俊藤は、その歯向かいを見逃さなかった。

「われ、わしを舐《な》めとんのかーっ」

こうなってはカタギがあいだに入る隙《すき》はない。所長は部屋の隅でただ事態を見守るしかなかった。

若山の様子を見た待田は、若山に声もかけずに高岩淡《たかいわたん》のいる撮影所の所長室を訪ねた。

俊藤と高岩が相談していたが、待田は素知らぬ顔で挨拶をした。

結局、頃合いを見計らって俊藤が若山に言った。

「ちゃんと鶴田のところに行って、頭を下げろ。それから撮影続行だ」

若山は言われるがまま、鶴田に謝罪し、撮影は続行になった。

その間、若山は鶴田の元を訪れている。俊藤から「兄弟のところへ頭下げに行け」と助言を受けたのだ。俊藤は、鶴田のことをこう呼んでいた。

若山は、俊藤に言われたとおり、鶴田のところに行き、「申し訳ない」と詫びを入れ、ようやく収まったのだ。

若山が謝罪したことで事態は収束に向かっていった。

清川虹子が乱入した「若山一家」の騒動

若山富三郎の息子の若山騎一郎によると、若山富三郎は、昭和四十四年の初め頃、香港《ほんこん》に「極道シリーズ」の昭和四十四年三月三十日公開の『旅に出た極道』の撮影に行った際に、税関で銃刀法違反で逮捕されかけたことがある。

高岩淡

この映画のストーリーは、次のとおり。
天野屋一家六代目島村清吉（若山富三郎）は、子分の浅井保（菅原文太）とジョージ（山城新伍）を連れ香港に来た。だが、探し求める妻みね子（清川虹子）と白（関山耕司《せきやまこうじ》）の住居が見つからない。途方に暮れているところを、船で一緒だった彩夏（弓恵子《ゆみけいこ》）に救われる。

ところが、案内されたのは、阿片窟《アヘンくつ》の元締金華郎（渡辺文雄《わたなべふみお》）の隠れ家だった。金は島村たちを、麻薬の運び屋に仕立てようとする。が、折しも島村を探していた白に助けられた。

白は、島村の子分だが、実は香港では新華会の江（大木実）と覇を競うほどの侠客だった。島村は、売春宿桜招待所を経営するみね子と再会することができた。ところが、舟上売春を経営する江には、桜招待所が目の上のたんこぶ。さっそく、島村と対決した。そこへビル一味の思わぬ邪魔が入り、勝負は引分け、二人はいつしか意気投合。麻薬組織をつぶす目的で、島村と江は兄弟の盃を交した。

その頃、麻薬密輸と女の売買で莫大な資金を稼いでいたヘンリー一派は、島村の出現に一計を策した。世界各地から大物を集め、東南アジア連盟を結成したヘンリーは、島村らを束縛しようとした。それ以来、頻繁に売春女が足抜きされ、中近東へ売られた。ある日、日本から売られてきた佐藤春江の父が彼女の持っていた写真から、元陸軍少尉佐藤こと金であることがわかった。

その話を聞いた金は改心し、保に一味の内幕を暴露したが、ヘンリー一味に襲われ絶命してしまった。そして、保もまた連中に襲われ、ヘンリーが秘密結社マフィアと関係をもつことを島村に言い残しこと切れた。やがて、島村は香港に来た照男や江一家を率いてマカオにマフィアの大物サルバトーレを襲撃し、世界のギャング団をなぎ倒していった。

若山騎一郎は、若山と親しい役者たちで構成される若山一家の若頭的存在で、この映画でジョージ役だった山城新伍からのちに聞かされたという。

「山城さんがそのときは本当に大変やったぞと言っていました」

香港行きの機内では、あらかじめ用意されていた「若山一家」のメンバーたちのためにつくられた揃いの袢纏《はんてん》が配られた。

彼らは、その袢纏を着て、香港に降り立った。

だが、肝心の若山が税関で止められてしまい、調べられた。その挙げ句、所持品の中から、なんと日本刀が出てきたという。

結局、銃刀法違反の容疑で勾留《こうりゅう》されることになってしまった。

残された山城たちは相談しあい、東京の銀座《ぎんざ》にある東映本社に一報を入れた。

だが、「若山富三郎、香港で逮捕される」との報《しら》せを受けた岡田茂社長の対応は冷たかった。

「若山なんか、ほうっておけばいい」

東映に所属するのが遅かった若山に対して、岡田は冷たかった。外様の役者として見ていたのである。

いっぽう、当時、岡田のもとで撮影所長を務めていた高岩淡は、若山の身柄を案じてくれて、わざわざ香港まで来てくれたという。

結局、高岩が話をつけたのか、若山は一日ほどで釈放されることになる。

若山騎一郎は、晩年の岡田茂会長に会ったことがある。そのときも岡田は明言してのけた。

「俺は、おまえの親父が好きじゃなかった。これは本当だぞ。まあ、高岩は庇っていたけどな。俺はそうじゃない」

そこまで臆面もなく切って捨てられては返す言葉もない。

「会長、すみません」

若山騎一郎は、そう言うのが精一杯だった。

だが、若山はさらに香港でもトラブルを起こした。

若山は、撮影後、ホテルで外国人女性を買って楽しもうとした。

しかし、若山一家のメンバーはこれを阻止するべく動いた。みんなで相談し、若山と仲が良いこの映画のみね子役の清川虹子が動くことになった。

若山が外国人女性のコールガールをホテルに呼び、いざ行為に及ぼうとした。そこに、清川が部屋に乱

清川虹子

入した。

　清川は、驚く外国人女性を前にして、若山に言った。

「ダーリン、何をやっているの。その人は誰？」

　清川は、映画の中の役である若山の妻になりすまし、外国人女性にさらに言った。

「この人、あたしのダーリンなの」

　結局、外国人女性は驚いて出て行ってしまった。若山の欲望は未遂に終わったのだ。

　何も知らない若山は、次の日の撮影後に若山一家の面々にこぼした。

「昨日、清川が入ってきて、もうちょっとで気持ちよくなれるところを邪魔されたんだ。なんなんだ。あいつは」

　若山一家のみんなは、もちろんことの顚末《てんまつ》を清川からすでに聞き知っていたが、驚いたふりをして、やりすごしたという。

高倉健と江利《えり》チエミの離婚

　この時期、高倉健においては結婚問題が逸話にあげられるだろう。

　高倉と江利チエミの映画出演における関係性については〈上巻〉に記したが、概して夫婦仲は良好だった。それが、昭和四十六年、離婚に至った。

　青木卓司が東映に入ったとき、高倉はすでに江利チエミと結婚していて、青木が高倉夫妻と付き合っていたのは東映入りから離婚までの二年半ほどにすぎない、だが、幸福そうな二人の表情は今も胸の内にある。

　昭和四十五年、世田谷《せたがや》区瀬田《せた》にあった高倉の自宅が火災で全焼した。夫妻はホテル住まいを余儀なくされる。

　ある朝、青木が高倉を迎えに行ったときのことだ。高倉と一緒にチエミも一階のロビーまで降りてきた。

「行ってらっしゃい」

　笑顔で手を振っている。それに応えながら、高倉が尋ねた。

「青木、飯食ったか？」

「いや、食べてないですよ」

「おい、じゃあ、『アゼリア』でちょっと食べるか？」

　高倉の申し出は嬉しかった。だが、青木は断らざるをえない。

「いや、旦那、遅れます」

　その頃、青木は高倉を「親父」と呼んだり、「旦那」と呼んだりしていた。高倉を撮影開始の時刻までに撮影所に送り届ける。青木にとって大事な使命である。

　そのとき、背後から明るい声が聞こえた。

「いいのよ、少しぐらい。いつも遅れている人だから」

　本当にいいのか。そんな疑問を腹に仕舞い込んで、青木は高倉夫妻とレストラン『アゼリア』に向かい、朝食を共にした。

　これほど仲睦まじい夫婦でも、いずれ別れなければならないときがくる。二人の間に憎しみはなかった。あくまでもちょっとした行き違いが重なった結果である。

　もともと高倉はチエミを大切にしていた。青木にも覚えがある。

　あるとき、東映東京撮影所にある高倉健の控室の電話が鳴った。青木が取ると、聞き覚えのあるハスキーボイスが受話器の向こうから響いた。

「あ、ダーリン？」

青木は慌てた。

「いや、ちょっと待ってください。今代わりますから」

「えっ」

不思議そうなチエミの声が残る受話器を急いで高倉に渡す。

高倉は早くも不満顔だ。

「てめえ、馬鹿野郎。青木の声と俺の声が、わかんねえのか。この野郎」

微笑ましい二人のやり取りを聴きながら、青木は思った。

〈親父とチエミさんは、本当に仲がいいんだな〉


ところで、内藤誠《ないとうまこと》が残念だったのは、『網走番外地』シリーズの二作目だけはチーフ助監督を他の助監督に譲らざるをえなかったことだったという。

内藤は実は労組の組合員で、組合員は、労働基準法に基づいた労働時間の遵守《じゅんしゅ》を求められていたからだった。残業時間を含めても、それを守っていればとてもチーフ助監督など務められない。しかたのないことだった。

そんなある正月二日のこと。内藤が、家でのんびりしていると電話が鳴った。その頃、内藤は、妻の実家で暮らしていた。電話に出たのは義母だった。

「高倉さんから電話よ」

実は、高倉は、内藤が結婚したときに披露宴に祝電を送ってくれた。そのときには、出席者から、おっと驚きの声が上がった。そのようなこともあり、内藤が高倉健と仕事をしているのは知ってはいたが、さすがに正月早々に超有名スターが直々に電話をかけてくるとは思ってもいない。義母だけでなく、家族がみな驚いていた。

実は、驚いていたのは家族だけではない。内藤自身も驚いていた。

電話口に出ると、低い声が響いてきた。

「青山《あおやま》まで出てきてくれないか。相談があるんだ」

内藤がのんびり過ごせるのは正月の数日くらいで、あとは息もつけない日が続く。その休日くらいは外に出たくはなかった。そのことを高倉に告げると、かたわらで義母が、こう言ったのだった。

「天下の高倉健が、青山でお茶を飲もうと言うんだからお行きなさい」

そこまで言われれば仕方ない。

内藤は、当時乗っていたルノーで、高倉が指定してきた青山にあるレストラン『アゼリア』に出かけた。着いたときには、すでに高倉の愛車のジャガーは停まっていた。

高倉の座るテーブルの上には、一冊の本が置かれていた。深作欣二《ふかさくきんじ》が台湾で撮るというものだった。千葉真一が主演のその映画に出てほしいと声がかかっているという。相談というのは、出るべきかどうかだった。

内藤は、台本に目を通した。最後まで読み終わるまでもなく、高倉への答えは決まっていた。

「深作さんの作品だから、出てあげなさいよ」

内藤は高倉に言った。しかし、そのような相談であれば何もわざわざ正月の二日に話さなくともいいものだった。

内藤は、なぜ高倉が自分を呼び出したのかはわかっていた。実は、その日は、高倉の家には、江利チエミと親しい美空《みそら》ひばりや清川虹子らスターたちが来ていたのだった。高倉はおそらく居づらかったのだろう。

たとえ『網走番外地』でスターとなったとしても、美空ひばりや清川虹子には高倉健はあくまで江利チエミのダンナで、「健坊」だった。家にいれば「ビールを持ってこい」だとか「何をしてくれ」と顎先《あごさき》で使われてしまうのである。

〈やってられるか〉

そんな思いから、内藤を呼び出したのだった。


高倉がチエミとの離婚を発表するのは昭和四十六年九月三日。『昭和残侠伝　吼えろ唐獅子』の試写がおこなわれたときのことだ。奇しくもこの作品で、青木は松方弘樹《まつかたひろき》の弟分という大役をつかんでいた。

離婚の原因については定説がある。チエミの異父姉が裏でいろいろ立ち働いていたというものだ。実は異父姉が二億円を横領していたのだ。さらに、その二億円を遣い尽くすと、高倉名義の不動産まで勝手に抵当に入れ、そのお金を捻出していたのだ。罪を感じた江利が離婚を申し出たという。

雪村《ゆきむら》いづみは親友であるチエミの気持ちをくんで、東映東京撮影所に駆けつけた。高倉に会うためだ。

「離婚発表しないでください。本人も反省してるから」

懸命に訴えた。

いづみは、できれば離婚発表は白紙に戻し、元の鞘《さや》に戻ってほしかった。チエミもそれを望んでいたようだ。だが、高倉の対応はにべもなかった。

「記者会見も開く予定になってるから」

実は、高倉の中ではチエミが離婚を先に申し入れてきたことが引っかかっていたという。

別居から離婚へと向かう中、チエミには高倉への不信、不満が募っていった。その一つが「京都に行ったら帰ってこない」というものだ。

だが、これには「アリバイ」がある。高倉は単に仕事にのめり込んでいるだけだった。青木をはじめ、東映関係者なら誰でも知っていることだ。

不満は高倉の側にもあった。チエミと結婚した昭和三十四年当時、高倉はまだ映画俳優として一本立ちはできていなかった。ヒット作もこれといってなかった。

昭和三十九年には『日本侠客伝』、翌四十年には『網走番外地』『昭和残侠伝』が大ヒット。高倉は任侠映画のスターとして押しも押されもせぬ大看板になっていく。

高倉が大スターになっても、自宅の環境は以前のままだった。清川虹子らチエミの取り巻きが夜な夜な集まり、麻雀に精を出す。深夜にお開きとなると、客を自宅まで車で送る。その運転はもっぱら高倉が受け持っていた。

そんな高倉を横目で見ながら、青木は憤っていた。

〈親父がかわいそうだ。これじゃあ、朝九時開始の撮影に間に合うわけがない〉

ところが、チエミは高倉の真意に気づいていなかった。

〈ダーリンは優しい。どんなに遅くなっても、わたしの友達を送り届けてくれる〉

そう思っていたのかもしれない。人間の心情は夫婦といえども推し量り難い。

離婚から何年か経った頃、江利チエミから高倉健に電話がかかってきたことがある。

「もう一回、よりを戻して」

心の底から振り絞るような願いだった。だが、高倉が首を縦に振ることはなかった。

「吐いた唾は、飲めないぞ」

高倉は日頃から周囲にそう説いていた。青木も諭されたことが何度となくある。

「いいか。吐いた唾は飲めないんだからな。おまえも、言葉には気をつけろよ」

青木は酒席での発言で何度か失敗している。酔った勢いで口から出まかせに吐いた言葉が周囲との関係を微妙なものにした。後始末には大変な苦労をさせられた。見かねた高倉が忠告したのだ。青木は思った。

〈ああ、親父の言うとおりだ。言葉は怖いもんだな〉

高倉健と江利チエミは確かに離婚した。だが、決定的な仲たがいがあったわけではない。お互いに憎み合うような別れ方はしなかった。

昭和五十七年、チエミは四十五歳の若さで早逝する。葬儀の場に高倉は姿を見せなかった。だが、毎年命日には墓参を欠かさず、花と線香を供えていた。青木は思う。

〈チエミさんと別れて、親父は誰とも結婚しなかった。何かあったにしても、絶対に思いとどまっている。やはりチエミさんのことは大切に思っていたんだろう〉

第12章　鶴田《つるた》浩二《こうじ》のテレビ進出

フジテレビ系『新選組』の近藤と土方

鶴田浩二は、昭和四十八年（一九七三）四月五日から九月二十七日までフジテレビ系列で放送された『新選組』で近藤勇を演じる。

これに伊吹吾郎《いぶきごろう》は、永倉新八役で共演することになる。

のちには水戸黄門の〝格さん〟役で広く知られるようになる伊吹吾郎は、昭和二十一年一月二日生まれ。北海道《ほっかいどう》釧路《くしろ》工業高校に入学して一カ月ほどに、ひょんなことから初めはギター、次いで演劇に興味を持ち俳優の道を歩み始める。

世に出たのは、昭和四十四年三月一日から九月二十日まで日本テレビ系列で放映された『無用ノ介』だった。

鶴田浩二

『無用ノ介』は、『週刊少年マガジン』連載のさいとうたかをが描く劇画で、賞金稼ぎの父と町の遊女との間に「無用の子」として生まれ孤児として育った左目に傷痕が残る隻眼の浪人・無用ノ介が、自らも賞金稼ぎとして「野良犬剣法」で生きるために戦う姿を描いていた。その作品の実写ドラマ化である。

このオーディションで伊吹を推したのは、内田《うちだ》吐夢《とむ》監督。高橋《たかはし》繁男《しげお》、土屋《つちや》啓《けい》

栗塚旭

毛利菊枝

之助《のすけ》、下村堯二《しもむらぎょうじ》とともに撮影監督の一人でもある。

『無用ノ介』はツー・クール分、十九話撮ったが、十九話目の「明日に生きる無用ノ介」は放送されず終了した。

そして伊吹は、いまだに打ち上げのときの内田監督の言葉を忘れない。

内田監督は、撮影のときと同じように伊吹を手招きして呼んだのだった。

「俳優というのは一本主役を終わると、俳優になったと思いこんでしまうけど、それは、実は、俳優の『は』の字を卒業しただけなんだぞ」

伊吹に期待をかけてくれていた内田監督は、翌年の昭和四十五年八月七日、この世を去った。伊吹もまた、そのときの内田の教えを胸に刻んでいる。

その後、伊吹は新国劇の舞台を経て東映に入る。


『新選組』には、土方歳三役で栗塚旭《くりづかあさひ》も出演していた。

栗塚は、昭和十二年五月九日、北海道札幌《さっぽろ》市で生まれ、昭和二十八年に京都《きょうと》市へ移り住み京都府立洛北《らくほく》高校に入学。このとき栗塚が入った放送部の新入生の恒例行事としてＹＭＣＡでおこなわれていた「正しい日本語講座」に参加したことが転機となる。

講師を務めていた女優の毛利《もうり》菊枝《きくえ》と出会い、のちに役者の道を志すことになるからだ。

実は、栗塚が世に出たのは昭和四十年七月十一日から翌昭和四十一年一月二日までＮＥＴ（現・テレビ朝日）系で放送された全二十六話のテレビドラマ『新選組血風録』の主演、土方歳三役に抜擢《ばってき》されたからである。

『新選組血風録』は、東映京都テレビプロダクションが制作に関わり、プロデューサーが上月信二と田村嘉、監督が河野《こうの》寿一《としかず》、佐々木《ささき》康《やすし》、高見育男、脚本が結束信二《けっそくしんじ》とそれまで栗塚と複数回組んでいたメンバーであった。

栗塚が当時について語る。

「上月さん、河野監督、結束先生、そして僕の四人はそれぞれの頭文字をとって『4K』と言ってグループで親交がありました。河野監督は、映画からテレビドラマに回されたという鬱憤《うっぷん》があったみたいで、お酒を飲んで夜になるとよく暴れていましたが、結束先生と兄弟みたいに仲良くしていました。ラッシュを見て、朝までみんなでワーッと呑んで騒いでいたのも楽しい思い出ですね」

当初、原作者の司馬遼太郎《しばりょうたろう》は、テレビドラマ化に難色を示していたという。

それを説得するために、プロデューサーの田村は土方歳三に扮した栗塚とともに、司馬夫妻を嵐山《あらしやま》の料亭に招き、挨拶する機会をつくった。

その席で、司馬は栗塚の姿を見て思わず「土方、そっくりや！」と絶賛し、ドラマ化を認めてくれた。司馬の妻のみどり夫人もうなずいてくれたという。

ドラマは大ヒットし、栗塚のニヒルな演技と、美男子として知られる土方歳三が乗り移ったかのような風貌《ふうぼう》も人気となった。

また、司馬の原作小説は、これまで明治維新の志士たちの敵であり、暗殺者集団として悪のイメージで見られることが多かった新選組のイメージも変えた。

司馬遼太郎

箱館《はこだて》戦争まで戦い、命を落とした土方に代表されるように、最後まで幕府への忠節を貫き通そうとしたヒーローたちの集団として捉えるようになった。

栗塚は、昭和四十一年に京都市民映画祭「テレビ部門主演男優賞」と日本映画製作者協会「スター新人賞」を受賞した。

「栗塚旭＝土方歳三」のイメージを決定づける生涯のハマリ役となった。その後も、栗塚は土方役を演じることになっていく。

昭和四十一年十一月十二日に松竹系で公開された映画『燃えよ剣』でも、栗塚は土方歳三役で主演を務めた。

原作は、『新選組血風録』と同じ司馬遼太郎の小説で、市村泰一《いちむらひろかず》がメガホンをとった。

その四年後の昭和四十五年四月から半年間かけてNET（現・テレビ朝日）系で放送されたテレビドラマ版の『燃えよ剣』でも、栗塚は主演として土方歳三役を演じた。

このときも、沖田総司役を島田順司《しまだじゅんし》、近藤勇役を舟橋元《ふなばしげん》が演じるなど、『新選組血風録』のドラマを意識したキャスティングがおこなわれた。

テレビドラマ版の『燃えよ剣』も、制作に東映京都テレビプロダクションが関わり、脚本は結束信二、監督は河野寿一、松尾正武《まつおまさたけ》、佐々木康が務めた。プロデューサーは上月ではなく、後輩の小沢英輔《おざわえいすけ》と田村嘉であった。

栗塚が当時について語る。

「セリフが覚えられないこともありましたが、『燃えよ剣』のときは、土方歳三が乗り移ったのか、台本を見なくてもセリフが自然と出てきたんです。役者人生にはこんなことがあるんだなと感動しましたね」

歳三役の「十八番《おはこ》」栗塚旭の眼

今回のフジテレビ系『新選組』では、近藤勇役の鶴田浩二が主演で、土方歳三役の栗塚旭は助演の立場であったが、いわば「十八番」の参加である。

俊藤浩滋《しゅんどうこうじ》が池田利次《いけだとしつぐ》とともにプロデューサーを務め、脚本は、栗塚が多くの仕事を共にした結束信二であった。

この作品に栗塚が起用されたのも、結束に声をかけられたからだという。

「結束先生に『鶴田浩二が新選組をやるから、またやってくれ』と言われました。最初、プロデューサーの俊藤さんは反対だったみたいですが、結束先生は僕を起用したかったみたいですね。『俺が書くから、もう一度土方をやれ』って」

俊藤は、土方歳三として何度も主演している栗塚を鶴田の助演として起用することに最初は懸念を抱いているようだったという。

栗塚が語る。

「鶴田さんが主演でしたから、他の作品で自分が話すセリフも近藤役の鶴田さんが話すわけです。だから、それまでとは異なって、その横で黙って聞いている場面が増えました」

栗塚には鶴田との共演に多少の遠慮があったという。

「相手は映画界の大スターですから、どうしても遠慮してしまいます。『もっとノビノビやれ』なんて言われましたが、今まで僕が主演として土方が言っていたセリフを、鶴田さんが近藤として全部言うわけです。これまでは、僕が話をして、近藤役は『トシ、いいだろう』なんて言っていましたが、それが近藤役の鶴田さんが話をして、土方役の僕がうなずくほうになったから、難しいなあと思いましたね。もちろん、呼んでもらったのはありがたかったですが」

以前に共演した際には、鶴田とほとんど接点がなかったが、このときは接する機会も多かった。

栗塚がさらに語る。

「毎日、顔を合わせてました。何かと声を掛けてくれて、兄貴みたいな人でしたね。すごく豪快で優しくて。面倒見が良いから、スタッフや斬られ役の人たちも、鶴田さんの悪口を言う人はいませんでした。ご自身も高田《たかだ》浩吉《こうきち》さんのところでの下積み時代があったわけで、斬られ役の人たちの気持ちがわかったんじゃないでしょうか。わたしにも鶴田さんとの共演で緊張していたら、『リラックスしてやれよ』なんて声を掛けてくれましたが、やはり大先輩の前ですから、リラックスはできません。今、振り返ると、鶴田さんとの『新選組』のときは、わたしの演技も少し硬くなっている感じがしました」

鶴田演じる近藤勇は、栗塚にどのような印象を残したか。

「やっぱり鶴田さんが演じるわけですから、任侠映画のテイストのある近藤でした。鶴田さんは着流しのスターでしたから、みんなを親分として抑えていく近藤像。でも、僕がいくつか経験したなかでは、鶴田さんの近藤像もカッコ良かったですよ」

ドラマ『新選組』で栗塚が鶴田と共演した際、一緒に飲みに行くような機会はめったになかった。

だが、栗塚と親交のある料理屋の女将《おかみ》が大の鶴田浩二ファンで「一度連れてきてほしい」と頼まれたときには、一肌脱いでもらったという。

事情を説明すると、鶴田は快諾してくれて、その料理屋に来てくれた。鶴田にはそういう義理固い一面もあったのだ。

鶴田は、その料理屋のロケーションを気に入り、女将に頼みこんだ。

「ここで撮影させてくれないか」

その料理屋はそれまで撮影に協力したことは一度もなかったという。

だが、女将も大ファンの鶴田の頼みとあって承諾してくれて、『新選組』の劇中に登場しているという。

また、栗塚の馴染《なじ》みの祇園《ぎおん》のバーのママが「鶴田さんと会いたい」と言うので連れていったこともあったという。

鶴田を連れていくと、鶴田にママは言った。

「あなたって冷たいね。××ちゃんが待っているのよ」

そのようにママが鶴田を責めていたこともあった。

『新選組』には、のちに鶴田の隠し子であることが明らかになる北斗学《ほくとまなぶ》も、新選組の隊士の川島勝司役で出演していた。

あるとき、スタジオに鶴田が若い隊士役の青年を連れてきて言った。

「俺の弟が出るからよろしくな」

当時、北斗学は、鶴田の弟ということで活動していた。

『新選組』の撮影時、栗塚は、俊藤浩滋プロデューサーとも、頻繁に顔を合わせた。俊藤の作品に出演するのは初めてであったが、栗塚にも気さくに声をかけてくれたという。

鶴田は、近藤勇役に愛着があり、殺陣《たて》もいろいろと工夫していた。利き足ではないほうの足を使う「逆足」にすると、刀を振るったときに自分の足を切ってしまう。が、鶴田は「逆足にしたほうが、格好いいし色気が出る」といって、あえて逆足にしていた。

ところで、この『新選組』には、キャスティングの裏話があった。

泊懋《とまりつとむ》が鶴田浩二と関わった作品の一つに『新選組』があった。泊はテレビ制作のプロデューサーを務めていた。

そこでは、鶴田は主役の近藤勇を演じたのだが、実は、そもそもこの企画は鶴田を主役として練られたのではなかった。企画が通ったとき、ほかのスター級の俳優はすでにスケジュールが埋まってしまい、主役を張れるスターは鶴田浩二しかいなかったのだ。

その頃、鶴田のスケジュールが空いていたのには理由があった。三十六歳の若さで東映撮影所所長となった岡田茂《おかだしげる》との関係がこじれていたのである。

泊懋

泊は詳しいことは知らなかったが、所長としての岡田の方針を、鶴田が受け入れられなかったと耳にしたことがあった。そもそも東映に鶴田を引っ張るきっかけとなったのは岡田茂で、二人の仲が悪くなったわけではない。

しかし、互いに個性が強い。「おまえの仕事はやらない」とばかりに鶴田は東映撮影所の仕事を受けなかったらしい。このことは、テレビの『新選組』を企画した泊らには好都合だった。

伊吹吾郎の見る鶴田や岡田茂ら

『新選組』で永倉新八役を演じた伊吹吾郎は、近藤勇を演じた鶴田浩二をこう語る。

「鶴田さんは、現代劇もそうですが、時代劇も、品格というか、そういうものが滲《にじ》み出るんです。殺陣のときでも、前髪を垂らして、パッと見たときのそれが良かったりするんです」

伊吹は鶴田とは比較的親しかったという。

「こんな言い方をしたら失礼ですが、僕は鶴田さんとはなんだかウマが合ったんです。鶴田さんはセリフなんかでも全部覚えてきてました。現場に台本を持ってくる人じゃないんです。なんとなく近寄りがたい雰囲気を醸し出していましたが、僕はそういった雰囲気を感じなかったので、よく思ってくれたんでしょう」

鶴田浩二という大きな看板を背負いながらも、『新選組』の視聴率は思ったほどの成績をとれなかった。

ただ、泊によると、この作品は、結果的に鶴田と岡田がよりを戻すきっかけとなった。撮影後に、当時銀座並木通り《ぎんざなみきどお》りにあった東映が経営していた「東映クラブ」で、岡田と鶴田が顔を合わせたのだった。

鶴田は晩年、このドラマをぜひ舞台でやりたいと思っていた。脚本家は、テレビドラマを参考にし、鶴田のために台本をつくってくれていた。

新選組の隊士たちの恋愛や妻との別れ、死を覚悟で敵陣に乗り込む仲間との別れといった人間ドラマを織り交ぜながら、最後に火柱を立てて突入する。

が、鶴田に病気が見つかり実現は叶わなかった。

なお、『新選組』ののちも、栗塚と土方歳三との縁は続いた。

昭和五十六年四月から半年かけて、ＮＨＫ総合テレビで放送された『いのち燃ゆ』は、ビクトル・ユーゴーの『レ・ミゼラブル』を大胆に幕末の時代劇に翻案した作品だが、このドラマにも栗塚は土方歳三役で出演している。

また、平成十六年に放送された三谷幸喜《みたにこうき》脚本の大河ドラマ『新選組！』では、山本耕史《やまもとこうじ》演じる土方歳三の長兄の土方為次郎役で出演している。

それだけでなく、栗塚は、現在も、新選組に関連する多くの番組にゲストとして出演している。

東映入りした伊吹が印象的に思ったのは、のちに映画界のドンと呼ばれる岡田茂だった。

岡田は、こまごましたことは気にしない性格の人だった。何かを説明するのでも、簡潔に「これはこうでこうだよ」と説明する。そこまで伝えれば「頼むね」と任せる。

伊吹の東映での初出演作品は、昭和四十四年十二月十三日に公開された『五人の賞金稼ぎ』。賞金稼ぎ・錣市《しころいち》兵衛演じる若山富三郎《わかやまとみさぶろう》主演の時代劇で、前作『賞金稼ぎ』に続く「賞金稼ぎシリーズ」の第二弾作品である。

前作は、江戸幕府老中による薩摩藩取りつぶしを阻止に活躍する錣市兵衛を描いていたが、第二弾の『五人の賞金稼ぎ』では舞台を変え、領主の悪政に耐えかねた下野黒羽《しもつけくろばね》領榎《えのき》村の百姓たちを助けに向かう。

伊吹は、敵方の忍者の頭目・那須音平を演じた。

その頃、伊吹のイメージは片目に十字の傷痕が残る隻眼の無用ノ介で、そのときも無用ノ介と同じく隻眼で演じた。

若山はとにかく、我が道を行くタイプだった。このときの撮影でも「自分は得意だから」と、トンボを切ると言い始め、スタッフを困らせた。いくら「危ないから」と止めても耳を貸さず、ついにトンボを切ることになった。

しかし、若山は、地面を蹴りたてて空中で体を一回転させようとしたものの、回り切らず、腰をしたたかに打ちつけてしまった。もちろん、トンボを切るシーンは取りやめとなった。

若山の周りには、「若山組」と呼ばれる取り巻きがいつもいて身の回りの世話などをしていた。そのいっぽうで、鶴田浩二を慕う「鶴田組」の役者もいる。

若山は、鶴田のことを「兄貴」と呼んで慕ってはいるが、鶴田組の役者には厳しく当たることもあった。


伊吹は、昭和四十五年八月二十八日公開の『博徒仁義　盃』で初めて鶴田が出る作品に出演した。その後、『最後の特攻隊』『あゝ決戦航空隊』など、特攻隊を描いた鶴田出演作品にも出た。昭和四十七年七月三十日公開の『博奕《ばくち》打ち外伝』では、鶴田、菅原文太《すがわらぶんた》とともに三兄弟を演じた。

鶴田を前にするとたいてい「鶴田さん」と呼んだが、「旦那」と呼ぶ人もいた。しかし、鶴田がいないところではみな、鶴田のことを「つるさん」と呼んだ。

伊吹にとっても、並みいる東映スター中で最も抜きんでていた大スターはやはり鶴田浩二だった。

鶴田のいる現場では、鶴田を中心に回っていた。

たとえば、鶴田は台本を現場には持ちこまない。ほかの役者もそれに倣った。あまりにもセリフ覚えが悪い役者がいれば、監督が怒鳴った。

伊吹から見て鶴田の魅力は、人を惹きつけるその魅力が、自分だけのものではなく、周りの役者たちにも及んでいるというところだった。

伊吹も鶴田と共演して兄弟を演じたときには、自然と「兄貴」と呼べた。それは誰にでもできるものでもなく、かといって、自覚してできるものでもない。生まれながらにして備えているもの。鶴田浩二にはそのような資質があった。

伊吹は、若山や高倉健《たかくらけん》などのスターとは行くことはなかったが、仕事を離れて飲みに出かけたのは鶴田だけだった。

ブランデーグラスに氷をフラッペにしたブランデーを好んでよく飲んでいた。「説教臭い」とか、「押しつけがましい」と鶴田と飲むのを敬遠する者もいたが、伊吹にはそのような面を見せることはなかった。演技論などもしたことがなかった。

撮影の合い間には、特攻隊の話をすることが多かった。

「おまえらにこんな話をしてもわからんだろう」

しみじみと口にする。それが口癖だった。

鶴田は、伊吹には一目置いてくれていたらしい。伊吹が鶴田についているスタッフに聞いたところでは、鶴田は、よく「おまえら昨日はどうしたんだ」と訊くことがあったという。「誰それさんにご馳走になりました」と答えると、たいてい鶴田は、「なんだ、あんなやつについていきやがって」と顔をしかめるらしい。

ところが、「吾郎さんとメシを食いにいきました」と答えると、「そうか」と鶴田は納得したらしい。

泊懋の奮闘プロデュース

ここで、前出の泊懋について付記しておこう。

元東映アニメーション会長の泊懋が東映本社に入社したのは、昭和三十年四月であった。泊は芸術職で採用されて助監督を志望し、望みどおり東京《とうきょう》撮影所製作課に配属された。

撮影所に行くと上司から「学校はどこだ」と聞かれ「慶應です」と答えると「ああ、出世しないな、東映は日大と中央だ」といきなり言われた。当時の社長は大川博《おおかわひろし》で中央大学の理事長だったから事務系は圧倒的に中央で、現場は深作欣二《ふかさくきんじ》はじめ日大芸術学部出身が活躍していた。泊は改めて東映の文字を眺めた。上に東大の東、下の映は日大の日と中央の央の組み合わせ、うまくできてるなと妙に感心した。

なかなか現場に出してもらえず初めて助監督についたのが七カ月目の十一月『電光空手打ち』という映

画三部作でニューフェイス高倉健のデビュー作だった。まだ高倉健の名前はなく本名の小田敏正で呼ばれていた。健さんの前でカチンコを叩いて泊の映画人生は始まり、健さんも泊のカチンコで初めて芝居をして役者人生が始まったわけで、これは泊の自慢であり、後述する高倉健の晩年にもつながる。

泊はその後体調を崩し、本社の脚本課に転属し、池上金男と組み『十七人の忍者』『十三人の刺客』などを生み出し昭和三十九年に脚本担当として東京撮影所に着任するのだが、テレビの普及により映画事業は衰退し、東映も東西撮影所の合理化縮小に着手せざるをえない時期であった。

泊は戦力外通告を受け新設された東京製作所に配属された。そこは小道具倉庫の二階で、組合活動に熱心だった者たちも多く集められていた。用意された仕事はなく、自分たちで食い扶持を探さなければならなかった。

日本テレビが六時台の子ども番組を募集しているという情報を聞き、泊はさっそく『週刊少年マガジン』に連載中の『丸出だめ夫』を提案した。勉強がまるでダメなだめ夫と町の発明家の父親はげ照と、はげ照が母親代わりにつくったおんぼろロボットのボロット君が繰り広げるホームコメディである。泊は企画書からテレビ局・電通への提案、さらには真冬の北海道札幌に飛んでスポンサー古谷製菓の説得にも当たった。

昭和四十一年三月七日から昭和四十二年二月二十七日まで五十二回にわたって放映され、視聴率は月曜の夕方六時にもかかわらず一九・二%と大成功、まだ無名の萩本欽一《はぎもときんいち》がゲストに出た回には二七%を記録したヒット作になった。

『丸出だめ夫』の実績を買われて、泊はテレビ部に移動した。泊を引っ張ったのがテレビ部次長の渡辺亮徳《わたなべよしのり》だった。のちに専務となり東映ビデオ社長となる渡辺亮徳との、これが長い関わりの始まりだった。

渡辺は実に行動的な鼻の利くカンのいい営業マンで、また逸話の多い人だった。関東支社のセールスマ

新藤兼人

ン時代に、土地のヤクザと争い監禁された話、社内対抗野球大会ではピッチャーで登場したがノーコンで、フォアボールを連発するとスタスタとマウンドを降りた。誰もがピッチャー交代と思っていたところ「キャッチャーおまえが悪い」と交代を命じたという話など。

また渡辺は煙草はラークを愛用し、灰を辺り構わずポンポン落とすので、そんな渡辺を「ひばり（いばり）散らす」と揶揄《やゆ》する者もいた。

泊は大変な人の下に行くのかと不安だったが、渡辺はこまやかな神経の持ち主でもあった。泊が企画した番組が視聴率が上がらず意気消沈しているときに気遣ってくれた。

「泊な、俺たちの仕事は照る日曇る日よ」

また全体会議が終わったあと「お前が喋ったとき、誰それが嫌な顔してたぞ、用心しろよ」などとアドバイスをしてくれたものである。

昭和五十七年、泊はテレビ東京の正月恒例の十二時間ドラマ『海にかける虹～山本五十六と日本海軍』を受注し、準備に入っていた。脚本は大御所の新藤兼人《しんどうかねと》にお願いした。

テレビ東京から『山本五十六には石坂浩二を』という要望が入ってきた。泊は、二枚目すぎるなと思ったが、テレビ東京側の大スターを起用したいという意図も理解できるので交渉に当たった。マネージャーからオーケーの返事がきた。

ところが、いざ第一話の脚本が上がってくると、マネージャーを通していろいろと脚本の改訂を求めてきた。細かなところであったが、五十六像が意図するところと違ってくる。新藤さんは了解するだろうか。事前の打ち合わせを綿密にやる代わりに改訂には応じてくれないと聞いている。

泊は長野《ながの》の蓼科《たてしな》へ飛んだ。そこは新藤の避暑を兼ねた仕事場だった。新藤は泊の顔を見るなりこう言った。

「ここまで来るとは、ただごとじゃないね」

泊はこれまでの経緯を話し、脚本の改訂を頼んだ。

新藤は黙って聞いていたが、ポツリと言った。

「直してもいいですよ。でもね、これはキリがありませんよ」

新藤はいくつもの映画製作の修羅場《しゅらば》を潜り抜けてきた経験豊富な巨匠である。脚本は六話のうちのまだ第一話、これから先現場の混乱が容易に想像された。泊は本社で待つ小澤啓一郎《おざわけいいちろう》次長に電話して主役交代を指示、密かに用意していた古谷一行を抑えた。

夫人の乙羽信子《おとわのぶこ》さんが昼食を用意してくれた。どてらを着た新藤さんが、ぽつんとこう言った。

「泊さん、取締役になるよ」

「えッ」

泊には思いもよらない話だった。

泊が本社に戻ると新たな問題が生じていた。古谷一行が二時間ドラマ『名探偵・金田一耕助』シリーズを受けていたのだ。縫ってやることは容易だが、金田一耕助はもじゃもじゃ頭の長髪で五十六は坊主頭だ。泊は金田一の制作プロダクションと交渉して精巧な鬘《かつら》を提供することでなんとか切り抜けることができた。

『海にかける虹』は一〇%にわずかに届かなかったが、出来映えは大きな評価を得た。

数カ月後、泊は社長の岡田茂から呼ばれた。何かやらかしたかな……と思い返してみても思い当たらないまま、社長室に入ると岡田がこう言った。

「今度の役員会で、君を取締役に推薦する」

泊は新藤の言葉を思い出した。あのときの新藤はどてらを着た予言者だったのではないか、などと思っていた。

泊は昭和五十七年六月、東映取締役になった。

鶴田をめぐる東映東京撮影所の人々

いっぽう、泊懋にとって、鶴田浩二は日本映画史を彩る最高のスターの一人だ。

時代劇で眠狂四郎もこなし、ヤクザ、ギャングまでも演じてみせる。昭和五十一年からのＮＨＫの「土曜ドラマ」での『男たちの旅路』では翳《かげ》のある上司役を演じ、晩年の『シャツの店』では日々シャツをつくり続ける寡黙な職人を演じた。演じられる役は幅広く、それも、完璧に演じ切った。これほどの役者はなかなかいない。

鶴田浩二が東映に移籍した翌年の昭和三十六年、泊はその頃、練馬《ねりま》区大泉学園《おおいずみがくえん》にある東映撮影所にいた。鶴田は、現代劇も時代劇もこなせる役者と期待されていた。東宝時代には一日三百万円という高額ギャラをとったという鶴田は、東京撮影所では異彩を放っていた。撮影所内にある事務棟の、ステージにまで続く廊下の真ん中を、団扇《うちわ》で扇ぐ付き人を引き連れて肩で風切る姿はまさにスターそのものだった。そのような光景は、泊は、京都撮影所でしか見たことがなかった。

〈えらい文化の違う人が来たもんだ〉

それはびっくりした。

鶴田と初めて関わったのは、立野信之《たてののぶゆき》の小説『叛乱《はんらん》』を映画化した小林恒夫《こばやしつねお》監督の昭和三十九年六月二十日公開の『銃殺』だった。昭和十一年に起きた二・二六事件をテーマにした映画で、鶴田は首謀者の一人である安藤輝三大尉をモデルとした安東大尉を演じた。

昭和十一年二月二六日早朝、降りしきる雪の中を安東隊は侍従長官邸を襲い、岡部総理、高垣蔵相、斎田内大臣、渡見教育総監を殺害し、さらに警視庁をも占領した。

しかし、天皇は、重臣たちを殺害したことから彼らを叛乱軍と呼んだ。矢崎大将をはじめとする、幹部たちは安東隊を裏切り、責任を安東に押しつけ、鎮圧軍を送った。安東隊は山手ホテルに立て籠もったが、部下の命を案じた安東は単身鎮圧軍の前にとび出し、部下の救命を願った。

しかし、望みは果たせず、一同は一網打尽となり、陸軍衛戍《えいじゅ》刑務所へ送られて全員銃殺となった。

この作品に、泊は脚本係として参加した。その第一回の打ち合わせの場面を忘れることができない。

企画部長の吉野誠一《よしのせいいち》に連れられて、目黒御殿山《めぐろごてんやま》の佐々木寮に行ったときのことである。安東大尉役を引き受けてもらった鶴田に企画意図やシナリオなどについて話す場であった。しばらく話し合ううちに、鶴田は憤然として席を立ち帰ってしまった。泊には初体験である。

「いいんですか、主役を怒らせてしまって」

吉野に訊いた。

吉野は「いいんだ、いいんだ」と言いながら、鶴田の気持ちを測りかねているようだった。

泊は、鶴田がときおり見透かすように我々を見ていたことを思い出した。特攻隊に関わりの深い鶴田である。命を投げ出した男・安東大尉に、おまえたちはその程度しか思ってないのか！　と言われているのではないか、と思った。

完成した映画『銃殺』には安東大尉の内面の葛藤を表現する場面が多くあった。鶴田は実に微妙な演技で表現していた。

鶴田は、時代劇でもヤクザ映画でもどのような役も演じきった。が、ことに日本のために命を賭けた男たちを描いた作品への思い入れは強く、『銃殺』では安東大尉が乗り移ったかのようであった。

『銃殺』は思いのほか客入りがなかった。

プロデューサーの関政次郎《せきまさじろう》が、鶴田に詫びた。

鶴田は残念そうにつぶやいていた。

「細かい芝居をしたのになあ」

いっぽう『新選組』で近藤勇を演じた鶴田浩二に対し土方歳三を演じた栗塚旭が、鶴田浩二と初めて共演したのは、実は昭和四十年に東映が製作した映画『いれずみ判官』だった。

東映の大スターである片岡千恵蔵《かたおかちえぞう》の代表作シリーズ『いれずみ判官』のリメイクで、監督は沢島忠《さわしまただし》。企画は当時、東映京都撮影所所長の岡田茂だった。

鶴田は、主役の遠山金四郎の役である。

いっぽう栗塚は、南町奉行所の与力で、物語の序盤に不正を追及しようとした結果、殺されてしまう梶川三五郎の役であった。

そのため、直接、鶴田と絡むシーンはなかった。

栗塚がこの映画に起用されたのは、沢島監督と以前から面識があったからだという。

栗塚が当時について語る。

「木場で不正がおこなわれているかどうかを調べに行く若い与力の役だったんのですが、突き落とされて殺されてしまうんです。お城より高いくらいの木場のセットが組まれて、『お前、明日ここから落ちることができるか』なと沢島監督に訊かれました。こっちも『嫌です、怖いです』なんて意地でも言えませんから、もちろん『やります』と言って、落ちました。練習なんてせずに、ぶっつけ本番です。『飛び降りたあとは、ズームで顔に寄るから、死んでいるんだから、二、三分瞬きするなよ』と言われて、カットと言われるまで瞬きを我慢したのを覚えていますね」

当時の鶴田は、前年の昭和三十九年に公開が始まった『博徒』のシリーズが大ヒットするなど、東映の大看板だった。まだ端役での出演ばかりの栗塚にとっては仰ぎ見る大スターだったという。

『いれずみ判官』では鶴田と絡むシーンはなかったため、直接話をする機会はなかった。

だが数年後、栗塚が東映のパーティーで鶴田と顔を合わせた際には、当時のことについて気さくに話をしてくれたという。

「俺が主演した『いれずみ判官』に出てくれたよな？　あのアップ良かったぞ！」

そのときの鶴田の優しげな印象が今も栗塚にはハッキリと残っているという。

ちなみに、『いれずみ判官』は、片岡千恵蔵主演のときのようにシリーズ化を考えて岡田が企画したものだったが、興行成績が振るわなかったため、一本のみで終わっている。

殺陣師《たて》・菅原俊夫《すがわらとしお》の伝説への出発

東映の伝説の殺陣師と言われる菅原俊夫は、鶴田浩二や栗塚旭にも殺陣をつけているが、殺陣師の人生は意外に知られていない。

菅原は、昭和十五年九月十九日、新潟《にいがた》県村上《むらかみ》市に生まれた。

父親の得蔵は軍人で、肌身離さず軍刀を持ち歩く堅物だった。厳格な父親は怖い存在だったが、近所の人たちが何かにつけ得蔵を頼りにする様子は、子ども心に誇らしかった。菅原は、父親のリーダーシップや、自然に人が集ってくることに対し、尊敬の念を抱きながら育った。

菅原は映画が好きだった。当時、田舎で娯楽といえば映画しかなかった。ジャンルを問わず、観られるものはすべて観た。特に阪東妻三郎《ばんどうつまさぶろう》が好きで、出演作品は欠かさず観た。

若い菅原にとって、故郷はあまりに田舎だった。村上市は新潟県でも山形《やまがた》県に近く、本当に何もない。

菅原の中に「京都へ行きたい」という思いが膨らんでいった。

映画好きにとって、京都は聖地だった。もちろん、京都に何かあてがあるわけもない。行けばなんとかなる、という思いだけだった。

昭和三十三年、菅原は父親に何も告げず、家出同然で京都へ向かった。

金もなければ寝泊まりする場所もない。とりあえず仕事をしなければと考えつつ、京都の東映撮影所へ行ってセットの見学をした。

〈うわあ、格好いい〉

撮影所では、大勢の人たちがみんな忙しそうに動き回っていた。毎週のように映画を撮っているのだから、猫の手も借りたいほど忙しいのだ。映画の中でしか見たことのない俳優も、目の前にいる。菅原は、その華やかで奥深さも感じる撮影所の光景に、憧《あこが》れを抱いた。

〈俺も映画の仕事をやってみたい〉

菅原が京都へ行った昭和三十三年、日本の映画の観客数は十一億二千七百万人を超え、映画製作本数は五百本を超えていた。まさに絶頂期であった。

東映では、二本立て興行を維持するためには毎年百本以上を量産しなければならず、京都撮影所では娯楽時代劇を中心に六十本もの映画を撮っていた。そのため、撮影、照明、録音、大道具、小道具、衣装、メイクなど一千人以上の職人が在籍し、撮影所は活気と喧騒《けんそう》に満ちていた。

面接も入社試験も何もなかった。菅原は、なんとなく手伝いに参加しているうちに、いつの間にか東映のスタッフの一員と見なされるようになっていた。

幸いだったのは、京都市内で吉野旅館を営む宮本大助と出会ったことだった。宮本は、菅原が最も尊敬する堺駿二《さかいしゅんじ》のマネージャーをしていた。

堺駿二は人当たりの良さで知られる喜劇俳優だった。どんな番組でもできる限りスケジュールを合わせて出演し、また自分の与えられた範囲内だけを精一杯演じ、決して相手の出演者の領分を侵さなかった。そのため、若手のテレビ演出家や新人コメディアンから絶大な信頼があった。

スクリーンの中にいる堺からも、その人柄の良さが滲み出ていた。その堺駿二のマネージャーを務める宮本が、なぜか菅原を気に入って可愛がってくれた。

「おい、菅ちゃん、家に来いや」

菅原俊夫

堺駿二

宿無しの身としては、こんなにありがたいことはない。昼も夜もなく「おまえあっちへ行け」「こっちを手伝え」と働かされたあと、旅館の片隅で泥のように眠る。

宮本のおかげで、憧れの堺駿二に会うこともできた。ある日、堺は、息子の正章《まさあき》と年齢の近い菅原を吉野旅館の立派な客室に呼んで尋ねた。

「おまえ、飯食ったんか」

旅館に呼ばれて「食べてない」と言えば、食事を催促するのと同じことである。菅原は遠慮して答えた。

「はい、食べました」

「その返事は、食べてないな」

堺はそうして、腹いっぱい食事をご馳走してくれた。

厳しい軍人の父親のもとで育った菅原は、年上に対する礼儀を自然と身につけていた。それが、堺にはいじらしいと映ったのかもしれない。

やがて菅原俊夫は、仕出しと言われるエキストラに出演するようになった。が、毎回通行人や群衆のなかの一人でいても、つまらない。

〈やっぱり、殺陣を練習したほうがいいな〉

殺陣のメンバーも、圧倒的に不足していた。菅原はどんどん稽古をつけられ、斬られ役として現場へ放り込まれた。本人の意思や希望はあまり関係なかった。誰もが人手が足りないところに引っ張られていった。

親兄弟には会わなくても、俳優やスタッフたちとは毎日顔を合わせる。田舎から出てきたばかりで、まだ十代の菅原は、周囲の大人たちから見れば「可愛いぼんぼん」であったろう。

菅原には、自分がまるっきりの「田舎っぺ」という自覚があった。それが人間関係を構築するうえで、良い方向に働いたらしい。なんと美空《みそら》ひばりからも目をかけてもらえるようになり、たびたびご飯に連れていってもらえるようになった。

さらには、ひばりと最も仲が良かった中村錦之助《なかむらきんのすけ》（のち萬屋《よろずや》錦之介）も、菅原を可愛がってくれた。まだその他大勢の一スタッフにすぎなかったのだから、幸運としか言いようがない。

中村錦之助が、菅原に声をかけてくれる。

「おい菅ちん、今日飯食いにいくぞ」

ひばりと錦之助が揃った席に、菅原が参加することもあった。

錦之助は普段、ひばりに頭が上がらなかった。が、酒を飲み始めると、ひばりのことを本名の「和枝《かずえ》」と呼んだ。もし、ひばりを本名で呼ぶような俳優がいたら、問題になっていたはずだ。が、ひばりは錦之助から和枝と呼ばれることを、ごく自然に受け入れていた。

菅原は思った。

〈ひばりさんは、「この人になら、本名を呼ばれてもいい」と思っているんだな〉

中村錦之助と美空ひばりが男女の関係だったことは、周知の事実だった。錦之助が菅原に目をかけてくれたのも、ひばりが可愛がっているからだったのかもしれない。

菅原は、ひばりのことを「お嬢」、錦之助のことを「旦那」と呼んだ。錦之助は歌舞伎の名門の出だから旦那である。錦之助を旦那と呼ぶ人はごく親しい人に限られていたが、菅原は許された。

やがて菅原は、錦之助の鞄《かばん》持ちに任命された。いわゆる俳優の付き人で、身の回りの世話や雑用がおもな仕事である。が、菅原は嫌だった。いくら相手が錦之助でも、鞄持ちになるつもりはない。数日やって、辞めてしまった。

錦之助に怒られると覚悟していたが、そうではなかった。

「おまえは本当に、自分の感情で動く奴だな。ダメだよ、そういうことじゃ」

噛《か》んで含めるように説教してくれ、鞄持ちから解放してくれた。

大スターの鞄持ちは、出世コースの第一歩とも言えた。大物俳優には派閥があり、派閥に属すれば出世も容易だと考えられていた。片岡千恵蔵と市川右太衛門《いちかわうたえもん》を筆頭に、大友柳太朗《おおともりゅうたろう》、中村錦之助、大川橋蔵《おおかわはしぞう》、東千代之介《あずまちよのすけ》と、それぞれ派閥があり「一家」と呼ばれていた。

が、二十歳そこそこの菅原は生意気盛りで、損得勘定でものごとを考えるのが嫌いだった。ひばりと錦之助は、その生意気を可愛いと評価してくれた。結果的に、二大御大から目をかけられている菅原を、周囲の人たちも一目置いてくれた。

が、当の菅原はそれを分不相応だと思い、ひそかに悩んでいた。

〈俺のことを、みんなが引き上げてくれている。だけど俺には、それに見合う実力なんかない。やっぱり新潟に帰って、百姓をしよう〉

東映で三年ほど働いた菅原は、荷物は京都に置いたまま、とりあえず新潟に帰ることにした。

結局、故郷での暮らしは一年ももたなかった。ひとたび芸能の世界に足を踏み入れると、その魅力に搦《から》め捕られ、抜け出すことはできなかった。

昭和三十六年、菅原俊夫は、東映京都撮影所に専属演技者として入所した。

〈よし、気持ちを入れ替えて、もう一度映画の世界で頑張ろう〉

そんな気持ちも、三日も経てば忘れてしまう。たとえ華やかで魅力的な世界であっても、厳しい仕事であることに変わりはなかった。

東映の殺陣と大映の殺陣の違い

京都に戻った菅原俊夫は、叫びながら斬り殺される「斬られ役」を演じる日々を送った。が、それだけでは面白いと思えない。やがて菅原は、殺陣をつける「殺陣師」の方向へ気持ちが傾いていった。

当時、東映の立ち回りといえば足立伶二郎《あだちれいじろう》だった。

足立は、時代劇映画の黄金期を迎えようとする昭和二十七年に、殺陣技術集団「東映剣《つるぎ》会」を設立。会には、殺陣技術の向上・発展と継承を目指し、腕に覚えのある役者たちが集った。

東映剣会は約百人という大所帯であったが、大部屋俳優全体のわずか二割。メンバーはまさに「選ばれた職人たち」の集まりだった。現場で経験を積み、役者やスタッフから殺陣師や監督までのお墨付きをもらえて初めて、メンバー入りの資格が与えられる。その後、会員全員の承諾を得て、やっと入会が叶う。そのためには、技術力はもちろん普段からの立ち居振る舞い、撮影への想いや姿勢までもが問われた。

足立伶二郎以外にも、谷俊夫《たにとしお》という俳優時代を経て殺陣師となった谷明憲《たにめいけん》など、実力者が数多くいた。

殺陣をつける際、俳優が「こうしたい」との意向を監督に言うことはあまりなく、殺陣師に直接言う。その意向をくみ取りながらも、映画の質をいかに上げるかが殺陣師の腕の見せどころである。東映京都撮影所の時代劇が繁栄したのは、監督や主役のスターだけの力ではなく、殺陣師の存在も大きかった。

東映京都の時代劇は、「殺陣師がいないと成り立たない」が定石だった。菅原は、映画界の中でも選りすぐりのプロ集団の中にポンと放り出された。剣会のメンバーは、若輩者の菅原を可愛がってくれた。美空ひばりと中村錦之助が目をかけてくれている若者、という認識もあっただろう。だからこそ実力を身につけねばと懸命に精進し、斬られ役として頭角を現していった。

昭和四十四年十月十五日公開、中島貞夫《なかじまさだお》監督、千葉真一《ちばしんいち》主演の『日本暗殺秘録』で、片岡千恵蔵は井上日召役で出演した。映画のラスト近くで、日蓮宗の僧侶となり剃髪《ていはつ》するシーンがあった。が、千恵蔵は髪の毛を剃《そ》ることに、どうしても抵抗があるようだった。

最後に、殺陣師の上野隆三《うえのりゅうぞう》が、千恵蔵に言った。

「やっぱりあの場面は大切ですから。お願いします」

片岡は、上野の言葉に納得し、頭を剃ることを許した。このように俳優と殺陣師の間には、深い信頼関係が築かれていた。

菅原俊夫は、中島貞夫監督、千葉真一主演、昭和四十八年九月十五日公開の『東京—ソウル—バンコック　実録麻薬地帯』で、殺陣師としてデビューした。

このときも、周囲が応援してくれた。

「みんなが推薦するのは菅ちんだ。だからやってくれ」

菅原は返事をいったん保留し、美空ひばりに相談した。すると、ひばりが言った。

「どこでも通用する、しょっちゅう声をかけてもらえるような殺陣師になりなさい」

そして、ひばりはこうも言った。

「殺陣師になるんだったら、わたしの舞台の殺陣を、菅ちんが全部やりなさい」

そうして、ひばりの次の舞台からの殺陣を、すべて菅原に任せてくれることになった。

ついこの間まで斬られ役をしていた菅原が、いつの間にか殺陣師になっている。同じ斬られ役の仲間が、驚いていた。

千葉真一は、準備稿ができあがると、殺陣師の菅原に声をかけた。

「菅ちん、今日家へ行ってもいい？」

「いいですよ」

千葉は話し好きで、届いたばかりの脚本を見てあれこれ映画や殺陣について熱く語った。菅原がだいたい二時間くらいで帰るかと思っていると、千葉の話はどんどんヒートアップしていき、午前様になってしまう。

東映殺陣師の菅原俊夫は、大映の市川雷蔵《いちかわらいぞう》や勝新太郎《かつしんたろう》の殺陣に興味があり、暇を見つけては撮影所に見学に行った。

当時の撮影所は通行証や検問があるわけではなく、常に大勢の人たちが出入りしていた。菅原はその人混みにまじって、警備員に親しげに「オッス」と挨拶する。その場慣れした様子に、警備員は菅原を大映のスタッフだと思い込む。一度それで通れたら、あとはフリーパスも同様だった。

大映の殺陣と、東映の殺陣はやはり違った。大映の場合は手数が多く、立ち回りのシーンを多く見せて、他の映画との差別化を図っていた。

また、あとの編集で、渾身《こんしん》の一刀を食らわせて相手を倒すシーンを、斬った当人の顔、斬られた人ののけぞった姿、二人の周囲にいる人々のカットを挿入して、真剣勝負の臨場感を出す工夫もしていた。

〈ただ単に斬りまくるだけだと、重さがなくなる。片岡千恵蔵先生のすごさと同じだ〉

片岡千恵蔵と市川右太衛門の両雄は、まったく互角の存在であり、ほとんど同時期に東映の重役スターとなった。東映の株も二人で半分ずつ持っていた。

東映を代表する足立伶二郎が、片岡千恵蔵と市川右太衛門に殺陣をつける。同じ殺陣師がついても、片岡と市川の殺陣はまったく違っていた。

片岡千恵蔵の場合、真剣勝負のリアリティと重みがあった。斬り合いのシーンはほとんどなく、刀を構え斬りかかる寸前の緊張感をおもに表現した。緊張が最高潮に達したところで斬りつけると、相手がドッと地面に倒れ込む演出である。

いっぽう市川右太衛門は正反対で、どんどん相手に斬りかかっていく。歌舞伎ほど芝居がかってはいないものの、派手な立ち回りが特徴だった。殺陣に関しては、片岡と市川は白と黒ほどに違っていた。

東映オールスターズで、トップ俳優は常に片岡千恵蔵だった。やはり内面の深さや重量感、リアリティで片岡にかなう俳優はいなかった。

菅原も、片岡が大岡忠高役を務めたテレビドラマ『大岡越前』の殺陣をつけさせてもらうなど、晩年には一緒に仕事をした。

片岡千恵蔵は、時代劇にも任侠映画にも出演した。それぞれの殺陣はまったく違うのだが、千恵蔵の場合は、原作に忠実に動ける人だった。非常に器用な人で、その場の思いつきでもパッと動ける。が、さすがの千恵蔵でも、思いつきで動いたときは原作のイメージとずれることもあった。

任侠映画は、細かい殺陣をつけなくても、雰囲気が出ていればそれでよかった。

殺陣の上手と苦手な役者

俳優のなかには、殺陣が苦手な者もいた。

たとえば栗塚旭である。栗塚は、昭和四十年『新選組血風録』で主役の土方歳三役に抜擢され、これが「栗塚＝土方」のイメージを決定づけるハマリ役となって評判を呼び、昭和四十四年の『燃えよ剣』、さらに鶴田浩二が近藤勇役で、栗塚はやはり土方を演じた『新選組』でのニヒルな演技と風貌で人気を集め、生涯の当たり役となった。

が、栗塚には殺陣のセンスがまったくなかった。殺陣師の菅原俊夫がいくら稽古をつけても上手くならない。「栗塚は殺陣が下手」は周知のことだった。

『新選組血風録』の撮影時、先輩殺陣師の上野隆三が打ち合わせの際に菅原らに言った。

「いいか。栗塚は、三手までだからな」

斬り合いのシーンでは、三手以内で良く見せる工夫が必要だった。殺陣師は、役者が格好良く見えるよう、殺陣を考えるのが仕事である。あとは編集の際にカット、カットでつないでいく。

各映画会社には、腕の良い殺陣師が大勢いた。が、殺陣師に権限を持たせて仕事をさせてくれるのは、なんといっても東映が一番だった。時代劇全盛の時代に片岡千恵蔵、市川右太衛門のような御大がいてくれたおかげで、殺陣師の権限も自然と広がったのである。

俳優は、総じてわがまま極まりなかった。だから東映全盛の頃の人気俳優、看板俳優は、自分勝手なことばかり言って、それがまかり通った。特に東映の場合は主役の俳優が、監督よりも誰よりも立場が強い。が、わがままなだけでなく、みんなが感心するほどよく勉強もしていた。

殺陣師は「俺だったらこうする」という確固たる信念がなければ、とても主役俳優に殺陣などつけられなかった。

殺陣師の菅原俊夫は、主役の俳優と意見がぶつかるときもあった。が、自分の考えを伝えても理解してもらえないと判断したときは、サッと引いた。

「すみません、僕は難しいこと言われてもわかりません」

主役俳優には、力関係で絶対にかなわない。こんな時は逃げの一手に限る。菅原の身につけた処世術の一つだった。

単にわがまま一辺倒の俳優もいた。が、菅原はとことん我を通すタイプではなく、良い意味でいい加減だった。

たとえば俳優とぶつかった日の夜、家で考えて「やっぱり俺が間違っていた」と判断したとする。すると、翌日の朝、俳優とすぐ話をする。

「俺が間違っていました。ただ、ここの部分に関してだけは、あなたが言っていることも、あまり正しくないと思います」

相手の言うことを聞くばかりでもダメだし、一方的に主張するばかりでもダメである。どんな相手でも同じだった。

菅原は、天下の美空ひばりにも、中村（萬屋）錦之介にも自分の意見をしっかり伝えた。絶対に良くないのは一方通行になることで、俳優たちに「あいつにはいい加減なことを言っても絶対納得しないな」と思わせれば、仕事がやりやすくなる。

言うなりになって作品の質が落ちれば、次の仕事はもうこない。そのあたりの駆け引きが最も難しかった。

殺陣師の菅原俊夫は、中村（萬屋）錦之介を尊敬していた。

中村錦之助は、現場でそれこそ鶴田浩二ばりにいっさい台本を開かなかった。撮影前に、台本まるまる一冊を、すべて頭の中に叩き込んでくるのである。菅原が錦之助の家へ行くと、台詞《セリフ》の書かれた紙が部屋のあちこちに貼られていた。自分の台詞だけでなく、人の台詞まで頭に入れている。

菅原は、感銘を受けた。

〈旦那の演技の奥深さは、こういうところからも来ているんだな。中村錦之介を超える俳優は、なかなかいない〉

菅原は、錦之介に可愛がってもらったことが、殺陣師として最も勉強になり、身になったと思っている。

菅原俊夫は、『柳生一族の陰謀』『里見八犬伝』『魔界転生』『影の軍団　服部半蔵』、TBSテレビドラマ『水戸黄門』などの殺陣を次々と担当していった。

菅原は、『水戸黄門』に代表される東映時代劇伝統の、様式的で華やかな立回りはもちろんのこと、一世を風靡《ふうび》した『影の軍団』のシリーズで魅せた、独自のアイディアと外連味《けれんみ》にあふれたアクションに至るまで、それまでの常識にとらわれない多彩な殺陣を指導していった。

また菅原は、京都市右京《うきょう》区の東映京都撮影所内にある俳優会館の道場で、歴代の東映俳優だけでなく、映画に出演する俳優にも稽古をつけた。いきなり現場へ行って「よーい、はい！」と撮影に入っても立ち回りはできないからだ。

東映の道場には、里見《さとみ》浩太朗《こうたろう》の直筆による書「不断ノ　努力　継続ハ　功ナリ」が飾られている。

殺陣師は、監督との話し合いを密にして、立ち回りに関して責任を負わねばならず、さまざまなことを学ばねばならない。菅原は、『魔界転生』に登場する槍術《そうじゅつ》「宝蔵院流槍術」を奈良《なら》まで習いに行ったり、剣術であれば「柳生新陰流」など、多くの術を学んだ。

鶴田浩二の殺陣は、上手いというより、内から出る感情表現に説得力があった。それだけに殺陣をつけるのは難しかった。また鶴田には、菅原が気づかなかったことまで再現できる能力があった。

鶴田はときに、菅原に自分の考えを言った。

「ちょっとここの動きを、こういうふうに変えたいんだが、いいか？」

鶴田の言い方で、菅原のことを尊重してくれているのがわかった。決して「おまえの殺陣はダメだ」などとは言わない。菅原ももちろん、鶴田の考えを退けることはなかった。が、鶴田が言ったことに迎合してばかりいると、自分の立場が軽くなってしまう。鶴田の意見も尊重するが、プロの殺陣師としての考えも理解してもらう。そのあたりのやり取りが難しかった。

それでも、鶴田の意見にはちゃんと理があった。

鶴田は、自分の出演する作品に対して執念を持っていた。自分を撮るキャメラの位置からすべて調べる。が、それは自分だけを目立たせていい格好をしよう、という考えからではない。「自分をうまく使って、いい場面を撮ってほしい」そうした映画愛にあふれた執念だった。

菅原は改めて思った。

〈やっぱり鶴田さんはすごい俳優だ〉

だから両雄並び立たずで、鶴田浩二と高倉健はほとんど一緒に仕事をしなかった。美空ひばりに可愛がられている菅原としては、ひばりと親しい鶴田のほうに近い感じだった。が、鶴田の場合は、おもに菅原の先輩に当たる上野隆三や谷明憲と仕事をしていた。

晩年の作品で、みんなが忙しくて回せない部分を、菅原が担当した。それでも菅原は、殺陣師の先輩たちが鶴田浩二に殺陣をつけている様子を長年ずっと見に行って勉強していた。鶴田は、何度も何度も現場を見学し、勉強を重ねる菅原の姿を覚えてくれていた。

時代劇の華と言えば、殺陣だ。東映の殺陣を支えた一人が殺陣師・上野隆三だった。上野は『水戸黄門』のような時代劇はもちろん、『仁義なき戦い』のようなヤクザものの殺陣も担当した。ヤクザ映画と時代劇、同じ殺陣でもまったく違う。

時代劇はある程度型があって、相手を斬ったときに決めのポーズがある。いっぽうで、ヤクザの世界を描いた映画では型の美しさよりも、ただ敵を殺《や》る。それだから、本能を剝《む》き出しにした演技になる。型もへったくれもない。むしろ型どおりでは、臭く見えてしまう。

伊吹吾郎の印象では、時代劇よりも、ヤクザ映画の殺陣のほうが疲れる。素手でやるほうが疲れる。刀を持つほうが素手の立ち回りよりも動きに遊びができる感じがする。

鶴田と中島貞夫監督との「手打ち」

鶴田浩二の脱東映の表れというわけではないだろうが、昭和四十四年十月十五日公開の『日本暗殺秘録』以降、中島貞夫監督は鶴田と完全に関係が絶たれてしまう。撮影所内で顔を合わせても、お互い挨拶もしなかった。スターではあるが、鶴田は決して人格者ではない。人間ができているとは言えない面があった。中島も若く、尖《とが》っていた。

やはり問題となったのは死刑に決まった磯部浅一最後の獄中日記である。鶴田は「こんなものが通るわけないぞ」と何度も言った。それでも中島は強行する。

〈あのバカ、やりやがって〉

鶴田にはそんな思いがあったのだろう。自民党からの圧力で文言を変更する羽目に陥ったときには「ざまあみろ」と思ったかもしれない。いずれにせよ、二人は決裂した。

当時、東映京都撮影所内には「鶴田一家」然としたお付きの役者が大勢いた。その多くはのちに「ピラニア軍団」として一気に時代の波に乗っていく。それらの役者も中島を無視した。

先行した任侠路線と並び、当時の東映を支えたのは「東映ポルノ」と呼ばれた「エロ路線」だった。これも岡田茂の発案によるものだ。

石井《いしい》輝男《てるお》や鈴木《すずき》則文《のりぶみ》と並んで中島はエロ路線でも主要な監督の一人だった。任侠ものより自分に合っていて、風刺もできる。多彩な面白さがあった。

『大奥㊙物語』に始まり、『セックスドキュメント』シリーズや『温泉こんにゃく芸者』など、問題作を撮りまくっている。

鶴田と親交がなくなってから八年が過ぎた。中島は昭和五十一年のある日、俊藤浩滋に呼ばれる。

「今度、『日本の首領』というシャシンをやることになった。鶴田と組んでくれ」

八年間口もきかなかった役者と関係を修復し、無事クランクアップまで漕《こ》ぎ着けられるのか。中島には見当もつかなかった。

俊藤が持ちかけた企画は最終的に『やくざ戦争　日本の首領（ドン）』のタイトルで昭和五十二年一月二十二日に公開。

作品は山口組三代目組長・田《た》岡《おか》一雄《かずお》と山口組の全国制覇をなぞりながら、任侠路線とも実録路線とも違う方向性を目指している。

鶴田が演じた役のモデルは地道行雄若頭。山口組三代目舎弟で「切り込み隊長」と恐れられた男だ。

だが、鶴田の配役は当初から決まっていたわけではない。鶴田をどう扱うかは二転三転した。

俊藤は初め、この作品をオールスターの大作として構想していた。鶴田をはじめ、菅原文太、松方《まつかた》弘樹《ひろき》らを結集させる。目玉となるのは高倉健の起用である。鶴田は田岡をモデルとした役に当て、鶴田の若頭役を高倉にやらせる腹だった。中島もこのキャスティングには賛成だった。

ところが、俊藤とこじれている高倉の交渉がいっこうにはかどらない。ついには暗礁《あんしょう》に乗り上げてしまう。

高倉の出演がなくなったことで、一時は「企画自体をつぶすか」という案も出た。

「『首領』にふさわしい俳優が見つかれば、やる。見つからなければ、つぶす」

背水の陣ともいえる方針が決まった。それを聞いて、中島は覚悟した。

〈この企画はもう通んねえな。つぶれるな〉

そんなおり、急転直下、佐分利信《さぶりしん》の出演が決まる。これには中島も驚いた。佐分利は戦前からスターとして活躍。監督経験もある貫禄十分な俳優だ。ヤクザ映画に出るとは思わなかったが、首領にはふさわしい。高倉に代わって鶴田が若頭に収まった。中島は思った。

〈結果的に一番いい形になった。当初のキャスティングが実現していたら、この映画は失敗していたかもしれない。若頭役は健さんには合わない。芝居が違うんじゃないか〉

こうして撮影の目処《めど》は立った。残された問題は中島と鶴田の関係修復のみである。さっそく、俊藤から指令が出た。

「鶴田と手打ちせい」

中島は思わず苦笑した。

〈「手打ち」か……〉

一方的に関係を絶ち、遠ざかっていったのはあくまで鶴田である。

泣く子とスターには勝てない。中島は鶴田と差しで会うことにした。

場所は京都。鶴田の馴染みの店で部屋を取ってもらった。

「酒でも飲みながら、お話ししましょう」

鶴田にはそう伝えておいた。

当日。中島は先に着いて待った。

定刻から少し遅れて鶴田が到着した。中島から頭を下げる。

「今までいろいろありましたけど」

意外なことに、すぐに打ち解けた。考えてみれば、二人のあいだで揉めたわけではない。そう思うと、なんだかおかしかった。

中島はこの席で鶴田の人間性を改めて知った。鶴田は言った。

「俺は別に、悪気があっておまえと挨拶しなかったわけじゃない。こっちも若かったしな」

〈ああ、鶴さんってこういう人なのか〉

人間関係のいざこざが原因だったら、元には戻れなかったかもしれない。だが、鶴田と中島がぶつかったのは、あくまで映画をつくる上でのことだ。

「じゃあ、やろう」

どちらからともなく、そんな言葉が口をついて出る。鶴田と中島のあいだの溝はあっけないくらい簡単に埋まっていた。こうなれば、中島は前のめりである。

『やくざ戦争　日本の首領（ドン）』の絶妙キャスティング

中島は思った。

〈若頭の役は、正直言って鶴さんしかいない。こっちもこれをやるためなら、頭でもなんでも下げる〉

実のところ、若頭は鶴田の当たり役だった。『日本の首領』は鶴田の晩年の代表作の一つとなる。中島は思った。

〈あの役は鶴さんだ。一番鶴さんらしい〉

市原悦子

中島にはある腹案があった。さっそく鶴田に相談する。

「一つだけ頼みがあるんだけど。奥さんは市原悦《いちはらえつ》ちゃんで行ってほしいんだ」

一瞬、虚を衝かれたような顔をしたものの、鶴田はすぐに承諾した。ヤクザ映画の定法からいえば、異色の配役である。任俠路線、実録路線を問わず、幹部級の女といえば、艶《つや》のある水商売風が多かった。

中島は『日本の首領』の姐《あね》役は最初から心に決めていた。

〈この役は、悦ちゃん以外にいない〉

佐分利の新興成金家庭と対比的な下世話な女房役には市原悦子《えつこ》がピタリであった。

中島と市原の付き合いは古い。昭和三十二年から四十六年まで、市原は俳優座に所属していた。その頃から中島は市原をよく知っていた。

仕事で接点が生まれたのは昭和四十七年。中島が監督した『木枯し紋次郎　関わりござんせん』に市原が出演した。菅原文太演じる紋次郎の姉・お光が役どころである。

このとき、中島は市原の演技に驚嘆した。

〈ああ、こういう芝居ができる女優はほかにいねえな〉

市原もまた当たり役だった。中島は改めて思う。

〈「日本の首領」での悦ちゃんは、本当に秀逸だった〉

市原の配役について鶴田は特に何も言わなかった。もともと鶴田は他のキャストについて何か発言することはない。

『やくざ戦争　日本の首領（ドン）』の原作は作家・飯干晃一《いいぼしこういち》が書いた。飯干とは、中島貞夫が彼の作品の文庫の解説を依頼されて以来の仲だ。

飯干は『読売新聞』の記者出身。映画化を前提としているとはいえ、本来、物語性の強い書き手ではない。「情念芝居」のような見せ場をつくるのは得意ではないからだ。

ストーリーは、関西最大の暴力団・中島組の事務所に、大手紡績会社・アベ紡績常務の島原嘉兵衛（西村晃《にしむらこう》）が訪れたのは昭和四十一年秋のことであった。首領である中島組組長・佐倉一誠（佐分利信）に、アベ紡績社長のスキャンダル問題の解決を依頼。その代償として、関西の優良企業グループ百社による親睦会をつくり、半永久的かつ定期的な献金を申し出た。企業と暴力団の相互依存。しかし、中島組若頭・辰巳周平（鶴田浩二）は、あくまでも暴力による全国制覇の夢を抱き続けているのであった。

孤児だったのを救った佐倉の長女・登志子（二宮《にのみや》さよ子《こ》）は青年医師・一宮恭夫（高橋悦史《たかはしえつし》）との結婚にヤクザの父親が障害となり困っていたが、島原嘉兵衛の養女として結婚にこぎつける。結婚式には党人派の小野伴水（神田隆《かんだたかし》）、右翼の大物・大山（内田《うちだ》朝雄《あさお》）も顔を出す。その裏側で中島組の武力進攻が続く。関東の組織との決定的な対立は錦城会と関係が深い大山の政治団体結成の申し出を佐倉が拒絶したことで決定的となる。組員は一千五百人を超えるが、辰巳の暴力で対立は深まり、列島は血で染まる。

辰巳の武力闘争への佐倉の反対、信頼していた迫田の自殺、奔放な末娘・真樹子（折原真紀《おりはらまき》）の麻薬トラブル、組織暴力壊滅を目指す警察などによって、中島組傘下の各組は追いつめられ、次々と解散する。辰巳までも持病の悪化と警察の締め付けから、佐倉を救う唯一の道は解散しかないと覚悟する。佐倉の許しを得ず、辰巳は病床で解散声明を書こうとするが、一宮が辰巳に多量のモルヒネを注射。辰巳組解散を

飯干晃一

聞き、警察やマスコミが一宮病院に押し掛けるが、辰巳が息を引きとった後だった。『死因は何か？』と訊く佐倉に「お父さん、私はファミリーの一員ですよ」と一宮が答える。

鶴田の指令どおり動く非常冷酷な殺し屋に千葉真一、組織悪を知るインテリヤクザに松方弘樹、麻薬に奔《はし》り、色情に溺《おぼ》れてヤケになる佐分利の娘役に折原

真紀を抜擢した。

中島は思った。

〈収まるところに収まったな〉

佐分利信

鶴田浩二と佐分利信の演技は明らかに異質なものだ。だが、二人のアンサンブルが途中から中島には面白くなってきた。

撮影に入った当初は、鶴田も佐分利に遠慮していた。業界の大先輩である。だが、鶴田には、撮り続けていくうちにわかってくる。

〈佐分利さんの芝居と俺の芝居の嚙み合いがうまくいってない。佐分利さんにはなかなかかぶせにくいな〉

同じことは中島も感じていた。阿吽《あうん》の呼吸である。中島はプランを考えた。

〈まず、鶴さんにやらせる。サブちゃんは受けに回す〉

そのとおりにやると、確かに据わりがよかった。

鶴田と佐分利のシーンを撮っていたときのことだ。佐分利は監督の経験がある。キャメラのポジションはよく知っている。

中島はできるだけ佐分利を奥に置いた。背中向きにセリフを言わせることもあった。

佐分利はさすがに勘づいたようで、言葉をかけてきた。

「監督、ちょっと一晩、話したいことがある」

中島には佐分利の言いたいことはわかっていた。

「わたしは、自分の芝居をこう考えているんです」

佐分利は映画をよく知っている。遠回しにではあるが、要は「もっと俺を立たせろ」と言いたいのだ。

佐分利は確かに「首領」である。だが、アンサンブルを考え、画《え》づくりをしていく上で中島は鶴田を軸にすることが多かった。

キャメラが回っているのに、佐分利が突然芝居をやめてしまうこともあった。中島は「佐分利さん、背中を出してほしいんです」と要求する。それが納得いかないのだろう。佐分利もどちらかといえば、正面切った演技を好んでいた。

こうした中島と佐分利のやり取りを鶴田は静観していることが多かった。だが、勘の鋭い役者だから、中島の意図は理解している。自分を軸に画面を考え、頑張ってくれている。鶴田にはそのことがよくわかっている様子だった。

佐分利が中島に注文をつけていると、大きな声が聞こえる。

「監督の言うとおりやろうや」

声の主は鶴田だ。援護射撃のつもりなのだろう。鶴田は中島の味方だった。不思議な三角形が形づくられている。

中島はこう考えていた。

〈ほかのキャストの芝居を佐分利さんがいちいち顔で受ける必要はない。背中にぶつけられ、ぶつけられ、それでも泰然としている。そういう画を撮りたいんだけど。佐分利さんはやっぱり、やりたがり屋の俳優さんなんだな〉

中島、千葉真一が思う鶴田の芝居

この撮影が終わり、中島は感じていた。

〈鶴さんは、すごくいい芝居をしたんじゃないか〉

巨大なヤクザ組織のナンバーツーとして追い込まれていく過程を見事に演じ切った。

亡くなる十年前の作品だ。死を予感していたわけでもないだろうが、静かな中にも鬼気迫るものが感じられた。

鶴田浩二は東映の任侠路線を牽引《けんいん》した最初のスターである。この点はいくら強調してもしすぎることはない。中島は思う。

〈鶴田浩二はアウトローの精神をきちんと体現できる俳優だった。これは彼の私生活を暴くという次元の問題ではない。ある時代の映画スターとして鶴さんはそれなりの生き方、典型を見せてくれた。その点では健ちゃんとも違うし、文ちゃんとも違う。やはり、鶴田浩二でなければならないものがある〉

映画の終盤にこんなシーンがある。鶴田浩二が演じる若衆頭辰巳周平が解散届を書こうとするが、書けない。これまで組と親分に尽くして、尽くして、尽くしてきた。それなのに何だこれは、と愕然とする。

中島は撮影をしながら思った。

〈この若衆頭の姿は、実は鶴さんたちの世代の姿そのものなんじゃないか〉

戦争の最中に青春期を送り、戦後の復興を実現するため、働いてきた。日本のために尽くして、尽くして、尽くしてきたのが鶴田ら戦中派世代である。

鶴田浩二は学徒動員で徴兵はされたものの、わずかの年齢差で特攻で出撃はできなかった。先輩たちの飛行機を見送っている。戦死者とも数多く別れてきた。

戦後、映画の世界で生きていく。昭和四十年代初めにヤクザ映画と出合った。東映が任侠路線に活路を求める中、鶴田はヤクザという題材にのめり込んでいく。

単に仕事というわけではない。演じているとき、鶴田なりに自分の人生を投影していた。子が親に尽くし、ときに裏切りもある。そんなヤクザ社会の機微を鶴田は演じながら生きたのだ。

中島は思う。

〈鶴さんにとってヤクザの世界は決して絵空事じゃない。本気で感情移入していたはずだ〉

鶴田はヤクザ映画を肯定していた。学徒動員された兵隊の生き残りとしての人生を重ねていたのだ。俊藤浩滋もヤクザ映画肯定派だが、鶴田とは意味合いが違う。俊藤はもともとその世界にいたからこその肯定である。

千葉真一も、『日本の首領（ドン）』シリーズが忘れられない。第一作目の昭和五十二年一月二十二日公開の『やくざ戦争　日本の首領（ドン）』では、同じ中島組系で辰巳が信頼する迫田組組長の迫田常吉を演じた。山口組の切り込み隊長として知られた柳川次郎をモデルにしていた。迫田は、自分の道が通らない苛立《いらだ》ちに刑務所で自殺をする。

シーンとしては、鶴田演じる辰巳が、迫田に面会する。迫田が、壁に頭を打ちつけて自殺する前日のことである。

このとき、千葉は顔にメイクをほどこした。二重瞼《ふたえまぶた》を糊《のり》でくっつけてあえて一重瞼にした。そうすると、凝視したときの目つきがよどんで見える。そのような表情で、迫田を演じる千葉は、兄貴分でもある辰巳への恨み節と、どうしようもない葛藤を漏らす。

「こんなのやってられまへんわ」

迫田の自殺へとつながる重要なシーン。二人は、中島監督の「カット！」の声がかかるまで演じ続けた。

カットの声に二人の緊張感が、ふと解けた。

そのときだった。

「それにしても、迫田ってのはかわいそうな男やな」

鶴田が、千葉の目を見つめながらしみじみと語った。

おだやかでいながら哀れみが浮かぶ鶴田の表情は、これまで何作か共演したなかで千葉には見せたことのないものだった。千葉は、喜びがあふれ出ていた。

〈初めて、俺を役者として認めてくれた〉

『やくざ戦争　日本の首領（ドン）』が公開されてから、千葉のもとに何人かの役者仲間から電話がかかってきた。千葉の演技をたたえるとともに「おれが迫田をやりたかった」と誰もが付け加えた。それだけ千葉の演技が観ている者の胸に刺さったのかもしれない。

役者冥利《みょうり》に尽きる言葉だった。

『やくざ戦争　日本の首領（ドン）』が大ヒットし、シリーズ化し、『日本の首領（ドン）　野望篇』『日本の首領（ドン）　完結篇』が製作される。

三部作とも中島が監督するが、鶴田が出演したのは一作目のみである。

第13章　実録路線への大転換

「飢餓俳優」菅原文太《すがわらぶんた》の登場

菅原文太は、『河北新報』で記者をしていた菅原芳助を父に、昭和八年（一九三三）八月十六日、宮城《みやぎ》県仙台《せんだい》市で生まれた。

早稲田大学第二法学部法学科に進学。在学中に中原淳一《なかはらじゅんいち》のモデルとなり、昭和二十九年、旗揚げしたばかりの劇団四季に一期生として入団。昭和三十年、早稲田大学を中退。

昭和三十一年に東宝の映画『哀愁の街に霧が降る』でデビュー。昭和三十二年に岡田眞澄《おかだますみ》、旗昭二、池《いけ》田二郎《だじろう》ら総勢八名で、日本初の男性専門モデルクラブ「SOSモデルエージェンシー」を設立し、雑誌やショーのファッション・モデルをする。昭和三十三年、新東宝に入社。『白線秘密地帯』で本格映画出演。長身の新人二枚目スターの一団「ハンサムタワーズ」の一人として、吉田輝雄《よしだてるお》、高宮敬二《たかみやけいぞう》、寺島達夫《てらしまたつお》らと共に売り出された。

菅原文太

昭和三十六年に新東宝が倒産したため、ハンサムタワーズのメンバーと共に松竹へ移籍。メロドラマやホームドラマなど、女優主体の企画が多い松竹では脇役に甘んじる状態が続く中、俳優の安藤昇《あんどうのぼる》に勧められ、安藤が東映に移るや、ハンサムタワーズのメンバーと共に昭和四十二年に東映へ移籍。

菅原文太が東映に移籍した昭和四十二年、最初の給料は三十万円だった。高倉健《たかくらけん》は昭和四十三年の『人生劇場　飛車角と吉良常』の頃には七百万円を超えている。これは鶴田浩二《つるたこうじ》を上回り、高倉はこの時点で東映のトップに君臨したことになる。

この頃の菅原はハングリーそのものだった。まさに「飢餓俳優」である。

菅原の移籍で一役買った俊藤浩滋《しゅんどうこうじ》は、一計を案じた。若山富三郎《わかやまとみさぶろう》主演の昭和四十三年八月十四日『極悪坊主』で盲目の坊主・了達の役を菅原に振ったのだ。菅原独特の味わいのある演技は好評だった。

そのあたりから菅原は東映で徐々に地歩を固めていく。

昭和四十四年二月一日公開の『現代やくざ　与太者の掟』は菅原の東映移籍後初主演作となった。あとに続く「現代やくざ」シリーズの記念すべき第一作でもある。監督は降旗康男《ふるはたやすお》が務めた。

この作品は青木卓司《あおきたくじ》にとっても思い出深い。大画面にアップで映し出された初の一本だからだ。

青木の出番はラストの立ち回りだ。菅原が演じる主人公は殴り込みをかける。青木は最初、五代竜三役の若山富三郎にあしらわれる。

「なんや、あのおっさん」と突っ込んでいくが、斬られてしまう。

「やばい」ともう一度行こうとすると、今度は刺される。

最後は、菅原によって串刺しにされてしまう。

若山に向かっていくところで、降旗監督から指示が飛んだ。

「止まって」

実は、ここで青木の表情をキャメラがアップで捉えていた。

後日、降旗は解説してくれた。

「青木さん、子どもみたいな顔した奴が串刺しにされる。それが面白いんだから」

このとき、降旗は青木が高倉健の弟子筋にあたるとはまだ知らない。だが、俳優として青木を気に入ってくれた。何かあるたびに声がかかるようになっていく。

待田京介《まちだきょうすけ》と菅原文太が交互に主役を演じる予定でシリーズ化が企画されたある映画があった。『関東テキヤ一家』である。

一作目の昭和四十四年十一月十八日公開の鈴木則文《すずきのりぶみ》監督の『関東テキヤ一家』は、菅原文太が主演を務めた。待田は、助演に回って、三枚目のコミカルなキャラクターを演じた。

菅原文太演じる国分勝は、浅草《あさくさ》のテキヤ菊水一家の若衆。親分市井の命により、引地、佐貫を連れて群馬《ぐんま》から福島《ふくしま》への旅に出た。上州三軒茶屋《じょうしゅうさんげんぢゃや》一家・明石操のもとで旅装を解いた国分は、土地の興行者・矢倉一家から締め出された女子プロレス一行に同情、操に頼んで興行を打つことになった。

操はテキヤ同士の筋道を通すため矢倉一家を訪れたが、ちょうど矢倉・源田兄弟盃の宴の最中だった。操は、案内状も出さずに同業者から祝儀と称して金品を捲《ま》き上げる矢倉の仕打ちを指摘、その場に一触即発の空気がみなぎった。そして仲裁に出たのが会津一家の大島だった。この大島を傘下に収めようとする銭村が襲って、重傷を負わせた。

やがて、大島の采配で東日本の親分衆の集会が開かれた。しかし、銭村が叫んだ神農睦会《しんのうむつみかい》の結成に市井が反対、席は殺気をはらんだまま流会した。市井はこれを境に狙われ、国分は親友時枝、仲間の待田京介演じる引地鉄男とともに親分市井をも失った。間もなく、国分は市井に封印された短刀を抜き、大島、操らの助力を得て怨念《おんねん》を晴らした。

シリーズの二作目の昭和四十五年三月五日公開の『関東テキヤ一家　喧嘩《けんか》仁義』では、二人の役柄を入れ替えて、待田が主演で、文太が助演になり、一作目の待田のようなキャラクターを演じる話が出ていた。

だが、菅原は三枚目を演じることに積極的ではなかった。キャストを調整するプロデューサーの俊藤浩滋も困っていた。

待田は俊藤に訊いた。

「俊藤さん、どうします？」

「そうだな……」

待田は主役をどうしても自分がやりたい、という気持ちはなかった。俊藤に言った。

「わたしは何の役でもやりますよ。文太がギクシャクする三枚目を演じたら、シリーズにならないんじゃないですか」

俊藤は待田の助け舟にホッとしたような表情を浮かべて、言った。

「おまえ、悪いけど、次も文太に主役をやってもらってもいいか」

「いいですよ」

待田が降りたことで、その映画は無事にシリーズ化し、第五弾まで続編がつくられていったという。

なお、待田は、二作目からは出演していない。


待田は、菅原文太と多く共演している。

菅原の印象についても語る。

「文ちゃんは、食えない時代が長くて、若山さんのところに居候したり、安藤さんのところにいたり、京《きょう》都《と》に流れてきて、曽《そ》根《ね》晴《はる》美《み》に面倒を見てもらったり。曽根がいつも文ちゃんの面倒を見ていて、俊藤さんにも『面白い役者ですから使ってください』って頼んだりして。俊藤さんは『曽根はプロダクションでもやってんのか』なんて言ってたくらい。それからチョコチョコ文ちゃんを使い出した。でも、文ちゃんは自分が主役をたくさん張るようになったときに『曽根を使ってくれ』と頼むことはしなかった。文ちゃんにはそういうところがあったね」

鶴田浩二と高倉健の次には菅原文太と待田京介が東映の看板役者になる、という評判もあった。

「文ちゃんには『俺が天下をとる、主役をやるんだ』っていう野心が強かった。どん底の時代があったから、しっかり腹の中にあったと思います。僕はそういうのはなかったから、あまり気にしていませんでした。文ちゃんに対しても嫉妬がなかった。僕は下積みがほとんどなかったから。役者へのこだわりも心構えもなかった。日活を辞めるときも、『今日で契約が切れるから辞めます』って言って辞めましたから。『月曜日の男』を生本番で三年間毎週やっていたから、映画でも座長になって上り詰めたい、とは思わなかった。欲がなかったんです。ゲストで行って、少し出演するほうが良かった」

かといって、待田は菅原文太と酒を酌《く》み交わすこともなかったという。

「文ちゃんとはないですね。酒を酌み交わすというのは、若いときの新劇時代くらいで、そういう経験も多くない。酒を呑んで徒党を組むのが嫌いだったから。いつでも一人。若山組とか、鶴田組みたいなのにも入りませんでした」

菅原への鶴田浩二の罵倒《ばとう》と若山富三郎の格上意識

伊吹吾郎《いぶきごろう》が菅原文太と初めて共演したのは、昭和四十五年五月一日に公開された『関東テキヤ一家　天王寺の決斗』だ。この映画は、のちに『トラック野郎』シリーズなどを撮る鈴木則文監督がメガホンをとった。

菅原文太主演の『関東テキヤ一家』シリーズの三作目にあたる。伊吹は、清川虹子《きよかわにじこ》演じる朝比奈六の実子にあたる鉄也役を演じている。

伊吹が語る。

「当時は『仁義なき戦い』の前だったこともあって、ポスターの名前の大きさが主役の菅原文太さんと自分が同じだった記憶があります。人づてに『そのことが話題になっているよ』と言われたこともありました」

伊吹は、さらに昭和四十六年十一月十九日に公開された中島貞夫《なかじまさだお》監督の『現代やくざ　血桜三兄弟』でも小田邦夫役で出演し、主演で小田武役を演じた菅原文太と共演している。

その頃のある年の鶴田浩二の誕生日、十二月六日のことだ。鶴田組と見られている一人の役者・八名信《やなのぶ》夫《お》は鶴田の自宅に呼ばれた。鶴田お気に入りの梅宮辰夫《うめみやたつお》も一緒だ。

鶴田の住まいは以前、東京《とうきょう》・青山《あおやま》にあった。その頃はごく普通の日本家屋という風情にすぎない。のちに深沢《ふかさわ》に新居を構えた。何百坪もある平屋の大邸宅である。

誕生日には鶴田は決まって同じいでたちだった。立命館の学生帽に詰襟《つめえり》の学生服。鶴田は関西大学専門部商科出身だが、仲間たちの前では「立命を出た」と自称していた。

興が乗ってくると、軍歌『同期の桜』を歌う。お決まりだった。

歌いながら、鶴田は必ず泣く。したたかに酔ってはいるが、本気の涙だった。

「おまえら、この苦しさはわからんだろう」

学徒出陣の思い出がよぎるのだろう。梅宮らはもう何度も聞いている。「そろそろくるでえ」と慣れたものである。

鶴田を挟み、八名信夫、梅宮が酒を酌み交わしていると、鶴田の妻が入って来た。

「あなた、菅原文太さんがお見えですよ」

誕生日のお祝いにやって来たのだろう。八名と梅宮は顔を見合わせた。二人は「鶴田組」に属していたが、菅原は若山富三郎に目をかけられていたからだ。

「お花だけでももらっておきなさいよ」

妻にそうながされ、鶴田は重い腰を上げた。思わず、梅宮もついていく。

玄関には花束を抱えた菅原が立っていた。どこか所在なさげである。

鶴田の顔を見ると、菅原は意を決したように口を開いた。

「親父さん、お誕生日おめでとうございます」

すっと鶴田の形相が変わる。

「何しに来たんだ？　帰れ、てめえは」

酔っているとはいえ、あまりの言い草だった。

〈鶴田のおっさん、何か気に入らないことでもあったんだろうか〉

梅宮は訝《いぶか》しんだ。鶴田の剣幕は収まる気配がない。

「新東宝の、モデルみたいなのが入ってきやがって。簡単に主役とりやがって、てめえは」

取りつく島もないとはこのことだろう。菅原は小さくなって俯《うつむ》いている。梅宮もかける言葉がなかった。

「あんた、やめなさい」

たまらず妻が割って入った。

「せっかく花を持ってきてくださったんだから。受けなさい」

「受けられるか、こいつの花を」

菅原の親筋に当たる若山富三郎と鶴田のあいだで何かあったらしい。ここまでくると、梅宮も大方の察しはついた。

鶴田が吐き捨てたとおり、菅原の前身はファッション・モデルである。新東宝、松竹を経て安藤昇の口利きで東映に移籍した。

菅原文太が東映入社後に後見人役を引き受けたのは若山富三郎だ。菅原は「若山組」に草鞋《わらじ》を脱いだ格好となる。

任俠路線を取り仕切るプロデューサーは俊藤浩滋である。企画から配役まですべての差配を受け持っていた。

若山は菅原を伴い、俊藤のもとへ出向く。

「こいつを、男にしてやってくれ」

そう言いながら、頭を下げたというのだ。撮影所内ではもっぱらの噂だった。

若山のおかげかどうか、菅原には大きな役がついた。その時点で主役も一、二本こなしている。

俊藤と鶴田は「兄弟分」の間柄だ。そうした経緯を知らないはずはない。だから、若山とその時分折り合いの悪かった鶴田が玄関先で菅原を怒鳴ったのだ。

鶴田は好き嫌いのはっきりした性格だった。嫌いな人間は決して受け入れることがない。罵《のの》られるだけ罵られ、観念したのだろうか。菅原は花束を玄関脇に置いた。一礼したのち、その場を去る。鶴田より格下とはいえ、菅原もスターである。屈辱には違いない。


菅原文太に対して、相変わらず先輩風を吹かし、格上意識を振りかざす役者もいた。若山富三郎である。

「文太、はい、これ」

とっくに立場は入れ替わっているのに、横柄な態度を崩さない。

二人の関係の源流は昭和四十二年、菅原が松竹から東映に移籍したときにまで遡《さかのぼ》る。

東映で菅原に最初についた役は『極道』の子分の一人だった。若山主演の人気シリーズである。のちのスターもこのときはまだ下積みを余儀なくされていた。

若山の頭の構造は至って簡単。自分の映画で子分を演じた瞬間、「文太は俺の組の若衆」と認識した。仕事と私生活に境界線はない。キャメラが回っていなくても、菅原を連れ回し、雑用を言いつけることもあった。

やがて菅原が頭角を現し始める。東映入りから二年後、昭和四十四年二月一日公開の『現代やくざ　与太者の掟』で初の主演を果たした。この作品はヒットし、以後、シリーズ化される。昭和四十四年十一月公開の『関東テキヤ一家』もシリーズで五作の人気になっている。

この状況がまったく理解できていないのが若山である。「なんでこんな野郎が」とぶつぶつ言っていた。慢性的な企画不足に悩んでいた東映は『極道VSまむし』をひねり出す。『極道』は、十一本もの若山主演のシリーズもの。『まむしの兄弟』は菅原の川地民夫《かわちたみお》とコンビの九本にもなる人気シリーズだ。

両者が正面からぶつかり合えば、エンターテインメントとして成立する。

ノーヒット監督深作欣二《ふかさくきんじ》と五番俳優菅原の出会い

深作欣二は中学時代、五・一五事件の橘孝三郎《たちばなこうざぶろう》を描こうとして書けなかった。深作は、ヤクザ映画を通して昔からのテーマを展開しようとしていた。昭和四十七年五月六日公開の『現代やくざ　人斬り与太』がそれであった。

脚本は深作と石松愛弘《いしまつよしひろ》、音楽は「仁義なき戦い」シリーズも担当する津島利章《つしまとしあき》、撮影は仲沢半次郎《なかざわはんじろう》であった。

次のようなストーリーであった。

川崎《かわさき》のうす汚れた売春街に住んでいる沖田勇（菅原文太）は、売春婦だった母親が死んでからは、チンピラの手下となってかけずり回っていた。

そして、少年院とシャバを往復しているうちに、街の愚連隊の番長となっていた。ところが、何年か経ち、滝川組が川崎を牛耳るようになった。組織に支配されるのを嫌う勇は、滝川組と対立し、組員を斬って刑務所に入る。勇を失った仲間たちは、自然と離散していった。

それから五年後、日本は終戦後の復興処理が急速に進み、あちこちの都市では、大きなビルディングが建ち、その姿を変えていった。川崎も例外ではなかった。ただ勇が住んでいた売春街の一角だけは取り残されたままで、昔の面影を残していた。

勇が出所したのはそんな頃だった。彼の眼に写ったのは街の変貌であった。暴力団絵図も変わり、現在は、滝川組と新興暴力団の矢頭組の二つの組織が川崎を二分していた。

勇はかつての愚連隊仲間の安夫（地位武男《ちいたけお》）、鉄男（小林稔侍《こばやしねんじ》）、サブ、次郎、それに勇の女の君代（渚《なぎさ》まゆみ）、一匹狼の木崎（小池朝雄《こいけあさお》）たちと手を結び、再びこの川崎で羽振りをきかそうと二つの組織を相手とするべく立ち上がった。

手始めに、滝川（諸角啓二郎《もろずみけいじろう》）の子分たちを次々と痛めつけていった。狂った野獣のように暴れまくる男たちを、滝川が黙って放っておくはずがない。

ある夜、数人の子分を使いサブたちを袋だだきにし、勇も拳銃で撃たれ負傷してしまう。

この両者の抗争を静観していた矢頭組組長の矢頭俊介（安藤昇）は、勇たちを傘下に置こうと木崎を口説き桜会という組織を結成する。

矢頭組が勇たちの後押しをするとなると、滝川は手出しができなくなる。そこで滝川はこの機会に矢頭組をも壊滅させるべく関西系暴力団サイエイ会会長・大和田英作（内田朝雄《うちだあさお》）を担ぎ出す。

やがて、川崎の街には、サイエイ会行動隊郡司組をはじめ、続々と同系の組織が集結する。傷がすっかり癒えた勇は、このサイエイ会の圧力に最後まで抵抗しようと意気込む。

いっぽう、矢頭は、この不利な状況に、幹部の風間（土山登志幸《つちやまとしゆき》）に滝川暗殺を命令。その夜、風間はみごと、滝川の暗殺に成功。

しかし、自らもサイエイ会の白刃に倒れる。幹部を一人失ってまでも滝川を殺《や》ることを強行した矢頭の頭には滝川組をつぶし、大和組と手を握りたいという冷酷な考えがあった。

大和田もこの矢頭の度胸に惚れこみ手を組むことに同意する。しかし、いまだに抵抗を続ける桜会を抹殺するという条件を出した。

矢頭は勇の命だけは助けると約束を取り付ける。川崎の工場跡のアジトに立て籠もり必死に抵抗していた勇たちは、矢頭が大和田と手を結んだことを知って愕然《がくぜん》とする。

脅える子分たちを思った勇は、自ら指を詰め詫びを入れるのだった。

しかし、その勇を郡司組は痛めつける。その勇を庇《かば》おうとした君代は、郡司組に殺される。

押し黙ったまま、君代の死骸を見つめる勇は、ついに怒りが爆発。矢頭、郡司らに向かって突進するが、多勢に無勢、背後より銃弾が勇の背に撃ち込まれる。倒れる勇。立ち去ろうとする矢頭はじっと身動きせぬ勇を眺める。「これが『ヤクザ』だ」と言わんばかりに……。

深作にとって、そのテーマを実現できる役者との出会いがあった。菅原文太である。菅原は、二線クラスを低迷し続けていた。菅原の中には、いまにも爆発しそうな鬱屈《うっくつ》が溜まりきっていた。

鶴田でもない、高倉でもない、菅原こそ、深作のテーマを表現できる役者であった。

深作は、菅原に説明した。

「いいか、文ちゃん、これまでの任俠映画とは、まったく違ったものをつくるんだ。この映画で一番悪い野郎は、主人公のあんたなんだ。それに、一番格好悪いことをしでかすのも、主人公なんだぜ。強姦だろうと、なんだろうと、やらにゃいかんのや」

文太も乗った。

「そうや、そうや」

いよいよ撮影に入った。ノーヒット監督深作と、五番俳優の呼吸は、ぴたりと合った。

菅原文太が、キャメラを前に叫ぶ。

「仁義も名分《めいぶん》も、俺たちチンピラには、知ったこっちゃねえや！」

菅原は、ひたすら暴力に突き進む狂犬ヤクザを、全身で演じきった。主人公のヤクザは、大きな暴力組織からはみ出し、ついには組織から殺されていく。

カッコいいことや、偉そうなことを言っているやつは、どこか偽者だ、と思って生きてきた文太にとって、着流し任侠映画の主人公を演じているときと違い、地で演じることができた。

深作監督も、ボルテージを上げてきた。菅原に言った。

「文ちゃん、ここで、もっと狡《ずる》さを強調しよう」

現実社会の底辺をしぶとく生きぬくアンチ・ヒーローの登場であった。

深作と菅原のチームに加わった渚まゆみ

深作監督、菅原文太と組むことになる渚まゆみは、高校中退後、昭和三十六年に島耕二《しまこうじ》監督の『夕やけ小やけの赤とんぼ』で主演としてデビュー。大映の新人スターであった。

デビュー後は、映画やテレビドラマなどで幅広いジャンルの作品に出演した。また、そのいっぽうで、歌手としても活躍した。

昭和四十八年、シンガーソングライターの浜口庫之助《はまぐちくらのすけ》と結婚し、翌年に長女を出産した。以降は芸能界を事実上引退したが、平成二年に浜口が他界したのち、テレビドラマなどに再び出演した。

深作が渚まゆみを誘うきっかけは、昭和四十三年二月から五月にかけて、全八十五回放送されたＴＢＳのテレビドラマ『流氷の女』の主演を渚が務めたことだった。

網走《あばしり》市の市会議員で実際に活躍した女性・中川《なかがわ》イセの波瀾万丈の半生を描いたドラマは、平日の月曜から金曜にかけて、午後二時から午後二時十五分に放送された。

ドラマは、おおいに評判を呼び、主人公を体当たりの演技で演じた渚の人気も沸騰《ふっとう》。視聴率も非常に良かった。

そのため、放送終了から一年後の昭和四十四年七月から翌昭和四十五年三月まで同じ放送枠で、渚を再び主演に据えた『新・流氷の女』が制作されるほどであった。

『新・流氷の女』は、渚が生まれ育った秋田《あきた》県が舞台になり、造り酒屋の女将《おかみ》の一代記を演じた。

渚が当時について語る。

「わたしは大映でデビューしたのですが、ちょうどその頃、石原プロに入ったときで、浅丘《あさおか》ルリ子さんや黛《まゆずみ》ジュンさんもいらっしゃいました」

『現代やくざ　人斬り与太』への出演オファーがあったのは、渚が石原プロに在籍しているときだったという。

渚は、渋谷《しぶや》東映の近くにあった『喫茶店こじまや』に、石原プロのマネージャーとともに赴いた。深作欣二監督とプロデューサーの吉田達《よしだとおる》から作品についての出演オファーを受けたのだ。

深作は、渚に熱っぽく言った。

「あなたの『流氷の女』での演技が素晴らしかった。今度の作品は、東映のいわゆるヤクザ映画ですが、地方から都会に出てきて翻弄《ほんろう》される女性の役を、ぜひ演じてほしい」

横須賀《よこすか》市で生まれたあと、すぐ秋田《あきた》に疎開して中学一年生まで秋田で過ごした渚には、秋田弁の訛《なま》りが残っていた。深作監督は訛りの残る渚こそ、地方出身の女性を演じるのに最適だと思ったようだった。ぜひとも出てほしいと熱心に頼んできた。

だが、渚が当時所属していた石原プロダクションのマネージャは出演には積極的ではなかった。

「ヤクザ映画なんか、やめましょうよ」

そのイメージがつくことを恐れたのか、そのように言っていた。

しかし、渚は深作が高く評価してくれたこともあり、出演には積極的だった。

渚まゆみ

自ら宣言した。

「ぜひ、出演させてください」

渚が当時について語る。

「深作さんがドラマの演技を見て、評価してくれたことが嬉しかったんです。『流氷の女』は、女性の一代記でしたが、男まさりなたくましい女性の役だったので、コメを担いで馬に乗ったりして。当時は、タクシーの運転手さんとかいろんな人がファンになってくれて、たくさん声をかけてもらいました」

この映画には渚のヌードのシーンもあった。が、その部分は代役が演じたという。

この映画は、非常に好評で、のちの『仁義なき戦い』を感じさせるような深作監督独自のテンポの良さや、従来の任侠映画にはない欲望をむき出しにしたヤクザたちのリアルな姿が評判を呼んだ。

この作品を任侠映画から実録映画への転機となる一作と見る映画ファンも多い。

深作欣二監督は、『キネマ旬報』一九九二年九月下旬号の工藤公一著『新・世界の映画作家と新作研究10　深作欣二「深作欣二全自作を語る」』の中で、次のように語っている。

「『軍旗はためく下に』（昭和四十七年三月十二日公開）の反動でしょうか、むやみに悪い奴を主人公にした映画を撮りたくなったのです。幸い菅原文太に『現代やくざ』という主演路線があったので、実現出来た企画でした。『軍旗〜』の時は正直いって、いわゆる『良心作』志向があった。しかし僕に一番似つかわしい仕事は、むしろ『非良心作』なんじゃないかと思い始めたんですね。目からうろこが落ちたような思いで取り組んだ作品です」

渚まゆみは、「人斬り与太」シリーズの二作目『人斬り与太　狂犬三兄弟』にも出演した。

この映画は、昭和四十七年十月二十五日公開で、監督は深作欣二、脚本は松田《まつだ》寛夫《ひろお》と神波《こうなみ》忠男《ふみお》、音楽は津島利章、撮影は仲沢半次郎だった。

『人斬り与太　狂犬三兄弟』のストーリーは次のとおりだ。

村井組の組員の権藤（菅原文太）と大野（田中邦衛《たなかくにえ》）は、新興ヤクザ北闘会会長の貝塚（須賀不二男《すがふじお》）

を刺し殺した。

　そのとき、貝塚のボディガードである志賀（今井健二《いまいけんじ》）の頬《ほほ》を切り裂いた。二人は一目散に逃げたが、やがて権藤は一人で自首する。

　六年後、出所した権藤は、古巣の街に帰ってくる。が、街では北闘会が羽振りを利かせている。会長には以前代貸の佐竹（渡辺文雄《わたなべふみお》）が収まっていた。

　権藤は村井組に帰り、組長の村井（内田朝雄）と代貸の五十嵐（室田日出男《むろたひでお》）に挨拶し、大野と再会する。

　北闘会との手打ちまでのいきさつを聞くが、村井の弱腰には納得できなかった。権藤と大野は、不満が満たされぬまま、バー『おけい』のママのけい子（松井康子《まついやすこ》）を強姦し、強引に共同経営を始める。

　ある日、権藤と大野が北闘会の賭場へ行くと、谷（三谷昇《みたにのぼる》）という流れ者やくざと志賀が争っていた。権藤は仲に入ってそれを収めてやる。それが縁で谷は『おけい』の用心棒をかって出た。『おけい』では道代（渚まゆみ）という田舎娘を雇った。権藤はこの道代に客を取らせようと考えていたのである。

　しかし、道代は頑として客をとろうとしない。怒った権藤は道代を強姦してしまうが、強情な彼女にしだいに惹かれていくのだった。

　いっぽう、店は大繁盛であるが、北闘会が権藤の荒稼ぎを見逃すはずはなく、一挙に村井組をもつぶすべく画策を始めた。村井組も権藤が邪魔になり始め、権藤の抹殺を企てた。

　権藤、大野、谷は反撃に出るべく店じまいをして、北闘会の縄張り荒らしを始めた。

　ところが、北闘会と大乱闘の際に谷が捕らわれ、志賀のリンチによって殺されてしまった。

　怒った権藤は、志賀と対決して谷の仇《かたき》を討つ。そして、権藤と大野は北闘会の網から逃れ、高飛びの費用を取りに大野の家に行く。だが家には弟たちもおり、持てあまし気味だった大野を、逆上した母親が仏像で殴り殺してしまった。権藤は血相を変えて大野の家を飛び出す。谷が殺され、大野まで殺されて一人になった権藤は、追いつめられた野良犬の如くに、自分を殺そうとした村井の家に乗り込み、村井を殺害してしまった。

逃げる権藤が映画館に隠れていると知った佐竹は、村井組に密告する。親分の仇と映画館に駆けつけた五十嵐たちは権藤を惨殺《ざんさつ》してしまう。道代の前を担架に乗せられた権藤の死体が運ばれて行った。数カ月後、道代は狂犬の血を引いた子どもを産んだ……。

渚は、二作目の『人斬り与太　狂犬三兄弟』では、菅原文太演じる権藤と結ばれる桂木道代の役を演じた。

渚が当時について語る。

「『狂犬三兄弟』のときは、東映は誰か違う女優でやろうか、という話になっていたらしいのですが、深作監督や文太さんが『今回も渚でいいんじゃないか』って推薦してくれたそうなんです。そこまで言われたら、わたしもそれならやろうってなるじゃないですか」

前作では裸になるシーンは代役が演じたが、今作では裸で走るシーンを自身で演じたという。

「これだけわたしのことを認めてくれるなら走りますよって言って、自分で進んで演じました。やっぱり、またわたしを使ってくれるってことに感激しましたからね」

渚は、深作監督や主演の菅原文太に親切にしてもらったという。

「深作監督は撮影中は厳しいときもあるけれど、終わると、みんなで飲もうって感じで、大泉《おおいずみ》の撮影所の近くで頻繁に飲みました。文太さんも、『まゆみ、まゆみ』って呼んでくれて、親切にしてくれました」

当時、渚は、渋谷区北部にある初台《はつだい》に母親と一緒に住んでいた。

渋谷での撮影後、菅原が車で送ってくれたこともあったという。撮影中のヤクザの格好をしたままで送ってくれたので、その姿を見かけた母親が渚はヤクザと付き合っていると誤解したこともあったという。

『人斬り与太　狂犬三兄弟』に村井組組員役で出演していた青木卓司も、この二作の菅原文太の演技には度肝を抜かれた。

〈この人は、本当に気が触れているんじゃないか？〉

と疑ったほどだ。

『現代やくざ　人斬り与太』ではまさる役、『狂犬三兄弟』で末弟の大野三郎を演じた城春樹《じょうはるき》は青木の少し先輩に当たる大部屋俳優だった。福島《ふくしま》県福島市出身の城は撮影所でも普段から福島訛り丸出しでしゃべる。ちょっとした有名人だった。

そこに目をつけたのが、二作品を監督した深作欣二である。

「あいつを、この役に入れろ」と城を強引に押し込んだ。結果は大正解である。城はこののち、深作組で重用されるバイプレーヤーとなっていく。

この二作品で、菅原文太も一気に注目度を上げていった。

『極道VSまむし』さながらの若山VS菅原

昭和四十九年八月三十一日公開の『極道VSまむし』の脚本が完成した。

「釜《かま》ヶ崎《さき》の極道」こと若山富三郎演じる島村清吉と、神戸《こうべ》・新開地《しんかいち》の「まむしの兄弟」こと菅原文太演じるゴロ政と川地民夫演じる不死身の勝が、美しい保母をめぐって恋のサヤアテ！　発情期の野良犬同士が牙を剥《む》いたようなすさまじい死闘となったが、勝負は互角。

城春樹

血を流し合ったあとは、いつしか意気投合。神戸も釜ヶ崎も俺たちの天下だと、よせばいいのにソノ気になりすぎ、ド派手に遊び、暴れ回ったのが災いのもととなり、大組織暴力団の怒りに触れ、大騒動となる。
監督の中島貞夫は気が重かった。主役への挨拶に出向かなければならない。
〈文ちゃんのほうは放っておいても大丈夫だ。でも、若山さんのところには行

っておかないと〉

若山の住まいは当時、京都市内のマンションだった。

気乗りがしないまま、チャイムを押す。応接間に通された。

「若山さん、こういう企画を会社から言われて。こういうふうにつくったんだけども」

例によって若山は中島の話を聞いている様子はまったくなかった。

「お前、どっちの味方や？」

中島にはまったく予想できない質問だった。「極道とまむし。おまえはどっちの味方なんだ？」と若山は問うている。中島は答えに窮した。

立ち上がった若山は、なんと拳《こぶし》を振り上げている。どうやら怒っているらしい。

中島はすぐに頭の中で算盤《そろばん》を弾いた。

〈ここで一発殴られたら、この企画はやらんで済むな〉

痛い目に遭うのは本意ではない。だが、面倒臭い企画から逃れられるのであれば、安い代償とも言える。

〈若山さん、殴ってくれないかな〉

中島の妙な期待を知ってか知らずか、若山はおもむろに手を下ろした。さすがにその程度の自制心は持ち合わせているらしい。それにしても不思議な男である。

とにかく、若山には常識が通じない。

「文太は、俺の子分だ」

あくまでそううそぶく。これには菅原も困惑していた。中島は思った。

〈若山さんは本当に不思議な人だ。何をどうしゃべっても、わかってはくれない〉

そのうち、菅原が撮影に遅れて来るようになった。これが若山の導火線に完全に火を点ける。

ある朝、中島監督は六時にスタジオに入った。見れば、若山はすでに来ている。

「貞夫よ」

若山が呼びかけた。

「今日な、何があっても、口出すなよ」

「何があるんですか？」

「いいから」

中島はとぼけていたが、大方の察しはついていた。撮影所内のスタッフから妙な噂を聞いていたからだ。

「若山先生が『俺は文太を殴る』と息巻いている」

どうやら若山は中島に「口を出すな」と言うために、早朝からやって来たようだ。「そうか、そうか」と得心しながら、若山に告げた。

「若山さん、だけど、時間がないし。撮影が終わってから、やってくださいよ」

「いいから、黙ってろ」

相変わらず、何を言っても甲斐がない。

そこへ菅原が到着した。予定の時刻どおりだ。決して遅れてはいない。菅原の車が止まったとき、若山はすでに立ち上がっていた。

菅原が入ってくると、若山は怒鳴り始めた。

「先輩の俺が来てるのに、おまえがあとから来るとは何事か」

菅原は仕方なく、神妙な表情で聞いている。

「文太、お前はいつからそんなに偉くなったんや。もう役者できん顔にしたろか」

完全に脅し文句である。そこまで聞いて、中島はさすがに思った。

〈こら、あかん〉

なんとしても菅原を救わなくてはいけない。撮影の続行も難しくなるからだ。

直立不動の菅原に目をやったまま、若山に近づいた。

「若山さん、撮影が終わってからにしてください。終わったら、何してもらってもいいから」

若山は馬耳東風。

「おまえ、さっきわしが頼んだやろ。『今日は口出すな』って」

なおも食い下がる若山を必死の思いでなだめすかし、撮影を始めた。

撮りながらも、中島の頭の隅から若山の言葉が離れない。

中島は一計を案じた。

〈若山さんと文ちゃん、二人を一緒に終わらしたらいかんな。かと言って、若山さんが先だと、待ち伏せするに違いない。文ちゃんを先に帰そう。若山さんの撮影はそこからさらに一時間はかかるようにしよう。それで決まりだな〉

そこで、菅原に水を向けた。

「文ちゃん、次、仕事あるのか？」

「はい」

「じゃあ、行って」

これで菅原はひとまず安心。あとは若山である。

結局、文句を言われながらも、若山のシーンは撮れた。中島の機転で、この日の刃傷沙汰《にんじょうざた》は免れた。

だが、若山は意外にしつこい。遺恨は尾を引きつつ、『極道VSまむし』はクランクアップした。

その直後、若山が体を壊し、この一件は沙汰やみとなった。若山が元気《げんき》溌剌《はつらつ》だったら、大変なことになっていたであろう。

若山は喧嘩上手だった。中島の見るところ、かなり場数を踏んでいる。弱いはずがなかった。

まともに組み合えば、菅原の不利は否めない。菅原は役柄と違い、喧嘩をするような人間ではなかった。

実像は読書家でインテリ。中島は自分に近いものを感じていた。少なくとも若山とはまったく違う種類の人間である。それだけは間違いない。

深作と鶴田は実は相性がいい

内藤誠《ないとうまこと》から見て、鶴田浩二と相性のいい監督は、実は、深作欣二だったという。なにも菅原文太ばかりが深作監督と相性が良かったのではない。

鶴田は、深作が撮った昭和四十五年一月三十一日公開の『血染の代紋』にも出演している。内藤としては、深作欣二とともに脚本をつくり、初めて脚本担当として名前をタイトルに出してもらえた作品でもある。

浜安組組長・郡司健策を演じる菅原文太、その幼馴染《おさななじ》みで元ボクサー・速水五郎役の梅宮辰夫が中心となり、二人は張り合いながら、浜安組の利権をかっさらおうとする大門組と戦う。

鶴田は、元浜安組の代貸・黒木。浜安組の重鎮として、大門と組んだ岩切組に乗りこみ命を絶たれる。若い二人が、大門組への怒りをいっそう燃え滾《たぎ》らせるきっかけとなる重要な役割である。

実は、鶴田をあえて出演させたのは、菅原文太と梅宮辰夫の二人で一つの作品を任せるにはまだ知名度が低かったからだった。二人を後押しする意味でも、知名度の高い大物を登場させたい。製作の初めから、深作は考えていた。

深作が当初その候補として考えていたのは、作家の三島由紀夫《みしまゆきお》だった。深作が監督した江戸川乱歩《えどがわらんぽ》原作の『黒蜥蜴《くろとかげ》』に出演したこともある三島が、映画の要ともいえる位置にいれば映画にすごみが増す。話題性も高くなる。台本も、三島の出演を想定して書いていた。しかし、残念ながら断られた。

そこで、鶴田に声をかけたのだった。

鶴田は、三島とは『博奕打ち　総長賭博』を激賞されて以来仲良くしていて「三島さんに何かあれば、どこへでも飛んでいく」とさえ言っていた。三島の代役であれば……と、鶴田は快く引き受けてくれた。

その深作欣二は「なぜ、こんな男の人生をわざわざ映画にするのか」と問われるような人物を取り上げた。が、深作が撮ると芸術的になり、文化の薫りが立ちこめてくる。

渡哲也

たとえば昭和五十年二月十五日公開、渡哲也《わたりてつや》主演の『仁義の墓場』である。

舞台は戦争直後の新宿《しんじゅく》。渡演じる石川力夫は、テキ屋一家「河田組」の組員。その凶暴性はヤクザのなかでも群を抜いており、あちこちで恨みを買ってとうとうヘロイン中毒にさせられる。

ラストで石川はビルから飛び降りて自殺するのだが、そこでも深作の演出は光っていた。

千葉《ちば》真一《しんいち》はこの映画には出演していなかった。が、同時上映される鈴木則文監督の『少林寺拳法』で主演を務めていた。また深作とも親しかったことから、この飛び降りのシーンを深作の隣で見学していた。

石川演じる渡哲也が、高いビルの壁面に立つ。そこで深作が渡に大声で指示を出した。

「渡くん、そこから飛び降りる前になあ、おまえ刑務所から履いてるような草履《ぞうり》履いてるだろう。その草履をビルの壁面から片っぽをポーンと落とせ」

渡が言われたとおり、草履の片方を落とす。ただそれだけのことなのに臨場感が高まり、それを見守る人々の心がざわつく。千葉は感心した。

〈深作さんの、この感性はすごい。これこそ深作欣二の演出だ。勉強になる。人生を知っているんだな〉

空しさと退廃を芸術に昇華して映画にする。普通の腕ではできないことであった。

実録路線プロデューサー日下部五朗《くさかべごろう》

藤純子《ふじじゅんこ》の引退とともに、任侠映画は退潮した。それは東映の退潮でもあった。

東映は、次の活路を実録路線に見出した。

プロデューサーの日下部五朗にとって、『仁義なき戦い』は、初めて一人でつくりあげたような作品であった。

日下部は、作家の飯干晃一《いいぼしこういち》と懇意にしていた。飯干の原稿で囮《おとり》捜査を扱った、『おとり』という作品をつくることになった。

大阪《おおさか》府千里《せんり》の飯干の自宅で、この話し合いとなった。

話の最中、飯干が言った。

「日下部さん、別のいい材料が手に入ったんだ」

飯干の声は、興奮している。

「広島《ひろしま》のヤクザ抗争の当事者の美《み》能《の》幸三《こうぞう》が、獄中で書いた手記なんだ。美能から預かったんだ。近く週刊誌に連載する予定なんだ。ぜひ読んでください」

飯干は原稿を取り出してきて、日下部に渡した。

日下部は、読み進めていくうちに、自分も興奮してくるのがわかった。

プロデューサーとしての勘が働いた。

〈なんて、生々しいんだ。本音の部分がきちんと出ている。これは、いけるぞ！〉

日下部五朗

日下部は、いままで仁侠路線の映画を何本もつくってきた。が、どうしても建前の部分だけでつくってきていた。ヤクザ、という様式美の世界から抜け出ることができなかった。が、この手記は、本音しかない。生身の人間たちのどろどろした蠢《うごめ》きがある。愛情があり、嫉妬があり、戦いと絡んですさまじさがより強調されている。

日下部は、読み終えると、あまりの鮮烈さにため息をついた。

飯干は、日下部が読み終えると、待ち切れないというふうに感想を求めた。

「どう、いけるだろう」

「いいですね。すごくリアリティがある。ぜひ、映画化させてくださいよ」

日下部は、帰社する途中思っていた。

原作が取れたというだけで、日下部は大ヒットしたような気になった。

〈これの映画化に成功すれば、いままでの仁俠映画の殻を破ることができる。岡田社長も広島出身だ。企画に乗るぞ……〉

それまで日下部は、俊藤浩滋のもとで、ある一定のパターンの企画、プロデュースをしていた。が、同じことの繰り返しで、日下部自身行き詰まっていたふうもあった。新しい、自分自身が出せる映画づくりをしたい。そう願ってやまなかった。

日下部は、その第一歩となる作品を探していた。そして、ようやく巡り合えた。

日下部は、この作品から、自分自身のプロデュースというものをやってみようと思った。

岡田社長の言うには、小説の連載が始まってからのほうがいい。日下部は、小説が掲載されるのを待った。

しばらくして、『週刊サンケイ』にその連載が始まった。

岡田にその話をすると、すぐにでも始めようと言う。日下部が、笠原和夫《かさはらかずお》に言った。

「頼みたいものがある」

笠原は、『海軍特別攻撃隊』という脚本を書いたが、キャスティングが難航して流れていた。

日下部は言った。

「ただし、非常にヤバイものなんで、正月映画専門にしよう。それと、短編連作みたいな形にしたい」

笠原は、飯干の原稿を読んだが、いまひとつドラマ性に欠ける。

笠原は望んだ。

「これじゃ、弱い。実際に広島に行って取材したい」

が、岡田が強硬に反対した。

「絶対に、取材するな」

笠原は、日下部に言った。

「俺は、ライターとしての転換期なんだ。これを、飯干さんの原作ということで書いたら、また同じになっちゃうよ」

日下部は、笠原の言葉にうなずいた。

「そうだなあ。じゃあ、本社に内緒で、二人で行ってみようか」

隠密に広島へ行った。金は、日下部が都合した。

翌朝、朝食を摂っていると、日下部が弱気を出した。

「笠原さん、やっぱり、東映という看板背負っては会えないよ。悪いけど、一人で行ってくれ」

「プロデューサー抜きで、俺が行ってどうするんだ」

「そこを、なんとか」

日下部に頼まれ、仕方なく、笠原は一人で会うことになった。

懇意にしている文房具の社長に頼んで、美能幸三を紹介してもらった。

社長の事務所で待っていると、美能がやって来た。

えらく背が高くて、さすがに眼つきが鋭い。

彼は、映画などは頭から馬鹿にしていた。

「映画なんて、なんだ」

笠原は、仕方なく言った。

「わかりました。じゃあ、会社のほうに話を通して、わたしもこの企画をきっぱり降ります」

美能は、笠原を呉《くれ》駅まで見送ってくれると言ってきた。

笠原は、美能に送ってもらうことにした。歩いて駅まで行く途中、四方山話《よもやまばなし》をしていた。

「この仕事をやって、いくらくらいになるんだ」

「七十万くらいじゃないですかね」

「そうか。この仕事は、ふいになっちゃうんだな」

「まあ、そうですね」

「そうか。呉は、初めてか？」

「いや、二度目です」

「前は？」

「戦争中にね、特幹練（特別幹部練習生）で黒瀬《くろせ》の警備隊にいて、高射砲弾を運びに来たことがある」

「あ、おまえ黒瀬の警備隊にいたのか」

なんと、美能は、笠原のいた海兵団の先輩だったのである。

「とにかく、それなら飲もう」

「いや、それはいいんだけど、映画の話はどうなるんだ？」

「いや、映画にしないんなら、なんでも話す。映画だけはごめんだ。それはともかく、飲もう」

呉の外れの、美能のマンションに行って、子どもをおぶった夫人の手料理で飲み出した。

美能の話は、めっぽう面白い。

美能も、自分の鬱憤《うっぷん》を誰かに晴らしたかったのであろう。

『仁義なき戦い』がクランクイン！

笠原が帰ってその話を日下部にすると、日下部は言った。

「よし、撮ろう」

「まずいよ。向こうには、もうやめるって言ってきちゃったんだよ」

「そんなこと言ったって、しょうがないだろう。撮ろう」

当初は、すぐにストーリーを山口組のほうに移そうと思った。が、調べてみると、とてもさばききれない。

笠原は、「呉事件」だけに絞ることにした。

これなら、現在の広島を支配している共政会ができる以前の話だし、なんとかなる。

笠原は、美能を京都に招待して、自分の脚本を見せた。

「これでいきたい」

美能は、笠原の脚本を読んで言った。

「ここまでされちゃ、俺ももう断りきれない。けど、俺の女関係だけは、全部削ってくれ」

笠原は、それを承知して、十数シーンあった艶話《えんわ》をすべて削った。

それで、監督は誰だ、という段になって、深作だという。

笠原は怒った。

「冗談じゃない。あいつと組むんだったら、俺は責任持てないよ。ほかの監督にやらせてくれ」

笠原は、昭和三十九年に『顔役』という映画で深作と組み、大喧嘩をして以来、二度と組みたくなかった。

が、プロデューサーの俊藤は、譲らない。前回に深作の撮った『狂犬三兄弟』を評価していた。

笠原は、俊藤に言った。

「組んでもいいけど、僕は、この脚本で絶対に直さない。あなたも日下部さんもいいといってるんだから、一行も手を加えないし、深作とは顔も合わせない。それでいいか？」

「いい。俺が説得する」

笠原は、俊藤の言葉を確認すると、あとは勝手にやってください、と言い残してその場をあとにした。

この一言で、『仁義なき戦い』は深作が撮ることになった。

笠原のところに、電話があった。電話に出て自分の名前を名乗ると、相手は低い声で自分の名前を名乗った。

「深作です」

一瞬、笠原は黙りこんでしまった。

深作は、笠原の心情を読み取ったのだろう。要点だけを続けた。

「『仁義なき戦い』、あのままやらせてもらいます」

この瞬間、笠原は、やったと思った。

〈昔のことは、水に流そう……〉

笠原は、すぐさま京都に行った。

撮影当初、深作は、笠原の脚本どおりに撮影を進めていった。撮影も極めて順調であった。

深作の撮影状況を確認した笠原は、現場を深作に任せ、他の仕事に没頭した。

「人斬り与太」シリーズの二作のあと、渚まゆみは、空前のヒット作品となる昭和四十八年一月十三日公開の『仁義なき戦い』のシリーズ一作目にも出演することになった。

あらすじは次のとおり。

敗戦直後の広島県呉市。戦地から帰ってきた若者・広能昌三（菅原文太）は、山守組組員たちに代わって、刀を振り回す暴漢を射殺し、刑務所に収監される。

そこで呉の大物ヤクザ土居組の若衆頭の若杉寛（梅宮辰夫）と知り合って義兄弟となる。彼の脱獄を手伝ったことから、彼の計らいで保釈される。

そして逮捕の原因と、土居組の友好組織ということから、広能は山守組の組員となる。

間もなく呉の長老・大久保の手引きにより、市議選に絡んで山守組と土居組は敵対関係となる。広能との関係から穏便に解決したい若杉に対して、山守組幹部の神原（川地民夫）が裏切って土居に就く。山守組は組織力に勝る土居組に追い詰められていく。

ついに山守組は、組長の土居清（名和宏《なわひろし》）暗殺を計画する。名乗りを挙げた広能に、山守義雄（金子《かねこ》信《のぶ》雄《お》）は出所したら全財産を渡してやると感謝する。かくして広能は土居に重傷を与え、再び刑務所に収監される。土居は、担ぎ込まれた病院で死亡。

いっぽう、若杉は義侠心から裏切り者の神原を殺害して高飛びしようとするが、何者かによって警察に密告され、乱闘の末射殺される。

組長と若頭が亡くなったために壊滅した土居組と対照的に山守組は朝鮮特需で財をなし、呉を代表する大組織となる。

しかし、組織が大きくなったがゆえに、ヒロポンなどによる稼ぎをめぐって若衆頭の坂井鉄也（松方弘《まつかたひろ》樹《き》）一派と、幹部の新開宇市（三上真一郎《みかみしんいちろう》）一派の内紛が起き始める。

坂井は山守に親として解決を迫るものの、山守はのらりくらりとかわす。このうえに、新開派の不満の原因の一つでもあった子分から奪ったヤクの横流しまでしていた。

ついに業を煮やした坂井は、山守から組の実権を奪う。内部抗争の果てに、新開も暗殺するのだった。

講和条約の恩赦で、広能は仮釈放されることとなる。山守は、ただちに彼に接近して坂井の暗殺を頼み込む。山守に不快感を持つものの、親子の仁義を通すか迷う広能は、偶然坂井と出会う。広能は暗殺の話を明かした上で坂井に和解を説く。が、逆上した坂井は山守を強制的に引退させ、対立する古株の矢野（曽根晴美）も殺害する。

広能は坂井派の槙原（田中邦衛）に呼び出されるが、そこには山守がおり、広能は槙原の正体を理解する。山守は坂井を襲わなかった広能を非難し、再び協力を迫る。が、広能は山守・坂井双方を非難して、山守との縁を切り、けじめとして坂井を殺すことを宣言する。その際に、若杉の密告者が山守・槙原だと示唆される。

単身で坂井を襲撃した広能だったが、ことはなせず逆に捕まってしまう。しかし、坂井は弱気になっている胸中を明かした上で、広能を生かしたまま解放する。その直後に、坂井は暗殺されてしまう。

後日、広能は大規模な坂井の葬儀の式場に平服姿で現れる。山守たちによって営まれていることを確認すると、坂井の無念を代弁するかのように、拳銃を供物に向かって一発発砲する。

「山守さん。まだ弾は、残っているがよ……」

この映画で、渚は、広能の親友で抗争で命を落とした山方新一の女で、山方の死去後、松方弘樹演じる坂井鉄也の女となる新庄秋子を演じた。

渚が語る。

「深作監督か、プロデューサーの日下部五朗さんのどちらかからお声がけいただいたんだと思います。このときも撮影が終わると、京都でみんなで飲んでましたね。松方弘樹さんも、素敵な明るい方で、一緒に飲みました」

菅原文太は、共演の機会が多い渚まゆみのことをなにかと気にかけてくれたという。渚の家に遊びに来たときには、母親にも親切に声をかけてくれていた。

「お母さん、こういう番組を見ないとダメだよ」

などと言って、テレビ番組を紹介したりしてくれたという。

昭和四十七年十月から半年かけて放送されたNETテレビと東映が制作したオムニバス時代劇ドラマの「長谷川伸《はせがわしん》シリーズ」の二十話『髯題目《ひげだいもく》の政』では、主演を務めた菅原が渚のことを共演相手として推薦してくれた。

ヒットの裏で評価の分かれた『仁義なき戦い』

深作欣二は菅原文太を縦横に使い、『仁義なき戦い』はこのコンビで順調に撮影が進んだ。

シナリオを書いた笠原和夫は、予定どおりの進行状況に、深作やるな、と思った。

それから一カ月後、編集も終わり『仁義なき戦い』は完成した。

笠原も、試写室での初上映に呼ばれた。

音楽が鳴り出し、『仁義なき戦い』は、感動的に幕を開けた。

が、一時間ほど見進めていくうち、笠原は妙にセリフが多くなっているのに気がついた。

〈俺がきちんとドラマを考えてやってるのに、深作のやつ、ごちゃごちゃ書きこみやがって〉

それでも見進めていくと、今度は役者の顔が、まともに映っていない。キャメラが、揺れ揺れに揺れているのだ。

すべての上映を終えたとき、笠原は腹をたてるというより、呆れ返ってしまった。

〈深作め、えらいもん、撮りやがって〉

笠原は横で見ていた企画課長に眼をやった。すると、彼も深刻そうな顔をして、映画の終わったスクリーンにまだ釘づけになっている。

〈こいつも、呆れ返ってるな〉

そう思った笠原は、彼に声をかけた。

「わからんやろ。あんな撮り方しとったら、これあかんわ」

が、彼は、笠原の言葉をさえぎるようにして答えた。

「いや、これはすごい」

彼は、納得するように、二度三度うなずいている。

笠原は、後ろのほうでしゃべっている者たちの会話に耳をすました。

すると、みないちように「すごい」を連発している。

笠原は思った。

〈こんなもん、どこがすごいんや。めちゃくちゃやないか〉

が、隣の企画課長は、まだ感動している。

「これは、いけるんじゃないかなあ」

独り言のようにつぶやいている。

〈これはもうダメだ〉

笠原は、みんな深作の魔法にかかってしまったと思った。

笠原は、試写室を出て、スタッフルームに向かった。

スタッフルームは、作品の完成に祝杯をあげようとしていた。気分も盛り上がっているのか、雰囲気は和気藹々《わきあいあい》として楽しそうに見える。

今まさに乾杯しようと、深作も、スタッフも、全員片手にグラスを持ちながら起立している。笠原は、頭に血がのぼった。

沸き立っているスタッフ一同に、腹の中で怒鳴りつけた。

「冗談じゃねえ。何が乾杯だ。あんなめちゃくちゃな映画撮っといて、乾杯なんかできるか！　顔が、映っとらへんやないか！」

笠原のぶすッとした顔つきで、乾杯は打ちひしがれてしまった。

が、『仁義なき戦い』は昭和四十八年一月十三日に公開されるが大ヒットを飛ばした。

映画が大ヒット、と聞いて、笠原は、俊藤浩滋プロデューサーの直感の鋭さに感服した。

『仁義なき戦い』は、ヒットを続け、五作目までつくられる。

『仁義なき戦い』で俊藤浩滋は、日下部五朗とともにプロデューサーに名前を連ねた。

大ヒットしシリーズ化される『仁義なき戦い』だが、一作目の製作時には、俊藤はプロデューサーとして作中に出てくる任俠組織のモデルとなる広島市や呉市の組織の関係者に挨拶をし、公開がスムーズにできるようにキッチリと筋を通していた。

待田京介も俊藤に同行し、広島に足を運ぶこともあった。

昭和四十八年四月二十八日に立て続けに公開された二作目の『仁義なき戦い　広島死闘篇』では、俊藤はプロデューサーから外れて、日下部五朗が中心となった。

待田によると、日下部は、俊藤に比べて、義理を欠くところがあったという。

待田が語る。

「二作目のときには、日下部から出演してくれと言われて台本も持ってきた。しかし、俊藤さんが一作目で各方面に気配りして進めたものを、日下部が大きな顔をしてやっていたのが気に食わなくて『俺は金輪際出演しない』と断ったんだ。俊藤さんに対する義理もあったから『俊藤さんがやらないなら、俺もやらない』と言ったんだ」

待田が振り返って、さらに語る。

「俊藤さんが苦労して広島に何度も足を運んだのを俺は知っていたから。俊藤さんが広島の共政会の山田久会長にもサシで会ったから、あの映画はできたんだ。だから、ヤクザが騒ぐこともなかったし、スクリーンに人糞《じんぷん》をバラまくようなこともされなかったんだ」

待田も山田会長の自宅に行ったことがあるという。

「山田会長が『今夜一杯飲みに行きたいけれど、待田さんに迷惑でしょうね』と言うから、『構いません、一緒に行きましょう』って言って飲んだこともありましたよ」

一作目で主演を務めた菅原文太も、実は二作目に出演するかどうか迷っていたという。

長い間不遇の時代を送った菅原も、自らを売り出してくれた俊藤浩滋には大きな恩があった。鶴田浩二らと同じく、俊藤プロダクションの所属でもあった。

待田が語る。

「文太は、俊藤さん、岡田茂さん、深作監督の間で板挟みになっていたようだった。俺のところにも『マチキョウ（待田の愛称）、おまえはどうするんだ』とわざわざ相談に来たから、『俺は俊藤さんへの義理があるから出ないけど、お前は好きにしたらいい』って言ってやったんだ」

困った菅原は、俊藤に自らの葛藤を打ち明けたという。

「俊藤社長、わたしは今回は受けるつもりはないんです」

渋る菅原に、俊藤は言った。

「おまえは役者なんだから、俺に筋を通すとかじゃなくて、おまえが選んだらいいじゃないか。おまえがやりたいと思ったら、やればいいんだよ」

結局、菅原は二作目に出演し、菅原と深作コンビの映画は以降も多くつくられていった。

待田は、『仁義なき戦い』のヒットにより、このあと多くつくられていく実録ヤクザ映画には否定的だった。

実録路線のヤクザ映画は、義理と人情を重んじた俊藤の任侠映画とは異なり、人間の狡猾《こうかつ》さや残酷さを描いていた。そのことは従来の任侠映画に比べて、リアリティがあると評判にはなったが、内容は凄惨《せいさん》で救いようのない話が多かった。

　待田は、映画は大衆娯楽で庶民に夢を見せて、楽しませるものであるべきだと思っていた。

　待田は、深作欣二監督に疑問を感じる点があったという。

「深作さんみたいな監督っていないんです。『仁義なき戦い』の撮影現場で平気で地べたにあぐらをかいて、『ヨーイ、はい』ってやるんですから。監督らしくないんです。どこでも座っちゃう。やっぱり監督ならば、ああいうところは見せてほしくない。大山倍達《おおやまますたつ》先生の極真空手で教育を受けたわたしからしたら『なんて監督なんだ』と思いましたよ。台本片手に鉛筆を耳に挟んで、どこでも地べたに座っちゃう。ほかにはいないですよ。そんなんだから、結局できあがった作品も泥んこになる。確かに神戸のヤクザと広島のヤクザは違います。神戸のヤクザは事務所に撃ち込んで逃げるけど、広島のヤクザはすれ違いざまに頭を撃って殺しちゃうんですから」

　深作監督と対照的に待田は多くの任侠映画を撮影した山下耕作《やましたこうさく》監督を高く評価している。

「山下さんは任侠映画をよく知っていて、『博奕打ち　総長賭博』のように、本当は汚い世界を綺麗《きれい》に見せていた。えげつない世界を、義理と人情、男はこういうものだという理想像を示して、綺麗な世界として観客に見せていましたね。それが山下監督のいいところ。性格も柔らかい性格で、『マチキョウさん、なんか頭の中で考えているのね』なんて話しかけてくれたりして。一番理解し合っていた監督ですね」

　いっぽうで、多くの任侠映画を撮影した小沢茂弘《おざわしげひろ》監督は、役者を平気で罵倒《ばとう》するところがあったという。

「小沢さんはタイプが違う。川谷拓三《かわたにたくぞう》が有名になる前の時代、金沢《かなざわ》でロケがあったとき、大勢の見物人の前で『おまえは何年やっているんだ！』って何度も怒鳴ったりして、平気で役者に恥をかかせるんです。鶴田さんがその様子を見て注意した。『監督、見物客がいっぱいいるなかで苛《いじ》めぬいたりするのはみっともないよ。いい加減にしたほうがいい』と。鶴田さんもあまり小沢監督を好きじゃなさそうで、『自分のカラーじゃないな、小沢は』って言ってましたよ」

金子信雄

広島ヤクザの抗争を軸にした作品だが、主人公で菅原文太が演じた広能昌三をはじめ、金子信雄が演じるどことなくユーモラスながら小狡い山守義雄、松方弘樹の坂井鉄也ら一人ひとりの個性が彩りを放っている。そのリアリティがあったからこそ、新しい感覚のヤクザ映画を多くの観客が観に訪れた。

『仁義なき戦い　広島死闘篇』での千葉真一の葛藤

千葉真一の出演は、シリーズ二作目の『仁義なき戦い　広島死闘篇』だった。千葉は、主人公である村岡組若衆の特攻帰りの破滅型の山中正治を演じることになっていた。撮影一カ月前には台本を読みこみ、いつでも撮影に入れる状態になっていた。

脚本は、笠原和夫。千葉が小沼正を演じた昭和四十四年公開の中島貞夫監督の『日本暗殺秘録』の脚本家だ。笠原が『広島死闘篇』を手がけるにあたって頭にあったのは、まさに日本のテロリストとして知られた小沼正だったという。小沼がヤクザだったらどうだろうか。その山中正治を千葉真一が演じたらどうだろうか。笠原は、そこまで千葉に思いを入れて書いていた。千葉も気合を込めて、山中正治を演じ切るつもりでいた。

昭和二十五年、広島市。帰国直後に傷害事件で服役し出所した復員兵の山中正治は、村岡組組長・村岡常夫（名和宏）の姪で未亡人である上原靖子（梶芽衣子《かじめいこ》）が働く食堂で無銭飲食を働き、大友連合会会長の大友長次の息子で愚連隊を率いる大友勝利のリンチを受ける。ところが、あとに述べるが、クランクイン寸前に山中正治を北大路《きたおおじ》欣也《きんや》が、千葉が北大路欣也が演じることになっていた大友勝利を演じることになる。大友勝利の狙いは村岡のショバ荒らしだったこともあり、長次が山中に詫び、その紹介で山中は村

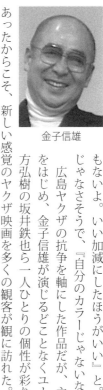

岡組組員となる。ふとしたことから靖子と男女の関係となった山中は、村岡の逆鱗に触れ、若頭・松永の指示で九州へ逃れる。そこで山中は滞在先の組の対立者だった和田組組長を射殺する。そのことから、裏社会で大きく名が轟《とどろ》くこととなり、山中は広島への帰参を許される。靖子との交際も、村岡の認めるところとなった。

いっぽう、それぞれ博徒と的屋上がりで、かつては友好関係にあった村岡組と大友組であったが、村岡組は広島競輪場の警備を請け負うなど日に日に資金力・組織力の差が広がりつつあった。これに不満を持つ大友勝利は、博徒と的屋の縄張りを頑なに守る長次を無視し、競輪場のトイレをダイナマイトで爆破するなど行動を起こす。そして父親と完全に袂《たもと》を分かった大友勝利は、村岡の兄弟分の時森勘市を抱き込んで、彼の跡目を受けるという形で博徒・大友組を結成する。さらに自ら村岡組に乗り込んで村岡の命を狙い、失敗する。

村岡組に命を狙われることとなった時森は、呉の山守義雄（金子信雄）を頼る。これを利用して広島に顔を立てたい山守は、今は無関係の広能昌三（菅原文太）に時森の身柄を預けようとする。最初は断る広能であったが、組の資金が乏しいことから渋々引き受ける。しばらくすると、時森の命を狙う山中が広能の元を訪れる。山中は刑務所時代に広能に目をかけられた恩義があるため強引には動かず、広能も広島の争いに呉や自分が巻き込まれることに嫌気がさし、時森を広島で引き渡すことで穏便に片付けようとする。ところが、時森がこの動きを事前に察知して広能と距離を置く。また大友にも知られてしまったため、広能は配下の島田に時森を殺させることで広島の抗争が呉に飛び火するのを未然に防ぐ。

時森の死により、後ろ盾を失くした大友勝利は、広島から追放されることとなった。が、寺田啓一ら三人を密かに留め置き、村岡組襲撃の計画を立てていた。しかし、計画を事前に察知した村岡は、山中をヒットマンとして差し向け、山中は寺田ら三名を射殺する。だが、事件直後に山中は警察に逮捕され、無期懲役の判決を受け服役することとなる。それを見届けた村岡は、靖子を元の婚家に戻し、死んだ亭主の弟と再婚させようとする。刑務所で叔父貴にあたる高梨国松からこの事を聞いた山中は、騙《だま》されたことを知り、村岡に復讐するために脱獄する。

山中の脱獄を知った村岡は即座に松永に指示し、靖子を婚家から連れ戻させ、何食わぬ顔をして山中と対面する。靖子が広島にいるのを見て高梨の話は嘘だったと思い、山中は村岡を疑ったことを恥じる。松永は山中に自首するよう進めるが、そこに広島に舞い戻った大友勝利が村岡の組員を襲ったという連絡が届き、山中は汚名を返上するべく姿を消し、単身で大友の命を狙い始める。大友による村岡を狙った抗争が激化する中、山中は大友の居所を見つけ出して襲撃する。が、左足を撃ち抜くも命まで奪えずに失敗する。しかし、この傷が元で大友組の若衆である中原敬助が村岡組に和解を持ちかけたところから、大友の居場所が村岡組にばれ、密告により大友は警察に検挙され、抗争は村岡組の勝利で終わる。

全国指名手配の身で、呉の広能の元に身を寄せていた山中は、村岡から脱獄のきっかけとなった高梨が仮出所したことを知らされる。広島に戻って高梨を射殺し、松永の家に逃げ込んだ山中であったが、そこで松永より高梨の話が事実で、村岡はずっと山中を騙していたことを打ち明けられる。松永の家を飛び出し、再び逃走しようとする山中であったが、警察の包囲網を抜けることはできず、最後は誰も信じられなくなり、独り見知らぬ家に忍び込み、風呂場の中に潜んで拳銃自殺をする。

後日、山中の葬儀が、村岡組長によって大々的に営まれる。弔問に訪れた広能昌三は、山中を「任侠の鑑《かがみ》」と褒め称えて高笑いする村岡や山守を醜《みにく》く感じ、悲しく死んでいった山中を偲《しの》ぶのであった。

ところが、クランクイン三週間前、千葉真一の家にプロデューサーたちがやって来た。大友組組長の大友勝利を演じることになっていた北大路欣也が、次のように言っているというのだ。

「山中のほうが自分のキャラクターに合っているのでは？　それに台詞《セリフ》がどぎつすぎる大友はできない」

なにしろ「オメコ」という台詞も飛び出すのだ。

「大友は粗暴で下品すぎて、どうしても自分では演じられない。山中のほうをやらせてくれないか」

千葉としては、とても呑《の》める話ではなかった。呑むことは、脚本家笠原和夫の思い、その思いに応えようとする自分の思いをすべて粉々に打ち壊すことだったからだ。

「いまさら、そんなことできるわけない」

実は、北大路のわがままはこれで二度目である。『海軍』でも勝手に役を替えたいと言い出していたのだ。千葉は、自分の立場を利用した北大路のやり方が許せなかった。

プロデューサーらは夜半過ぎ、千葉の家から帰り、ただ一人だけが残った。同い年で親しくしている宣伝部の福永邦昭《ふくながくにあき》だった。

しばらくのあいだ、千葉は、福永と酒を飲んだ。飲めば飲むほど、千葉は冷静に事態を捉えられるようになっていった。

明け方になった頃に、千葉は、ふと一つのことに思いが至った。

「福ちゃん、ちょっと引っかかっているんだけど、役を入れ替えることを、深作さんは承知していることなんだよな」

もしも深作監督がなんとしても千葉に山中を演じさせたいと思うのなら、おそらく撮影関係者たちが説得するのを止めたに違いない。しかし、撮影関係者は千葉のもとにやってきた。もしかすると、これは深作監督の画策かもしれない。そのことから察すれば、千葉の演じるはずだった山中の役を北大路に明け渡し、千葉が大友を演じる。それが最もよい解決策だと思っているということだ。

千葉と深作監督は、駆け出しのときから互いに互いを見てきた仲だ。

むしろ、深作監督は、そのほうがいいとさえ思っているかもしれない。すでに千葉は、中島貞夫監督の『日本暗殺秘録』で、小沼正というテロリストを演じている。それは、『広島死闘篇』で演じる山中正治に通じるキャラクターだ。もしもこれからの役者人生を考えるのであれば、山中を演じるよりも、いままで演じたことのない大友勝利を演じたほうが役者としての幅が広がる。大友は北大路欣也がてこずるほど難しいキャラクターだが、その分、やりがいのあるキャラクターでもある。

「千葉ちゃん、絶対に大友をぜひやってみるべきだ」

千葉は、撮影関係者が千葉のもとに来ることに目をつぶった深作監督の、声なき声を聞いた気がした。

『広島死闘篇』で大きく成長した千葉

「俺は、大友をやるよ」

福永にそう伝えたのは朝方のことだった。

千葉は交代を了承し、その代わり条件を付けた。

「役づくりをし直すので、出番を少し後ろにずらしてほしい」

千葉は、大友勝利役に賭けることにした。

〈大友の役で、北大路に目にもの見せてやる〉

しかし、大友を演じるには相当覚悟しなくてはならなかった。山中を演じるために、擦り切れるほど台本を読みこんだ。山中の立場から見ても、大友とはやっかいな男だった。あれだけはみ出て、ねじれのきつい人物を千葉は見たことがなかった。半端な気持ちで扱えば、恐らくそのキャラクターに呑みこまれてとんでもない泥沼にはまることになるだろう。北大路はそれがわかって、さっと身を退いた。それはそれで潔い決断だ。さすがだ、とすら千葉は思った。

しかし、クランクインまでは三週間しかない。千葉にできることはただひたすら台本を読みこみ、大友という人物を自分のなかでつくりあげていくしかなかった。

読んではまた読み、もう一度読み、さらにまた読む。読めば読むほどわからなくなる。歩き方から座り方から、やることなすこと、大友は自分とは違いすぎた。それでも台本を読んだ。

どれほど読み返したかわからなくなった頃、千葉はあることに気づいた。

〈よし、これでいこう！〉

千葉が考えついたのは、千葉真一を消し去ることだった。それまで台本を読みこむということは、演じる人物の人物像を構築するための作業だったが、それは千葉真一という立ち位置からつくりあげるという手法にすぎなかった。

素の大友勝利像をつくりあげるには、千葉真一は無用だった。

〈これは、俺じゃない〉

〈これは、千葉真一じゃない〉

〈俺ならこうするけど、これは俺ではないんだ〉

自分を消し去り続けた。苦難を伴う作業であり、チャレンジだった。自分を消し去るために、ふだんはしないサングラスをかけて撮影現場に臨んだ。着ているものも、ふだんの千葉らしからぬものをあえて身に着けた。それだけのことをして、周りから「ボン」とおだてられて育った大友という男がどういう行動をしたらいいのかを徹底的に考えぬいた。

クランクインしたときには、自然に、千葉は大友になりきっていた。千葉の演技が、北大路の演じる山中をさらにいっそう引き立てた。

監督の深作も、千葉の演技を絶賛した。

「おもしれえよ、チバちゃん！」

深作もまた、大友の出来が作品全体に影響を与えると捉えていたのだ。

「あの大友がよくないとダメだ」

そう語っているのを千葉は何度も聞いていた。それはカメラワークを見てもよくわかった。千葉の表情や動きを実によく捉えていた。だから、川谷拓三演じる村岡組若衆の岩下光男を海岸で吊るして射殺するシーンなどは圧巻だ。まさにノリにノッている。口には出さないものの「おらいけ」「どんどんいけ」という興奮している心の声が、千葉には聞こえた。

千葉は千葉で深作を喜ばせていると思うと、いっそう熱くなった。千葉はよけいに大友という役に存分にひたって演じ切れた。乗りに乗って撮影を続けられた。互いに互いが刺激し合い、その相乗効果で、大友勝利という人物像ができあがった。

千葉が、最も気に入っているシーンは、大友が山中らに囲まれ命を奪われるシーンだ。山中が拳銃を大友に向ける。その瞬間、千葉演じる大友は、足元にあった段ボールを拾い上げて、それで銃弾を遮ろうとする。段ボールはあらかじめ千葉が用意していたものだった。命を獲《と》られる瞬間であろうとも、「ボンボン」の大友ならばそのようなことをするだろう。千葉の巧みな計算によるものだった。これほど「広島死闘篇」での大友という人物を物語るシーンはなかった。

ところが、意外にも、深作が「カット！」の声をかけた。そして、スタッフに叫んだ。

「もうちょっと大きな段ボールを、持ってこい！」

大友勝利は、「仁義なき戦い」シリーズのなかでも、一、二を争う名キャラクターと評価された。それとともに、千葉の俳優人生においても大きなターニングポイントになった。大友を演じる前と演じる後では、演技がまったく違っている。それは、千葉自身が観てもよくわかる。意識も変わった。

〈こんなに面白いことって、ほかにあるか〉

周りから評価された「アクションスター」という枠にとらわれることなく、いろいろと考えればどんな役でもできる。そのことを身をもって感じることができた。いろんな役を演じてみたい。そう思うようになり、千葉は、ジャンルを超えた役に挑んでいくことになる。

そのときのことを振り返る、千葉はしみじみと語った。

「ベルリンの壁の崩壊は第二次大戦後に支配していた東西冷戦という構造を崩壊させた衝撃的な事件でし

たでしょ？　大友を演じたことは、私にとってそれと同じくらいに衝撃的で、役者の壁がボーンと音を立てて壊れた瞬間だったのです」

そして、それができたのは深作映画だから。深作の頭のよさと、幅の広さ。奥深くまで考えた演技指導。深作の作品からは個性的な味のある俳優が出ている。育てるのが上手い監督だった。

「深作さんと出会ったからこそ役者人生をずっと続けることができた。そう思っています」

千葉もまた深作に育てられた俳優の一人だ。

殺人すれすれの深作の狂《ハード》った演出

『仁義なき戦い　広島死闘篇』の現場でのことだ。

川谷拓三、室田日出男、曽根晴美、八名信夫が船の上に一緒にいた。

川谷の両手を縛り、船にロープでつないだ。

「おい、こいつ放り込め」

川谷の体が勢いよく海の中へと飛んだ。船はスピードを上げていく。川谷の体はロープで引きずり回されながら、海中を躍っていた。

キャメラは船の上に一台、岸からももう一台の二台態勢で寄っていく。ところが、川谷の姿が見えない。船から引っ張られながら、海の中に潜ってしまっていた。舳先《へさき》は勢いよく水をかき切って進んでいく。

気がついたスタッフやキャストは焦り始めた。

「おい、拓三いねえぞ」

「潜ってんだ、おい」

川谷の身を案じ、狼狽《ろうばい》する者も出てくる。だが、深作監督だけは何も変わりなかった。

「回せ、回せ。カットするな、回せ！」

船の上に一緒にいたメンバーは耳を疑った。この監督は何を言っているのか。川谷が命を落としてもいいのだろうか。

ようやく「カット」の声が掛かった。急いで川谷を船に引き上げる。

〈死んでるんじゃないか……〉

船の上に一緒にいたメンバーは冗談ではなくそう思った。明らかに様子が違っている。もう少し「カット」が遅れていたら、本当に危なかったかもしれない。急いで水を吐かせ、人工呼吸をした。

深作の狂気はこんなところで収まるものではない。

たとえば、降旗康男監督ならば、こんな演出はまずしないだろう。深作はカットをするのが嫌いな監督だった。自然な芝居でないと、ＯＫは出さない。深作の狂った《ハードな》演出はむしろここからが本番だった。

半死半生のカットから十五分ほど休憩したあと、なんと川谷の体は木の枝にぶら下がっていた。

千葉真一扮するヤクザの親分の大友をはじめ、組の面々がロープでぶら下がっている川谷を的にして射撃訓練をする場面。

「試し撃ちじゃあ！」

そう言いながら、それぞれ拳銃で撃ちまくる。撃たれまいと身をよじる川谷の動きがロープに伝わり、体がコマのようにくるくると回る。仕掛けはそうなるよう施してあるのだが、実際の撮影ではなかなかうまくいかない。

そのたびに、深作は非情に繰り返した。

「おい、撮り直しや。もう一回やれ」

その間、川谷は吊《つ》るされたままだ。これには本当に泣きが入った。大の男が仕事場で涙にくれる。

〈あんな撮り方する監督は、サクさん以外にいない〉

通常ならばＮＧとなりかねない修羅場を「面白い」の一言でＯＫにしてしまう。深作組の現場は一種独特な世界だった。

だが、できあがった映画を見ると、そうした場面は確かに他にはない効果を生んでいた。川谷が決死の覚悟で臨んだシーンは、観客やマスコミの評判を取ったのだ。

川谷拓三はもともと東映京都撮影所の大部屋出身の俳優である。駆け出しの頃は脇役専門。セリフなどあるわけがなかった。

そんな川谷が撮影所で名前を売るようになったきっかけは今でも語り草になっている。

ある作品で刑務所の中で暴動が起きるシーンを撮影していた。数いる囚人役の一人が川谷である。同じ風体の男が二十人も三十人も出演している。これでは銀幕でも埋もれてしまうだけだ。

「わしゃ目立てへんでぇ」

一言そう叫ぶと、川谷は囚人服を脱ぎ始めた。すぐに一糸まとわぬ姿になってしまう。スッポンポンだ。大部屋の一員にすぎない川谷の頭には「目立ちたい」の一念しかなかった。

周囲が度肝を抜かれる中、一人だけ大喜びしている男がいた。この作品の監督、深作欣二である。

「写せーっ。カットするな。回せ、回せ」

「パンツまで脱いだか？　これは貼り（前貼り）を入れなきゃいかん」

川谷は全裸なのだから、あとからぼかしを入れる必要がある。それでもキャメラを止めないのが深作のすごいところだ。

なぜか乗り乗りの深作は「あいつは面白い」と川谷を絶賛した。

以降、川谷は深作組に欠かせない脇役の座を占めるようになる。

川谷の出世をやっかむ人間も撮影所の中にはいた。だが、川谷が人一倍努力していたのも事実だ。

川谷には酒にまつわる逸話も多い。泥酔して交通整理の警官から提灯《ちょうちん》を引ったくったこともある。当然、留置場行きだがそれが許された時代でもあった。

川谷は平成七年十二月二十二日に永眠。死因は肺癌《はいがん》だった。ヘビースモーカーぞろいの東映京都撮影所育ちらしいといえばらしい。それにしても五十四歳での死は早すぎる。

岩崎加根子

前述したように、千葉真一が演じた大友勝利は、「仁義なき戦い」シリーズの中で一、二を争う名キャラクターとして人気を博した。あとのヤクザ映画でも『仁義なき戦い』の千葉真一さんがやった大友勝利のような」と影響を与え続け、ヤクザ役のひな型となっている。

めったに人を褒めたりしない、俳優座の岩崎加根子《いわさきかねこ》までが千葉の演技を絶賛した。

「千葉ちゃん、いままでのなかで一番面白かったわよ」

千葉は思った。

〈大友をやって良かった。ああ、こうやって役者は大きくなっていくんだな〉

人間の臭いぷんぷんの深作の裏側

この頃、映画監督になれるのはごく一部の限られたエリートに限られていた。たとえば中島貞夫や佐藤《さとう》純彌《じゅんや》は東京大学文学部を卒業している。

育ちと頭が良い者は、人間の生きる生々しさを頭で処理してしまう。千葉真一は、中島貞夫や佐藤純彌ら東大出身者の監督と仕事をすると、どうしても物足りなさを感じてしまう。

いっぽう、早稲田実業中退の石井輝男《いしいてるお》や日本大学芸術学部出身の深作欣二と仕事をすると、人間の臭《にお》いがぷんぷんしてきて、つい乗って演技に熱中できる。

千葉自身は物足りなさを感じているのに、世間から評価され主演男優賞を獲得するのは常に中島貞夫の監督作品であった。千葉は深作欣二作品に何十本と出演したにもかかわらず、ついに深作の監督作品で賞は取れなかった。

千葉真一の野性味、生々しさは、中島貞夫の作品に登場するインテリの中に置くとひときわ輝く。が、深作欣二の映画には、ほかにも個性的で野性味あふれる俳優たちを数多く登用している。深作と千葉は似ているところがあるため、一緒になって溶け込んでしまうのである。

深作欣二は、千葉真一のことを普段は「千葉くん」と呼ぶ。

ところが、仕事を離れて女の話になると、途端に「千葉ちゃん」となる。勘の良い千葉は、それだけでピンとくる。

〈あ、女と会うんだな〉

「千葉ちゃん、この日、空いてる？」

千葉は女と会うための口実で、当て馬である。が、女と会うといっても、千葉をはじめ深作の仲間たちと一緒である。

深作欣二は、たとえチョイ役の俳優であっても、どのような役回りであるかをきちんと伝えた上で気配り、目配りをする。だから出演するすべての俳優が、深作の前では「監督、どんなふうにでも好きに料理してくれ」とまな板の鯉状態になった。

菅原文太も、川谷拓三も、深作欣二にスターにしてもらった。だから二人とも深作には頭が上がらない。千葉真一もその一人だった。

〈俺は、深作欣二という映画監督に映画界で育てられた〉

俳優とは何か、映画とは何か。そうしたことをすべて深作から教わったのである。

ピラニア軍団が講演する際、深作欣二は必ず千葉真一に声をかけた。

「講演があるんだ。ピラニアだよピラニア。どうだ、来てくれるか？」

千葉はもちろん二つ返事で承諾する。

「ああ、行きます、行きます！」

千葉はピラニア軍団に所属する川谷拓三や室田日出男らとすっかり親しくなり、よく一緒に酒を飲んだ。

千葉真一は思う。

〈深作欣二とサム・ペキンパーはイコールだ〉

深作欣二監督は、茨城《いばらき》県東茨城郡緑岡《みどりおか》村の出身である。標準語を使うつもりはないらしく、上京後もずっと水戸《みと》弁（茨城弁）で通していた。

ある映画の撮影後に、アフレコをしていたときのことである。千葉真一が台詞をしゃべっていると、突然ブザーが鳴った。録音部のスタッフである。

「千葉ちゃん、今の台詞のところ、ちょっとアクセントが違うと思うんです」

すると、深作が「なにィ！」とムキになり、水戸弁丸出しで怒り始めた。

「なんだ？　アクセント？　どこのアクセントだ、俺にはアクセントのことはわからね！」

これにはスタッフ全員大爆笑だった。その場にいた大勢のなかで深作ただ一人が、千葉の博多《はかた》訛りを理解していなかったからである。しかも深作は映画の巨人であり、博識ぶりにも定評がある。そのギャップがおかしかったのである。

深作欣二は地方出身であることを誇りにしており、妙な見栄を張らない。その人間性が魅力だった。

千葉真一にとって、深作欣二は第一に映画監督である。が、あるときは頼りになる兄貴、一緒に飲むときは同僚となる。

深作は酔っ払うと、よく『およげ！　たいやきくん』を歌った。

『およげ！　たいやきくん』は、昭和五十年にフジテレビの子ども向けの番組『ひらけ!ポンキッキ』のオリジナルナンバーとして発表、リリースされた童謡である。

アニメソング御三家の一人である子門真人《しもんまさと》が歌い大ヒット、トータルで五百万枚もの売上となった。

♪まいにち　まいにち　ぼくらはてっぱんの　うえでやかれて　いやになっちゃうよ

深作は酔っ払うとこの歌をうたいながら、踊り出した。自身がたいやきくんになって、大きな海まで逃げ出し泳いでいく即興の振り付けである。

川谷拓三が同席していると、「こら、拓！　一緒になって歌え！」

千葉真一は、その様子を見てますます深作が好きになった。

〈あんなに頭のいい方が、こんなふうにみんなに接してくれるんだ〉

また別の日、カラオケルームへなだれ込んで騒いだときのことである。突然、深作欣二が叫んだ。

「おい、ノロダ！」

室田日出男のことである。酒癖が悪いことからノロダと呼ばれていた。

「おいノロダ、『故郷《ふるさと》』歌え」

「はい」

室田が『故郷』を歌い始める。

室田日出男

♪うさぎ追いし　かの山　小鮒《こぶな》釣りし　かの川　夢は今も　めぐりて
　忘れがたき　故郷

その歌にかぶせて、深作がアドリブで朗読を入れる。

「僕が家を出るとき、母がバスの停留所まで一緒に来て、一本の万年筆を門出にと贈ってくれました」

千葉は、その朗読を聞いて感動のあまり涙をこぼした。これがまた、故郷の田舎を思わせる水戸弁なので、よけいにグッとくる。これが深作欣二の味であった。

伊吹吾郎の見た「実録もの」の真実

伊吹吾郎は、第一作の『仁義なき戦い』で上田透役を、第五作の『仁義なき戦い　完結篇』で氏家厚司役をそれぞれ演じている。

伊吹が当時を振り返る。

「菅原さんは、もともと正統派というよりも、どちらかというと暴れん坊の役柄が多かったですね。『仁義なき戦い』でも、深作監督との相性が良くて、菅原さんは嬉々《きき》としてやる気満々で演じていた。アウトロー的な一匹オオカミみたいな役をやると抜群に光る。あの映画は深作さんのテンポの良い演出も印象的でしたよ」

伊吹から見て風変りな役者は菅原文太だった。撮影が終わって、次のカットを撮るまでのあいだ、政治の話を始めるのだ。そして、周りの人への反応はいいのだが、あるところから先に踏みこまれるのを阻む。そのような雰囲気があった。

そのせいかどうかはわからないが、菅原と仲の良い俳優はあまりいないように見えた。

監督の深作欣二は、伊吹から見ると、役者を使うのが上手い監督だった。たとえば撮影で「カット！」の声をかける。余計なことは言わない。その瞬間、役者たちは、ＯＫなのかと思う。

しかし、少し間があって、「微妙に違うんだよな」と深作が漏らす。その深作が生む独特の間と言葉が、不思議なことに役者たちを納得させる。もしも「カット、もう一回！」と言われようものなら、指示に従っていたとしても内心にはシコリが残ってしまうかもしれない。少なくとも、やる気を削《そ》ぎ落とす。恐らく深作はそのことをよくわかっていたのだろう。役者魂を尊重した形でいつも役者に接する。演技指導も一人ひとりに熱く語った。遠くにいる人たちにも、自分から駆け寄っていった。

「わかったな、よーし、さあ、行こう！」

その熱さで役者を引っ張り盛り上げた。

役者も自分たちの持ち場をしっかりと演じ切ろうとする。現場はだから生き生きとしていた。

一作目では、梅宮辰夫とも共演した。

「梅宮さんは、しゃしゃり出る感じの人ではなく、周りを静観するって感じの人でした」

『仁義なき戦い』の撮影の現場には、ほとんどの出演者がヤクザを象徴する黒服を身につけていた。

それに加え、その指導に来る本業の人たちもいる。賭場での所作、花札のやり方などを教わる。その人たちも黒服で、指導に来る人たちは何人かの連れも連れてくる。そうすると、昼休みの食堂は黒服で埋め尽くされる。誰が本物のヤクザかわからない。てっきり同じ俳優仲間だと思って、背中に向かって名前を呼ぶと、振り向いた顔は本業のほうだったりする。

「すみません」と謝る。

一種異様な光景がそこにはあった。

大阪の西成《にしなり》地区でのロケに行ったときには、その地区を取り仕切るその世界の人たちが交通整理をしてくれた。

昼休みには、事務所で食事をご馳走《ちそう》になったこともあった。

反社会勢力とのつながりを避ける今の時代には考えられない光景がそこにあった。しかし、だからこそ、本物に近い世界を描くことができた。

伊吹が思うに、東映がヤクザもの、特に『仁義なき戦い』のシリーズをはじめとする実録ものができたのは、プロデューサーの俊藤浩滋がいたからこそだった。

実録物は、その場に出演しているモデルになった人たちだけのことを考えればいいというわけではない。その人たちと敵対した人たちだけでなく、亡くなった人の身内をはじめ、関わった人たちすべてに了解を得ないと、のちのちにトラブルになってしまう。そこまでしっかりと抑えたつもりでも、思わぬところから火の手が上がる。並のプロデューサーであったら、命を張ったヤクザたちとまともに渡り合えるものではない。その筋の人たちと渡り合え信頼される人間力と、調整力、そして、何よりも胆が据わっていなければならない。俊藤はそれを携える、唯一のプロデューサーだったのかもしれない。

伊吹にとっても『仁義なき戦い』は強い思い出の残る映画だという。

「いまだに『仁義なき戦い』について話をしてくれる人はいますからね。しかも、強烈に印象に残っているみたいで、映画の場面についてもはっきりと話をしてくれます」

第14章　高倉健《たかくらけん》の脱東映

俊藤浩滋《しゅんどうこうじ》との決別に至る『神戸《こうべ》国際ギャング』

昭和四十七年（一九七二）十二月三十日、高倉健主演の『昭和残侠伝　破れ傘』が封切られた。昭和四十八年正月用の番組である。だが、興行的には惨敗。

いっぽう、昭和四十八年一月十三日公開の正月第二弾『仁義なき戦い』は大ヒットを収める。任侠路線が行き詰まっていることは誰の目にも明らかだった。人気だった『昭和残侠伝』シリーズは、この九作目の『昭和残侠伝　破れ傘』で幕を閉じる。

高倉は昭和四十七年七月三十日公開の『博奕《ばくち》打ち外伝』が鶴田《つるた》浩二《こうじ》との最後の共演だった。以降は俊藤の企画から距離を置くようになっていった。

昭和四十八年から五十年にかけて高倉が東映で出演した七本の作品に俊藤の名はクレジットされていない。

『山口組三代目』『現代任侠史』『ゴルゴ13』（以上、昭和四十八年）
『三代目襲名』（昭和四十九年）
『日本任侠道　激突篇』『大脱獄』『新幹線大爆破』（以上、昭和五十年）

高倉健

高倉の出演作が激減しているのは明らかだ。任侠ものからは距離を取りながら、新しい方向性を模索していたことがうかがえる。

そして、三年ぶりに俊藤と組んだ昭和五十年十月十四日公開の『神戸国際ギャング』を最後に高倉は東映を去る。

昭和二十二年の神戸に雑草のように誕生した一組のギャング団を描いた田中登《たなかのぼる》監督の作品だ。

昭和二十二年の神戸・三宮界隈《さんのみやかいわい》。団正人（高倉健）、大滝健三（菅原文太《すがわらぶんた》）ら若者たちは愚連隊を組み、生き抜くために進駐軍から盗んだ物資の横流しで生計を立てていた。三宮では、焼け跡の闇市《やみいち》のショバ代をめぐり、華僑系ギャング「九龍同盟」と在日韓国・朝鮮人系ギャング「三国人連盟」が激しく対立していた。九龍同盟と取引があった関係で用心棒となっていた団たちは、三国人連盟と対立状態となる。

抗争の激化のすえ、連盟のボス・朴を倒すことを決意した団たちは、鈴蘭台《すずらんだい》の朴の別荘に乗り込み、朴を射殺。その際に大滝が、たまたま配達のために居合わせた酒屋の男まで射殺してしまう。この事件をきっかけに、グループは団・テル・中尾・ノウガキ（ガッツ石松《いしまつ》）・ポチ・マキ・五郎の派閥と大滝・タモツ・勝らの派閥に分裂する。

ある日、団は朴殺害の容疑で逮捕された。団は罪を一人で引き受けて加古川《かこがわ》刑務所に服役するが、彼を追って服役してきたポチの報告で、大滝が自分を警察に売ったことを知って復讐《ふくしゅう》を決意し、共に脱獄する。それはポチの義憤による方便で、実際にはタモツの独断であった。事情を知った大滝は驚くが、意地から団グループとの抗争を受け入れた。

団らは、進駐軍のMP（アメリカ軍憲兵）の一部による、日本の富裕層から接収した宝石の横流し計画に大滝グループが一枚噛《か》んでいることをつかみ、アジトを急襲する。双方が撃ち合う中、ギャングの一網打尽を狙った進駐軍と警察がアジトを包囲し、一斉射撃を加える。三つ巴の撃ち合いの果てにたった一人生き残ったマキは、宝石箱に手榴弾《しゅりゅうだん》を山のように積み、そのうちの一個のピンを引き抜いた。

俊藤は、そのいきさつを『任侠映画伝』で語っている。

「このシャシンは、敗戦直後の神戸で進駐軍や一部の外国人を相手に闘って『国際ギャング団』と呼ばれた連中を描いたもので、健ちゃんのやる真っ白なスーツ上下でダンディに決めたボスの団正人は菅谷政雄《すがたにまさお》がモデルになっている。私はこの菅谷という男と昔から親しくしていたから、彼のことを一度ちゃんと映画にしたかった」

戦後の闇市で用心棒をし、愚連隊の旗頭を経て暴力団・菅谷組組長、三代目山口組若頭補佐などを歴任した菅谷政雄の若い時代をモデルに描いた物語だという。

俊藤と菅谷は同郷の幼なじみで親友だった。

菅谷が撮影中に撮影所を見学に来ていたこともある。菅谷は俊藤を「兄弟」と呼び、俊藤は菅谷を「おい、おまえ」と呼んでいた。

ところが、初めのほうに、ボスが女と激しく抱き合うシーンが登場する。

田中登を推薦したのは、この作品に出演している菅原文太で、俊藤プロデューサーがそれを呑《の》んだ。

高倉は、俊藤に頼んだ。

「何を撮ってもいいけど、僕が嫌というシーンはカットしてくださいよ」

団正人役の高倉健が、里子役の赤いシュミーズを着た絵沢萌子《えざわもえこ》をバックスタイルで激しく攻める。団正人は、興奮を高めるために手にエロ本のヌード写真を見ながら腰を使い続ける。

里子は、あまりに延々と攻められるので、音を上げる。

「ウチ、もうしんどい」

高倉は、絵沢になお発破をかける。

「もっと、精を出さんかい」

俊藤は言う。

「菅谷政雄は、稚気愛すべきというか、豪放磊落《ごうほうらいらく》で、しかも人を舐《な》めているというか、そんな男だから、その感じをそこで出したかった。ちょっとエロなシーンだけど、いやらしくなく描くことで。そしたら、健ちゃんはこれがものすごく気に入らん。エロっぽいセックス・シーンなんか高倉健のイメージに合わんということやろう。『切ってくれ』『切ってくれ』と言うた。だけど、私にしてみれば、菅谷政雄のキャラクターを出すためにわざわざ入れたシーンやから、譲るわけにはいかない。健ちゃんの意向を蹴って、とうとう切らなかった。たぶんこれで彼は私に不信感を抱いたのと違うかな。どうもそんな気がする」

この作品を手がけた田中登監督は、『実録阿部定』などロマンポルノ業界のエース。『神戸国際ギャング』にも、ポルノ的な要素が含まれていた。

高倉が可愛がり、高倉のボディガード兼付き人の役割もしていたガソリンスタンド社長の西村泰治によると、高倉は、そうしたものに嫌悪感を持っていたという。

ガッツ石松も感じた田中登監督と周囲との乖離《かいり》

当時、WBC世界ライト級チャンピオンのガッツ石松もゲスト出演している。

四回目の防衛に成功した直後の昭和五十年夏、映画プロデューサーの俊藤浩滋からガッツ石松に電話があった。

「ガッツさん、高倉健主演の映画に出ませんか？」

俊藤は、現役チャンピオンが映画出演してくれるかずいぶん気をもんでいたらしい。が、ガッツは高倉健のファンだった。一も二もなく出演を承諾した。

ガッツ石松にとって、高倉健とやはりこの映画に出演している菅原文太はまさに「おれたちの時代のヒーロー」だった。後の昭和五十三年に生まれた息子に、二人の名前を一文字ずつもらい「健太」と名づけたほどである。

ガッツ石松の役どころは、親分役の高倉健演じる団正人の若い衆の一人ノウガキである。

ガッツは現役王者だから、高倉や菅原から見てもスポーツ界のヒーローだった。だから二人とも撮影中はとても良くしてくれた。

俊藤もまた、現役チャンピオンのガッツのことを非常に丁重に扱ってくれた。

ところがあるとき、スタッフがガッツに失礼な態度を取ったことがあった。すると俊藤が怒鳴った。

「ガッツさんには、こちらからお願いして来てもらってるんだ。なんだ、その失礼な態度は。おまえら、いい加減にしろ！」

すさまじい迫力である。ガッツは思った。

〈やはり俊藤さんはすごい人だな。菅谷組長をはじめ、いろいろな組織の上層部とつながっているだけのことはある〉

ヤクザ映画は、俊藤がいなかったら撮れなかっただろう。俊藤がヤクザとのあいだに入っているからトラブルも未然に防げた。だから誰も俊藤に文句を言わずに黙って従った。

が、大きな問題が一つあった。日活ロマンポルノの異色作で評価が高かった田中登監督と、撮影中、ガッツの目にも出演者たちやスタッフとの関係がどんどん悪くなっていったのである。

撮影が進むうちに、不満が蓄積し、出演者たちみんなが監督に対し陰でぶつぶつと文句を言うようになった。特に嫌がっていたのが高倉健である。

高倉は田中監督をまったく認めていなかった。監督が話をしているときも、目を合わせようともしなかった。

ガッツ石松

いっぽうガッツは自分が何を求められているのかを大筋で理解していた。だからそのとおり演じるまでである。体育会系のガッツは、出演者たちが監督に反発する中で「郷に入ったら郷に従え」を通し悪口も言わなかった。

高い位置で撃たれた高倉が落ちるシーンを撮影していたときのこと。高倉は決して器用な俳優ではない。撃たれた際には体が大きく跳ねる。安全を考えれば、落下地点の周囲には満遍なくマットを敷き詰めておく必要があった。だが、このときは「前に落ちるだろう」との想定のもと、前部にしかマットを敷いていなかった。

本番。高倉がドーンと撃たれる。壁に寄り掛かった際にぐらりと体勢を崩し、横に落ちた。マットは敷いていない。高倉は下唇の下をぱっくりと切った。今でも映画を見れば、線状の傷跡が確認できる。

主演スターが怪我を負った。撮影所内は騒然とした。

青木《あおき》卓司《たくじ》は、俊藤のもとへ走った。

「親父さんが、落ちました」

俊藤の顔色が変わった。

「えっ」

急ぎ現場に駆けつけた。傷口を押さえ、京都《きょうと》市内の大和病院に連れて行った。傷を縫い、治療を終えると、高倉は俊藤に告げた。

「ちょっと休みますから」

「ゆっくり休んでえな」

病院を出ると、高倉は青木に命じた。

「青木、東京《とうきょう》へ帰ろう」

青木は自ら運転する車の後部座席に高倉を乗せ、その日のうちに東京へと向かった。

高倉は移動の手段として新幹線をめったに使わない。

東映以外の映画に活路を見出していく高倉健

東映の二大スター、高倉健と鶴田浩二の両立にも、ついに破綻《はたん》の日がやってきた。

二人の生みの親ともいえるプロデューサー俊藤浩滋は、その二大スターについて、著書『任俠映画伝』で微妙な表現をしている。

「高倉健には子どもみたいなところがある。彼が大スターになってゆく過程で私は行動をともにしてきたが、鶴田浩二の面倒は十のうち三くらいしか見てないのに、健ちゃんのほうは日夜一緒でなきゃ、彼はしょっちゅう不安がる。高倉との歩みはそんなふうにやってきた。だから、鶴さんなんかは「なんでそれまで」という気持があったかもしれん。けれど、あいつは大人やから、そんなことは一言も口に出さなかった。二人がうまく両立できたのは、だからこそに違いない」

この両立に破綻がきていたのだ。鶴田も高倉も、俊藤プロダクションに所属していて、二枚看板を張ってきた。鶴田が先にスターとなり、高倉が追い上げてきて、今や二人はスターとして並んでいた。俊藤プロデューサーが言うように、鶴田は、いわゆる大人だから、高倉と並ぶことを鷹揚《おうよう》に構えていた。が、高倉はそうではなかったのだ。

筆者は、俊藤浩滋プロデューサーとは東映映画『修羅《しゅら》の群れ』で組んだ。筆者の原作『修羅の群れ』を映画化したのだ。その俊藤プロデューサーが、あるとき、筆者になぜ高倉健が離れていったのか、ひそかに打ち明けた。

「健が、海外に旅に出るとき、置き手紙をしていったのや。それによると、健と鶴田が二枚看板やが、このまま二枚看板を続けていくのは嫌やいうんや。もし自分一人を選んでくださるのなら、あなたに一生尽くします、というんや。頭抱えたわ」

実は、俊藤プロデューサーと鶴田の付き合いは、鶴田の父親との縁から始まっていたというのだ。鶴田の父親は博奕好きで、賭場に出入りしていた。俊藤プロデューサーも、その世界に深く、賭場で鶴田の父親とよく会っていた。鶴田の父親が博打ですったとき、何度かカネを貸すほどの仲だったという。

私が俊藤プロで打ち合わせをしているとき、鶴田が顔を出した。必ず「兄貴！」と声をかけて入ってきた。それは、プロデューサーと役者という関係より、まるで俊藤プロデューサー、鶴田のコンビでつくる任侠映画の『兄弟仁義』さながらの雰囲気であった。

俊藤プロデューサーは、一瞬つらそうな表情になるや、語った。

「健が帰国し、羽田《はねだ》空港に到着するのを待っていて、健に言うたんや。『健、悪い。俺と鶴田は、鶴田の親の代からの仲なのや、切れることなどできへんのや』

健は、深々と頭を下げて、『長いあいだ、ありがとうございました』と言った。それが、健との別れや。断腸の思いやった……」

高倉は、俊藤と別れただけでなく、東映も去ったのである……。

高倉健はのちに俊藤プロデューサーと別れて、東映以外の映画に活路を見出していく。

待田京介《まちだきょうすけ》が語る。

「健さんは、任侠映画ばかりやっていたから、そろそろ他の映画をやりたいと思っていて、俊藤さんに頼んだんです。『なんとかなりませんか』って。そのときに俊藤さんは『健ちゃんなあ、イメージを変えるってことは知らないところに飛び込むようなもんだぞ。これまで任侠映画で大きな地位をつくっていた自分が、たとえば、東宝の文芸作品に出演することになったら、どう見られるのか。それを計算しないとダメだ。もしかしたら、食っていけなくなる場合だってある。それを覚悟で任侠映画をやめたいというならしょうがない』って言ってましたね」

中野良子《なかのりょうこ》への『君よ憤怒《ふんど》の河を渉《わた》れ』のオファー

ここで、高倉健と大きな関係を持つことになる一人の女優が現れる。

昭和五十年のある日、中野良子がテレビ出演の合間に、大映のプロデューサーから依頼を受けた。

「今度、『君よ憤怒の河を渉れ』という西村寿行先生の小説を映画化するので、よろしかったら真由美という役を引き受けていただけませんか」

中野は受け取った台本を読んで、感激した。

「ああ、こんな素敵な役がきて嬉しい！」

これまで中野は、男性に助けられる女性ばかりを演じてきた。

が、今回は、中野が主人公の男性を助けるという設定である。今までにない役で、一も二もなく受けることにした。

〈これまでとは違う演技方法で、できるだけ伸び伸びと大胆な立ち居振る舞いをしたほうが良さそうね〉

女優の中野良子は、昭和二十五年五月六日、愛知《あいち》県常滑《とこなめ》市に生まれた。

小学校低学年のとき、初めてテレビを観た中野は、フジテレビ系列の生放送音楽番組『ザ・ヒットパレード』を見て感動した。

〈ああ、お祭りみたい。世の中には、こんな楽しい世界があるんだ。この中に入れたら、きっと楽しいだろうな〉

『ザ・ヒットパレード』は昭和三十四年六月十七日から始まり、当時の渡辺プロダクション社長の渡辺晋とフジテレビディレクターの椙山浩一《すぎやまこういち》の主導で企画された。人気ロカビリー歌手だったミッキー・カーチスや長沢純《ながさわじゅん》の総合司会により、毎週人気歌手が多数出演してステージを繰り広げ、司会は当時歌手デビューしたばかりのザ・ピーナッツが務め、大人気番組となった。

中野良子

芸能の世界に憧れを抱いた中野は、昭和四十二年、名古屋《なごや》の劇団「名古屋青年劇団」に応募して合格。愛知県立常滑高校に通いながら、月に一度研究生として練習に通った。

デビューは昭和四十三年、名古屋市にある中学校および高校を舞台にした、大人気のＮＨＫテレビドラマ『中学生日記』のシリーズの第四弾『われら高校生』だった。

中野は、劇団仲間の何人かに訊いてみた。

「わたしに俳優が務まるでしょうか。やめたほうが良ければ、今なら別のお仕事に向かうけど、いかがでしょうか」

すると、全員が「俳優になれる可能性がある」と賛成してくれた。

〈じゃあ、東京へ行ってみようか〉

中野は、大映映画社が新人俳優を養成する「大映東京撮影所演技研究所」に応募してみた。約二千人の応募者のなかから、演技やカメラテストなどを経て、中野はみごと合格者二十人に残った。

が、上京には父親が大反対した。娘を怒鳴りつけたりはせず、黙って青い顔をしているのが、かえって堪《こた》えた。母親に聞くと、父親は「東京に行って俳優なんかを目指したら不良になる」と心配そうに何度も言っているらしい。

〈困ったな、どうしよう〉

中野は考えた末に、父親に頭を下げながら提案した。

「三年やってみて、様子がおかしいようなら帰ってきます。だから許してください」

父親は、娘を送り出すときもずっと青い顔をしていた。中野は気持ちを引き締めた。

〈わたし、業界に入ってからも、よっぽど気をつけなきゃいけないんだわ〉

大映演技研究所に所属してから、すぐに仕事が舞い込んできた。伊藤《いとう》所長が言った。

「大映の撮影所が映画を二本用意してくれているようです。出演するかどうかは、自分で決めていいんですよ」

中野は、大映の撮影所内に貼られたポスターを見て思った。

〈なんだかわたしのイメージとちょっと違う〉

その違和感を、伊藤所長が察知してくれたらしい。

「いいんですよ、気を遣わなくて、自分で決めていいいんです」

そう何度も言ってくれた。

「それじゃあ、一度実家に帰って相談してきます」

中野はいったん帰郷して、両親に相談した。それから一年ほど経って三船プロからスカウトされ、両親も納得のうえで三船プロに入社することになった。

昭和四十六年四月一日公開の、東宝配給の映画『二人だけの朝』で初出演。同じ年の十月八日から一年間放送された、平賀源内《ひらがげんない》を主人公に据えた型破りのNHK痛快時代劇『天下御免』のヒロイン・紅《くれない》に抜擢《ばってき》され、本格デビューとなった。

当時、三船プロには俳優部がないため、マネージャーは一人もおらず、中野はなんでも一人でこなさねばならなかった。

三船敏郎《みふねとしろう》とは、年に一回お正月の餅つき大会で顔を合わせる程度だった。デビューしたての二十歳の中野には、三船が独立するに至った事情など知るよしもなかった。まだ右も左もわからない中、「何日の何時にNHKのスタジオへ行ってください」といった指示に従って行動するのが精一杯だった。幸い、自力で玄関前までたどり着けば、あとはNHKのスタッフがフォローしてくれた。

中野にとって、三船プロはさながら演劇大学のようなもので、おおいに勉強になった。また、スタッフの素晴らしさにも早々気づくことができた。

NHKのスタッフたちは、中野にとても優しかった。指示を出すときも「もう少し右のほうへ寄っていただけます？」と丁寧に伝えてくれる。ところが、スタッフが耳につけているインカムから、何やら厳しい声が漏れ聞こえてくる。

インカムとはインターコミュニケーションの略称で、移動しているスタッフへの一斉指令が必要な業務で使用される構内電話のことである。現場責任者は、インカムでスタッフたちに指示を出す際、常に厳しい声で伝えていることがわかった。

中野は思った。

〈こんな厳しい声を聞きながら、優しい顔ができるなんて、すごい〉

デビュー作で最も感動し、共鳴したのは、番組を支えてくれている有能なスタッフたちだった。

また、プロデューサーの岡崎栄《おかざきさかえ》の存在も大きかった。

岡崎栄は、テレビ放送が始まった昭和二十八年にNHKに入局して、テレビの歴史とともに歩んだ「テレビ一期生」の吉田直哉《よしだなおや》、和田勉《わだべん》に並ぶ名プロデューサーとして知られていた。一九六〇年代には、三年半も続いた人気ドラマ『若い季節』を演出したあと、上杉謙信《うえすぎけんしん》の生涯を描く大河ドラマの七作目『天と地と』で高視聴率を獲得し、看板番組の人気を回復させるNHKきってのヒットメーカーだった。

『天下御免』の現場は、岡崎ワールド全開という雰囲気で、オープニング曲『船出の歌』も素晴らしかった。

中野は、自分も何かできないかと考えた。

〈スタジオ全体が良い雰囲気になるよう努力するのが、わたしの仕事なのかな〉

中野は、演技以外にもいろいろと気配りをすることを覚えた。

脚本家の早坂暁《はやさかあきら》は、脚本の仕上がりがいつも遅かった。頭の中にある構想を、わかりやすい台詞《セリフ》にするまでに時間がかかるらしい。中野たちは、いつも正座して脚本が仕上がるのを待った。時間をかけているだけあって、中野もすぐ覚えられるほど台詞がよく練られている。「一字一句変えたくない」と思うほどの完成度だった。

深夜零時になると、局内のコンピューターが止まってしまう。そのため、一度だけ脚本がこないときがあり、ドラマが歌謡ショーになってしまったことがあった。

あまりに仕上がりが遅いため、スタッフが「また早坂暁先生の脚本で」と希望しても、局が許してくれなかったこともあるほどだったという。

『天下御免』の大ヒットにより高い知名度を獲得した中野良子は、知的で清楚《せいそ》、ちょっと気の強いキャラクターで人気女優となった。また、ぽってりとした唇が色っぽいと評判になり、昭和五十三年、化粧品メーカーのカネボウがおこなった「唇美人」調査では若尾《わかお》文子《あやこ》を抑えて一位に選ばれた。

当時の日本映画らしからぬ骨太な物語展開

当時のテレビドラマの台本には、かなり刺激的な台詞が書かれていた。なかには、中野良子が一度も口にしたことがないような、強い言葉も含まれている。が、仕事だからやむをえず、演じるしかなかった。

ところがオフのときに喫茶店やレストランに入ると、中野良子だと気づいた視聴者たちから直接、非難を浴びることもあった。

「中野さん、『天下御免』のときはあんなに素晴らしかったのに、どうして次の作品ではあんなに強くなっちゃうの。見ていて、相当キツイですよ」

そうした意見を持つのは、たいがい男性だった。なかには何も言わずに、非難がましい視線を送ってくる男性もいる。一九七〇年代まではみんな真剣にテレビを観ており、人気番組なら三千万人の視聴者がついた。なかには、テレビの世界に入り込みすぎて、ドラマで演じている役柄を、そのまま俳優の性格だと誤解する人々も多かった。

いっぽうで女性の視聴者の反応はまったく違った。みんな強く自立した女性に憧《あこが》れているらしかった。

「素晴らしい。あなたのような女性になりたい」

中野はそう声をかけられるたびに、それを打ち消した。

「とんでもない。あれは役柄で、わたし自身じゃないですよ」

ある日、中野は、プロデューサーと監督に訊いてみた。

「こんな台詞、言っても大丈夫でしょうか？」

すると、みんな異口同音に言った。

「いいです、大丈夫です。どんどん刺激的に言ってください」

「でも、この台詞を言うせいで、道を歩いていると睨《にら》まれたりするんです。こんなこと実際に言ったこともないし」

「大丈夫、だいじょうぶ。視聴率よくなるから」

中野は思った。

〈テレビドラマを通じてお客さんに刺激を与えることは、俳優の意思とは関係なく、回り回って大変な責任を負うことになるのね〉

それから五年ほどは、〈大変な業界に入ってしまった〉という思いを抱きながらも、俳優業をこなしていった。


そんな中、中野が挑むことに決めた『君よ憤怒の河を渉れ』は、昭和五十一年十月十日の新宿《しんじゅく》から始まる。

ある代議士の不審死事件を単独捜査していた東京地方検察庁刑事部検事・杜丘冬人（高倉健）は、突然、警察官に強盗傷害容疑で連行された。

警察官は水沢恵子（伊佐山《いさやま》ひろ子《こ》）と名乗る女性の通報を受け、杜丘を拘束したのだった。新宿警察署へ連行された杜丘は、旧知の警視庁捜査第一課・矢村警部（原田《はらだ》芳雄《よしお》）を呼び出し、無実を主張する。

すると今度は寺田俊明と名乗る男性が「この男にキャメラを盗まれた」と杜丘を名指しで通報してきた。

杜丘には身に覚えのないことだったが、証拠が揃いすぎていて、完璧な罠《わな》であった。

杜丘は、家宅捜索の隙をみて逃亡する。

新聞は〝現職検事が凶悪犯〟〝杜丘検事即日免職〟と書きたてた。杜丘は水沢恵子を捜しに彼女の郷里・能登《のと》へ向かった。恵子は本名を横路加代といい、寺田は彼女の夫の横路敬二（田中邦衛《たなかくにえ》）と判明した。

だが、そのときにはすでに加代は殺されていた。杜丘は加代宛ての手紙から、横路敬二が北海道《ほっかいどう》の様似《さまに》に居ることを知り、北海道に飛んだ。

このことにより、杜丘の逮捕状は「強盗犯」から「横路加代殺人容疑」に切り替えられた。その頃、矢村警部は横路の経歴を洗い、彼がモルモットやハツカネズミを飼育し、製薬会社の実験用に売りさばいていたことを突き止めた。が、杜丘との関係は出てこなかった。

北海道様似で杜丘は横路の家を見つけたが、そこには刑事が待ち受けていた。杜丘は日高《ひだか》山中の林の中に逃げ込む。だが、その杜丘を散弾銃を持った二人の男が追ってきた。逃げる杜丘はある事件を回想した……。

ホテルのレストランから飛び降り、即死した朝倉代議士。証人である政界の黒幕・長岡了介（西村晃《にしむらこう》）は飛び降り自殺だと言い、矢村警部は自殺説を主張し、杜丘は他殺説をとった。

あの日、杜丘は朝倉代議士の愛人が経営している新宿の小料理屋に聞き込みに行った。そして、横路加代がいきなり……。

矢村の追跡は執拗だった。その非常線を突破して、深い森の中に入り込んだ杜丘は獣の罠に仕掛けてあった銃を取り外した。そのとき、巨大な熊が女性にいまにも襲いかかろうとしていた。熊めがけて発砲した杜丘だが、手傷を追った熊に追われ、激流に落ちた。

翌日、杜丘は遠波牧場の寝室のベッドで目を覚ました。昨日、熊に襲われそうになった牧場の娘・真由美（中野良子）が、今度は杜丘を救ったのだった。

真由美の父・遠波善紀（大滝秀治《おおたきひでじ》）は、北海道知事選に立候補中だということもあり、一人娘が杜丘に好意をよせているのに困惑する。

彼の秘書・中山（岩崎信忠《いわさきのぶただ》）が警察に通報したため、真由美は杜丘を奥深い山の中の小屋に匿《かくま》った。

しかし、食料を運ぶところを矢村警部に突きとめられ、杜丘は逮捕された。そのとき、熊が三人を襲い、矢村が負傷した。

杜丘と真由美は矢村を介抱した。が、気がついた矢村がなおも杜丘を逮捕しようとしたので、杜丘は再び逃げた。岩場の穴に逃げ込んだ杜丘と真由美は、二人の愛を誓い合った。

いっぽう、遠波は娘のために知事選をあきらめ、杜丘を逃がす決心をした。牧場の周囲は警察が包囲している。そのため、自家用セスナ機を杜丘に提供した。操縦のできない杜丘だが、命を賭けた。やめるようにと絶叫する真由美をあとに、セスナは本州へと飛びたった。

セスナは東京付近の海岸に着水し、杜丘は警察の裏をかいて東京に潜入する。

その頃、真由美も牧場の仕事で東京に来ており、杜丘が新宿で警察に包囲されていた時、馬を暴走させ杜丘を救出した。やがて杜丘は、矢村の協力から横路が何者かに強制収容された精神病院に患者を偽って潜入する。が、横路はすでに投薬によって廃人となっていた。

そして長岡了介が院長・堂塔正康（岡田英次《おかだえいじ》）に命じて、秘かに新薬の生体実験をしていることを突きとめた。

また朝倉代議士の不審死事件の真相も、長岡了介による暗殺であることが浮かび上がった。長岡や堂塔は横路を廃人に追い込んだ新薬を利用して杜丘を殺害しようとする。が、これに失敗。間もなく矢村たちも駆け付けるが、一連の真相が明るみに出る前に、堂塔は自殺してしまう。

杜丘の無実を確信した矢村は、韓国に逃亡しようとしていた長岡のもとに杜丘と共に踏み込んだ。矢村は長岡に拳銃を向け「堂塔のように、飛び降り自殺しろ」と迫る。長岡は抵抗の末、射殺される。

長岡の死により真相が明るみに出て、杜丘の無実が明白となった。杜丘は矢村と上司の伊藤検事正に、「法律では裁けない罪や悪があることを知った。二度と人を追う立ち場にはなりたくない」と言い残し、真由美と共に去って行くのだった。

高倉・中野の初対面時の硬直

中野はこの台本を読むや、出演の準備にとりかかった。

子どもの頃から乗馬に親しんだ役柄だったが、中野はこれまで馬に跨《また》がった経験は一度もない。さっそく都内の乗馬クラブへ行き、練習をすることにした。

相手役が高倉健と聞いて、中野は考えた。

〈健さんの過去の作品を、何本か観てみようかしら〉

高倉主演の映画はやはり男性ファンを意識した作品が多く、若い女性が好んで観たがる内容ではなかった。中野も例に漏れず、これまで一度も観る機会がなかった。

学生時代、東映は怖いところだと信じ込んでもいた。東映を牽引《けんいん》してきた鶴田浩二や高倉健、松方弘樹《まつかたひろき》らが、不良というよりも「野性味があって闊達《かったつ》」というイメージに変わるのは、だいぶあとになってからだった。

時間をかけて考えた結果、我慢して過去の作品を観ないことに決めた。

〈お会いする前に、以前出演された映画のイメージがわたしの中に入らないほうがいい。あえて白紙の状態で、検事役をされる健さんとお会いしよう〉

本番直前の乗馬練習は、運動場のような広さの場所でおこなわれた。練習したときのことを思い出しながら乗ってみると、馬は素直でうまく乗りこなすことができた。

すると、教官が中野に言った。

「ちょっと拍車を付けてやってみていただけますか？」

「あ、どうぞいいですよ」

「そしたら、ムチも持ってください」

中野は深く考えもせず、思い切り馬腹に拍車を当てた。すると驚いた馬がいきなり、全速力で走り出してしまった。

その後のことは記憶にない。どこか遠くで、救急車のサイレンの音を聞いたような気がした。目が覚めると、目の前に見知らぬ男性の顔があった。中野が驚いて起き上がると、そこは病院の中だった。見知らぬ男性は、意識を取り戻した中野の様子を見ていた医者だった。

話によると、驚いて走り出した馬は全速力で運動場を何周かして、落馬してしまったらしい。幸い、たいした怪我もなく済んだ。

〈乗馬って、こんなに大変なものなのね〉

北海道のロケは、北部に日高山脈を有し、南部は太平洋に面する浦河《うらかわ》町のオンワード牧場でおこなわれた。

中野良子が初めて高倉健と会ったのは、北海道の旅館の大広間だった。プロデューサーがあいだに入って、お互いに挨拶することになっていた。

高倉がいる場所まで、あと一〇メートルほどの場所まで歩いていくと、高倉も中野に気づいてこちらを見た。

すると部屋中の空気が急に変わった。どうした理由か、中野の身体がまったく動かなくなってしまったではないか。

高倉もまた同じように動かない。

お互いに見つめ合ったまま、硬直状態になってしまった。

中野は、今までこんな経験をしたことは一度もなかった。何が起きたのかわからないまま、しばらくそうしているしかなかった。

中野には長い長い時間が過ぎたように思われた頃、ようやく我に返って身体が動くようになった。中野はフラフラと高倉に近づき、なんとか挨拶を交わした。

ところが、まだ続きがあった。その晩、中野は目が冴《さ》えてまったく眠れなかった。明日は遠方でロケがあるので、早朝から移動しなければならない。早く寝るべきなのだが、結局一睡もできなかった。

〈こんな寝不足の状態で撮影を始めるなんて、とっても困るわ〉

朝になったので仕方なく身支度をした。高倉は、中野の隣室で寝ているらしい。

〈健さん、きっと起きていらっしゃらないな。起こしてあげたほうがいいかしら?〉

中野は、高倉の部屋のドアをノックしながら大声で呼びかけた。

「健さん、撮影が始まりますよ。起きてください。出発の時間ですよ」

親切心からだったが、大きな声で起こそうとしている自分の行動がなんだかおかしくなって、一人で笑ってしまった。

案の定、高倉は寝ていたらしい。

しばらくして、ドアが開いた。

高倉は、中野が起こしに来たものだからビックリした様子をしていた。

撮影に入ってからは、初対面のときのように硬直状態になることはなかった。が、高倉は役に没頭しているためか、撮影以外の時間も感覚が鋭く、いつも研ぎ澄まされたような厳しい雰囲気があった。

中野は、高倉健という俳優の素顔を知らぬまま、役柄の杜丘冬人といつも対峙《たいじ》しているような気分になった。

高倉はほとんどリハーサルをしない俳優だった。即本番、一発オーケーの繰り返しである。中野はそのことにまず驚いた。誰もそんなことを教えてくれなかった。

中野の場合、まず立ち位置を指示され、リハーサルを二回ほどおこなって、三回目で本番となるのが普通だった。

ところが打ち合わせもリハーサルもなく、いきなり本番となる。でも、逆に演技はしやすかったような気もするという。

高倉の台詞は少なく、醸し出す雰囲気で表現する役者だった。中野は、高倉と初めて会ったときに、動けなくなった理由が少しずつわかってきた。

〈そうか。あのときすでに、健さんは役に没頭していたんだ〉

中野が北海道に着いたとき、高倉の撮影はすでに始まっていた。だから高倉はすでに、無実の罪を着せられ、警察と真犯人から追われ、追い詰められる主人公杜丘冬人になりきっていたのである。

いっぽう中野は、高倉健という俳優のことを何も知らない真っ白な状態で、オフ時の素顔のままロケ地入りした。二人の落差があまりに大きかったため、状況が理解できないまま、高倉の集中力の高さ、杜丘という人物が放つ雰囲気を感知して、身体が硬直してしまったのだ。

いよいよ乗馬のシーンに入った。広大な敷地の中で、馬たちが自由に走り回っている。落馬して病院に担ぎ込まれた中野だったが、馬に対する恐怖心はまったくなかった。

ただ、山中の曲がりくねった細い道での撮影は、さすがに怖かった。馬は光を嫌うが、照明の光が太陽を反射して、強烈に照らすことがしばしばあった。

〈もし枝に引っかかったり、馬が突然暴れ出したりしたら、わたし、制御できるかしら〉

が、山中での撮影は、高倉との相乗りだった。背後に高倉がいる安心感は大きかった。

〈健さんは、ひょっとして乗馬がお上手なんじゃないかしら〉

ヤクザ映画やアクションシーンの多い映画に多数出演してきたことは、中野も知っていた。それでも高倉が乗馬を得意としていることまでは、まったく知らなかった。

自然豊かな場所が好きな中野は、北海道や石川県《いしかわ》の奥能登《おくのと》など、自然豊かなロケ地に行くのが楽しかった。

ロケ中の高倉と中野の移動手段は、おもにハイヤーが使われた。

移動中、中野は、高倉が何か自分に話しかけたがっている、という雰囲気を察知した。が、喉《のど》まで出かかっている言葉を呑み込んでいるらしく、結局黙っている。

〈健さんは、会話を我慢されているんだ。そういう方なのね〉

高倉は、まったく役の世界から離れないタイプだったので、撮影が終わったあとに一緒に飲みに行くこともなかった。

弁当の時間になると、駆けずり回って腹を減らしたスタッフたちが、かき込むようにして食べ始める。俳優たちも同様だ。ところが、高倉は少し離れた場所に立って、何やら身体を動かしていた。心配した中野良子が、高倉に近寄って訊いた。

「健さん、お昼ごはん召し上がらないんですか？」

「いや、僕はあまり食べないんです」

高倉は、ひとことだけそう言った。

〈そうなんだ。そういう決まりをつくっているのね。きっと、自分で決めた決まり事が、たくさんあるんだわ〉

休憩時間の高倉を見ていると、一人でシャドーボクシングをしたり、ストレッチをしたりして、常に身体を動かし続けていた。それは身体を温める目的だけでなく、気持ちの問題でもあるらしかった。やる気や情熱が下がってくると、身体を動かし鍛えることでモチベーションを保つ。中野の目には、そんなふうに見えた。

〈ああ、健さんは、仕事のために、ここまでされる方なんだ〉

そうした様子を見て、高倉が相当な苦労人だということがわかった。「努力して、自分の決めた生き方を貫くんだ」という男の美学が感じられた。

佐藤純彌《さとうじゅんや》監督のアドリブ自由な演出

中野は、熊に襲われるシーンで木の上に登ったり、馬に乗ったり、森の中を彷徨《さまよ》ったりと、数々のアクションシーンをこなしていった。

森の中まで追いかけてきた原田芳雄演じる矢村警部とのやり取りでは、中野のアドリブが光るシーンがあった。原田が拳銃を構え、銃口を高倉に向ける場面で、中野はとっさに前へ出て高倉をかばった。台本にはない動きだった。が、中野は、勝手に身体が動いてしまったのだ。

すると、今度は高倉が、中野をかばって自分が前へ回った。もちろん、これも台本にない動きである。

とっさに出た行動に、高倉がパッと反応してくれた。

そのことに、中野はビックリしてしまった。

〈健さんはアドリブにも、しっかり反応してくださるんだ!〉

こうしたアドリブシーンは、ほかにも数多くあった。

たとえば、原田演じる警部が森の中で熊に襲われて怪我を負い、高倉が手当てをしようと必死になるシーンがある。高倉の荒治療に暴れる原田を押さえつけていた中野は、気絶するアドリブを思いついた。

〈台本にはないし、どうしよう。でも、ここで演技しておいて、あとに、ダメならカットしてもらえばいい〉

とにかくやってみよう。中野は気絶する演技を試みた。

すると高倉がすかさず中野の肩を揺さぶり「真由美さん、真由美さん！」と起こしてくれた。

〈ああ、やっぱり健さんは、ここでもちゃんと反応してくれる〉

アドリブを利かせると、「台本にないことはダメ！」と嫌がる俳優は多い。

が、高倉は違った。

演技しているときは夢中で気づかなかったが、佐藤純彌監督の対応も素晴らしかった。高倉と同様、中野が〈こうしたほうが良いんじゃないか〉と思って演技したことを、そのまま受け止めてくれた。

なお、原田芳雄とは、『君よ憤怒の河を渉れ』を撮る以前に、テレビドラマ『真夜中の警視』の撮影で半年間一緒だった。


キスシーンには、高倉も中野も戸惑っていた。無実の罪で追われている二人に、突然ラブシーンが始まる。心の中でどうつなげていったらいいのか。

第一、恥ずかしいし、照れてしまう。撮影が始まっても、中野は内心ドキドキして「どうしよう、困ったなあ」という気持ちから抜け出せなかった。困った、困ったと思っているうちに、撮影は終わった。

中野は、あとで反省した。

〈ああ、もっと丁寧に、いろんな表情をすれば良かった〉

さらに困惑したのは、逃亡中の杜丘と真由美が、洞窟《どうくつ》内で抱き合うシーンである。台本には簡単に書かれていたので、この時も具体的なことは何も知らされていなかった。

上半身裸になり、焚《た》き火の前で抱き合うと知ったとき、高倉も中野もやはり困った。中野はラブシーンなど演じたことはないし、高倉も苦手だった。中野の心の中は困惑と混乱の嵐だった。

が、その戸惑う感じが役柄にピッタリで、かえって初々しさと美しさが引き立つ結果となった。

原田芳雄

大滝秀治

中野良子演じる真由美の父親役は、大滝秀治が演じた。大滝は、中野がどんな演技をしても受け止めてくれる、まさに父親のような優しさと懐の深さを感じさせる人だった。大滝とのシーンでは高倉と違い、きちんとリハーサルもおこなわれたので、より安心だった。

北海道ロケで、実際にセスナで逃亡するシーンを撮影したあと、セスナを操縦するシーンの撮影がおこなわれた。セット内にコックピットがつくられ、高倉はそこで演技をすることになった。

〈健さんは、どんなお芝居をされるのかしら〉

中野は、少し離れた場所から高倉の様子を見ていた。つくり物を前に、墜落寸前の危機感を演じなければならない。

中野は思った。

〈俳優さんって、大変だな〉

まだ俳優になりきれていない時代のことで、中野はまるで他人事《ひとごと》のようにそう思った。

原田芳雄演じる矢村警部が、杜丘とともに行方知れずになった真由美のことを、父親に向かって皮肉る。

「調教は失敗ですな」

馬の調教とじゃじゃ馬娘をかけた、原田のアドリブだった。佐藤監督が自由に演じさせてくれるものだから、俳優たちがみんなアドリブを利かせてくる。佐藤監督は黙って笑っているだけである。

俳優たちは、みんな生き生き、伸び伸びと演じていた。あとから思えば、そのことも外国人にもこの映画がウケた大きな要素の一つだった。

佐藤純彌監督は、中野にほとんど指示を出さなかった。キャメラマンが、監督に「もうちょっと前がいい」など意見を言うと、ようやく俳優に「もうちょっと前に出て」と言う。中野だけでなく、俳優にはほとんど何も注文を出さない監督だった。

唯一、佐藤自ら中野に注文をつけたことがある。父親役の大滝秀治の秘書役を務める岩崎信忠に、平手打ちを食らわせるシーンである。

物語で、秘書が高倉演じる杜丘の逃亡について密告し、それに怒った真由美が頰《ほほ》を叩くのである。が、中野は最初、軽く頰を叩いただけだった。

すると佐藤監督が近寄ってきて、耳打ちするように小声で言った。

「もっと強く叩いてね」

撮り直す前、中野は岩崎に言った。

「申し訳ないけど、監督がもっと強く叩いてとおっしゃったんで、もう少し強くいきますので、よろしくお願いします」

中野は、岩崎の頰をより激しく、強く叩かせてもらった。

中野の緊張と全身全霊で高倉が見せる別世界

中野良子にとって、夜の新宿での撮影は、緊張感のあるものだった。

俳優を取り囲んでいるのはエキストラだったが、不夜城・新宿では夜が更けても人足《ひとあし》は衰えず、数千、数万の一般の人々が街を彷徨っていた。煌々《こうこう》とライトを照らして撮影し、大勢の人々が取り囲むようにしていると、「何かイベントがあるのか」「祭りでもやっているのか」と、何も知らない普通の人たちがどんどん集まってくる。

ライトを浴びて演技している中野にも、数百メートル先の「なんだなんだ」と集まってくる様子が伝わってきて、自分が信じられないほどの人々に取り囲まれていることがわかった。

〈これ以上人が集まってきたら、大変なことになるんじゃないかしら。パニックになったら、みんなどうやって逃げるんだろう〉

新宿のど真ん中でのロケなど、常識では考えられないことだった。一応許可はもらっているのだろうが、日本ではまずありえない撮影である。

物語は、北海道から東京への潜入に成功した高倉演じる杜丘が警察に包囲され、父親の配慮で東京入りしていた中野演じる真由美が、馬数頭を新宿で暴走させて杜丘を助ける。数頭の馬を引き連れて馬を走らせるシーンはエキストラが担当したが、馬上でアップになるシーンは馬のハリボテに跨がった中野が担当した。

トラックの上にハリボテの馬があり、スタジオではなく新宿のど真ん中での、大勢の観衆に囲まれての撮影である。

中野の跨がったハリボテの馬に、高倉が背後から乗り、しがみつき、跨がる。

そのシーンは中野と高倉だが、街中を二人が馬で疾走するシーンは、高倉と中野の格好をしたエキストラである。

そのぶん臨場感は出たものの、後にも先にも、これほど緊張感が漲《みなぎ》る思いで挑んだ撮影はなかった。

中野は心の中で叫んでいた。

〈ああ、この映画、日本人だけでなく、外国の方たちもご覧になったらいいのに！〉

中野は、真夜中の新宿から、天に向かって願った。

それがまさか現実のものとなるとは、このときは想像もしていなかった。

馬は予備も含めて数十頭を連れてきたらしい。馬の暴走シーンで、十字路を右に曲がる際、一頭の馬が道に火花を散らして滑って倒れ込んだ。中野はあとに知ったのだが、このときの転倒で怪我を負い、安楽死させたという。それほどすさまじいロケだった。

危険を承知のロケだったから、佐藤監督は「何がなんでも一時間以内に終わらせる」心づもりで挑んだらしい。中野が心配していたとおり、人が集まりすぎて収拾がつかなくなると思ったのだろう。だからスタッフたちも俳優も急《せ》かされて必死だった。

映画界がもう一度立ち上がるための渾身《こんしん》の第一作であり、高倉健にとっても独立第一作目だった。また永田《ながた》雅一《まさいち》プロデューサーの復帰第一作目であり、中野良子にとっても今までにない台本だった。だから俳優もスタッフもみんな「いい映画をつくろう」と燃えに燃えていた。

真由美が杜丘と馬に乗って逃亡後、宿泊するホテルに杜丘を匿っているとき、矢村警部が部屋に乗り込んでくるシーンがあった。バスルームに潜む杜丘のところまで行かせまいとして、真由美は着ているものを脱ぎ始め、下着姿になる。そこまでは中野だから途中から後ろ姿になる。そこからは代役に替わり、ブラジャーを外す。

代役の乳房だけがアップになり、さらにパンティも脱ぎ始める。

「わたし、シャワーを使うところなのよ。一緒にお入りになる」

原田演じる矢村が困惑し、顔をそらし、風呂場に潜んでいる杜丘に声をかける。

「杜丘、いい加減に出てやれよ！」

「出ないでぇ」

真由美はそう叫ぶ。が、杜丘はバスルームから出てきて、彼女をバスルームに入れ、矢村と対峙する。

このとき、真由美はヌードになるのだが、これは代役が務めた。永田雅一プロデューサーが「中野はまだ女優になりきれていないから」と言ったという噂が本当なのか、ヌードになる話が中野のところまでくることはなかった。

高倉健は、中野が知らないまったくの別世界を、全身全霊で見せてくれた。身体を張り、中野が「こういう方法もあるんだ」と驚くようなことも多々あった。高倉の鍛錬、集中力、持続力、周囲の期待に沿う対応力、そうしたものの結晶であった。

映画のラストで、東京検察庁をあとにする高倉と、都心の大通りで一人待つ中野が合流するシーンがある。中野は一人ぽつんと歩道に立ち、周囲を見渡した。高倉がいつ、どこから現れるのか知らされていなかった。キャメラもどこにあるのかわからない。

〈やっぱり健さんが現れたら、即本番なんだろうな〉

高倉がどのような表情で現れるのか、それに対して自分はどう受けたら良いのかと心の中で、さまざまな思いを巡らせていた。

高倉が二〇メートルほど離れた場所に停車するバンから降りてきた。高倉の様子で、すでに本番が始まっているのだと感じた。

中野は、真由美役になりきって、愛《いと》しい人と再会できた喜びと、はにかんだような表情を表した。内心の困惑とは裏腹に、ラストシーンも一発オーケーとなった。

青山八郎《あおやまはちろう》が担当した音楽も好評だった。ハワイ調の『白いサスペンス』は、サスペンス映画の音楽にしては軽やかでリズムが良く、一度聴いたら忘れられない主題曲で、海外で中野良子がこの音楽を「ラーラ、ラー」と口ずさむと、みんな跳びはねるようにして喜んでくれた。まさに音楽の力だった。

永田雅一プロデューサーは、日本人離れした感覚の持ち主だった。『君よ憤怒の河を渉れ』も、外国人にわかりやすいような形に仕上がった。

中野良子は、マキノ雅弘《まさひろ》監督と高倉健コンビ作品が二十作を数え、東映スターで最も多い作品数であることを知った。

中野もまた、一作のみであったが、マキノ雅弘監督作品に出演したことがあった。昭和四十八年七月十五日放送、樋口一葉《ひぐちいちよう》原作のTBS系列のドラマ『たけくらべ』で、ヒロインの少女、美登利を演じた。マキノの繊細な感覚と、きめ細かな俳優への指導は素晴らしく、女優の演技も自ら「こうするんだ」と手本を見せてくれた。その仕草は中野が見とれるほど美しく、とてもマキノ監督と同じように演じることはできなかった。

〈そうか。健さんは、マキノ監督にも育てられて、即本番でも対応できる力を磨かれたんだわ〉

もともと高倉は、志願して俳優になったわけではないとも聞いた。だからなおいっそう、多くの監督とのやり取りの中から、自分なりの演技を必死になって見つけていったのだろう。

俳優は現実と虚構世界とを行き来する

俳優は、現実の世界と、映画やドラマのつくられた世界を行ったり来たりしなければならない。そうした精神的負担に加え、ロケ中は暑さ寒さに耐え、肉体を酷使して全力で役を演じなければならない。それでもお客さんから良い反応があると、本当に嬉しいもので、また頑張ろうという気持ちになる。

撮影がすべて終わって東京に戻ってから、中野良子は高倉健のまったく違う一面を見た。

ある日、中野は友人の一人から自宅に招かれ、食事をご馳走になった。友人はごく普通のサラリーマンで、奥さんと一緒に楽しい時を過ごした。

食後のお茶を飲み終わり、中野が「そろそろおいとまします」と言ったところ、奥さんに止められた。

「今すぐ健さんが来るから、もうちょっと待ってて」

中野はビックリして立ち上がった。

「え、健さんがいらっしゃるの？　じゃあ、わたし、帰ります」

「そう言わずに、帰らないで」

何度も引き留められたので、中野は困惑したまま言った。

「じゃあ、奥さんの割烹着《かっぽうぎ》と日本手ぬぐいを貸してください」

寡黙な高倉とプライベートな世界で会ったことはない。小道具を借りて、役づくりをしなければ会えないと思ったのだ。

中野が割烹着と日本手ぬぐいを身にまとい、玄関で待っていると、明るく大きな男性の声が聞こえてきた。

高倉の声であった。

ところが、ロケ中の高倉からは想像もできないような、闊達さと饒舌《じょうぜつ》さで、何やら楽しそうに親友としゃべっている。中野はビックリしてしまった。

〈えっ、普段の健さんて、こんな感じなの⁉〉

大発見だった。中野は、奥さんのふりをして居間にいる高倉のもとへお茶を運んだ。近くへ行けばさすがにバレるので、自分のしていることがおかしくなって吹き出してしまった。

「健さん、すいません、中野です」

ドキドキ鳴る胸を抑えながら、それでさっと帰ってきてしまった。

友人夫婦に「一緒にお茶でも」と引き留められたが、高倉を思えばこそ、そんなことはできなかった。

中野は、仕事に集中しているときの高倉の姿を見ていた。高倉はこれまで、与えられた役を全力で演じきり、観客に楽しんでもらうことを何百回、何千回と繰り返してきたはずだ。そんな高倉が、『君よ憤怒の河を渉れ』のロケ中もまた、ベストを尽くして役作りに没頭している。中野は高倉の努力を感じていた。

だから、こうして偶然会ったときであっても、その世界を壊しては申し訳ない、絶対にそんなことはしてはいけない、という思いがあった。

帰宅後になって中野はようやく、友人が計画して、自分と高倉を引き合わせたのだと気づいた。「お茶くらい一緒に飲んで、好きな話をすればいい」「仕事を離れ、リラックスした健さんも見てほしい」、そんな優しい思いがあったのかもしれなかった。

が、このときの中野は、ただひたすらに思っていた。

〈わたしは撮影所の健さんしか知らない。だからあのイメージを壊しちゃいけない。自分から、そんなことをしてはいけない〉

頑なな思いにとらわれていたことを後悔したのは、もっとずっとあとになってからだった。

〈ああ、あのとき、逃げるように帰ってしまったけど、残念なことをしたわ。いろんな良い話を聞けたかもしれなかったのに……〉

十億人以上の中国大歓迎陣

中野がチャンネルを回しているとき、NHKの教育テレビが映し出されてふと手が止まった。

〈あら、わたしと同じ服を着ている人がいる〉

そう思ってよく見ると、中野本人だった。

〈どうしてわたしが、知らないうちにテレビに出てるんだろう？〉

番組では、中国研究の学者が、中国で『君よ憤怒の河を渉れ』が大ヒットしている、という話をしていた。

すると、翌日に日本政府の関係者から中野に電話が入った。

「中国で映画祭がありますので、一緒に行っていただきたい」

中野はめまいのようなものを感じた。戦後生まれの中野はこれまで意識したこともなかったが、日本の隣には大陸があるのだ。その大きさ、パワーを無意識のうちに感じて、これから日本は大きな変化の中に入っていくと思った。

昭和五十四年、『君よ憤怒の河を渉れ』は、中国で文化大革命後に初めて上映された日本映画となった。中国タイトルは『追捕』である。

中国で映画が公開されたのは、中国共産党が国民に見せている、ということである。八億人が視聴したと言われており、日本では考えられないような桁《けた》違いの大ブームとなった。

中国人の観客たちは、主人公が無実の罪で追われながらも真実を追い求める姿と、それを信じて助けようとする女性の愛情に、共感し、映画は大変な人気を呼んだ。

この大ヒットで、高倉や中野は、中国でも人気俳優となった。

この年の秋、中野良子は、映画代表団の一人として中国へ渡った。高倉はおらず、男性は一人きりで、あとは女性ばかりだった。

北京《ペキン》国際空港に降りた飛行機から、中野はタラップを降りようと出口に立った。すると、飛行機のすぐ近くで数百人規模の大楽団が、演奏をしていた。中国らしく、直径二メートルはありそうなドラも鳴り響いている。

〈あら、どこかの国の大統領でもお見えになっているのかしら?〉

中野はまさか、自分たちのためにこれだけの楽団が用意されているとは思わなかった。が、タラップを降りると、中国共産党の人たちが大勢出迎えてくれていた。中野は、何が始まったのか理解できずにいた。

中野は、片言の中国語で「我是中野良子（ウォーチュンエイリャンツウ）」と挨拶をした。

すると、周囲から「ウォーッ！」と嵐のような歓声が響き渡り、ビックリしてしまった。

その後、北京市内でおこなわれた歓迎会は壮大なものだった。周恩来《しゅうおんらい》総理の妻である鄧穎超《とうえいちょう》が、乾杯の音頭を取ってくれた。中国では乾杯のときには必ずマオタイが振る舞われる。マオタイは貴州《きしゅう》省特産の高《コー》梁《リ》《ヤン》（モロコシ）を原料とする蒸留酒で、アルコール度数は五〇～六〇度もある。中野はそんなことは知らず、マオタイを一気に飲み干した。すると足が宙に浮いたようになり、風に当たりたくなって窓辺へ行った。

外を見ると、蛍のようなキラキラした光が無数に広がっていた。

〈あら、北京にも蛍がいるのかしら〉

そう思いながらよく見ると、なんと人間の瞳が光っているのに気づいた。ビル全体を無数の人々が取り囲み、みんなが一斉に中野を見つめている。数千人なのか、数万人なのか、あるいはもっとだったのか。暗くて遠くまでは見渡せなかったが、驚くほど大勢の人々が目の前にいた。

あちこちから「チェンユウメイ、チェンユウメイ」という声が聞こえてくる。映画のヒロインである真由美を、現地ではチェンユウメイと呼んでいた。

乾杯をしたのは、夜七時過ぎだった。が、九時になっても十時になっても人々は帰ろうとせず、ずっと「チェンユウメイ」と中野に呼びかけ続けてくれた。

中野は不思議な気持ちになった。

〈どうして、こんなことが起きるのかしら〉

上海《シャンハイ》の魯《ろ》迅《じん》公園でも同様の歓迎を受けた。朝八時と早い時間だったが、ラジオなどで「真由美が来る」と告知されたらしい。大勢の人々が渦を巻いたように中野を取り囲み、二メートルも背丈がある現地のボディガードが二人して中野を守ってくれた。

だが、あまりに多くの人々に囲まれると、恐怖心が先に立つものである。

〈ああわたし、ここで死ぬかもしれない。このボディガードがいなかったら、押しつぶされてこの世からいなくなるんだわ〉

『君よ憤怒の河を渉れ』の人気は中国で衰えることを知らず、視聴者はどんどん増えて、十億人を優に突破していた。「もう二十回は観た」という人も大勢いるという。留学先から帰ってきた人へのプレゼントは、必ずと言っていいほど『追捕』の入場チケットだった。みんなが「帰国したばかりでまだ観てないだろう」と勧めるのである。それくらい人気があった。

中野は、中国の町を歩きながら考えてみた。

〈なぜ、『追捕』がこんなにヒットしたのかしら〉

中国ではみんな馬との距離が近く、町に馬がいても何の違和感もない。日本では新宿に馬がいるなどありえないが、町中に馬がいて、大勢の人々が右往左往する新宿ロケの様子は、中国と似ていた。現地にいると、そういうことが少しずつわかってくる。

中野良子が中国へ行くと、ファンたちから高倉健と同じくらい田中邦衛についての質問を受けた。

「あの人は、誰なんですか？」

「田中さんは、お元気なんですか？」

同じ映画に出演しても、横路敬二役の田中邦衛と会う機会は一度もなかった。が、どんな演技もこなし、素晴らしい人物だと周囲から聞いていた。中野が会って、話をしてみたかった俳優の一人である。

田中は中国では『北の国から』の黒板五郎役よりも『君よ憤怒の河を渉れ』の横路敬二役で知られていた。

中野良子は、『君よ憤怒の河を渉れ』で十億人以上の中国人に映画を楽しんでもらったことを転機に、中国をはじめ世界に向かって国際交流の仕事をするようになった。

当時の中国共産党には、映画で国民に伝えたい考えがあった。活字ではなかなか伝わらないからだ。人間が動く映像を実際に見せて、「こういう方向へ行くんだ」と示す。

初めて中国へ行ったとき、中野良子は思った。みなさん、どんなふうに交流されてきたのかしら〉
〈日本はこういう国と、うまく交流していけるのかしら。みなさん、どんなふうに交流されてきたのかしら〉

中野の思いは映画を離れ、一人の日本人として戦時中のことや、今後の政治的、経済的な関わりにまで思いを馳《は》せていった。

中国に行くのは一回きりにして、日本でそのまま俳優を続けてもよかった。が、中国の現状を目《ま》の当たりにし、過去や現在、未来のことにまで思いを馳せるようになると、それっきり忘れてしまうことはできなかった。

昭和五十九年、中野良子は、当時の首相訪中の際のゲストに選ばれ、キャスターに起用された。以後、外務省から世界各国に派遣され、内外で多数講演を続けていった。

平成十一年（一九九九）、ニューヨーク市の公立学校の課外授業に講演の課題である「中野良子の地球の志」が採用された。

俳優業を続けながら、中野は「ＷＩＬＬ国際文化交流センター」代表として、国際交流に努力し始めた。「国際間の心の交流」「世界の子どもの教育機会の促進」「地球環境の保護と改善」などをテーマに、個人や団体と幅広く協力し、講演会を中心に国際文化の交流を提案している。

中国には数千年の歴史があり、訪れるたびに懐深く迎え入れてくれる。が、それにどのように日本が対応していくかは難しい。

平成十二年、中野良子は、世界の国々で文化的交流を深めてきた二十年間の活動の歩みをまとめた『星の詩　国際交流への芽生え』を出版した。表紙には、ティーンエイジャー時代に、地元の海辺で座っている写真をあえて選んだ。

美しく澄んだ海を毎日見て育った中野は、子ども心に産業化によって変化していく伊勢《いせ》湾の姿を悲しく思っていた。

〈どうしてこんなに海が汚されていくの？　もっと自然を大切にできないものなのかしら〉

子どもの頃からの思いを、表紙の写真に託したのである。

高倉が憧れたジャン・ギャバンと『冒険者たち』

話を高倉健に戻すとともに、時も少々戻そう。

高倉健は、フランスの映画俳優ジャン・ギャバンを敬愛していた。青木卓司は高倉が漏らしたこんな言葉を今でも鮮明に記憶している。

「俺はジャン・ギャバンになりたいと思ってきた。でも、なれそうもない。ジャン・ギャバンじゃないんだよなあ。やっぱり、リノ・ヴァンチュラかなあ」

ジャン・ギャバンは、フランス映画を代表するスターであり、深みのある演技と渋い容貌《ようぼう》で人気を博した。『望郷』『大いなる幻影』、さらに「フィルム・ノワール」と呼ばれるフランスのギャング映画『現金に手を出すな』などで重厚な演技を見せた。『地下鉄のメロディー』『シシリアン』ではアラン・ドロンとの共演でドロンを引き立てた。特に食事をする芝居が上手く、高倉は「食事の芝居はギャバンを見て勉強した」と語っている。

また高倉は、京都の行きつけのカフェに「いつも迷惑をかけているので」とギャバンの特大ポスターをプレゼントしている。

リノ・ヴァンチュラは、昭和三十年代から五十年代にかけて活躍したフランスの映画俳優だ。フィルム・ノワールやギャング映画に数多く出演している。決して二枚目とはいえないが、実に味のある俳優だった。

高倉が大好きだった映画の一つがロベール・アンリコ監督による日本公開は昭和四十二年五月十八日の

『冒険者たち』である。アラン・ドロンとリノ・ヴァンチュラと、ジョアンナ・シムカスが演じる三人組が共に宝探しの冒険へ旅立ち、財宝を得ようとした結果迎えた悲愴《ひそう》な運命を描いている。

『冒険者たち』のストーリーは次のとおり。

画期的な新型レーシングエンジンの開発にひとり取り組む中年の自動車技師ローラン（リノ・ヴァンチュラ）と、その友人で、若くハンサムなパイロットのマヌー（アラン・ドロン）、そして、ある日ローランの工房に材料探しにやって来た駆け出しの前衛彫刻家レティシア（ジョアンナ・シムカス）。それぞれの夢を持った三人は、その実現のために互いに支え合い、絆《きずな》を深めていく。

A・ドロン

L・ヴァンチュラ

J・シムカス

しかし、やがて彼らの前に厳しい現実が訪れる。マヌーは所属する飛行クラブの会員から請け負った映画会社の仕事、凱旋門の下を飛行機でくぐり抜け、それを撮影するというものに挑むが失敗。危険飛行のペナルティとしてパイロットライセンスを停止されてしまう。しかたなく依頼主キヨバシの会社に連絡すると、先方はそんな仕事を頼んだ覚えはなく、この一件が気障《きざ》なマヌーを快く思わないヴェルタンら会員たちの仕組んだ悪ふざけだったと知る。

いっぽうローランは完成したエンジンを車に搭載し、自らテストドライブをおこなうが、走行中に異常が発生してエンジンは爆発。

さらにレティシアも、工面してようやく開いた個展の内容を新聞の批評家たちに軒並み酷評され、成功の道を閉ざされる。

傷心の三人は一攫千金《いっかくせんきん》を狙って一路コンゴの海に向かう。凱旋門の件でマヌーを騙《だま》したヴェルタンから訊きだした話によれば、そこには数年前のコンゴ動乱の際に国外脱出を図って墜落した飛行機が、莫大《ばくだい》な財宝を積んだまま沈んでいるというのである。

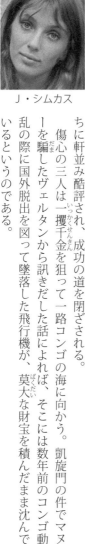

梶芽衣子

若きマヌーは、レティシアに思いを寄せている。だが、彼女が好きなのは中年のローランである。青木は思った。

〈なるほど、親父さんはこの映画が好きなのか。その理由はわかる気がする〉

高倉はこうも言っていた。

「おまえもよく見てみな。夢があるんだよ。この映画には、夢がある。南の島でこういうのを撮りたいんだよ」

昭和四十九年十月四日公開の斎藤耕一《さいとうこういち》監督の『無宿（やどなし）』は『冒険者たち』を下敷きにした作品だ。『冒険者たち』と同じく高倉健、勝新太郎《かつしんたろう》、梶芽衣子《かじめいこ》の三人組が旅をする。

『無宿（やどなし）』のストーリーは次のとおり。

昭和十二年夏、粋な着流しの穴吹錠吉（高倉健）と、白い麻の背広にカンカン帽の駒形玄造（勝新太郎）が出所した。駒玄は板東梅之丞（藤間紫《ふじまむらさき》）率いるドサ廻りの芝居小屋に舞い戻った。錠吉のほうは、兄貴分の女房ユキノを女郎屋へ訪ねるが、すでにユキノは死んでいた。女郎のサキエ（梶芽衣子）は、ユキノの死因は自殺で、自分も同じ道をたどるのは嫌だ、足抜けさせてほしい、と錠吉に哀願する。ちょうど、遊びに来ていた駒玄の助けを貸りて、錠吉はサキエを足抜きさせてやった。しかし、人混みで錠吉を見失ってしまったサキエは、梅之丞一座にいる駒玄と出会った。そのとき駒玄は、サキエから、錠吉が元潜水夫だったことを聞き、自分の「計画」に錠吉を引き込む決意をした。

駒玄とサキエは兄貴分の仇・人斬り仙蔵（安藤昇《あんどうのぼる》）を狙っている錠吉を捜し廻った。そして、とある宿屋で錠吉を見つけた駒玄は、錠吉に、山陰沖に沈んでいるバルチック艦隊の軍用金引き揚げの話を持ちかけるが、錠吉は無視し、再び姿を消した。

サキエを追って来た玉井組に追われた駒玄とサキエは、とある賭場で錠吉が捜し求めている仙蔵と会った。そこへ錠吉もやって来た。駒玄が止めるのを振り切った錠吉は、仙蔵と対決、兄貴分の仇を討った。

だが仙蔵は死ぬ間際、兄貴分を殺せ、と命じたのは親分の大場であることを錠吉に告げた。そして、錠吉はまたもや駒玄とサキエの前から姿を消した。

錠吉のことをあきらめた駒玄は、サキエとともに山陰の海へ行き、駒玄の父の使用人だった為造の家へたどり着いた。目指す海域は軍の立入禁止区域となっていたが、駒玄は為造から舟を買い、サキエに呼吸ポンプを漕《こ》がせて、自ら潜って金を探し回った。そんなとき、大場親分を殺し、追手から逃れてきた錠吉が、二人のいる海岸へやって来た。そして、錠吉も駒玄と交替で海に潜ることになった。

数日後、沈んでいる船の残骸を発見、大金はもうすぐ目の前とばかり大喜びする。しかし、そこへ錠吉を追っている大場の子分の辰平たちが現れた。辰平たちと対決しようとする錠吉を、駒玄は持っていた舟の残骸で殴り倒し、「ここは立入禁止区域だ！」と叫びながら彼らに近づく。が、いきなり拳銃で射たれてしまった。気がついた錠吉も、駒玄に近づこうとしたとき、弾丸が二、三発命中、その場に倒れた。二人が死ぬのを見ていたサキエは、愕然《がくぜん》として、砂浜に膝《ひざ》を落とすのだった。

ロケ地は京都府京丹後《きょうたんご》市立岩《たていわ》のあたり。「南の島」というわけにはいかなかった。

監督に松竹の斎藤耕一。『津軽じょんがら節』に感銘を受けた勝が、担ぎ出した。

「健さんは『冒険者たち』が好きらしい」

そんな噂話《うわさばなし》は恐らく耳にしていたに違いない。だが、勝は勝で高倉との唯一の共演となったこの作品に思い入れがあったようだ。

J・ギャバン

仕上がりを見ると、青木には、高倉の役はどちらかというと、『太陽がいっぱい』で人気を博した二枚目のアラン・ドロン寄りに感じられる。勝のほうがリノ・ヴァンチュラに見えてしまう。高倉にとっては不本意な出来栄えだったかもしれない。

アラン・ドロンやジャン・ギャバンにはなく、リノ・ヴァンチュラにあるのは肉体が持つ圧倒的な存在感だろう。恐らく高倉もそのあたりに自身との共通点を見出したのではないだろうか。青木は思う。

〈『冒険者たち』のリノ・ヴァンチュラは無骨だけど、かっこいい。そういう生きざまを親父さんは描きたかったんだろうか？〉

青木は『冒険者たち』のDVDを所有している。忘れた頃に見直すのが習慣になっている。見るたびに新鮮な驚きがある。いかにもフランス映画という感じではあるが、ジャン・ポール・ベルモンドを一躍スターにした『勝手にしやがれ』のジャン・リュック・ゴダールのようなアンニュイを漂わせた作風とはまた違う。


昭和四十九年十月四日公開の『無宿（やどなし）』の撮影現場で青木卓司は勝新太郎と顔を合わせた。勝は実にあっけらかんとした男だった。

勝は相撲が好きだった。昼休みになると、ロケ地の間人《たいざ》（京都府京丹後市丹後町）の砂浜でみんなで相撲を取る。

相撲といっても、本格的な取り組みではない。手でパチンと弾《はじ》き、押して倒す。手相撲のようなものだ。

「青木君、おいで。やるよ」

あるとき、勝から声がかかった。いざ始めると、どういうわけか青木に軍配が上がってしまった。勝はかんかんである。子どものような怒り方だった。勝つまで、何回も青木に勝負を挑んでくる。

砂浜に腰を下ろし、高倉はその様子を眺めていた。

「ああ、勝《か》っちゃんって、子どもみたいなところがあるんだな。やっぱり、それが豪快な面も出すんだろうなあ」

ふとそんなことをつぶやいていた。

続く国際映画『ザ・ヤクザ』

高倉健との対比的に、さまざまな人を見ていた青木卓司の述懐を続けよう。

青木卓司によれば、丹波《たんば》哲郎《てつろう》は「あのまんまの人」だという。スクリーンやテレビで見るのと普段の姿にほとんど開きがない。

丹波は以前、昭和四十二年六月十七日公開の『007は二度死ぬ』に出演している。「英語のセリフも大丈夫だろう」ということで、高倉健とロバート・ミッチャム共演の『ザ・ヤクザ』への出演依頼がきた。

キャメラテストのために来日したスタッフの前で、丹波は得意の英語を披露した。この映画の監督のシドニー・ポラックは首を振った。

「あの方は、やめましょう」

その瞬間、丹波の出演は消えた。英語があまりにブロークンだった。一応は通じるが、きちんとした言葉ではない。

S・ポラック

R・ミッチャム

『007は二度死ぬ』の場合は、大半の撮影を日本でおこなっている。丹波も日本で戦う役だった。簡単な会話ができれば問題なかったのだ。

『ザ・ヤクザ』では、もっと本格的な英語力が要求されていた。丹波の代わりにキャスティングされたのは日系米人俳優だった。英語はさすがに流暢《りゅうちょう》である。

丹波が出る『ザ・ヤクザ』も見たかったが、これは夢に終わった。

いっぽう昭和四十九年十二月二十一日に日本公開となったワーナー・ブラザース製作の映画『ザ・ヤクザ』にも、待田京介は出演した。

『ザ・ヤクザ』は、『ひとりぼっちの青春』や『追憶』を撮った名匠シドニー・ポラックのもと、『史上最大の作戦』などに出演したロバート・ミッチャムと高倉健が共演し、リチャード・キース、岸惠子《きしけいこ》なども出演した。

日本での撮影には東映が全面的に協力し、エグゼクティブ・プロデューサーを俊藤浩滋が務めている。

ストーリーは、ロサンゼルスで私立探偵をしているロバート・ミッチャム演じるハリー・キルマーは旧友のリチャード・キース演じるジョージ・タナーから、日本の暴力団・東野組に誘拐された娘を救出してほしいと依頼される。タナーは海運会社を営んでいるがマフィアでもあり、武器密輸の契約トラブルで東野組と揉《も》めていたのだった。

東野が待田京介演じる殺し屋・加藤次郎をロスに送り、娘のドレスの切れ端をタナーに渡して4日以内にタナー自身が日本に来なければ娘の命はないと通達。タナーは、かつて進駐軍憲兵として日本に勤務していた旧友のハリーに相談した。ハリーは日本語が堪能な上、高倉健演じる田中健という暴力団の幹部と面識があった。

田中健は、ハリーには大きな義理があるので東野との交渉もうまくいくだろうというのがタナーの目算だった。こうして仕方なくハリーは、二十年ぶりに東京へ向かう。ハリーにはボディガードで監視役のダスティが同行していた。ハリーとタナーの共通の友人のオリヴァー・ウィートの邸に滞在することになる。オリヴァーは日本文化に惹かれ、大学で米国史を教えていた。

ハリーはバー『キルマーハウス』を訪れる。戦後の混乱のさなかに岸惠子演じる田中英子と知り合い、子連れの英子が娼婦にならずにすんだのもハリーの愛情のおかげだった。別れた理由は米軍は日本軍だった兄の敵だったからとされていた。実は英子の夫・健が奇跡的に復員。健は妻と娘が受けた恩義を尊び、二人から遠ざかる。ハリーには健と英子の関係を兄妹と話した。軍の命令で日本を去らなければならなくなったハリーはタナーからまとまった金を用意してもらい、バーを英子に与えたのだった。娘・花子も今は美しく成長して、心からハリーを歓迎した。

ハリーは健に会いに京都に向かう。健はヤクザの世界から足を洗い、剣道を教えていたが、義理を返すために頼みを引き受ける。タナーの娘が監禁されている鎌倉《かまくら》の古寺に忍び入り、娘を救出。今度は健の命が東野組に狙われる。健の兄で実力者の五郎でさえも健を救うことはできない。ハリーはタナーが東野と手を握り、自分たちを裏切ったことを知る。

東野組がウィート邸に殴り込みをかけ、目の前で花子とダスティが殺される。五郎も今は東野の部下である息子の四郎を見逃すことを条件に全面的な協力を約束。タナーを射殺したハリーは健とともに、賭場を開いている東野邸に殴り込む。健の振りかざした日本刀で東野を殺したが、誤って四郎の命を奪ってい た。「出入り」の際だから仕方がなかったと五郎が止めるのも聞かず、健は指詰めをする。五郎から健が英子の実の夫であり、花子の実の父親であることを知らされた今、ハリーは健が自分のために払ってくれた義理に報いるためにアメリカに帰る日に健を訪ねる。すでに指詰めを決意していた。健は「これ以上の友情はない」と語る。

待田が語る。

「俊藤さんが日本人キャストの配役を決めて、撮影も三分の二は日本で撮影した。わたしだけアメリカでの出演シーンがあるから、ハリウッドまで撮影に行きました。健さんは行っていません」

ポラック監督との撮影の思い出についても語った。

「ロサンゼルスの事務所の窓から遠くを映すシーンがある。大きな船が向こう岸の海岸に停泊していて、その船を見たポラック監督がバックに船が斜めになった画《え》がほしいって言い出した。その日は撮影を中止したんです。翌日撮影に行くと、その船の位置が変わっていて、窓越しに船が見えるようになっている。そういうことは平気でやれる監督で、ユーモアがある人でした」

「ポラック監督は最初の仁義を切るシーンでは、ドーンとワンシーンを撮る。それから三回ぐらい別のキャメラで撮影をするから、三回やらされるわけです。そして、引きの絵とアップの絵を編集していく。そのときポラック監督に『わたしが今した芝居だと、顔が出ないで、後頭部しか映らないかも』って言ったら、監督が笑いながら、『ミスターマチダ、わたしはそんなことはしないよ。ここは最初の大事なカットだから、顔をちゃんと出すよ』って言いましたよ」

ロバート・ミッチャムは大の酒好きでアルコール依存症だったが、ハリウッドの名優だけに風格があったという。ミッチャム演じるハリーの旧友のジョージ・タナー役のブライアン・キースとは格が違い、キースがミッチャムに気を遣い、立てているのがわかるほどだった。

日本の東映の撮影所で撮影が始まったときは、待田が自分の出番がなくてもミッチャムに挨拶に行ったという。

「初めて挨拶したときに、なんとなくアルコールの匂いがした。おかしいなと思っていると、テスト一回終わるたびに水を一杯飲んでる。通訳の子に訊くと『水じゃなくて日本酒飲んでます』って。でも、立ち回りをやっても息は切れない。ポラック監督も彼にはあえて注意しないんです」

ミッチャムはホテルの自室で飲みすぎて、撮影を飛ばすこともあったという。

「撮影の休みが土・日二日間あって、ミッチャムが泊まるホテルに月曜朝に迎えが行くと、部屋のドアが開かない。入ってみると、二日間部屋でお酒を飲んでいたみたいで、日本酒の空き瓶が足の踏み場がないほど部屋中に二、三十本もあった。それでミッチャム本人は寝たっきりで起きないから、中止になったんだ」

待田によると、酒好きのミッチャムは日本酒をやたらと気に入っていたという。

ミッチャムはよく言っていた。

「アルコールで入院したわたしだけど、こんなに好きなお酒はない。こんなに美味しいお酒があるとは知らなかった」

待田は、アメリカでの撮影シーンがあったため、ミッチャムから頼まれたこともあった。

「ミスターマチダ、お願いが一つある」

「なんですか？」

「日本酒の樽《たる》を、一つ持ってきてくれ」

話を傍らで聞いていた俊藤プロデューサーが言った。

「マチキョウ、天下のロバート・ミッチャムが頼むんだから、持っていってやれ」

ミッチャムは帰国時に自分でも一樽持っていく予定だったようだが、待田も撮影で渡米するときにはお土産として一樽持っていくことを約束し、実行した。


待田は、『ザ・ヤクザ』の撮影のため、ハリウッドを訪れたが、アメリカ社会における映画産業の地位の高さに驚いたという。

「支給されたパスポートにワーナー・ブラザースのゲストってことが英語で書いてあった。向こうの税関でそれを見せたら、とたんに職員が『ウェルカム・サー』って言って自分に敬礼して、ポーターを呼んできて歓待されました」

撮影現場では、現地の警察なども積極的に協力してくれたという。

「白バイが十台くらい配備されて『ミスターマチダ、交通法規は気にしなくていい。なんでも好きなことやってくれていい』って。映画産業へのリスペクト度合いが、日本とは違う。日本人でもひとたび映画に出演する役者だとわかれば、敬意を払ってくれる」

ロバート・ミッチャムと高倉健は、相性も良かったという。

「ミッチャムさんは味のある人で余計な芝居をまったくしない。身体が大きくて、動きが緩慢でしたが、それも全部ハマる。不思議な役者で、受け身の芝居だけれど、内から出るすごみがジワリと出てくる。あ

郷鍈治

あいう俳優はなかなかいません。ミッチャムと健さんはぴったり息が合っていて、両方とも無口だけれど、なんとなく画になる。ポラック監督も細かい文句をつけずに、二人の人柄に惚れこんで撮影していました。あの映画は三年ほど封切りが早かったですね。もう少しあとにできれば、もっとヒットしたと思いますよ。映画の結末も、見た人が想像したものとは違って、最後にミッチャムが最敬礼をして、健さんがただ黙って頭を下げる。あれは健さんなりの独特の芝居ですね。本来は礼儀正しくやるはずだけど、男どうしって感じが出てそれも良かった。ミッチャムの自然な人柄を表しているようで性格そのものが出ていました」

　映画には岸恵子も、高倉演じる田中健の妻の田中英子役で出演した。

「岸さんは声がとても特徴的。独特のハーモニーというか、空気がすっと流れ込んでくるような、非常に特徴がある音質。あの人の人柄ですかね。ミッチャムも気に入って、岸さんには丁寧に紳士に接していました」

『ザ・ヤクザ』で高倉演じる田中健は、ヤクザの世界から足を洗って、剣道を教えているというキャラクターだ。

　高倉はこの作品に出演するにあたって、役作りのために、日本屈指の剣道家である警視庁の中島五郎蔵の協力を得たという。

　待田が語る。

「健さんが俊藤さんに『本当の一流に来てもらってやりたい』と頼んで、東映の殺陣《たて》師ではなく中島さんに来てもらった。警視庁の現役の剣道の先生ですから、日本でもトップの方。食事を一緒にしましたが、とても穏やかな方でした。ところが、一度刀を持つと、すごみがありました。真剣ではない竹光でも、向けられた途端に、腹の底から恐怖感が押し寄せてきましたよ。スパイダー役の郷鍈治《ごうえいじ》がリハーサルで中島さんから刀を向けられたんですが『いやあ、本物はすごい。竹光を突きつけられただけで震えたよ』って言ってました」

　待田京介は、役者としてどのように演じることを心掛けていたのか。

「僕は演技において、足し算引き算、どっちでもいいと思ってやっていて、ご注文があればどっちでもやっていましたね。監督がじっくり向かい合って撮ると、引き算の芝居は素晴らしくなるんです。シドニー・ポラック監督なんかはそれができる監督でした。僕はフリーの役者でしたから、東映で主役をやってどうこうとか、そういう野心はいっさい持たずに割り切ってやっていました」

掉尾《ちょうび》を飾る『山口組三代目』の記録的な大ヒット

　ところで、高倉健の任侠路線のすべてが実録路線に負けっぱなしだったわけではない。『仁義なき戦い』と同年公開の『山口組三代目』がそれだ。

　『山口組三代目』は、暗黒街を席捲《せっけん》し日本ヤクザ史上、最強最大の組織をつくりあげた、山口組三代目・田《た》岡一雄《おかかずお》の自伝の映画化。昭和四十八年八月十一日に公開された。山下耕作《やましたこうさく》が監督し、主演の田岡一雄役は高倉健。

　ストーリーは、大正二年（一九一三）、徳島《とくしま》の寒村に生まれた田岡一雄（高倉健）は、幼くして両親と死に別れ、神戸の叔父・河内和四郎にひきとられて育った。高等小学校を卒業したあと、川崎造船に勤めたものの、上役と喧嘩《けんか》して飛び出した。

　そんなある日、同級生だった山口組二代目山口登（丹波哲郎）の弟秀雄と再会、山口組のゴンゾウとなった。喧嘩の強い一雄は、仲間から〝クマ〟の異名をとるようになった。そんな無鉄砲な一雄に目をつけた二代目は、一雄の身柄を舎弟頭の古川松太郎に預けた。当時の山口組には、灘波為之助、渡辺藤吉、森川盛之助、中本虎一、小田久一、大長三兄弟と呼ばれる一男、政吉、八郎（菅原文太）ら屈強な若衆がいた。

古川の家で若衆として修業して二年が経ち、一雄は一人前になった、ということで彼を兄貴と慕う岡精義と共にアパートへ移った。ある日、二代目が後援会長をしている大関玉錦が宝川に喧嘩を売られたが、二代目から喧嘩を禁じられている玉錦は、思いあまって二代目に相談に来た。ちょうど居合わせた一雄と久一は、玉錦に代わって宝川に決着をつけるのだった。

昭和八年、海員争議の調停をおこなっていた二代目が、組合側に負傷させられた。怒った一雄は、組合争議本部に乗り込み、組合会長めざして斬り込んだ。この事件は、裁判では単に個人的な喧嘩ということでけりがつき、一雄は懲役一年の刑を受けた。そして一年後、出所した一雄は正式に山口組の本家の若衆として迎えられ、二代目と親子の盃を交わした。そして、八郎の粋な計らいで、かねて好意を寄せていたふみ子（松尾嘉代《まつおかよ》）と世帯を持った。

やがて、広沢虎造の興行を成功させたことから、一雄は二代目の信用と人望を集めていった。ある日、酒乱で獰猛《どうもう》な八郎の兄、政吉が菊水座の売上げ金を持ち逃げしたことから、二代目に破門された。一雄はなんとか穏便に収めようとしたが、逆に一雄に斬ってかかってきた政吉に心ならずも傷を負わせてしまった。兄思いの八郎は、逆上して本家に乗り込もうとした。一雄と八郎は心の通じ合った仲間、だが、説得を聞こうとしない八郎のドスを避けた一雄は、自らのドスを八郎に……。

仲間を手にかけた一雄は、自首し懲役八年の刑を受けることになった。昭和十五年の夏、広沢虎造の映画出演問題をめぐって、九州石政組と二代目が対立。九州へ出向いた二代目が石政組の手にかかって、全身十八カ所の傷を負わされた。このことを獄中で知った一雄は、すさじい形相で歯を食いしばるのだった……。

この作品は、最終的には『仁義なき戦い』を上回る記録的な大ヒットを飛ばしている。

また、高倉健と田岡一雄との微妙な関係がこの作品によって生じ、後述するさまざまな逸話を生むことにもなる。

なお、山口組を扱うことから警察により種々嫌がらせを受けたことからシリーズ化できず、結局、次の昭和四十九年八月十日公開の『三代目襲名』との合わせて二作で終了した。

待田京介は、『山口組三代目』では西田幸一役、田岡が三代目になった姿を描いた『三代目襲名』では、吉川勇次役として出演している。

「田岡さんとは京都の川床に招待されて、食事をしたこともあります。温厚な人でした。あれだけの組織をつくったわけですから、頭脳明晰《めいせき》でしょう。加茂田組から俊藤さんのところに『知り合いの会社の新築祝いに役者を一人出してもらえないか』と依頼があったときには、僕が挨拶をしに行ったこともあります。そのあと加茂田重政組長の設けてくれた席に行くと、田岡組長と電話がつながっていてわたしに丁寧にお礼を言われたこともありました」

第15章　ドラマ『大空港』の有為転変

フジテレビの起死回生策、鶴田《つるた》浩二《こうじ》の刑事ドラマ

「脱東映」の流れから鶴田浩二がテレビなどにも多く出演し始めた時代は、テレビマンたちは種々に知恵を絞っていた。

この頃、テレビドラマのなかで、特に刑事ドラマは老若男女問わず人気が高かった。日本テレビは『太陽にほえろ！』、TBSは『Gメン'75』、テレビ朝日は『西部警察』があり、いずれも視聴率は好調である。

いっぽう、フジテレビだけが他局のように刑事ドラマを持っておらず、なんとか他の民放局と同様のドラマを制作したいと考え悩んでいた。

これまで、フジテレビに刑事ドラマがなかったわけではない。たとえば、昭和五十二年（一九七七）十二月から翌年三月まで計十五話放送された『兄弟刑事』は、黒沢年男《くろさわとしお》、岡本富士太《おかもとふじた》、篠田《しのだ》三郎《さぶろう》の三兄弟が刑事として活躍する物語である。

が、他局の刑事ものとは違い、青春ものの色合いが濃い設定であった。青春ものになると、ドラマで扱う事件のスケールは小さくなり、ダイナミズムにも欠けてしまう。

いっぽう、他局の刑事ものには同じ法則があった。まずは「ボス」の存在である。『太陽にほえろ！』は石原裕次郎《いしはらゆうじろう》、『Gメン'75』は丹波《たんば》哲郎《てつろう》、『西部警察』渡哲也《わたりてつや》。そして、その下にさまざまな世代や性格の

刑事を配置することで、話をどんどん広げていく。番組の鮮度を落とさないために刑事が殉職し、フレッシュな新人刑事が入ってくるのもパターンである。また扱う事件によって捜査第一課や公安警察、外国がらみの外事課が動き、バリエーションを数多く持つことができる。

　このような設定にしなければ、刑事ドラマは長続きしない。長続きする刑事ドラマをつくることを目標に、動き始めたのは松竹のプロデューサー升本喜年《ますもとのぶとし》であった。升本はまず、「石原、丹波、渡と並ぶボス役が務まる大物役者はいないか」と探し求めた。

　石原らに並ぶ大スターとなると、人数は限られている。刑事もののボスの絶対条件として、背広が似合わなければならなかった。丹波哲郎は黒のソフト帽をかぶり、背広にロングコートを見事に着こなしている。丹波のような洒落者《しゃれもの》は誰かいないだろうか。三船敏郎《みふねとしろう》や勝新太郎《かつしんたろう》の名前も挙がったが、二人はイメージではない。悩み抜いた挙げ句、とうとう升本の頭の中で閃《ひらめ》いた。鶴田浩二である。

　升本喜年は、高橋信仁、井上梅次《いのうえうめつぐ》らＴＢＳドラマ『白い波紋』の制作陣で、フジテレビの刑事ものドラマを新たにつくるべく動いた。

『白い波紋』は、昭和五十二年四月から九月まで約半年間、毎週金曜日の夜八時から放送された。山口百《やまぐちもも》恵《え》主演の大ヒットテレビドラマ「赤いシリーズ」に対し、ＴＢＳは田宮二郎《たみやじろう》主演で「白いシリーズ」を制作していた。『白い波紋』の主役は司葉子《つかさようこ》と片平《かたひら》なぎさで田宮が主演でないため、正確には白いシリーズには数えられていないドラマである。

　鶴田浩二主演の刑事ドラマのタイトルは『大空港』。昭和五十三年三月三十日に開港予定の成田《なりた》空港の開港記念番組として企画されたものである。

　ストーリーは、開港直後の新東京《とうきょう》国際空港内に設けられた警察庁刑事局国際刑事課の分室「空港特捜部」が、空港または空港近辺で発生した事件を解決する姿を描く。

特捜部をまとめ、「チーフ」と呼ばれる戦中派の加賀弘之部長を演じるのは鶴田浩二。

階級は警視。独身。本作での加賀は鶴田自身のイメージである特攻崩れを生かした設定となっており、それが中心となるエピソードも少なくない。この鶴田のストイックさを前面に押し出した演技は、他の刑事ドラマでは類のない上司像をつくりあげた。

緒形拳

チーフを補佐するベテラン刑事・梶大介役に緒形拳《おがたけん》。そして若手の部下たちは岡本富士太、中村雅俊《なかむらまさとし》、片平なぎさ、高岡健二《たかおかけんじ》らがそれぞれ演じることが決まった。

緒形拳演じる梶大介は、飄々《ひょうひょう》とした中年刑事。加賀と若手のあいだを取り持つ、ベテラン警部。子だくさんであり家計節約と称して、部下の鯉沼や海原にいつもタバコをねだっている。旅客機との衝突を避けるため、時限爆弾を積んだトラックにレッカー車で追いつき、飛び乗ってハンドルを切った直後、持病のめまいに襲われ、トラックごと滑走路脇のフェンスに激突し、爆死する。

中村雅俊演じる鯉沼三郎は、直情型の性格であり、加賀から窘《たしな》められることも多い。中村が出演した青春ものの役柄設定がそのまま刑事に移行したようなキャラクターである。

岡本富士太演じる立野謙一は、生真面目な射撃の名手。同じ若手の鯉沼や海原とは同期らしく、息が合ったところを見せる。

高岡健二演じる海原保は、特捜部では主に通信を担当し、ヘリの操縦免許を持っている。必要に応じて上空からの偵察や探索などをおこない、鶴田演じる加賀や、岡本演じる立野とともに、初回から最終回まで出演した。

通常の刑事ドラマに見られるような事件も扱うものの、舞台が「空港内の警察」という特殊セクションであるため、描かれる犯罪は国際的で大掛かりなものが多い。スケールが大きく、戦時中に鶴田が海軍航空隊に所属していた話は有名であるから、「空」つながりである点も悪くない。

若手刑事として出演する岡本富士太は、鶴田浩二の名前を聞いたときに思った。

〈きっと升本さんのことだから、鶴田さんに粘り強く交渉したに違いない〉

もともと鶴田は、「おれは青春ものと捕物帖は嫌いだからやらない」と宣言していた。それが最終的には、大物プロデューサーの俊藤浩滋《しゅんどうこうじ》との縁でやらざるを得なかったらしい。

升本は、鶴田が承諾してくれたことで「これでいける！」と喜び勇んだろう。ボスさえ決まれば、あとは何とかなる。

升本の人脈で配役が次々に決まっていき、レギュラーだけでなく準レギュラー陣も池部良《いけべりょう》、神山繁《こうやましげる》など重厚な俳優の起用が決まった。

ところが、いよいよドラマの撮影に入ろうという昭和五十三年三月二十六日、思いもよらぬ事件が発生した。

三里塚芝山《さんりづかしばやま》連合空港反対同盟（反対同盟）を支援する極左暴力集団が集団的実力闘争をおこない、開港間近の新東京国際空港（現・成田国際空港）に乱入して、管制塔の機器の破壊をおこなったのである。成田空港管制塔占拠事件である。

その影響により、撮影も延期になってしまった。

岡本富士太の鶴田への不安を払拭した田中春男

『大空港』に出演予定の岡本富士太は、この頃、萬屋《よろずや》（中村《なかむら》）錦之助《きんのすけ》主演のテレビ朝日系列ドラマ時代劇『破れ新九郎』に同心・宗方十吾役で出演していた。

するとさっそく、萬屋錦之助が岡本富士太に話しかけてきた。

「富士太、おまえ、今度鶴田と番組やるんだって？」

岡本は内心で〈ずいぶん情報が早いな〉と思いつつ、「ええ」と返事した。

「そんで、撮影は延期か？」

「そう。事件のせいで延びちゃったんですよ」

「ほうー」

そこへ、『破れ新九郎』にゲスト出演する田中春男《たなかはるお》がやって来た。明治四十五年（一九一二）生まれの田中は名バイプレイヤーとして知られており、黒澤明《くろさわあきら》監督作品の『生きる』『どん底』などに出演している。

その田中が、岡本にアドバイスした。

「岡本くん、鶴さんにはちゃんと挨拶に行ったほうがええで」

岡本は正直言って、いかにも強面《こわもて》の鶴田浩二が苦手であった。

「ハルさん、俺、いやだなあ。行きたくないなあ」

結局、重い腰を上げることができず、そのまま放置していた。

すると、しばらくしてまた萬屋と一緒にいた田中春男が訊いてきた。

「鶴さんとこ、行きづらいのか」

「行きづらいし、いやなんだ。だって、旦那と全然違うじゃない」

旦那とは萬屋錦之助のことである。萬屋は笑いながら言った。

「なんだ、俺はそんなもんなのか」

萬屋錦之助は明るい性格でサバサバしており、今日言ったことも明日になれば忘れてしまうタイプである。

岡本が答えた。

「旦那だったら、全然平気だよ。でも鶴田さんは……」

すると田中が言った。

「わかった。じゃあ鶴さんに電話かけといてやる」

「お願いします」

田中は、律儀に鶴田浩二に電話をしておいてくれた。

ところが、毎日撮影であちこち飛び回っていた岡本は、鶴田への挨拶のことなどすっかり忘れてしまった。お節介を焼いてくれた田中春男は『破れ新九郎』のゲスト出演で、姿が見えないため思い出すこともなかったのである。

成田空港管制塔占拠事件から二カ月ほど経ち、ようやく撮影許可がおりた。新東京国際空港も、二カ月遅れの五月二十日開港に漕《こ》ぎ着けた。

そこでスタッフと俳優が集まってお祓《はら》いをし、そのあとにスタジオ内でパーティーを開くことになった。お祓いは撮影前にしょっちゅうおこなわれるが、撮影前のパーティーは珍しい。最初でつまずいた分、景気づけをしたかったのだろう。

田中春男

岡本富士太

岡本富士太にとって、渡辺祐介《わたなべゆうすけ》、児玉進《こだますすむ》、井上梅次、舛田利雄《ますだとしお》、貞永方久《さだながまさひさ》など、馴染《なじ》みの監督ばかりである。あとに参加する長谷部安春《はせべやすはる》監督とも顔馴染みだった。監督、プロデューサーだけでなく、局のスタッフ、代理店の担当者も来ている。

が、やはり問題は鶴田浩二である。岡本富士太は思った。

〈番組が始まる前に、鶴田さんに挨拶に行ったほうがいいよな〉

が、どうも気が重い。鶴田には近寄りがたい雰囲気がある。

岡本がそんなことを考えているうちに、鶴田浩二が会場入りした。主役の登場である。会場は歓声と拍手でワッと一気に盛り上がる。

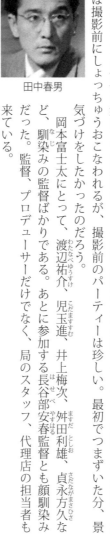

若手俳優陣の岡本富士太、中村雅俊、高岡健二、片平なぎさら全員が、鶴田とは初対面だった。岡本のマネージャーがせっついた。

「ほら、挨拶に行けよ」

「いや、なんだかなあ……」

鶴田を囲むように、強面の連中が立っている。いかにもヤクザの親分、といった様子である。

〈いや、俺たちは役者だからそんなの関係ねえや〉

岡本は、若手俳優らと連れだって挨拶に行った。ところが岡本の嫌な予感は的中した。中村や片平らが挨拶しても、けんもほろろである。

岡本は、思い切って挨拶した。

「岡本富士太です。どうぞよろしくお願いします」

すると、若手俳優たちを一顧だにしなかった鶴田が、岡本の顔を見て言った。

「おお、ハルさんから聞いてるよ」

岡本の心の中で、安堵が広がった。

〈良かった……！　ハルさん、ありがとう〉

「ハルさんと知り合いか」

「知り合いというほどでもないんですけど、なんとなくです」

「そうか。よろしく言っとけ」

「はい！」

田中春男は甘え上手で、誰からも可愛がられるタイプの男だった。女に関してはところかまわず隙《すき》あらば誰とでも、というほどの女たらしであり、「ハルさん、今日はどこの女の家から来たんだい？」が挨拶代わりになっていた。

鶴田浩二にとっても、田中春男は可愛くてしょうがない存在だった。昭和初期の甘え上手が田中春男なら、昭和後期の甘え上手は火野正平《ひのしょうへい》である。しかも田中は博奕《ばくち》好きで酒好きでいい加減。役者としての条件が揃っており、魅力にあふれていた。共演経験のある片岡千恵蔵《かたおかちえぞう》や市川右太衛門《いちかわうたえもん》、沢島忠《さわしまただし》監督などにも可愛がられている。

鶴田は基本的に、人を隔てるバリアを張り巡らせている。が、田中春男のおかげで岡本に対してはそのバリアを外してくれた。人間関係の多くが最初の第一印象で決まるため、初対面から距離を縮めることができたのは大きかった。

鶴田浩二にとって、『大空港』の監督たちは昔馴染みばかりなので、気安かったのだろう。井上梅次監督と昭和三十七年十月十二日公開の『暗黒街最後の日』で一緒に仕事をしている。東宝の社員だった児玉進とは、児玉が助監督時代によく組んでいた。渡辺祐介監督とは昭和四十年十二月四日公開の『無頼漢仁義』で一緒だった。鶴田は監督たちを「児玉ちゃん」「祐介」「梅ちゃん」などと呼んだ。

鶴田の一流役者性を実見する岡本

撮影が始まった。鶴田浩二は、いつもどおり開いた形跡のまったくない綺麗《きれい》な台本を持って現れた。持ってはいるが、本番直前に台詞《セリフ》を確認することもない。椅子に座って休んでいるときは、いかにも「鶴田浩二が椅子に座ってリラックスしている」雰囲気である。

が、台詞は完璧に頭に入っていて、途中でつかえることもほとんどなかった。

実は、チーフ役の鶴田浩二は、いつも台本を必ず二冊もらっていた。一冊は自宅に持ち帰り、完璧に台詞を覚えてスタジオ入りする。が、使い込んだ台本を持っていくのは沽券《こけん》に関わる。だから手垢《てあか》が付いていない真新しいもう一冊の台本をスタジオに持っていくのである。

鶴田が現場で台本を開くとすれば、自分の芝居のイメージと、監督の要求が異なって納得できないときだけである。

台本から離れた場所に移動することもあるから、近くにいた俳優に借りることもあった。

ある日、岡本富士太は、隣にいた鶴田から声をかけられた。

「おまえ、台本持ってるか?」

「あ、はい、あそこに置いてあります」

「ちょっと見せてくれ」

「はい」

そんなことは付き人の仕事である。が、隣にいたのだから岡本も気軽に応じる。

鶴田が開いたページは、すでに撮影を済ませたシーンだった。鶴田は黙ったまましばらく台本とにらめっこをしていたが、ポツリと「そうか」と言った。

何千回、何万回と「用意、スタート」「カット」を聞いてきた大ベテランである鶴田も、若手監督の手法から何かしら学ぶことがあるらしい。

また、鶴田は刑事もののドラマ撮影に慣れていないのに、監督や若手俳優たちは慣れている。そのため、いつもより違和感を強く抱いていたのかもしれなかった。

岡本富士太は、「刑事ものはハッタリの美学」だと思っていた。だから刑事ドラマに出演する役者はみんな多かれ少なかれハッタリをかました演技をする。

が、鶴田浩二だけはナチュラルな演技をしていた。役者であれば芝居をしてその世界を築かねばならないはずなのに、鶴田浩二は芝居の中でも鶴田浩二のままである。

ところが鶴田は、それでも映画やドラマが成立する演技の在り方をきちんと心得ていた。自分らしさを貫くが、役者としての仕事も全うする。そこには鶴田浩二の持つ男の美学と、驚くほどの器用さが潜んでいた。

岡本富士太は傍《そば》で、台本とにらめっこする鶴田の様子を見ながら思った。〈きっと鶴さんは頭の中で「そうか、そんなやり方もあったか」「これが今風の撮影の仕方か」「こういうのが洒落ててテンポが良いのか」とか、いろいろ考えているんだろうな〉

岡本富士太は、改めて鶴田浩二をすごい役者だ、と思った。学ぶ姿勢を失わず、常に考えて新しいものを積極的に取り入れようとする。だから鶴田浩二は一流の役者なのだ。

『大空港』の監督は何人もいて手分けして撮影していた。そのなかに、鶴田が以前から可愛がっていた松尾正武《まつおまさたけ》がいた。松尾は京都《きょうと》で長く時代劇を撮っていたが、現代劇の監督をするのはこれが初めてであった。鶴田の計らいで採用されたらしい。松尾が岡本富士太に嬉しそうに言った。

「俺、生まれて初めて現代劇やるんだ」

とりあえず、松尾は第三回目の『かもめが飛び立つ日に』の監督をすることになった。が、時代劇と現代劇ではテンポがまるで違う。松尾は慣れていないせいか、時代劇特有の情感を大切にし、クールでテンポの早い現代劇の撮影には失敗した。そのため、一本きりで監督を降りた。

撮影中の休み時間は、主役をみんなで囲んでワイワイ盛り上がるのが常である。主役をヨイショすることでモチベーションが上がり、みんなの仕事がやりやすくなる。萬屋錦之助の場合は酒、女、博奕の話で盛り上がるのがパターンだった。

が、鶴田浩二の場合は、人を寄せ付けないバリアがあるので休み時間に一人でいる。鶴田以外のスタッフや俳優たちはグループでいるのだが、誰も鶴田に声をかけようとしない。

スタッフの一人が、岡本富士太に言った。

「おい富士太、おまえ鶴さんと親しそうだから行ってこいよ」

岡本は、いやだなあと思いつつ、仕方なく行く。すると岡本から近づく分には普通に話をしてくれる。

ある日、岡本が控室から出ると、同時に部屋から出てきた鶴田浩二と会った。二人並んで一緒にスタジオまで行く道すがら、世間話をする。

「岡本」

「はい」

「野球は好きか」

「はい、鶴田さん、野球チームを持ってらしたんですよね」

スタジオに入った瞬間、鶴田はパッと頭を切り換える。スタジオの中では役者の名前ではなく、必ず役名で呼ぶ。スタジオに入る前は「岡本」だったのに、入った瞬間から役名の「立野」に切り替える。鶴田なりのけじめなのだろう。

岡本は思った。

〈ああ、鶴さんは原理原則を大事にする性格の人なんだ。こうやって、今までもずっとやってきたんだろうな〉

これは鶴田浩二の一種の男の美学なのだ。岡本は、そう思い至って初めて鶴田を理解したように思った。

ある日、鶴田浩二と対面で岡本富士太とゲスト出演の役者が並んで会話をする撮影があった。

岡本とその役者が話すシーンでは、鶴田の背後にキャメラが回って撮影するため、鶴田はそこにいなくても構わない。が、やはり対面でいたほうが良いと判断し、鶴田はその撮影に付き合ってくれていた。

鶴田は自分がカメラフレームに入らないと知っているので、ただ立っているだけである。だからいつものような撮影時のオーラも感じられない。ところが、その役者は鶴田浩二の格と名前に圧倒され、ガチガチに緊張して震えている。

隣にいる岡本は思った。

〈鶴さんが演技に入ってオーラ出したらさらにすごいのに、今からビビッていたら演技にならないぞ〉

が、鶴田を目の前に緊張する気持ちはわかる。それでも役者なら、そこを乗り越えなければならない。

案の定、その役者は本番でNGを出してしまった。

鶴田がポツリと言った。

「この人は、これだけのものなんだな」

それでも鶴田は嫌な顔一つせず、NGになったことにも文句をつけたりしなかった。

鶴田浩二は、監督には絶対服従を決めていた。監督がどう撮ろうと何をしようと言うことを聞く。

岡本富士太は、このときも感心して鶴田の様子を見ていた。

〈昔の役者さんは、やっぱりすごいな〉

監督と役者は、仕事の領域が違う。だから役者である自分は、監督の仕事に口出しはしない。そう心に決めているようだった。


ある日の夜、岡本富士太は自分の恋人と、友人カップルの四人で飲み歩いていた。次の店に行こうと、六本木《ろっぽんぎ》の交差点から狸穴《まみあな》方面へ歩いているときのことである。見覚えのある顔が目に飛び込んできた。

〈あ、鶴さんだ！〉

酔いが一気に覚める。『大空港』の撮影真っ最中のときである。

〈ヤバい。横道に入っちゃおうかな。でも鶴さんが俺に気づいていたら、えらいことになる〉

岡本は覚悟を決めて正々堂々と鶴田の前まで行き、頭を下げて挨拶した。が、内心はヒヤヒヤである。

〈鶴さんどんな反応するのかな。「女紹介しろ」と言うかな。「おまえ楽しそうだな」と言われるかな。絶対何か言われるぞ〉

鶴田の連れは背広を着た見知らぬ男性ばかりで、一見して映画関係者でないことがわかった。音楽関係のレコーディングディレクターや作詞家か、あるいは鶴田の事務所のスタッフかもしれない。

鶴田は、挨拶をした岡本の顔を柔和な表情で見つめて「おう」と言い、スッとその場を去っていった。

岡本は、何かイタズラをしているところを見られたような気分になった。

〈ああ、明日スタジオで何か言われるんだろうな、いやだなあ〉

連れていた恋人が岡本に言った。

「ねえ、鶴田浩二さんでしょ。何にもしなくていいの?」

「馬鹿野郎、『一緒に飲みに行きますか?』とは言えねえだろう」

翌日、岡本富士太が控室で化粧をしていると、親しくしている助監督が呼びに来た。

「ふーちゃん、控室で鶴さん呼んでるよ」

富士太なので、ふーちゃんである。岡本は内心で〈やっぱり怒られるんだ……〉と思った。その表情を読んだ助監督が、岡本に訊いた。

「なんかやったの?」

「うるせえなこの野郎、何もやってねえよ」

怒られるのを覚悟して鶴田の控室をノックする。

「岡本です」

「おう、入れよ」

松竹なので、主役の控室は畳敷きである。岡本は「失礼します」と言いながら部屋に入る。

鶴田が訊いてきた。

「昨日は楽しかったか?」

「はい」

いよいよ怒られるのだ。岡本は覚悟を決めた。

「そうか。じゃあ今度、俺も誘え。一緒に飲みに行こう」

岡本は内心ホッとしながら「はい！」と答えた。

「今日はちゃんと台詞できてるのか」

「はい。大丈夫です」

「そうか。じゃあな」

これだけで放免された。緊張がほぐれていく中、岡本はさらに鶴田のことを理解できたように思った。

夜の街で偶然会っても、鶴田は岡本に恥をかかせるような真似はいっさいしなかった。先ほども余計な詮索はせず、一定の距離を置いて人と接する。

〈これは多分、鶴さんの付き合い方の美学なんだな〉

松竹プロデューサー補高橋信仁が知った鶴田の矜持《きょうじ》

松竹プロデューサー補だった高橋信仁が、鶴田浩二出演作に初めて関わったのは『大空港』。

高橋が担った一つは、部下たちから「チーフ」と呼ばれる主役の加賀弘之部長を演じる鶴田の迎えだった。鶴田が撮影に入る日は、朝六時にハイヤーに乗りこんだ。

向かう先は、世田谷《せたがや》区の深沢《ふかさわ》にある鶴田の自宅。

そこで鶴田を乗せて神奈川《かながわ》県鎌倉市にある松竹の大船《おおふな》撮影所に送り届けるのだった。

それまで『逢えるかも知れない』『白い秘密』『白い波紋』などのドラマに関わった高橋だったが、鶴田ほどの大スターと仕事をしたことはなかった。

撮影現場である松竹の大船撮影所までの一時間半の間、ハイヤーの助手席に座ってその後ろの席に座る大スター・鶴田浩二の威圧感ともいえる存在感を感じなければならないのである。大船撮影所で鶴田のことを待つスタッフに引き継ぐまでは、神経を研ぎ澄ますほどに緊張していた。

しかも、高橋は、周りの人からあらかじめ聞いていたが、そのとおり、鶴田は気難しい性格だった。機嫌のいい日もあったが、高橋の挨拶の声すら聞いてるのかどうかすらもわからないほど、ムスッと黙りこんでいる日もあった。

ことに高橋が気が重かったのは、現場でトラブルのあった翌朝だった。

鶴田は、なんらかのトラブルで、撮影を放り出して帰ってしまうことすらあった。そういうときは、プロデューサーの升本喜年が鶴田の自宅まで追いかけてとりなし、撮影現場に戻ってきてもらうこともあったが、たいていはその日鶴田が登場する場面の撮影は取りやめとなる。

その翌朝、高橋は、鶴田から放たれる重い雰囲気を引き受けなければならなかった。ハイヤーに乗りこむのはまだいいほうで、迎えに行っても部屋から出てこないこともあった。高橋は、ひたすら鶴田の家のリビングで待つこともあった。

重々しい雰囲気のまま撮影所までの道のりを高橋はハイヤーのドライバーとともに堪えなければならなかった。

しかし、高橋が聞く限り、鶴田は理不尽かといえばそうとも言えなかった。怒りの根本はたいてい、鶴田には鶴田なりの俳優として人としての流儀、たたずまいがあり、そこから外れたことに憤りを感じていた。

その周りへの厳しさは鶴田自身に向けられた厳しさに根ざすもので、たとえば、鶴田はハイヤーで台本を開いて見るなどということはなかった。ハイヤーに乗りこんだときにはすでに、セリフは頭に叩きこまれていて、自分の思い描いた芝居もすべて仕上がっているからである。

鶴田は、それが俳優として当然だと思っていた。そのことが迎えに行く回数を重ねるうちに、高橋にはわかってきた。

さらに、迎えに行く回数を重ねれば、機嫌の悪いときにはどうすればいいのかも、高橋なりにわかってくる。鶴田も鶴田で、いつも迎えに来る高橋に馴染んでくる。機嫌のいい日には頬《ほほ》をゆるませ、世間話から自分のことも話すようになった。師匠の時代劇スター高田《たかだ》浩吉《こうきち》の思い出話をしたこともあった。

ところが、どんなに鶴田が機嫌のいいときであろうとも、大船撮影所の門をくぐり抜けると、ハイヤーの中の空気は一変した。

鶴田の表情が、撮影に挑む、まさに大スター鶴田浩二の顔になるのだった。

高橋が鶴田を迎えに行ったのは、撮影が始まってから数カ月のことだった。もともと撮影の雰囲気やその場に馴染むまでの期間だけということだったのかもしれない。

鶴田はその後は自分でポルシェを運転し、撮影所まで来るようになった。

鶴田はそもそも運転するのが好きだった。

「昨日は、京都まで運転したんだ」

撮影の合い間に話を始めたかと思うと、車の話になると止まらなくなり、「だいたい何時間で着いた」とか、「あそこでは何キロくらいで飛ばした」とか、嬉しそうに話した。

あるとき、高橋がほかの仕事で現場から離れていた帰りに、機嫌を損ねて撮影現場の羽田《はねだ》空港から帰る鶴田と偶然に顔を合わせたことがあった。鶴田を高橋なりになだめた。

「さあ、戻りましょう」

鶴田を現場へといざなおうとした。鶴田も、高橋の説得に従って現場に戻ろうとした。

しかし、その瞬間、周りを見た鶴田が再び踵《きびす》を返した。

『大空港』で鶴田の部下の若手刑事には『われら青春』『俺たちの旅』などの青春ドラマで人気を博した中村雅俊、人気刑事ドラマ『Gメン'75』にレギュラー出演した岡本富士太ら人気若手俳優がそろっていた。

ヒロインは、昭和五十年にアイドル歌手としてデビューした片平なぎさ。この頃から歌手活動を休止し女優として生きていく決意を固めていた。

高橋は、デビューして間もない片平とはTBS系のドラマ『白い秘密』のときに知り合った。控室でも、周りを明るくする人柄のいい女優さんだった。

若手刑事と加賀のあいだを取り持つベテラン刑事・梶大介役として緒形拳がいた。

出演する俳優陣は和気藹々《わきあいあい》とした雰囲気の中で撮影を進めていたが、高橋から見て、出演者たちに共通していたのは誰もが鶴田に敬意を払っていたということだ。

鶴田も、ときには、大船近辺の店をとって、スタッフにご馳走《ちそう》をして、労《ねぎら》った。そのときには、鶴田は歌を歌ったりもしていた。

成田空港開港反対闘争でロケがピンチに

『大空港』は初回こそ二〇％の視聴率を上げフジテレビ担当者からも「よかったです」と喜ばれた。

しかし、二回目以降、回数を重ねるごとに視聴率は下がるいっぽうだった。第三話では人気女優の松坂《まつざか》慶子《けいこ》をゲストに迎えたが、このときにも視聴率は一〇％にも届かなかった。

『大空港』は、視聴者の期待を裏切っていた。というのも、もともとは昭和五十三年三月三十日に開港する予定だった新東京国際空港「成田空港」を舞台にして、新空港でのロケもふんだんに盛りこむはずだった。ところが、過激派による成田空港開港反対闘争が激化し、ついには開港直前の三月二十六日には三百名に及ぶ過激派が管制塔に乱入し機器を破壊。開港は五月二十日に延期せざるをえない事態となっていた。

成田空港がそのような状況では、当然ロケはできない。航空機が飛ぶシーンは、神奈川県川崎《かわさき》市・生田《いくた》にあるスタジオに空港のセットをつくりあげて航空機のミニチュアを飛ばした。少しでも実際の空港を再現しようとスタッフたちは苦労していた。

その間、放映するフジテレビは、成田空港でのロケを実現すべく懸命に動き、企画の中本は、編成部長とともに、空港公団総裁とフジテレビ社長との会談を実現し、その数日後に許可が下りた。

成田空港でのロケが実現したのは、第十五話『新任警部登場』からだった。

空港の周りでデモがおこなわれる緊張感みなぎる中でのロケだった。

『大空港』の視聴率は下がり続け、ついに一桁台にまで落ちこんだ。テレビ局からの不満の声は大きくなるばかり。番組開始当初は、どのような事件であっても、そこには鶴田浩二独特の世界を大切にし「情」が絡むドラマづくりとなっていた。しかし、視聴者はそれではついてこなかったのである。

企画の中本、プロデューサーの升本喜年ら制作サイドは打開策を話し合った。

とりあえず、ワンクール十三話は当初の企画のまま進めるとの結論に達したものの、それ以降は、鶴田独特の世界を廃し、派手な爆破シーン、カーアクションをふんだんに取り入れたアクションドラマへの転換が決まった。鶴田がどう思ったのか、高橋はわからない。おそらく、これまで出たことのないドラマづくりに納得できなかった部分もあったろう。それを説得したのが、中本や升本だったと思う。

ドラマの路線変更が決まった頃、鶴田の演じる加賀部長と若手刑事たちのあいだをとりもつ存在だった梶大介を演じる緒形拳が、降板した。

高橋信仁は、『大空港』のキャストとして残ることを含めて緒形に意向を訊いたことがある。

緒形の決意は固かった。

「俺も四十歳を過ぎて、いろいろと考えるところがあるんだ」

昭和十二年七月二十日生まれの緒形は、この一年前の昭和五十二年に四十歳になっていた。

緒形扮する梶は、第十四話の『いのち炎の如く　壮烈!!　梶警部の最期！』で殉職する。

要人を乗せた旅客機に突っ込もうとするトラックに乗りこみ衝突は回避するが、めまいを起こしてハンドリングを誤り、フェンスに激突して爆死するのである。

このシーンは、羽田空港の滑走路を使って撮影した。空港担当者は「このような撮影は初めてですよ」と撮影に協力し、許可をしてくれた。ところが、この十四話で視聴率がグンッと上がった。

アクションシーンの撮影は、当初からテレビ朝日系列で放映していたアクション刑事ドラマ「大都会シリーズ」を制作する石原プロモーションの協力を受けた。プロデューサーの升本喜年と石原プロとの縁があったからだった。

高速で走る車が傾きながら飛んでいき爆発するようなカースタントもふんだんに盛りこんだ。このような激しいアクションは松竹では初めてのことだった。

中村雅俊演じる鯉沼三郎刑事が殉職するシーンでは、わざわざセスナを一機買いこみ実際に爆破した。たび重なる爆破やカーチェイスの撮影に、近所からは、「うるさい！」とクレームが入ったこともあった。

しかし、思い切ったアクションドラマへの方向転換が『大空港』を救った。視聴率が急激に上がり、打ち切りから逃れることができたのである。

派手なアクションシーンに加えて視聴率を上げたのは、新たなキャラクターたちだった。十五話『新任警部登場　狂気のバス爆破！』では、緒形の後任で赴任してきた田中邦衛《たなかくにえ》演じる藪下行男刑事が登場した。

高橋信仁の記憶では、一七％の視聴率を取った。

その後、田中のコミカルなキャラクターを上手に生かした。その頃子どもたちに人気のあったザ・ドリフターズの加藤茶《かとうちゃ》と志村《しむら》けんが見せた「ヒゲダンス」を田中と岡本にさせるなど、笑いの要素も取りこんだ。

緒形拳の代わりに田中邦衛が入ってくると、スタジオの雰囲気がガラリと変わった。

田中邦衛は、昭和三十年に俳優座の研究生となり、昭和三十六年からの『若大将』シリーズの青大将役で人気を得る。『若者たち』『仁義なき戦い』などでの脇役で注目を集め、テレビドラマ『北の国から』の父親役でも好演した。

田中邦衛演じる藪下行男は、梶の後任として配属される警部。かつて加賀の下で働いた経験があり、そのときの手腕を見込まれて特捜部入りする。若手を率いて現場の最前線で活躍する行動派。血の気の多さはかなりのもので、荒っぽい捜査方法を採るがゆえに、犯人から恨みを買い、重傷を負わされることが多い。独身。通称「藪さん」「藪長」。

鶴田もハッタリが不要となって、現場の雰囲気も視聴率も一気に上がった。

もともと鶴田浩二と田中邦衛は、ヤクザ映画でしばしば共演していて親しかった。鶴田は田中のことを「邦ちゃん」、田中はみんなと同様に「鶴さん」と呼んでいた。

鶴田は田中に対しては気安くなれるようで、冗談まで飛び出した。

「邦ちゃん、あんたの芝居はリアルじゃないな。何しろ個性的だから」

ある日、鶴田が田中邦衛に向かってこう言った。

「うちの娘が、『大空港』は俺が主役じゃなくて、邦ちゃんが主役だって言ってたよ」

鶴田は、自分たちの周りにいた人間にも聞こえるようにそう言った。

それを聞いた岡本富士太は思った。

〈すごい。これ以上の褒め言葉はないな〉

鶴田の言葉の中に、〈あなたはとても大切な人だ〉という田中へのメッセージが込められていた。本当に娘がそう言ったかはどうでもよかった。しかし娘を引き合いに出して、田中を最上の言葉で褒めたのである。その話は監督も近くで聞いていて、ニヤニヤしていた。こうした言葉をかけることが、鶴田流の気配りなのだろう。

鶴田は、田中の自分が持ち合わせていないものを評価していた。田中は、ユーモアがあり、なにより庶民性がある。ドジでひとなつっこい。映画と違い、

田中邦衛

テレビには田中のような愛されるキャラが欠かせない。大切にしよう、と思ったのであろう。

岡本富士太は田中が加わって思うようになった。

〈『大空港』は、長い番組になりそうだな。うまくいけば一年もつ〉

岡本の印象では、鶴田浩二とプロデューサーとの間で「行けるところまで行きましょう」といった話し合いがされていたように思えた。

恐らく緒形拳がずっと残っていたら、長くは続かなかったろう。もし、鶴田と緒形の二人が、石原裕次郎と渡哲也の関係のようであれば、また話は違った。

が、やはり二人主役というのは基本的にありえない。

鶴田浩二が、岡本富士太に訊いた。

「おまえも、博奕が好きなのか」

仲をとりもってくれた田中春男が大のギャンブル好きなので、そんな質問が出たのだろう。岡本はちょっとふざけて言った。

「俺は公営ギャンブル専門ですから」

すると、鶴田が笑って「そうか」と言った。

鶴田を怒らせたエピソード

昭和五十四年の正月明け、『大空港』の撮影スタジオで「余った餅があるから食おう」という話になり、二つの七輪で餅を焼き始めた。餅と醤油の焼けるいい匂《にお》いがスタジオ中に立ちこめる。監督をはじめ、スタッフや俳優たちも揃って餅を食べ始めた。

そこへ、鶴田浩二がスタジオ入りしてきた。

「おはようございます」

みんなで挨拶したが、鶴田は出入口でピタリと立ち止まり、そのまま踵を返して出て行ってしまった。

慌てたスタッフが、鶴田のあとを追った。

が、しばらくして戻ってきた。

「鶴さん、部屋に入っちゃった」

「どうしてよ、もう出番じゃねえか。呼んでこいよ」

「撮影あるだろ」

スタッフの会話が飛び交う中、誰かが言った。

「おい、これはまずいことだよ」

ここで初めて、みんなも気がついた。おそらく鶴田は、「仕事場で撮影の最中に餅を焼いて食うとはなにごとか」と言いたかったのだろう。

中村雅俊が言った。

「まずいな。この中で鶴田さんと親しいのは、岡本さんだよなぁ」

中村は、岡本に「おまえ行ってこいよ」と言いたいらしい。

岡本はつい口を尖《とが》らした。

「冗談じゃねえよ、馬鹿野郎、怒られるに決まってるじゃねえか」

「でも、食ってたんだからよ」

「おまえだって、食ったじゃん」

スタジオにいたみんなが食べていた。

「帰られたらまずいぞ」

誰が餅食おうなんて言い出したんだ、児玉監督か、それとも渡辺監督か、などとスタジオ中がざわついた。

結局、岡本富士太が貧乏籤《びんぼうくじ》を引き、鶴田のもとへ謝りに行くことになった。

するとと、鶴田が静かに言った。

「あそこを、何だと思ってるんだ」

スタジオは役者にとって仕事場である。お寺でいえば本堂、キリスト教なら教会、ヤクザなら盆、サラリーマンなら会社のオフィスである。だから鶴田は、「スタジオで餅焼いて食うバカがどこにいる」と怒った。鶴田のほうが正しいのである。

岡本は、ひたすら頭を下げ続けた。

「すみません、本当に申しわけないです。ついつい調子に乗ってしまいました」

鶴田がさらに訊いてきた。

「誰が、持ってきたんだ？」

餅や七輪を持ってきたのは、恐らくこのドラマで海原保役の高岡健二たちだろう。が、岡本は思った。

〈俺って言えば、怒られないかな〉

「俺が持ってきました」

「……」

鶴田は、それ以上何も言わなかった。

「申しわけありません。撮影してください。スタジオを片付けてきますから」

岡本はスタジオに駆け戻り、みんなであちこちの窓や道具入れの扉などを開けて匂いを飛ばし、七輪や餅の食べ残しを片付けた。

岡本のあとに、監督とプロデューサーが鶴田の控室へ行って、もう一度謝った。

岡本は再び鶴田の元に戻り、改めて「申しわけありません」と言うと、ようやく鶴田はスタジオに入ってくれた。

鶴田はもちろん、岡本が誰かをかばって自分がやったと嘘をついたことを見抜いていた。そんな岡本のことを可哀想に思ったのだろう。

数日後、岡本富士太はスタジオの隣のセットから出てきた萬屋錦之助と出くわした。萬屋は、ニヤニヤしながら岡本に言った。

「富士太、餅で鶴田が帰っちゃったんだって？」

岡本は呆れて言った。

「よく知ってるなあ、誰が言ったの？」

「俺が呼んできてやる。その代わり、はい、一万円ちょうだい」

萬屋は、そう言っておどけながら、手のひらを岡本の前に差し出した。萬屋はこうした話が大好きで面白がる性格なのである。

まるでいたずらなガキ大将のようであった。それが萬屋の魅力であった。

岡本富士太は改めて思った。

〈同じ大スターでも、こうも性格が違うものかなあ〉

極め付きの自動車事故発生

この日はスタジオではなくロケーション撮影だった。車が二台用意され、前の車の運転席に中村雅俊、助手席に鶴田浩二が、後ろの車の運転席は岡本富士太、助手席に高岡健二がそれぞれ乗り込んだ。

二台連なって高スピードで走り、急ブレーキをかけて停止するところを撮影する。テストなどしている暇はないから、毎度毎度ぶっつけ本番である。

岡本は前の車に張り付くように運転し、いつ急停止してもいいようにテールランプに注視していた。ところが、テールランプが赤く光ることなく、前の車のスピードが急に落ちた。岡本はあっと思った。

〈雅俊の野郎、ブレーキを踏まずに、サイドを先に引きやがった！〉

間に合わない。岡本は声を張り上げた。

「ぶつかるぞ！」

停止した車のドアを開け、鶴田浩二が降りようとした。その瞬間、車がガツンとぶつかった。最悪である。岡本は思った。

〈もう死んでしまいたい！〉

スタッフたちが駆け寄り、鶴田を囲んだ。

「大丈夫ですか！」

鶴田は特に怪我をしているようには見えなかった。が、このままで済ますことはできない。

「とにかく、病院行きましょう」

スタッフたちは病院行きを勧めた。万が一、むち打ちにでもなっていたら大変である。

鶴田が訊いた。

「後ろの車、誰が運転していたんだ」

岡本が、名乗り出た。

「申しわけありません。僕が運転していました」

鶴田は、じっと岡本の目を見て、また訊いた。

「おまえが運転してたのか、本当に」

「僕です。本当に僕です」

「本当だろうな」

「はい、僕です」

鶴田は二度、念押しした。おそらく、また誰かをかばっているのではないかと疑ったらしい。

結局、大事をとって、鶴田には休んでもらうことにした。升本プロデューサーが鶴田に付き添い、病院へ行き自宅まで送り届けた。

なにごともなかったのは、不幸中の幸いだった。

岡本は、中村雅俊を怒鳴りつけた。

「雅俊！　馬鹿野郎、おまえ、最初にサイドを引いたろう」

「うん、そうだった」

「てめえ、最初に足のブレーキ踏んでから、サイド引くのが当たり前だろう。こっちは赤信号が出ないから、どこで停まるかわからなかったんだよ」

「いや、わりい、わりい」

こんな調子である。仲間内なので馬鹿野郎と怒鳴ってそれでお終《しま》いにしたが、相手が相手だけに、岡本は内心ヒヤヒヤである。

鶴田は、中村に対しては良いも悪いもなく、ごく普通に接していた。が、もし岡本富士太ではなく高岡健二が運転していたら、大変なことになっていた。

鶴田浩二は、自分とまったくタイプが違う高岡健二を好ましく思っていなかった。鶴田は絶対に遅刻などしないが、高岡はよく遅刻をする。鶴田は本番までに完璧に台詞を覚えてくるが、高岡はテスト中に何度も台本を見直した。鶴田は、高岡のそういう様子をいつもジッと眺めていた。

高岡健二

その日、キャメラを引くなど撮影に工夫を凝らすことで、鶴田なしでなんとか自動車走行シーンを撮り終えた。

撮影後、もう一度鶴田の自宅まで見舞いに行くことになった。岡本富士太が升本プロデューサーに訊いた。

「俺も鶴さんの家に行ったほうがいいですか？」

すると、升本が言った。

「いや、今は行かないほうがいい。花束だけにしたほうがいい」

花束のほかに、見舞金を包むことになった。当事者の岡本富士太は、その金を用意した。当時の金なのでかなりの額である。おそらく、それに監督やプロデューサーもいくらか出し合って、それなりの金額を渡したようである。

後日、岡本富士太は、升本プロデューサーから俊藤浩滋の伝言を聞いた。

「俊藤さんが『岡本ちゃんに、なんでもないんだから、これでビビるなと伝えておいてくれ』と言われたよ」

つまり、萎縮するとつまらない演技しかできなくなる。だから三十歳という年齢にふさわしいガッツとパワーにあふれた演技をしろ、ということである。

実際、鶴田浩二からこの件についてあれこれ言われることもなく、岡本に対して態度が変わることもなかった。

鶴田と親交を築いた中村雅俊の「いじり」

『大空港』に空港特捜部の鯉沼三郎役で出演した中村雅俊は、撮影の初日、現場に入って驚いた。

〈なんだ！　この人たちは〉

空港特捜部長加賀弘之役の鶴田浩二の付き人や関係者たちが列をなしていた。いつ鶴田浩二が到着してもいいように待機しているのだ。

それまでに出演したドラマの撮影現場では、およそ目にしたことがない光景に、中村は仰天するしかなかった。

〈鶴田さんって、すごいな……。でも、どう接すればいいのだろう〉

近寄りがたい印象だけが残った。

現場に鶴田がやって来た。

中村はつとめて明るく挨拶した。

「中村です。よろしくお願いいたします」

対面してからも印象は変わらなかった。

ところが、時が経ち、鶴田と触れ合っていくうちに、中村の気持ちが変わっていく。

任侠映画で一世を風靡《ふうび》した鶴田浩二や、新東京国際空港の沢井空港長役の池部良は、中村雅俊の目にかっこよく映った。

特に、池部は紳士的で格好がよかった。

鶴田浩二、池部良、緒形拳ととんでもない大御所ばかりが集まった撮影現場に、ただ一人、十代の空港特捜部の紅一点、神坂紀子役の片平なぎさがいたことでバランスが取れ、現場には和やかなムードが漂っていた。

片平は、十代のわりには大人っぽく、大御所らよりも中村と年齢が近いこともあり、演技はやりやすかった。

鶴田は、中村のことを「なかむら～」と呼んでくれた。いっぽう中村は「鶴田さん」と表では呼んではいたが、陰では「鶴コウ」と呼んでいた。

〈なんだ、いいおじさんじゃないか〉

中村は、親近感を覚え始めていた。

ドラマが始まって四カ月くらい経過した頃である。鶴田浩二の扱い方に慣れてきた中村は、今の言い方でいう「いじり」をするようになった。

松竹の大船撮影所には、鶴田浩二専用駐車場が設けられており、そこに「鶴

中村雅俊

田浩二」の名前を書いた札があった。あるとき、撮影現場で中村はみんなに聞こえるようにつぶやいた。

「あれ？　鶴田さんの専用駐車場って看板があるけど、俺のはないんだけどな」

　それを聞いた鶴田は、中村に言った。

片平なぎさ

「おまえ、必要ないだろう」

　わざと鶴田にも聞こえるように話して、どう反応するのかを見たかったのだ。

〈ふーん、そう言ってきたか〉

　内心、中村は満足していた。

「そうっすか」

　鶴田は嫌がるわけでも怒るわけでもない。期待したとおりの反応をしてくれることを、中村は面白がった。

　中村の「鶴田いじり」はエスカレートする。

　特捜部の紅一点、神坂紀子役の片平なぎさが衣装を着替え、ひらひらとしたスカート姿で中村の前に現れた。

　突如、片平なぎさがスカートをぱーっと捲《まく》った。びっくりした中村は、声をあげた。

「おおおーーー」

　しかし、よく見たら、スカートの中には体にフィットした毛糸のタイトスカートをもう一枚穿《は》いている。片平なぎさは、中村を驚かせたいために、わざとスカートを捲ってみせたのだ。このとき、中村は閃《ひらめ》いた。

〈よし、これ鶴田さんにやっちゃおう〉

　片平なぎさを鶴田の前に連れて行き、中村が片平なぎさのスカートをぱっと捲ってみせた。

「おおおーーー」

本気でびっくりする鶴田の様子が、想像以上に滑稽《こっけい》だった。

中村は、充分満足した。

〈このおじさん、本当にからかいがいがあるな〉

いっぽう、鶴田も若手俳優・中村雅俊の「接し方」を嫌がるわけでもなく、むしろ、鶴田も中村をいじり返すようになった。

集合写真を撮るときだった。

「みんなで写真撮るぞ。集まって」

役者もスタッフも、鶴田を中心にワーッと集まってきた。

その瞬間、鶴田が大声をあげた。

「おーい、中村、おまえは入るな！」

わざと言っていることを知っている中村も返す。

「ええっ、なんでですかーっ」

「おまえは、入る必要ないんだよ！」

鶴田は中村をちょっとおちょくってみせたのだ。本気で怒っていて仲間外れにしたいわけではなく、仲が良いからこそできるやり取りである。そういう意味では、大俳優でありながらも茶目っ気をみせることがあった。

それは、役柄の関係から、鶴田がそうしていたのかもしれない。スタッフには、本気で「ああ、また中村、鶴田さんに怒られている」と映っていたかもしれないが、鶴田が本当に中村のことを避けたいのなら、むしろ自分では何も言わずに、スタッフを通して中村に伝えていたであろう。

中村が演じた鯉沼三郎は、三十六話目で飛行中のセスナ機内で犯人と格闘、銃撃を受けて重体に陥りながらもセスナの航路を市街地から山間部へ向けた上で墜落し、爆死するという役だった。そのため中村は十カ月ほどの出演だったが、しみじみ思う。

〈鶴田さんにはずいぶん、いじられたりしたけど、なんか愛されていたからなのだろう……。歴史に残る鶴田浩二という役者と、短い期間だったけれど、一緒にやれたなんて、すごいことだった〉

ただ、一度だけ、鶴田が本気で中村を怒ったことがある。

中村は、撮影現場で田中邦衛の靴を高い位置にある照明の上に隠し、田中がどんな行動をとるのか様子をうかがっていた。案の定、靴がないことに気づいた田中は、期待どおり靴を捜し始めた。

「俺の靴が、ないんだよ」

中村も知らないふりをする。

「さあ、どこ行ったんですかね？」

田中も、中村の仕業だろうと思いながら、靴を捜して中村の遊びに付き合っていた。

そのとき、鶴田の大声が飛んだ。

「おめえら、うるせーんだ」

いつもの声のトーンと明らかに違う。

中村も田中も、鶴田の怒りを感じ取った。

「鶴田さん、本気で怒っているよ」

後にも先にも、鶴田の怒りの声を聴いたのは、この一度きりである。

東京・青山《あおやま》通りから脇に入っていくと小さな路地が入り組み、そこに食べ物屋がたくさん並んでいる場所がある。

ある日の昼間、中村がその路地を歩いているとき、声をかけてくる人がいた。

誰かと思ったら、鶴田浩二だった。

「おい、中村」

「ちょっと、一緒に行こう」

そう言って、日本蕎麦屋《にほんそば》の暖簾《のれん》を二人でくぐった。偶然の出会いである。

久しぶりの出会いに、たわいもない話をしながら、二人で蕎麦をすすった。

撮影中は、誰かしらスタッフがそばにいる。鶴田も、スタッフがいる手前、役者・鶴田浩二を演じていなければならない。しかし、蕎麦屋での鶴田は、知っているスタッフの目もないこともあり、素の鶴田浩二で中村と接した。

鶴田は、今までの中で一番優しく、「穏やかなおっちゃん」というムードを醸し出していた。中村は、このとき、和やかな時間が過ぎていたと記憶している。

鶴田浩二といえば、特攻隊の話である。もちろん、中村にもその話をした。

鎌倉で撮影があったときだった。当時のことを振り返りながら自分のことを語ってくれた。ただ、特攻隊の話が始まると長い。

しかし、何度も同じ話をしているからなのか、興味深い話であり、鶴田の人となりが伝わってくるために、もう聞きたくないとは思わせない話であった。

そのほかにも、鶴田自身の話をよくしてくれた。特に、過去にあった女優たちとのラブストーリーを聞かせては、鶴田がとにかくモテたという話を披露した。

確かに、中村にもわかる色気が鶴田にはあった。この色気が女性を引き付けるのだろう。

だが、中村は、鶴田がどんな話をしていたか、具体的なことを覚えていない。

なぜなら話を聞きながら、内心思っていたからだ。

〈そういう話は、俺なんかにすべきじゃないよな……。そういう自分の武勇伝は言わないほうがいいよな……〉

別な言い方をすれば、鶴田もいい時代に生まれて、いい時代に役者人生を謳歌《おうか》したのだろうが、相手のことを思えば、あまり気分のいいことではなかった。

出会うはずのなかった鶴田と中村の交差

東映の映画と民放のドラマには違いがある。

主役の鶴田は、タイトな撮影スケジュールや台詞の量、そして主役としての責任など背負わなければならない重さを考えれば、相当大変な思いをしていたのだろうと中村は想像した。

そのオンとオフを切り替える瞬間が、撮影が終わり、鶴田の愛車・金色のポルシェに一人乗り込んだときだったのかもしれない。

鶴田は、運転手を雇うこともせず、自らがハンドルを握り、現場に一人やって来て仕事をし、終われば一人、現場をあとにした。

ポルシェのアクセルを踏む音を聴きながら、中村は思った。

〈ああ、これが鶴田さんの気分転換なのだろうな〉

いつも大勢に囲まれている鶴田を見ている中村には、意外な一面に見えた。

鶴田と緒形拳は、役者のタイプが違うため、二人は合わないのではないかとみられていた。しかし、鶴田も緒形も大人である。中村が知っている限り、あからさまに相手に何かをするということもなく、互いがやりにくそうにしている様子もなかった。二人とも、非常に互いの役柄の視点に立ち、わきまえているように見えた。

ただ、鶴田と比べ、緒形は人に何か悟らせようとする気持ちがあった。中村に芝居論を語ることもあった。また、そういう気持ちからなのか、鎌倉で撮影中、無理矢理、中村を連れ出し、陶芸家のアトリエに行ったこともある。

いっぽう、鶴田は、芝居論や役者論を語ることはいっさいなかった。そのおかげで、中村は自由に演じさせてもらえた。

鶴田は、『大空港』の中では、芝居や役者についてあれこれ言う必要はないと感じていたのかもしれない。

ドラマの中では、銃撃シーンもあった。中村は、内心、〈成田空港という舞台での銃撃なんて、いかがなものか〉と思った。が、とにかく、羽田空港しかなかった時代に、新たに成田空港ができる。それも国際空港のハブ空港という大きな時代の変化に便乗した企画だったため、それも仕方なかったのかもしれない。

中村は、フジテレビ『大空港』と同時に、日本テレビで学園ドラマ『ゆうひが丘の総理大臣』に出演していた。こちらは、中村が主演だ。二本のドラマを同時進行で撮影していくことは大変だったが、デビュー当時から松竹に世話になっていたことで恩義があり、『大空港』への出演を受けた。

鶴田も映画俳優として大活躍しており、鶴田と中村の仕事の仕方を見れば、この二人が同じ作品で再び出会うこともないような路線を歩んでいた。なかなか共演できる人でもない。中村の中で、出会いからのストーリーが印象的で、面白かった。

「鶴田さんって、怖くて、やばいよ、あの人……」ということから始まり、それから雪解けのように「この人、なんか面白いおっちゃんじゃない」と変わっていった。

〈いつしか、普通にお話しできる感じにまでなったんだからな〉

知らないうちに、一緒にいても違和感を覚えず、むしろリラックスできる人になっていた。

前述したように中村雅俊演じる鯉沼三郎は、昭和五十四年五月の第三十六話で、飛行中のセスナ機内で犯人と格闘の末、墜落。爆死する。この鯉沼の後任として黒沢年男（年雄）演じる菊地徹が配属される。

中村は、途中で爆死したため十カ月ほどの出演だったが、鶴田浩二の出演は一年八カ月も続いた。映画俳優だった鶴田にとって、映画に対する考え方とテレビドラマに対する考え方は違っていたのであろう。

中村は、それらをしみじみと思い、心の中に、鶴田浩二との共演は深く刻んでいる。

「自然体」田中邦衛のトピック二つ

田中邦衛は、映像で誰もが知っている田中邦衛と、プライベートの田中邦衛がまったく同じ人だった。撮影所では、田中は中村との時間を楽しく過ごしてくれていた。

中村には、自慢話がある。

『大空港』の撮影中、田中邦衛にレコードを出さないかという打診があった。が、田中は、どうするべきか悩んでいた。

田中が、中村を車の中に呼び出した。

「おい、中村、ちょっと……」

車内に二人きり。田中が話し出した。

「実はさ、レコード出さないか、って言われたんだけど、どう思う？」

「えっ、そうなんですか」

「スパイダースの井上堯之《いのうえたかゆき》さんがつくった歌なんだけど、デモテープあるから、ちょっと聴いてくれよ」

スピーカーから曲が流れだした。

曲を聞いた中村は、すぐに言った。

「邦衛さん、これ、絶対レコーディングするべきですよ。これ、絶対格好いい。やったほうがいいですよ」

曲名は『サミー・ボウ』。中村は、すごくいい曲だと思った。

中村の後押しもあり、田中はレコーディングすることを決めたという。

作詞が阿久悠《あくゆう》、作曲が大野克夫《おおのかつお》、編曲が井上堯之で昭和五十六年にレコードが発売された。

♪サミー、サミー・ボウ
サミー、サミー・ボウ
あなたが生まれたのは港町
サミー、サミー・ボウ
サミー、サミー・ボウ
あなたを生んだ人はこの私
やがてもの心ついたら
私のうわさもきくでしょう
いかがわしい女だと
口汚くいうひともいるでしょう
それがあなたの重荷になることは
知っていながらあなたを生んだのよ
たくましい若者に育った時に
あなたはわかってくれるでしょう

『大空港』の撮影が終わってから数年経ったとき、ふと中村は思いついた。

〈邦衛さんに、ちょっと電話してみよう〉

ただの電話ではない。もしも、邦衛が電話に出たら、『サミー・ボウ』を歌ってやろうといういたずら電話である。

邦衛が電話に出た。

「サミー、サミー、サミー・ボウ」

邦衛の歌真似をしてみせた。

電話口から邦衛の声が聞こえてきた。

「おい、誰だい？　誰なんだい？」

しばらくしたら、邦衛の妻に代わっていた。

「もしもし、もしもし」

中村は、何も言わず、ぱっと電話を切った。

いたずら電話は大成功だった。が、後味の悪さを中村は感じていた。

翌日、再び、電話をかけた。邦衛ではなく、妻が電話をとった。

「すみません。昨日、俺、いたずら電話で……」

中村は、前日のいたずら電話を素直に詫びた。

「あらっ、あの電話、雅俊さんだったの。うちの田中、ものすごく怒っていたわよ」

『サミー・ボウ』の曲を歌うのは、よほど親しい人なのではないかと勘繰るところではあるが、いたずら電話を素直に聞いてしまい、そのうえ激怒してしまうところが田中邦衛という俳優なのであろう。


田中邦衛は、独特な味のあるしゃべり方をする。

中村も、いろんな話を聞かせてもらった。田中が「あのさー」と話し始めたときには、同時に唾《つば》も飛ぶ。

高倉健《たかくらけん》との面白いエピソードも披露してくれた。

まだ、高倉が俳優座演技研究所でレッスンを受けていた頃の話である。

高倉に、ある企業からコマーシャルの依頼があったという。そのコマーシャルには、ビートルズのリンゴ・スターが出演しており、そのあとを高倉に、ということだった。

高倉は、自分のコマーシャル料を提示された後、スポンサーにたずねたという。

「リンゴ・スターは、コマーシャル料、いくらでやっていましたか？」

その質問に、スポンサー側が応えたかどうかはわからないが、高倉はこう返したという。

「僕は、それ以下だったら、やりません」

高倉の返答に、スポンサー側は驚いたのだろう。

「いや、ちょっと考えさせてください」

日を改めて、ということになった。

その後、再び、スポンサーが高倉のもとにやって来た。

「わかりました。リンゴ・スターよりもさらに高額のコマーシャル料でお願いします」

その返事を聞いた高倉は、仕事を引き受けることにした。

「わかりました。じゃあ、やりましょう」

最後、もう一言だけ付け加えた。

「ただし、リンゴ・スターの話を持ち出す前にスポンサーが提示してくれた金額で結構です」

あまりにも、格好いい話である。

R・スター

田中邦衛は、同じようなストーリーが自身に舞い込んだとき、高倉と同じことをしてみたという。
「○○さんは、コマーシャル料、いくらでやっていましたか？」
「わかりました。僕は、それ以下だったら、やりません」
田中邦衛の言葉を聞いたスポンサーは断った。

「じゃあ、よろしいです」

それを聞いた田中邦衛は、とっさに、引き留めた。

「いや、いや、ちょっと待ってください」

一連の流れを話し、「そのコマーシャル話、なくなりそうになったんだよ」と田中は笑った。


田中邦衛の楽しいエピソードは、まだある。

俳優座の下積み時代。ＮＨＫの生放送ドラマに田中邦衛が、炭鉱夫の役で出演したときのことだった。土砂が崩れてきて生き埋めになるシーンがあった。二十人ほどの炭鉱夫が作業をしているとき、土砂が崩れる音が聞こえてくる。

その後、田中邦衛のセリフが続く。

仲間の炭鉱夫たちを見渡し、こう言う。

「今の音、聞きましたか？　俺たち、土砂に埋もれるんじゃないですか？　俺たち、もう出られないかもしれませんよ」

生放送ドラマの本番が始まった。

土砂が崩れる音が流れた。

田中邦衛が、ぱっと炭鉱夫のほうに振り向いた。

そこでセリフなのだが、あまりにも力みすぎた田中邦衛は、オナラをしてしまったらしい。

「今の音、聞きましたか？」

田中邦衛は、セリフを続けたが、しまらなかった。

「あのときは、大変だったよ」

中村は、田中邦衛の話を一〇〇％信じたわけではないが、面白い話をして楽しませてくれたことを覚えている。

その後も、中村が出演するドラマにゲスト出演をしてくれ、京都で撮影がある際には、連絡を取り合い、田中邦衛が「会おうか」と誘ってくれることがあった。

田中邦衛がテレビの世界に姿を現さないようになったことで、中村は心配していた。ずっと、電話も掛けにくい状況が続き、連絡できないまま田中邦衛は人生に幕を下ろした。

『大空港』終了とその後

『大空港』の視聴率が上がるその裏側で、スタッフはいつも切羽詰まった状態で編集作業を進めていた。作業がギリギリになったときには、納品が放送日にかかってしまうこともあった。

フジテレビの担当者からは「また今日なの？　今日、何の日だかわかる？」と言われることもあった。

そのうえ、スタッフたちを悩ませていたのは、脚本の仕上がりがいつも遅いことだった。一度や二度ならまだしも、毎回のように遅れてくる。

スタッフはもちろん、出演者たちの苛立《いらだ》ちも募ってくる。高橋信仁は、田中邦衛に詰め寄られたこともあった。

「いい加減にせえよ、俺たちを殺す気か！」

あるときには、台本の仕上がりがあまりにも遅すぎて製本に回していては撮影が間に合わないところまで切羽詰まったことがあった。

「鶴田さんに、きちんと説明してきてくれ」

高橋は、鶴田に伝えて承諾してもらうという、『大空港』の行方を左右するといっても過言ではないほどの重要な役を担わされた。

役者たちの楽屋がある俳優館の二階にある、鶴田の控室へと向かった。

控室には、鶴田の取り巻きが何人かいた。鶴田が所属するオスカープロのマネージャー、鶴田が可愛がっている役者もいた。

ところが、高橋が控室に顔を見せた瞬間、全員がさっと控室から姿を消してしまったのだ。

鶴田は、控室の奥で待ち構えていた。高橋を見るなり、穏やかながらすごみを帯びた口調で訊いてきた。

「どうした？」

高橋は、手にしていた台本を鶴田の前に置いた。手書きの台本だ。

「実は、印刷が間に合いません。これでやらなければ放送に穴があきます」

高橋は、鶴田の顔を拝み見た。鶴田は、何も言わない。黙ったまま、高橋を見ている。

高橋は、言葉を継ぐしかない。

「なんとか、この脚本でお願いしたいんです」

しばらく、間があった。

口を開いたのは、鶴田だった。

「おまえは、どう思うんだ？」

「決して、いいとは思いません。でも、これでやらないと番組に穴があいてしまいます。なんとか、これでやってください」

鶴田はまた黙りこんだ。

再び間があった。

「わかった……」

鶴田が口を開いた。

「しかし、こういうことは二度とやるな」

「はい、ありがとうございます」

高橋は、頭を下げた。ほっとしたとともに、感謝した。

ヒロイン的な存在だった片平なぎさ演じる神坂紀子が第五十一話で、海外の部隊に転属になったあとに、空港特捜部に配属されてきたのが、サッチャー首相のSPを務めたという水島さゆり。演じたのは、演歌歌手の石川《いしかわ》さゆりだった。

石川は、明るい片平とは対照的に控室では控えめで静かに出番を待つ。そのようなタイプだった。

黒沢年男は、訳ありで本庁を追われて特捜部に配属された菊地徹を演じた。

昭和五十四年五月から出演した。「爆弾」の異名を持つように、なにものも恐れずに無鉄砲に飛び込んでいく。最終回で重要参考人をかばって撃たれて殉職する。田中邦衛演じる藪下行男とは違った意味でのサブリーダー的な存在だった。

ほかにも、三浦浩一《みうらこういち》、永島敏行《ながしまとしゆき》らも加わった。

石川さゆり

黒沢年男

撮影現場は大変だったが、楽しいこともあった。

高橋信仁ら制作陣は、田中邦衛が引っ越したときには、鳩時計を贈った。田中はとても喜んでくれた。

三浦浩一が結婚したときには、スタッフたちが新宿でお祝いをした。

『大空港』は昭和五十三年七月二十四日に始まり、フジテレビ系列で毎週月曜夜九時から放送されていたが、第七十八話『空港特捜部よ・永遠に！』（後編）をもって、昭和五十五年三月二十四日に最終回を迎えた。

岡本富士太演じる立野謙一も、最終回で潜入捜査でテロリストに面が割れたため、見せしめとして捜査陣の目の前で射殺される。

最後の撮影が終わったとき、岡本は鶴田浩二に挨拶に行った。

「ありがとうございました。無事に死にました」

「ああ、ありがとな。楽しかったよ。また一緒にやろう」

「はい」

岡本富士太は、鶴田浩二と最初から最後まで良い関係を保つことができた。

『大空港』は七十八回で最終回を迎えることになり、放映していた夜九時からの時間枠はすでに次の番組『87分署シリーズ　裸の街』に決定していた。

実は、高橋信仁は、その『87分署シリーズ　裸の街』で初めて、プロデューサーを務めることが決まったのである。『大空港』のプロデューサー補も兼任していて、『大空港』が最終回に向かって撮影が進められるいっぽうで、『87分署』第一回目の放送に向けて奔走した。『大空港』の撮影現場にはスケジュールが許す限り顔を出す、ということになっていたが、なかなか思うようにはいかなかった。

そうこうするうち、『大空港』は最終回の撮影に入っていた。鶴田が出演する撮影場面も日に日に少なくなり、ついにラストシーンの撮影となった。鶴田のラストシーンは、横浜《よこはま》市にあるドリームランドで撮影がおこなわれることになっていた。

その日、高橋は、大船の撮影所で次回作のスケジュールが入っていた。それでも、鶴田のラストシーンだけは見届けたかったし、それよりも、世話になった鶴田に労いと感謝の挨拶をしたかった。

そのことを、プロデューサーの桜林《さくらばやし》甫《はじめ》に伝えると、「鶴田さんは機嫌が悪い」という。

「この頃、高橋が顔を見せないがどうなっているんだ」

最後なので気持ちよく終わってほしいと思う桜林の気持ちも、高橋はよくわかった。

「でも、鶴田さんが最後だから絶対に行きたいんです」

桜林は言った。

「わかった。改めて状況を知らせる。鶴田さんの機嫌がいいようなら、来てくれ」

しばらくして、桜林から電話が入った。

「鶴田さんはやはり機嫌が悪い」

高橋がロケ現場に駆け付けたときには、鶴田の撮影は終わっていた。

高橋は、鶴田と顔を合わせることのないまま『大空港』はクランクアップしてしまった。

高橋が、鶴田と久々に顔を合わせたのはそれからしばらくしてであった。『大空港』の打上げパーティーだった。港区にあった赤坂《あかさか》プリンスホテルで開かれた。

高橋は、鶴田が帰っていくとき、車寄せまで送るつもりで鶴田の横についていた。その途中、鶴田が突然口を開いた。

「おまえ、俺のこと、嫌いか」

唐突で、しかも、あまりにも率直すぎる問いかけだった。

「とんでもない。大好きですよ」

高橋も率直に答えた。

その答えに、鶴田が高橋のほうに顔を向けた。そして、こう問い詰めてきた。

「でも、おまえは、俺の最後のとき現場に来なかったじゃないか」

「……すみませんでした」

頭を下げた。

鶴田は、それには答えず車寄せまで歩き、車に乗りこむ寸前にもう一度訊いてきた。

「おまえ、俺のこと、嫌いか？」

「いえ、大好きです」

高橋はさっきよりも力をこめて、自分の気持ちを伝えた。

「そうか」

鶴田はぼそりと口にし、車に乗りこんだ。

その車を見送りながら、高橋の胸の内には一つの思いが兆していた。

鶴田は、その頃、太秦《うずまさ》にある京都東映撮影所で、東京12チャンネルの時代劇『悪党狩り』の撮影に入っていた。北町奉行所定町廻り同心の神谷玄次郎と町医者の新村出が、秘密裏に悪党を退治するという時代劇で、鶴田は新村出を演じていた。

その松竹プロデューサーは、桜林だった。桜林に電話をかけた。

「やっぱりラストで現場に行かなかったことが気になって鶴田さんに会ってご挨拶したいので、いつがいいか教えてください」

桜林に調整してもらい、高橋は陣中見舞いのつもりで鶴田に会いに京都に出かけた。顔を合わせたのは、太秦撮影所にある鶴田の控室、通称「鶴田部屋」だった。

「ご無沙汰しています」と入っていくと、鶴田は無表情をつくろい訊いてきた。

「『8』から来たか」

そのとき鶴田が撮っている『悪党狩り』は東京12チャンネル。高橋は、そのころ関わっていた『87分署シリーズ　裸の街』は、フジテレビなので8チャンネル。そこで、「8」から来たかと訊いたのだった。照れ隠しのつもりだったのだろう。

「『大空港』の最後でご挨拶できなかったので、改めてご挨拶に伺いました」

高橋がそう答えると、鶴田は初めて頰《ほほ》をゆるめた。

「よく来たな」

桜林から、東京に戻った高橋に電話が入ったのはその翌日のことだった。桜林は、高橋が帰ったあとの鶴田の様子を伝えてくれた。

「高橋がな、わざわざ一人で会いに来てくれた」

嬉しそうに、桜林に話したのだという。

その鶴田の喜んでくれた様子を聞いたとき、高橋は、『大空港』が本当にクランクアップしたのだと思った。そして、必ずやまた鶴田と組んで作品をつくりあげる。そのことを決意したのだった。

なお、『大空港』第六話の『紙一重の青春』では、鶴田の三女・里見奈保（現・鶴田さやか）が出演した。

ただし、鶴田と同じ場面での共演はなかった。鶴田が言ったのだった。

「出すのは出してもいい。だけど、俺と同じカットには出さないでくれ」

その言葉は、父親としての照れだったと高橋は思っている。

『大空港』の制作を通じて、シャイというか照れ屋な一面が鶴田にはあることに気づいていた。

第16章　各役者「当て書き」の『男たちの旅路』

鶴田《つるた》浩二《こうじ》のテレビドラマ代表作の誕生経緯

テレビドラマにおける鶴田浩二の代表作ともいえる『男たちの旅路』は、一面では偶然から始まった。

昭和五十年（一九七五）、NHK大阪《おおさか》放送局が、ある取材をきっかけに、右翼団体に目をつけられたことがあった。大阪城のすぐ横にある大阪放送局の前に街宣車が何台も停車し、大音量でがなり立てる。

NHKがほとほと困り果てていたところ、騒ぎを聞きつけた鶴田浩二が、NHKのプロデューサーの近《こん》藤晋《どうすすむ》に言った。

「そんなの、俺が大阪に声かけたるわ」

近藤は元NHK職員で、独立後はテレビや映画のプロデューサーとして活躍し続けた、日本のプロデューサーの草分け的存在である。

鶴田が裏で動くと、街宣車の襲来はピタリとやんだ。

むろん、NHKは鶴田浩二に助けてもらったなどと公表はできない。そこで、鶴田への恩返しとして動いたのが近藤だった。NHKの土曜ドラマの枠を担当していた近藤は、鶴田を『男たちの旅路』の主演に抜擢《ばってき》したのだ。

脚本は山田太一《やまだたいち》。NHKが鶴田浩二主演を前提に、脚本を依頼した。

戦争を実際に体験した世代と戦後生まれ世代との価値観の違いに対する戦中派の強い憤りがドラマ制作の大きな原動力となっている。十九歳で学徒出陣により徴兵され、終戦まで海軍航空隊に所属していた鶴田にふさわしい役柄だった。

世代も背景も異なる警備会社の社員たちが、仕事の中から拾い出した疑問に対し真面目に向き合う姿を描く。

主人公の吉岡司令補（鶴田浩二）は特攻隊の生き残りであり、戦争はどこから始まったのか疑問を持ち続けて生きる。

そんな主人公を中心に、水谷豊《みずたにゆたか》、桃井《ももい》かおり、柴俊夫《しばとしお》、森田健作《もりたけんさく》らが演じる戦後世代が、ときに激しくやり合いながら出口を探す道筋が語られていく。

撮影初日、本読みが始まった。本読みとは、作者・演出者が役者を集め、その脚本を読み聞かせることであり、また、俳優が脚本を台詞《セリフ》のような調子で読み合うことである。参加したのは鶴田のほかに、桃井かおり、水谷豊など、主要な登場人物が勢揃いした。

夕食を済ませ、立ち稽古が始まった。鶴田はいつものように台詞すべてを頭に入れてあるので、台本は持たずによどみなく台詞をしゃべっていく。

ところがほかの出演者たちは、まったく台詞を覚えておらず、台本を持ってウロウロしている状態だった。

主役が台本なしでやっているのに、脇役たちが一言二言しゃべるのに、いちいち台本を見ている。この惨状に、演出家もキャメラマンも呆れかえった。

鶴田が言った。

「プロデューサーを呼べ。これじゃ芝居にならない。セリフが一番多いのは俺や。俺より多い役者はおらへん。こんなんで演出ができるか」

飛んできた近藤晋が、鶴田に言った。

「先生、今日は、中止にしてみんなを帰らせます。一週間くらい時間をください。覚えるのに時間がかかるので、明日というわけにいきませんから」

鶴田は芝居のとき、台本を二冊もらうのが常だった。自宅用にはビッシリ書き込みをし、台詞を覚え込むのに使う。もう一冊はまっさらで綺麗な状態のまま、現場に持って行く。他の役者たちは、鶴田のそうしたやり方を知らず、まったく勉強せずに現場に来てしまう。

近藤晋

近藤の計らいで、その後は他の役者たちも事前に台詞を覚え、現場に来るようになった。

桃井かおりは、独特の芝居をした。自分なりの芝居をするというのでもない、主役の鶴田に合わせるのでもない。ただときおり、鶴田に逆らうような芝居をすることがあった。

が、鶴田は意に介せず、桃井の芝居をヒョイと受け流すことができた。

四回、五回と立ち稽古を繰り返すうちに、桃井に対しては根負けして、やむなく鶴田が合わせることもあった。

「桃井はあかん。自分のほうから寄っていかんとあかん。ちんぷんかんぷんの芝居しよる」

鶴田にとって桃井は、わけのわからない存在だったらしい。

水谷豊も独特の芝居をする。

鶴田とはまったく畑違いの俳優ばかりがいて、京都《きょうと》だったら「芝居の邪魔をするな！」と怒られるレベルの芝居をする。

「あいつらにはあいつらなりの考えで、芝居をしているんやろ」

鶴田は、そんなふうに受け流して、若く個性的な俳優たちに合わせた。すると、ＮＨＫ側からも、若い俳優たちからも「鶴田さんて面白い」「意外と扱いやすい」という強い印象を与え、プロデューサーも喜

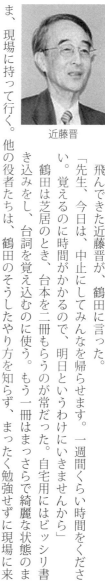

んでくれた。

『男たちの旅路』で問題となったのは、ＮＨＫの西口で受付を担当している警備員だった。

「鶴田や」

そう言ってＮＨＫに入ろうとする鶴田を、警備員が呼び止めた。

厳しく受け付けチェックをするようにと教育された若い警備員は、鶴田浩二を知らずに言った。

「鶴田さんて、どこの鶴田さんですか。帳面に名前と住所書いてください」

鶴田は「ふーん……」と言って踵《きびす》を返し、京都まで帰ってしまった。

ＮＨＫの担当者が事情を聞いて、慌てて新幹線に乗って迎えに行ったこともあった。

ドラマは好評で、昭和五十一年二月から昭和五十七年二月まで、四部に分けて全十三話が放送されることになった。

鶴田にとって良かったのは、近藤晋の助手に小林由紀子《こばやしゆきこ》がついたことだった。

小林は、多数のテレビドラマのプロデュースを手がけ、ヒットを連発。特に朝の連続テレビ小説『おしん』でプロデューサーとしての資質を買われ、制作部ドラマ部長に昇進した。

鶴田は、近藤よりも小林を気に入った。プロデューサーの腕だけでなく、頭脳明晰《めいせき》、誰からも一目置かれる気丈夫な性格で、必要とあれば鶴田にも歯に衣着《きぬ》せぬ物言いをする。

鶴田は、小林の厳しさと優しさの両方を持つ人間性に心を打たれたらしい。鶴田は小林を含めたスタッフ四、五人と、仕事の合い間に大衆食堂でコーヒーを飲みながら談笑するのが好きで、いつも楽しみにしていた。

鶴田、近藤、小林の三人でコーヒーを飲んでいると、通りかかる人たちがみんな鶴田のことを「先生、先生」と呼ぶ。ＮＨＫの中でも地位の高い役職者でも、鶴田を「先生」と呼んだ。

このような対応は、ほかの役者では考えられないことだった。おそらく、近藤や小林が、挨拶の仕方をしっかり職員たちに叩き込んでおいたのだろう。

当時の鶴田はまだ元気で、若手俳優はほかにも岸本加世子《きしもとかよこ》や清水健太郎《しみずけんたろう》なども出演していた。当時の清水は、違法薬物取締法違反で逮捕される前で、まだしっかりした良い演技ができていた。

NHK改革策のあれこれの中で……

かつてNHKでチーフディレクター、チーフプロデューサー、ドラマ部長、編成部長を経て、NHK放送文化研究所所長や、NHK学園理事長を務めた中村克史は、昭和十九年に東京《とうきょう》に生まれた。

中村は、東京大学文学部卒業後、昭和四十二年、NHKに入局。札幌《さっぽろ》中央放送局放送部勤務を経て、昭和四十六年から東京の番組制作局ドラマ部に配属された。

それ以来、中村は、大河ドラマ『独眼竜政宗』や、ギャラクシー賞などを受賞した『日本の面影』などをはじめ、多くのドラマを手がけることになる。

鶴田浩二がNHKのテレビドラマに初めて出演することになったのが『男たちの旅路』であった。

この作品は、昭和五十一年二月から昭和五十七年二月まで四シリーズと一つのスペシャルドラマの計十三話が放送されている。鶴田の晩年を象徴するヒット作品といえる。

『男たちの旅路』は、昭和五十年から放送が開始されたNHK総合テレビの「土曜ドラマ」シリーズの第四弾として企画された。

ドラマでは、ガードマンという仕事を題材にして、各回ごとにさまざまな場面での人間の価値観や信念がテーマとして丁寧に描かれている。

また、警備会社を舞台にしたこのドラマでは、戦争を実際に体験したベテラン警備員の鶴田浩二演じる吉岡晋太郎の世代と、戦後生まれの水谷豊演じる杉本陽平や桃井かおり演じる島津悦子が、さまざまな事案をめぐって、時には対立を孕《はら》みながら、議論を交わす。戦中世代と戦後世代との衝突や価値観の違いも、ドラマのメインテーマとなっている。

昭和五十年十月から放送が開始された「土曜ドラマ」シリーズは、その前年の昭和四十九年秋、当時ドラマ部長だった川口幹夫《かわぐちみきお》（のちＮＨＫ会長）が、中村の上司にあたるドラマ部のチーフプロデューサーの近藤晋に特命事項を与えたことを発端に企画が動き出していった。

川口は近藤に指示した。

「起死回生と言えるような番組をゴールデンタイムで作ろう。ポイントは三つ。誰が見ても面白いこと、今までにない新鮮なもの、ＮＨＫでなければ作れないもの。内々で企画してくれ」

昭和四十九年、ＮＨＫのドラマ部はトラブルに見舞われていた。

この年一月六日から十二月二十九日にかけて放送された大河ドラマ『勝海舟』で、脚本家の倉本聰《くらもとそう》が演出スタッフと衝突し、途中で降板し、中沢昭二《なかざわしょうじ》と交代していた。

中村克史

川口幹夫

またこの当時のＮＨＫは、労使の対立問題で現場が混乱して制作体制が定まっていなかった。全話の収録後、途中で病気降板した渡哲也《わたりてつや》に代わり、主演の勝海舟役を演じた松方弘樹《まつかたひろき》はＮＨＫに不満を爆発させた。

「ＮＨＫは、ものをつくるところではない」

こうしたトラブルを受けて、ＮＨＫは、ドラマの制作体制の改革に取り組むことになった。

まず一年かけて一作品を放送していた連続テレビ小説を半年の長さにして、年二作品とすることにした。

そして、年度前半の作品を東京（ＡＫ）制作、後半を大阪（ＢＫ）制作とした。

山田太一

さらに、脚本家の地位向上に取り組み、あらゆる出演者よりもギャランティーを保障するようにした。

「土曜ドラマ」シリーズは、それらに続く改革の一端で、NHKのドラマ部の沈滞ムードを吹き飛ばすために企画された。

近藤は、一話完結で三、四回連続のミニシリーズ形式で放送することを考えた。

企画の内容を最優先するため、一話の放送時間も七十分から九十分と幅を持たせることにした。

さらに、作家第一主義を前面に出すことにした。脚本委嘱料の値上げをおこなったあとだけに、著名な脚本家に執筆を依頼していった。

「どんなスターが出ようと、ギャラはあなたが一番です」

近藤はその決め台詞で、第一線の脚本家たちを口説いていった。

最初は「松本清張《まつもとせいちょう》シリーズ」と銘打ち、松本清張原作の小説のドラマ化に取り組んだ。脚本は大野《おおの》靖子《やすこ》や中島丈博《なかじまたけひろ》などが担当した。

「土曜ドラマ」のなかで、初めて脚本家の名前を冠することになったのが、「山田太一シリーズ」と銘打った『男たちの旅路』であった。

山田は、近藤プロデューサーから作家シリーズの第一回として「山田太一シリーズ」で始めたい、と言われたあとにさらに条件をつけられたという。

山田は、シナリオ集『山田太一セレクション　男たちの旅路』（里山社）のなかで、その場面について次のように書いている。

《「ひとつだけ」と近藤さんが、のぼせている私に急いでつけ加えました。

「まあ、課題というか、条件というか、ひとつだけ――」

ほら来た。やっぱり来た。難題があるのでした。

鶴田さんをドラマに書いてほしい。しかし、鶴田浩二さんに『傷だらけの人生』というヒット曲があり、それをNHKがヤクザっぽいとかで放送禁止のリストに入れてしまったというのです。》

そもそも鶴田とNHKの間にはある因縁があった。

鶴田は、昭和四十五年十二月にリリースしたシングル『傷だらけの人生』が百四十万枚を売り上げる大ヒットを記録し、昭和四十六年の「第十三回日本レコード大賞」で大衆賞、「第四回日本有線大賞」では大賞を受賞した。

しかし、大ヒットにもかかわらず、NHKからは「公共放送で流すことは好ましくない」という理由で年末の紅白歌合戦への出場を拒否された。

曲中の歌詞の中の「右を向いても左を見ても　ばかと阿呆《あほう》のからみあい」という部分が引っかかったという。

鶴田はこれに激怒。以後、NHKの番組出演を拒否するようになっていた。

条件付きではあったが、山田はこの話を受けることにする。

さらに近藤は、若手ディレクターの起用も考えた。

白羽の矢が立ったのは、中村克史だった。中村は、NHKに入局して八年目、三十一歳だった。

『男たちの旅路』は、「山田太一シリーズ」と銘打って、脚本家の名前を初めて冠するドラマだった。

中村は、このドラマの十三本中九本を演出することになる。

中村は、山田とそれ以前にも、昭和四十七年四月から一年かけて放送された連続テレビ小説の『藍より青く』などで一緒に仕事をした経験があった。

『男たちの旅路』を制作するにあたって、打ち合わせ当初、中村は、中年男と若者が全国を転々とする設定を考えた。

だが、山田から提案された。

「それは新しくない。都会のビルの間をさすらう物語にしたい」

主演に考えている鶴田にどういうキャラクターが合うのか。

スタッフ間での話し合いでは、「鶴田は制服がよく似合う」という話が出た。そのため最初は「警察官はどうだろうか」という声もあった。

だが、NHKで警察官のドラマをやるのはどうか、という声もあり、最終的に警備員という話になった。

中村は、以前、NHKに警備会社から派遣されている警備員から聞いた話を思い浮かべた。

「自分たちは派遣先の人となれ合ってはいけないので、チームを組み、空港のあとは女子大、そのあとは競馬場と、一カ月単位で仕事場が変わるんです」

中村はその話を聞き、思った。

「ガードマンなら一話完結のシチュエーション・ドラマにぴったりだ。社会的なテーマも持ち込みやすいかもしれない」

最初の重要事「主演の鶴田を口説き落とす」

『男たちの旅路』を制作するにあたり、まず最初に重要だったのが、主演の鶴田浩二を口説き落とすことだった。

最初は、近藤プロデューサーが単身、田園調布《でんえんちょうふ》の鶴田邸を訪ねて、出演を打診した。

だが、玄関にも上げてもらえず、鶴田に怒鳴られるばかりだったという。

「おまえは俺がNHKに出ないと言ったのを知らないのか。帰れ」

近藤は、見かねた鶴田の妻に「上がっていただいたら」と言われて、ようやく家に上がりこめたという。

近藤が二時間ほど頭を下げていると、ようやく鶴田が条件を提案してきた。

「まず脚本家の山田太一に一度会わせてくれ。自分が話すことを一度聞いてもらって、できることならドラマのキャラクターに活かしてほしい」

その次の訪問では、近藤と脚本家の山田太一とともに、中村も、鶴田の自宅を訪れた。

最初、中村たち三人は、応接間に案内されたままで、二時間ほど待ちぼうけを食らったという。

中村が振り返って語る。

「事前にほかの人に鶴田さんとの仕事の始め方や、接し方についてはうかがっていましたから、そういうものかなと思っていました。自分がどのくらい必要とされているのかを試すための鶴田さんなりのやり方だったんでしょう」

鶴田クラスの大物役者との出演交渉の場に立ち会うことは、まだ若い中村にとっては初めての体験だった。

中村はこののちには、NHKの大河ドラマ『獅子の時代』の主役に東映のスターだった菅原文太《すがわらぶんた》に出演してもらったり、チーフプロデューサーを務めた大河ドラマ『独眼竜政宗』に豊臣秀吉役として勝新太郎《かつしんたろう》に出演してもらうなど、いわゆる大物俳優と出演交渉することはあったが、そのような経験は鶴田が初めてだった。

三人が二時間ほど待っていると、ようやく鶴田がゆっくりとした物腰で階段から下りてきた。

中村は確信した。

〈やっぱり自分たちは試されていたんだな〉

いざ話し合いになるかと思ったが、様子は違った。議論ではなく、鶴田がまるで独演会のように話を始めて、中村や近藤、山田は聞くいっぽうだったのだ。

しかも、鶴田の話は、ドラマとは関係なく自らの戦争体験を滔々《とうとう》と語るものだった。

鶴田は、元大井海軍航空隊整備科予備士官で、戦中は出撃する特攻機を見送る立場だった。特攻隊員たちに強い思い入れがあるようだった。

鶴田は、自身が整備基地で目にしたことや、特攻隊員の出撃を見送った体験について熱っぽく語った。

「自分自身もいつかは特攻機に乗って行くのだろうか。そういう気持ちもあった」

鶴田には、若い人たちの命を奪った戦争を憎む気持ちが強く、特に戦争指導者に対して批判的な思いがあった。

「二度と戦争を起こしてはいけない」

自らに言い聞かせるように、強く語っていた。なかには美化された話や、「それはさすがに綺麗《きれい》ごとでは」と思える話もあった。

だが、鶴田の戦争体験への思い入れの強さは伝わってきた。

鶴田は途中でようやくドラマについても触れた。

「戦争を体験した世代の男を、現代劇の中で描くことを考えてほしい」

鶴田の独演会は三時間も続いた。一同が気づくと、すでに真夜中であった。

山田も、鶴田の話に感じ入ったことがあったのか応じていた。

「わかりました。そういう経験をした人物にしましょう」

のちに山田は、このとき、鶴田が使っていた来客用ではない大ぶりの湯呑み茶碗に『同期の桜』の歌詞が書かれていたのに気づき、「この人はいくら世の中が豊かになろうが、決して戦争を忘れないんだ」と思ったことを明かしている。

こうして少しずつ、鶴田演じる主人公の吉岡晋太郎のキャラクターができあがっていく。

その日は、結局、ドラマの内容について具体的なところまでは踏み込まなかった。

鶴田は最後に言った。

「出演するかどうかは、できあがった脚本を読んでから決める」

だが、中村は恐らくその段階で、「すでに出演を決断してくれたのではないか」と思っている。

「鶴田さんは、山田太一さんを信頼していました。山田さんも鶴田さんの熱意に影響されて、キャラクターづくりに相当力を注いだのではないかと思います」

山田は鶴田の話を受けて、特攻隊の実体験を持っている人物を主人公にしようとの構想を思い描いたという。

また、近藤プロデューサーは、鶴田の後見人的存在である東映のヤクザ映画のプロデューサーの俊藤浩《しゅんどうこう》滋《じ》にも、許可を得なくてはならなかった。

そのことについて近藤は、『文藝別冊　総特集山田太一』（河出書房新社）のインタビューで次のように語っている。

「しかしそれには条件がひとつだけあり、それは東映ヤクザ映画の大プロデューサーだった俊藤浩滋さんの許可を得ることでした。それで京都の撮影所に会いに行ったんですが、一切面会してくれない。何日も朝から晩まで待ち続けて、ついにもうあきらめるしかないとまで追い詰められたとき、俊藤さんがやっと話をしてくれた。「ここまで粘るとは思わなかった。鶴田はお前たちを信頼している。あいつがあそこまでやりたいと言ったのは初めてだから、任せる」とおっしゃった。試されていたんですね」

核は若い世代と戦争を知る世代の対立

『男たちの旅路』の第一シリーズは、昭和五十一年二月二十八日から三週にかけて、三回分が放送された。

ドラマでは、世代も背景も異なる警備会社の社員たちが、仕事の中から拾い出した疑問に対して、真面目に向き合う姿を描いている。

鶴田浩二演じる主人公の吉岡晋太郎は警備会社の司令補であり、特攻隊の生き残りだった。戦争はどこから始まったのか、なぜ若い同僚たちが死んだのか、疑問を持ち続けて生きる吉岡と、水谷豊演じる杉本陽平、桃井かおり演じる島津悦子、森田健作演じる柴田竜夫、柴俊夫演じる鮫島壮十郎ら若い世代が時に激しくやり合いながら出口を探そうと模索する道筋が語られる。

若者たちはさまざまな観点から問題を検討するが、苦しむ側への優しさに安易に流れてしまう。そういう若者に対して、吉岡は常に他人を受け入れることが難しい点と、だからこそ何を弱者に求めるのか、弱者とは何かを指摘し続ける。両者の葛藤が繰り返し描かれていく。

最初に提示された問題が正、反、合の弁証法的に説明された結果、さらに大きな問題が浮き彫りになったところで一話形式の物語が閉じられる。

ドラマの中で鶴田演じる吉岡司令補は、水谷豊演じる杉本陽平や桃井かおり演じる島津悦子と仕事論や人生論を熱く戦わせた。

さながらその吉岡の振る舞いや様子は、「説教おじさん」とも言える一面を持ち、放送が始まると視聴者の大きな反響を呼んだ。

このキャラクター造形も、最初の鶴田の熱弁模様に影響されたようであった。

女性向け映画が多い松竹大船《おおふな》撮影所出身の山田は、まさに男性向け映画とも言える東映の任侠路線の看板スターだった鶴田浩二との出会いに、大きな刺激を受けて、執筆したという。

山田は、のちに語っている。

「ほうっておけばすぐフニャフニャした男を書く僕が、一番男らしい人を書くんですからね。鶴田さんは挑戦しがいがあり、自分にはない人物像をつくらせてもらいました」

中村も語る。

「山田さんの脚本は、鶴田さんを男らしく描くだけでなく、回を追うごとに鶴田さんの根本の弱点や、矛盾みたいなものをグサッと突いていく。水谷さんや桃井さんたち若い世代の口からそんなセリフがどんどん出てきました」

中村も演出するうえで、若い役者たちに鶴田に負けないように、とハッパをかけたという。

「ドラマは若い世代と戦争を知る世代の対立がメインでしたから、臆せず積極的にいくように言いました。『言われたまんまでいいのかい。やられっぱなしじゃ嫌だよな』なんて煽《あお》ってましたよ」

ドラマの中では、教育問題や、老人問題、障がい者問題など社会的なテーマが描かれる。すぐには解決できないような複雑な背景がある問題に対して、鶴田浩二演じる吉岡は、結局、首を突っ込んでいく。

吉岡は、アパートで独り暮らしをしている中年男性だが、中流家庭の娘が、非行に走れば、その親に説教をすることも辞さない。

良くも悪くもうるさ型の戦中世代である。

水谷豊

桃井かおり

「最初にどういうキャラクターをつくるのかという話の中で、都電荒川線が走っている近くのアパートに主人公を住まわせようと浮かびました。路面電車がどんどん廃止される中、最後までただ一つ残った荒川線が、まさに特攻隊の生き残りとぴったりじゃないかと思ったんです」

山田の脚本は、彼らの世代の若い世代への葛藤を丁寧に描く。高齢者に託して書いていたが、あまり親と議論を交わした経験がない若い視聴者にとっても、鶴田の様子は新鮮に映ったようだ。局には視聴者からの長文の手紙が数多く届くなど、大きな反響があったという。

映画界でスターとなった鶴田にとって、テレビドラマの世界はどのように映っていたのだろうか。

中村は語る。

「最初はテレビの世界を下にみる感じもゼロではなかったかもしれませんが、結局、第四シリーズまで出てもらえたわけですから、気に入ってもらえたのではないでしょうか」

『男たちの旅路』は技術面でも変化があったテレビドラマだった。

中村は演出面でも新しい手法にチャレンジした。

ハンディカメラが登場したことによって、これまでスタジオで四、五台のカメラを並べて、スイッチングして撮影していたのとは異なり、カット撮りで映画に近い撮影方法を採用することができるようになった。

中村は、積極的にハンディカメラを使い、ロケのシーンを増やした。

第一シリーズ第一話の『非常階段』も、NHKの中での非常階段を使うなど、さまざまな撮影場所を使い、スタジオを飛び出して撮影した。

中村が語る。

〈ロケが増えたために、それまでのテレビドラマに比べると、臨場感がありますから、映画の世界とそれほど変わらなかったこともあるかと思います〉

さらにビデオロケーションを増やすうえで技術的な問題もあった。それまでNHKの技術局は制作技術と中継技術の二つに分かれていた。

中村は、この二つの技術を一本化してもらうように、責任を持って交渉する役割もしなければならなかったという。

第二シリーズ第三話の『釧路まで』は、鶴田演じる吉岡がカーフェリーの中で、過激派のテロリストと対決する話だが、全編を東京と釧路《くしろ》間のカーフェリーで撮影し、NHKのドラマの「オールVTRロケ」

の第一号となっている。

最初のセリフ合わせでは、鶴田は打ち合わせのときと同様に、リハーサル室に遅れてきたという。

水谷や桃井、森田は、鶴田が来るのを緊張して待っていた。中村が語る。

「鶴田さんが入ったときに、僕らスタッフよりも前に、水谷豊とか桃井かおりとかがいち早く、はじかれたようにパッと立ったのをまだ覚えていますからね。みんな緊張していたんでしょう」

さらに、若い役者たちを驚かせることがあった。

台本の読み合わせで、鶴田は、台本を持たずに全部頭の中にセリフを入れてきていた。

立ち稽古になっても、一切本を持たずにやるのだ。

いっぽうの水谷ら若い役者たちは、自分のセリフにマークをつけたり、書き込みをしていたが、鶴田は一切見ない。

「若い役者たちは台本を読みながら、ノビノビとやろうと思っていたら、主役が違うわけですから困ったでしょう。あとでわかりましたが、鶴田さんには台本を二冊送っていて、片方を家でビシッと暗記して、現場には手つかずの綺麗な台本を持ってきているみたいでした」

鶴田は、セリフも頭に完全に入れて、役に入り込んでいた。

「娘さんが鶴田さんについて書かれた本を読むと、ずいぶんと家で鶴田さんの相手役をやらせられたと書いてありましたから。見えないところでは相当プロ意識があって、完璧主義だったようです。もう一つ、鶴田さんにとっては、主役たるもののセリフが入っていなければ、他の連中が迷惑するんじゃないかと思っていたみたいです」

結局、最初の読み合わせでは、水谷や桃井らは慌ててしまい、セリフが入っていないことを鶴田に詫びた。

鶴田はそれに対して、ピシャリと言った。

「別に俺は気にしていない。俺は俺の道でやっただけだ。おまえらは本番でも台本読んでもいいぞ」

大先輩にそこまで言われてしまっては、若手たちは立つ瀬がない。おおいに冷や汗をかいたことだろう。

その次の読み合わせからは、若い役者たちも鶴田に倣って、完璧にセリフを頭に入れてきていたという。

中村が語る。

「次からは若い連中も全部セリフを入れてきたので、わたしたちは楽でした。NGの回数も本当に少なくて。ハンディカメラのVTRロケでスタジオを出ると、それだけで時間がかかりますから、NGがないのはすごく助かりました」

中村も、鶴田が犯人を追いかける場面では、見本として自らが走ってみせた。

鶴田には、体育会系気質なところがあり、撮影現場の雰囲気や、スタッフたちを大事にしてくれるところもあった。

『男たちの旅路』でも、第一話の完成後の記者会見では、当時、ゴタゴタしていたNHKのドラマ部をフォローするかのように、発言してくれたこともあった。

鶴田は、松方弘樹が大河ドラマ『勝海舟』の収録後にNHKを批判したことに触れて、語っている。

「松方がいろいろ言っていたけれど、聞くと見るとでは大違いだ。NHKは非常に活気があって、良い現場で雰囲気がすごく良かった。松方にも良く言っておくよ」

松方は鶴田のことを東映の先輩として慕い、信奉していた。中村が語る。

「鶴田さんがああいうフォローを言ってくれて、現場は助かりました。そういう気配りと優しいところもあるんですね。NHKを好きになってもらって良かったなと思いました」

実際、鶴田は『男たちの旅路』で気を良くしたのか、その後も、NHK制作のドラマに積極的に出演している。

大河ドラマ『黄金の日日』で千利休《せんのりきゅう》役を、大河ドラマ『獅子の時代』で大久保利通《おおくぼとしみち》役を、大河ドラマ『山河燃ゆ』で東郷茂徳《とうごうしげのり》役で出演し、遺作もNHKのドラマ『シャツの店』である。

山田の脚本は、吉岡司令補という存在をただ美化するわけではなかった。むしろ吉岡という人間の弱さや脆《もろ》さにも迫っていた。

「脚本は一歩踏み込むところがあったので、僕らは鶴田さんが『このセリフは言えないよ』と言い出すんじゃないか、とハラハラしてました。そういうところまで踏み込んで書いてましたから。でも、まったく文句が出ることはありませんでした。そのくらい脚本に信頼を置いてましたね」

第一シリーズでは森田健作が出演していたが、第二シリーズからは柴俊夫が出演している。柴は、水谷や桃井よりは少し上の世代で、鶴田と彼らの中間的な存在だった。

中村は、世代的に近い水谷たちのほうにシンパシーを感じ、演出する際、彼らの心情をくんでハッパをかけていた。

「あのカッコつける感じが気にくわないよな、とよく煽っていました。おまえたちだって言われっぱなしじゃなくて、もっと食ってかかっていけよ、と（笑）」

鶴田との共演は、水谷や桃井にとっても刺激的であったようだ。

「打ち上げと称して反省会で飲んだりしたときに、話題になったのは、どうやったら、自分たちは鶴田さんみたいな中年俳優になれるか、ということでした。彼らにとって、それがテーマって感じでしたね」

水谷たちもときにはアドリブを入れて、存在感を発揮していた。

バーのシーンでは、シーンの最後で、水谷が椅子をクルクルと回し、ズドンと転げ落ちる。それは本番ぶっつけで出てきた演技だった。水谷なりに印象を残そうと躍起だったのかもしれない。

「なんとか鶴田浩二に勝って、シーンのケツをとってやろうという姿勢が見えました。舞台なんかで引き際とか去り際に何かをやるのと同じですが、そういうことを考えてくるようになったんだなと思いました」

「本当におまえは生きたか？」

第一シリーズ第一話の『非常階段』は、警備会社の社員研修の場面から始まる。

思い思いの服装でグラウンドをランニングする研修生たちのなかに、森田健作演じる柴田竜夫と水谷豊演じる杉本陽平が交じっている。杉本は女子にちょっかいを出し、柴田は真面目に走っている。

その後、室内の研修の場面になり、研修でふざけ始めた若者たちの前に、司令補である鶴田浩二演じる吉岡が登場する。

ふざけた様子を見た吉岡は、杉本や柴田を含む若い研修生たちに「身体で覚えたほうがいい」と言い、自分の弱さを知らないと挑発する。

「君たちの力を、教えてやろう。出てきてわたしを囲め。六人でわたしを逮捕するんだ」

杉本の「やっちまえ」の号令のもと、六人が一気に飛びかかる。

だが、吉岡にあっと言う間にノックアウトされ、怪我《けが》をする若者も出てしまう。

杉本らに言い放つ吉岡。

「君たちは弱いんだ。それを忘れるな」

吉岡に代わり、怪我した杉本たちに前田《まえだ》吟《ぎん》演じる教官が謝罪したのち言う。

「若い人が嫌いなんだね。敵意を持っているようなんだ」

その後、警備員に採用された二人は、吉岡と一緒に、飛び降り自殺者が多いビルの警備につく。

そこへやって来るのは桃井かおり演じる島津悦子。自殺志願者である。

悦子は、非常階段を上り、屋上の清掃用ゴンドラに立て籠もる。

吉岡は、彼女を説得しようとする。

だが、最初は思い留《とど》まらせようとするが、説得に応じようとしない彼女をついには叱りつけ始める。

「ふざけたことを言うな！　甘ったれたことを言うな！　この場所は週刊誌で選んだのか。ここなら派手で良いと思ったのか。こんな場所を選んで、わざわざノコノコ上がって来る奴に、死ぬ資格などない！　あんたにはな、ありあまって使い道のない人生かもしれないが、三十年前にはな、三十年前の戦争ではな……」

杉本が「昔話はまずいですよ」と、止めに入る。が、吉岡は意に介さない。

「本当におまえは生きたか？　ギリギリに生きてみたか？」

ようやく彼女を助けると、吉岡は悦子を何発も思いきり殴りつける。なぜ吉岡は殴り、叱りつけたのか。

このあと、場面が代わり、吉岡は「なぜ助けたんですか」と問う杉本たちに対して話す。

「俺は……若い奴が嫌いだ。自分でもどうしようもない。嫌いなんだ。昔の話をするなと言ったな。めったに俺は昔の話などしない。しかし、昔を忘れることはできん。戦争中の若い奴は、つまり俺たちは、もっとギリギリに生きていた。死ぬことにも、生きることにも、もっと真剣だった」

杉本が言う。

「時代が違うんですよ」

「そうだ。昔だっていい加減な奴はいた。今だってギリギリに生きている奴もいるだろう。しかしなあ、明日は死ぬと決まった特攻隊の連中を、俺は忘れることができない。明日は確実に死ぬと決まった人間たちと暮らしたことがあるか？　それも殺されるんじゃない。自分で死ぬんだ。自分で操縦桿《そうじゅうかん》を握って、自分で死んでいかなければならない連中と、前の晩を過ごしたことがあるか？　顔色がみんな少し青くてな。

ある晩、『吉岡、星は出ているか』と聞いた奴がいた。出ていなかった。『見えないようだ』と答えると、『そうか。降るような星空ってのは、いいものだったなあ』と言った。俺は一晩中、雲よ晴れてくれと空に願った。晴れたら、奴を起こして、降るような星空を見せてやりたかった。翌朝、曇り空の中を奴は飛んでいった。そして、帰ってこなかった。

甘っちょろい話じゃないかと、今の奴は言う。しかしな、翌朝確実に死ぬとわかっている人間は、星が見たいと言う。たったそれだけの言葉に、百万もの思いがこめられていたのだ。最後に奴と握手したときのぬくもりを俺は忘れることができん。奴の手のひらは、とうに冷たくなっている。俺だけが、俺だけが生き残ったということの情けなさがおまえたちにわかるか。いや、わかってもらえなくてもいいんだ。それを甘いと言う奴を俺は許さん。少なくとも好きにはなれん。いいも悪いも、あの時代が俺をつくった。あれからあとは『そんなもんじゃない。そんなもんじゃない』と何を見ても思ってしまう。とりわけ、若い奴がチャラチャラ、生き死にをもてあそぶような事を言うと、我慢がならん。きいた風なことを言うと我慢がならん。……俺は若い奴が嫌いなんだ」

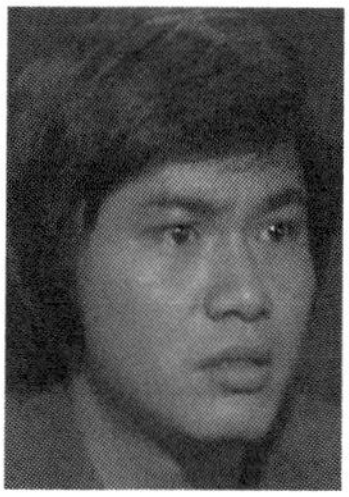
森田健作

杉本が言う。

「それは付き合いにくいですね」

「ああ、たぶん若い奴を本当には知らないせいだろう。猫背で、髪を伸ばして、女みたいに歩く格好を見るとムカムカして、付き合う気がしなくなる。俺はそういう人間だ。君たちに好かれようとも思わん」

そう言って、吉岡は、杉本たちに配置換えを提案する。

それに対して、反対する杉本たち。

「嫌だな。俺はあんた嫌いじゃないですよ。中年にしちゃ歯ごたえがありそうなんでね」

このやりとりのあとに第一シリーズの主人公であった森田健作演じる柴田の述懐で、第一回は終わる。

近づいていく鶴田と若いキャストたち

柴俊夫は第二部から出演した。第一部に出ていた森田健作と入れ替わる形となった。

ディレクターは中村克史。これが初の演出となった。柴は、実は、中村とは古い知り合いだった。柴が出演していた番組の現場にメインではなく、サブのディレクターとして中村がよくついていた。

中村は非常に話のわかる人物であり、切れ者との評価も高かった。東京大学ではアメリカンフットボール部で鳴らした好漢である。

東大で同窓に当たる映画監督の長谷川和彦《はせがわかずひこ》の友人であり、局内でもジーンズを穿《は》いていた。エリートらしからぬ一面も持ち合わせた男だ。

柴は現場で中村の姿を見かけると、必ず話しかけた。いつも面白い話題、考え方を聞けたからだ。そんな時間を楽しみにしていた。

出演が決まり、まずは主演の鶴田に挨拶をしなければならない。このときのことは柴の中に鮮烈な記憶として今も残っている。

柴俊夫

鶴田と初めて会ったのは青山《あおやま》近辺の飲食店だった。アシスタントプロデューサー・岡本由紀子《おかもとゆきこ》（現・小林由紀子）に連れられ、鶴田の席に向かった。

「今度入ります鮫島壮十郎役の柴俊夫さんです」

岡本が鶴田に紹介してくれた。だが、鶴田は見向きもしない。明後日《あさって》のほうを見ながら、「おう」と言ったただけだった。「知らねえ」と言わんばかりの対応だ。

大スターとはいえ、「おお、そうか」くらいのことは言ってくれると予想していた。柴自身はどちらかというと、「体育会系」の人間である。長幼の序はわきまえているつもりだ。

だが、初対面の人間と挨拶する際、目を見て言葉を交わさないのはどうか。

柴には納得がいかなかった。

即座に鶴田の隣席に座った。視線を塞《ふさ》ぐ形で顔を寄せ、目を見ながら、今度は自己紹介した。

「柴です、よろしくお願いします」

そこまで距離を詰められては、さすがに無視するわけにもいかない。

「うん？」

鶴田はグラスを置き、改めて柴に視線を向けた。その次にスターが発した一言は忘れられない。

「おまえ、できるか？　この役？」

柴は一瞬固まった。試されている――そう感じたからだ。反射的に言葉が飛び出した。

「いや、頑張ります」

慌てて一言付け足す。

「素晴らしいホンです」

事前に台本を読んだ柴の素直な思いだった。

鶴田はうなずいていた。

「……ああ」

それ以後、鶴田は再び口をつぐんでしまった。これが鶴田ならではの気持ちの通わせ方である。そのことを柴が理解するのはずっと先のことだ。

これもあとでわかったことだが、鶴田や近藤、中村にとって、山田太一の脚本は本当に素晴らしいものだった。戦争や特攻隊という鶴田の実人生におけるテーマが織り込まれている。後半生にさしかかった名優の代表作にふさわしい完成度をたたえていた。

柴は思う。

〈僕が言うのも僭越《せんえつ》だけど、『男たちの旅路』には鶴田さんの人生そのものがあるんじゃないか〉

最近になって、柴は鶴田の映画を見ることがある。『人生劇場　飛車角』での佐久間《さくま》良子《よしこ》との芝居など、惚れ惚れする。紛れもない大スターである。その点に疑問はない。

だが、当時から鶴田に畏怖《いふ》を感じ、腰が引けている共演者やスタッフはいた。虚像に怯《おび》え、びびってしまうのは柴の流儀ではない。

鶴田を迎えた現場ではさまざまな珍事が巻き起こっていた。スターであろうとなかろうと、主役を待たせることなど、めったにあるものではない。

だが、当時の桃井、水谷、柴は超売れっ子だった。ある日、『男たちの旅路』の撮影と他のスケジュールがついに重複してしまう。業界用語で言う「てっぱる」状態である。

三人が来れなくなったスタジオで、鶴田は午前中いっぱい待たなければならない。

スタッフとキャストは鶴田にそのことを気取られないように細心の注意を払った。だが、スターの勘は侮れない。

「おまえら、何かあんのか？」

水谷と桃井が顔を見せるや、鎌をかけてきた。

二人はしどろもどろだ。

「いやいや、あの……。このスケジュールには合わせていると思います」

そうごまかすのが精一杯だった。

鶴田との共演は若いキャストにとってプレッシャーだった。独特の空気感の中で演じなければならない。

柴はまだいい。役柄が「小鶴田」のようなものだったから、長ゼリフはそれほどなかった。

大変だったのは水谷だ。しょっちゅうしゃべっている役である。どうしてもＮＧを出してしまう。

そんなとき、鶴田がつぶやく一言がふるっていた。

「普通にやればいいんだ」

これを聞いた柴は、ずっこけそうになった。

〈どうすりゃいいんだよ。普通にやってるから、こうなってんのに〉

思わず、心の中で突っ込みを入れていた。

水谷豊は、『男たちの旅路』で、初めて鶴田と仕事をした。若い水谷は、鶴田のことをよく知らず「ヤクザ映画のスター」くらいに思っていたらしい。

ところが、鶴田の普段の言葉遣いもヤクザそのもので、心底驚いた様子だった。

水谷の表情には、〈なんだ、この人はいったい何者なんだ⁉〉と書いてあった。

その後、鶴田と一緒に仕事をした水谷は、鶴田に弟子入りした俳優の細川純一《ほそかわじゅんいち》に言った。

「鶴田さんは只者《ただもの》じゃない。神さまだ」


柴俊夫が最初に所属した事務所は「東映芸能」だった。社長は俊藤浩滋。当時、東映芸能には鶴田浩二や、高倉健《たかくらけん》、菅原文太も所属していた。

柴は弱冠二十一歳。俊藤に挨拶に行った。

「おまえいくつだ？」

「二十一です」

「よし、三十になったら来い」

これが俊藤の思い出である。

事務所の関係で東映の俳優はそれなりに知っていた。だが、鶴田浩二は当時からトップスターである。雲の上の存在で、柴のような若手がおいそれと会うことは叶わなかった。

その鶴田と『男たちの旅路』で初めての共演を果たした。柴もそれまでに主役も含め経験を積んでいる。それでも、鶴田が放つ威圧感は独特のものがあった。今ではこう思っている。

〈鶴田さんと出会ったのがヤクザ映画ではなく、『男たちの旅路』でよかった〉

桃井かおりと水谷豊のコンビネーションはドラマに一つのアクセントを与えていた。同じ若手ではあるが、柴の役どころは前述したように「小鶴田」のようなもの。朴訥《ぼくとつ》さを前面に出す必要があった。その点では、鶴田から参考になる芝居を数多く見せてもらった。

柴俊夫と桃井かおりが初めて出会ったのはまだ新人の頃だ。岡崎栄《おかざきさかえ》が演出したドラマ『天下堂々』（NHK総合）に出演した。柴にとってNHKに出るのは初めてだった。その現場に桃井もいたのだ。

年齢やキャリアも近いとあって、すぐに仲良くなった。だが、俳優としては桃井や水谷とはタイプが違う。柴は当時から感じていた。

〈水谷と桃井、二人の感性はすごい。俺にはないな、あそこまでのものは〉

「何を演じても、いつも芝居が同じ」といった批判もあるようだ。だが、柴はそうは思わない。水谷も桃井も、演技について本当によく考えている。共演し刺激になった。

水谷豊の色合いは『傷だらけの天使』で共演した萩原健一《はぎわらけんいち》に近いものがある。『熱中時代』を通過し、水谷ならではの世界を確立した。

桃井かおりもそうだ。独特の間がある。「あのさあ」に始まる口調を素直に出せるか、出せないかの差は大きい。水谷や桃井と組んだときのバランスが絶妙だった。だから、柴も視聴者の記憶に残っている。

余談だが、市原悦子《いちはらえつこ》にも同じ匂いを柴は感じている。

『まんが日本昔ばなし』（TBS系）での市原と常田富士男《ときたふじお》の「語り」。何人もの登場人物を二人だけで演じ分けてみせた。あの世界は他の人間には作れない。「日常」を感じさせる何かを持っている。

桃井や水谷と共演すると、柴はたびたび驚かされた。

〈え？　こういうのあり？　芝居ってこういうふうなんだ？〉

そうした雰囲気を持った俳優は時代を超えて残っていく。

柴俊夫は『誘拐報道』での萩原健一の演技を高く評価している。本人にも「あれは面白かったよ」と伝えたほどだ。

柴俊夫の礎《いしずえ》となった鶴田の伝言

『男たちの旅路』第二部の第三話『釧路まで』ではロケーション撮影がおこなわれた。鶴田をはじめメインキャストは東京からフェリーに乗り込み、文字どおり釧路までの航行中に撮影に当たる。

鶴田の撮影は往路のみと決まっていた。釧路に着いたら、一人だけ早めに上がり、飛行機で東京に戻る。柴たちは復路も撮影を続けながら、フェリーで東京に戻ってくる手はずである。

往路で撮影中のことだ。

「ちょっと飲みに来い」

夜中の二時頃、鶴田から水谷、柴の二人にお呼びがかかった。

〈ええっ？〉

正直なところ、柴は疲れ果てていた。だが、ほかでもない鶴田からのお声がかりである。

〈行かなきゃしょうがないだろう〉

意を決して、鶴田の釧路行きのフェリーの客室に向かった。

鶴田は上機嫌である。実に気分よく撮影を進めていることがうかがえた。

「たいっちゃんは、いいホンを書く」

何度もそう繰り返していた。「たいっちゃん」とは『男たちの旅路』のシナリオを書いた山田太一のことだ。鶴田が本人の前でどう呼んでいるかは定かでない。「山田先生」とかしこまることはないだろう。

だが、少なくとも撮影現場では「たいっちゃん」で通していた。それだけ台本を気に入っていたのだ。

『男たちの旅路』では山田は役者本人をイメージして脚本を書くいわゆる「当て書き」をしていた。鶴田はもちろん、桃井や水谷、柴らの個性を踏まえて書かれた脚本だった。

「飲め」

柴たちに鶴田は酒を勧めてくれた。だが、さして飲めなかった。緊張しながら飲む酒がうまいはずはない。

酒が進むと、鶴田は写真を取り出した。学徒動員で徴兵された当時の「小野栄一《おのえいいち》（鶴田浩二の本名）」が写っている。

鶴田がぽつりぽつりと語り出したのは、特攻隊の話だった。

鶴田がその場で見せた写真が本物かどうか。柴には本当のところはわからない。後年、「そうじゃない」と否定している人物がいることも知った。

柴たちは疲れていた。寒いし、眠い。本音を言えば、そこそこで引き揚げたかった。

そこで始まった特攻隊についての語り。引くに引けなくなってしまった。

「俺たちの人生はな……」

「俺は特攻隊の一員だった」

鶴田はそう明言した。柴たちに伝えようとしたのは、「戦地で戦い、死んでいった者たちの思い」である。その晩、柴は確かにそれを受け取った。今も掌中《しょうちゅう》にある。

その後、柴は何本かの戦争映画に出演した。将校の役を演じたこともある。そうした撮影で礎となったものの一つは鶴田から聞いた思いである。

「死んでもおかしくなかったんだ」

そうつぶやく鶴田の横顔を思い浮かべながら、柴は軍人を演じてきた。あの晩の船室での光景は柴が役者人生を振り返る上で一つの指標となっている。

山田太一の脚本といえば、柴には忸怩《じくじ》たる思いがある。

当時、柴は関西テレビ制作のドラマ『さわやかな男《やつ》』で主演しており、『男たちの旅路』とは掛け持ちだった。『さわやかな男』は西郷輝彦《さいごうてるひこ》主演の『どてらい男《ヤツ》』の後継作品。脚本は花登筺《はなとこばこ》である。長ゼリフには苦労した。

ただでさえ多忙な中、柴は「倉本ドラマ」にのめり込んでいた。柴にとって最高の脚本家は市川森一《いちかわしんいち》である。だが、その頃は倉本独特の匂《にお》いや色、味に魅了されていたのだ。

山田脚本の魅力は倉本とは別のところにある。だが、『男たちの旅路』の台本を受け取ると、柴は独断で手を入れていた。「てにをは」を切ったり、「……」を入れたりして、倉本流に改変するのだ。

本放送を見れば、セリフが変えられているのはわかる。山田の逆鱗《げきりん》に触れることはなかったが、不興は買っていたかもしれない。

柴は今でも反省している。

〈山田先生のホンは整然としている。ずっ、ずっ、ずっとストレートに読めばいい。勝手に手を入れたのはまずかった〉

役柄を超え感情移入していく山田太一の脚本

第三シリーズの第一話にあたり、昭和五十二年十一月十二日に放送された『シルバー・シート』の回では、高齢者の問題を描いている。

『シルバー・シート』には、志村喬《しむらたかし》、笠智衆《りゅうちしゅう》、殿山泰司《とのやまたいじ》、加藤嘉《かとうよし》、藤原鎌足《ふじわらかまたり》、佐々木孝丸《ささきたかまる》ら、当時の日本を代表する名優たちがこぞって出演している。

冒頭、羽田空港国際線ロビーを志村喬演じる本木がうろうろしながら、誰にでも声をかける老人として登場する。話しかけられた警備員の水谷演じる杉本と桃井演じる悦子は、本木の話を煙たがり邪険に扱ってしまう。

だがその直後、本木は空港でコロリと死んでしまう。

その後、笠智衆、殿山泰司、加藤嘉、藤原鎌足の四人が路面電車に立て籠もる。

この時代はハイジャックが多発し、社会問題化した時代だったが、航空機ではなく路面電車というのが老人たちの存在と重なって見える。

四人の老人たちは、なぜ自分たちが電車に立て籠もったのか、どんな要求があるのか、なかなか口を開こうとしない。

そのため、鶴田演じる吉岡が自分よりも二十歳以上年上の老人たちを説得する役を引き受けることになる。

「何を訴えたかったんですか」と問いかける吉岡を前に、老人たちはようやく口々に語り出す。

「年を取るまでは、年を取るということが、どういうことかわからない。人ごとみたいに思っている。しかし、あっという間に、自分のことなんだねえ」

「自分を必要としてくれる人がいません」

「ただ世間のね、重みになっちまう」

「わたしは人に愛情を感じる。しかし、わたしが人に愛されることはない」

「仕事がしたくても、場もないし、力もない。だいたい、仕事に喜びを感じなくなってくる。名誉なんてものの虚しさがわかってくる」

「もうろくが始まったかな、と思う」

「しかし、自分のもうろくは自分じゃわからないんだ」

「捨てられた人間です。いずれ、あんたもいまに使い捨てられるでしょう。しかし、年を取った人間はね、あんたがたが、小さい頃、この電車を動かしていた人間です」

「踏切を造ったり、学校を造ったり、米を作っていた人間だ。あんたが、転んだとき、起こしてくれた人間かもしれない。しかし、もう力がなくなってしまった。爺さんになってしまった。するともう誰も敬意を表するものはない」

「気の毒だとは言ってくれる。同情はしてくれる」

「しかし、敬意を表するものはない。右手の不自由な役立たずの爺さんだ。誰が敬意を表するかと言われるかもしれない。しかし、人間は、してきたことで、敬意を表されてはいけないかね。今はもうろくばあさんでも、立派に何人も子どもを育てた、ということで、敬意を表されちゃいけないのかね。空港でなくなった本木さんにしても死ぬ前は昔の話をするただの爺さんだったかもしれない。しかし、昔、ロンドンで有能な記者だったことがあるんだ。そういう過去を大切にしなきゃ人間の一生っていったいなんだ」

「年を取れば、誰だって衰える。目覚ましいことはできない。しかし、この人は何かをしてきた人だ。こうこうこういうことをしてきたっていうんで、敬意を表されちゃいけないのかね。……それでなきゃ、次々使い捨てられていくだけじゃないの！」

老人たちの問いかけに対して、吉岡は「お気持ちはわかりましたが、違うんじゃありませんか」と反論を試み、自らの戦争体験に触れたあとに、間違っていると諭そうとする。

だが、老人たちは「あなたにはわからない」と言い、「あなたも二十年後にはわかる」と反論する。

それに対して、吉岡はさらに言う。

「私は、二十年後の覚悟はできています。少なくとも、こんなことはしない。年を取ればわかるなどと言うくらいなら、なぜこんなところに閉じ籠もったんです？　はっきり言いましょう。皆さんは甘えている。何を訴えたかったか考えてみろと謎をかけ、年を取ったらわかるなどと突き放すのなら、なぜこんなことをしたんです。こんなことをした以上、通じても通じなくても、皆さんの思いを表へ出て言いなさい。そうでなければ、若い連中には、皆さんのしたことが、何のことかわかんないでしょう。言いなさい。戸を開けて、言うだけは言いなさい。でなければ、すねた子どもが押し入れに閉じ籠もったのとまったく変わらんじゃありませんか。さあ、開けましょう。戸を開けて、外の連中にしゃべりましょう」

だが、吉岡の言葉は老人たちには届かない。「おまえにはわかるもんかい」と遮断され、「黙って警察に引き渡してくれ」と言われてしまう。

ラストシーンで、吉岡は路面電車の中で肩を落として言葉が出ない。水谷演じる陽平たちに何があったのかと訊かれて、答える。

「おまえも年を取ると言われた」

作中、鶴田演じる主人公はバスジャックをした老人たちに名演説をふるう。柴の役はその演説にある程度反発しなければならない立場にあった。

柴は、現場で鶴田のセリフを聞いた。

鶴田は人生の先達に必死で訴えかけていた。役柄を超え、いつの間にか柴は感情移入してしまっていた。

〈ああ、そうだなあ。すげえなあ、このセリフ〉

プロがそんなふうに思えるセリフ、演技にはそうそうお目にかかれない。

〈セリフも確かにすごい。だが、俳優として、人間としての鶴田浩二もまたすごい〉

改めて言うまでもないが、テレビドラマの撮影はカット割りをして進められる。誤解を恐れずに言えば、ぶつ切りの演技でも構わない。

だが、鶴田はそう捉えていなかった。稽古場に台本は持ち込まない。柴をはじめ若い俳優たちは台本を見ながら稽古する。それが当然と思っていた。

鶴田は通しで台本を頭に入れ、稽古に臨んだ。その執念と気迫には圧倒されるしかない。

名演説が柴の気持ちを揺さぶったのは、そうした背景もあってのことだった。

「鶴田節」は本人ならではのものだ。柴も真似して鶴田のセリフを言ってみたことがある。予想どおり、まったくさまにならなかった。どうしたって浮いてしまう。鶴田の味は出ない。

高齢化の問題を扱った『シルバー・シート』の回も、とりわけ評判が良く、昭和五十二年度の芸術祭大賞を受賞している。

鶴田浩二が関わった作品が賞を取ったのは、これが初めてのことだった。

ヤクザ映画には『明治侠客伝　三代目襲名』（昭和四十年、加藤泰《かとうたい》監督）や『博奕打ち　総長賭博』（昭和四十三年、山下耕作《やましたこうさく》監督）のように批評家に高く評価されたものもある。だが、賞とは縁がなかった。

興行的にどれだけ成功しようと、あくまで日陰の存在だったのだ。

「俺は賞には関係ない奴だと思ってたけど、これで賞をもらえた」

鶴田はキャストやスタッフの前で喜びを噛《か》み締めていた。その姿を柴俊夫は今でも鮮明に覚えている。

格好良いオヤジが恋に悩むボロボロの姿

ドラマでは、説教オヤジだけでなく、恋愛に悶《もだ》え苦しむ鶴田の姿も描かれている。

昭和五十二年十二月三日に放送された第三シリーズの最終話『別離』では、桃井かおり演じる悦子との哀しい恋愛模様が描かれる。

中村が振り返って語る。

「あの回の鶴田さんは、それこそ松竹時代に戻ったかのように、めちゃくちゃ乗ってました」

『別離』の撮影に入る前、中村は鶴田から言われていた。

「桃井かおりとはずっと共演してきて、良い女優なのはわかっているが、彼女がどういう人なのかは知らない。今度の回をやる前に、いっぺんどこかで飲ませてくれ」

それまで鶴田は全体の打ち上げに参加することはあったが、若い俳優たちと個人的に酒席を共にすることはなかった。

中村は、鶴田と桃井のスケジュールを合わせて、酒席を設けた。場所は、六本木に今もある炉端焼きの有名店『田舎家』だった。

「その日は珍しく桃井さんが聞き役で、鶴田さんから、若い頃の鶴田さんの体験談など、いろんな話を聞いていました。二人をカウンターに並べればいいのに、僕も危険度を察知して、二人の間に入って座ったのを覚えています（笑）」

その頃の鶴田は、若いときのように女優と浮き名を流すことはなかったが、中村なりに気を遣ったのであろう。

警備会社の上司と部下の関係で三十歳も年齢が離れている鶴田と桃井が恋愛関係になるというのは、山田太一の発案だったという。

「山田さんが『この二人を惚れさせましょう。最後はボロボロにして終わりたい』と言ってました。山田さんの中には最後まで吉岡という存在を美化して終わらせるのは許さないという気持ちがあったんでしょう」

『別離』は、鶴田と桃井と水谷の三角関係を次のように描いていく。

水谷演じる杉本陽平は桃井かおり演じる島津悦子に好意を持っている。

海岸で陽平は悦子に思いを打ち明ける。

「結婚してもいいと思ってるんだ」

しかし、悦子にはその気はなかった。

はぐらかされた陽平は、鶴田演じる吉岡司令補に、悦子との仲をとりもってくれるように頼む。

吉岡は悦子をレストランに呼び出して、陽平の気持ちを伝えて、真意を窺《うかが》う。

だが、悦子は断る。

「悪いけど、断ってくれますか」

さらに吉岡が「何かわけがあるんじゃないのか」と問うと、悦子は言う。

「今日、アパートに帰りたくないの。泊めてください」

ただならぬ悦子の様子を見た吉岡は、自分のアパートに悦子を連れて帰る。

悦子は、そこで自分が病に侵されていることを吉岡に告げる。

「赤血球がね」

「うん?」

「足りないんだって」

「どういうことだ?」

「自分で新しい血をつくる力が無くなってるっていうの」

そして、悦子は吉岡に思いを打ち明ける。悦子は吉岡に好意を持っていた。

「なぜ、わたしを泊めないの? わたしがいいって言ってるなら、いいじゃない」

「人にはそれぞれ生き方がある」

「格好いいこと言って。結局臆病なのよ。私がしつこいと困るからでしょ? わたしがお金せびると思う? それとも、結婚してくれなんて言い出すと思う? それとも、司令補って女嫌い? 女になんにも感じないのかしら?」

「わたしは、もうたしなめる年齢だ」

「人が、人がどんな思いで、泊めてって言ったと思うのよ? 帰りたくないのよ。一人のアパートへ、暗いアパートへ、帰りたくないのよ。つまらない、常識みたいなことばっかり言って。人の淋しいことなんか全然わからないで」

結局、吉岡は悦子を自分の部屋に泊める。

翌日、陽平が吉岡のアパートを訪ねてくる。そこで陽平は、アパートの布団の上に棒立ちになっている悦子と、なんと鉢合わせしてしまう。

焦る吉岡は言う。

「陽平、いいか、待て。誤解するな」

ショックを受けた陽平は吉岡に殴りかかり、その場を走り去っていく。

吉岡は病気の悦子を自分の力で看病しようとする。他人から悦子を隠そうと、悦子を別のアパートに移して、悦子のもとへ通う。

病院に付き添い、献血をする。

「同じ職場の女を囲っている」

「仕事の手を抜いている」

心ない噂が飛び交う中で、無理を重ねた吉岡は、疲労がたまり、仕事で大きなミスをしてしまう。辞表を提出しようとする吉岡を、池部良《いけべりょう》演じる警備会社の社長の小田は小料理屋に誘う。

小田は吉岡に尋ねる。

「抱いたかい？」

「いいえ」

「なぜ抱いてやらん。そんな淋しい話があるか。病気だけ治してやるなんて、そんな馬鹿な話があるか」

「入院してるんです」

「じゃあせめて結婚の約束をしろ。その子も、それを待ってるはずだ」

「若い娘です。元気になれば、気持ちが変わるかもしれない」

「そんなことは知ったことか。溺《おぼ》れてやせんじゃないか。分別でがんじがらめじゃあないか」

「溺れてます。このわたしが、仕事が手につかなかったんです。淋しがってやせんか、不自由をしてないか。腑《ふぬ》抜けのようになって、あの娘のことばかり考えていたんです」

悦子の病気が悪化する。内臓出血をして危ない状態になる。輸血の必要があるという吉岡に、警備会社の面々が病院に集う。

治療室で吉岡は悦子に面会し、励ます。

「頑張るんだ。みんないるぞ。みんな悦子頑張れって、言っているぞ」

「ダメらしい」

「何を言うんだ」

「『どうして死ぬ』って、初めて会ったとき、屋上で怒られたね。殴られたね。あのときは、生きようと死のうと、たいした違いはないような気がしてたのに」

「あまり口をきくな」

「生きたいわぁ……」

「当たり前だ。あきらめちゃダメだ」

「本気で生きたいって思うまでに手間かかっちゃった。特攻隊の頃と違ってさ、今は手間かかるよ」

「そうか、つまらんことを考えるな」

「ゴタゴタ嫌なことと一杯あってさ、スカッと生きたいっていうふうにならないのよね」

「そうか」

「スカッと生きたいなあと思ったら、死ぬときなんて、そんなもんかもしれないね」

「死ぬときなもんか」

「でもまだ、わたし歪《ゆが》んでいるのかもね。こんな年の違う司令補、好きになっちゃう。でも、本当に好きなの。本当に好きになっちゃったんだもんなあ」

「悦子」

「司令補も好き？　わたしを好き？」

「悦子、一緒になろう。元気になったら、元気になったら一緒に住もうな」

「とうとう……言った。やっと言うんだから……」

目を閉じる悦子に、泣きながら呼びかける吉岡。

「悦子……悦子……」

悦子の死にショックを受けて、吉岡は失踪してしまう。

吉岡のアパートを訪ねる陽平と柴俊夫演じる壮十郎の二人。何もないガランとした部屋を見て、陽平が言う。

「水臭いじゃないか。俺たちに一言もなしかよ」

壮十郎がフォローする。

「余裕がないんだよ。俺たちに口をきく余裕がないんだ」

ドラマは、特急列車に一人乗っている吉岡の姿を映して終わる。

中村が語る。

「脚本家の山田太一さんは、鶴田さんが東映で任侠ものをやる前の松竹時代のメロドラマに出ていた頃の艶《つや》っぽさ、色気を引き出したいと言ってました。それともう一つ、若者世代に戦争体験を語る格好良いオヤジが恋で悩んで苦しんでボロボロになっていく姿を書きたい、と言っていました」

桃井を失い、鶴田は身も心もボロボロになり、警備会社を辞めて、東京を離れる。

桃井かおりは、のちに当時を振り返って鶴田のことを中村にこう言ったという。

「あのときは緊張して気づかなかったけれど、あとから見ると、鶴田さんのように、あんなに色っぽい男の人はいない」

自分の人生を投影した当て書きに巡り逢う奇跡

鶴田浩二と『男たちの旅路』の巡り逢いは俳優にとって一つの理想である。自分の人生を投影した当て書きの脚本を演じられる機会などそうそうあるものではない。柴俊夫は思う。

〈あんなふうに自分の芝居ができたら、最高だろうな〉

鶴田が演じた司令補・吉岡晋太郎は女を愛せない。ディレクターの中村によれば、吉岡はかっこよすぎる。だから、島津悦子（桃井かおり）に惚れられる話にしたという。柴は思う。

島津が吉岡を好きになっていく。そこは映像で丹念に描かれている。吉岡は「俺の人生は……」と、それをどうしても拒絶してしまう。どこかはぐれ者の雰囲気のある島津という役は吉岡の人生を背負ってしまう。戦争体験を引きずった男に惹かれていく。当時の時代背景も映しているんじゃないか。そこがよかった。

『男たちの旅路』にはこんなシーンがあった。鶴田浩二が演じる吉岡司令補が住むアパート。買い物から帰り、鍵を開けて部屋に入る。窓を開けると、ちょっとした軒があり、洗濯物が干してある。そこから靴下を取り込む。

ただそれだけの芝居。鶴田浩二の娘・鶴田さやかは目を見張った。

〈この人、いったい何者なんだろう？〉

鶴田が演じたのは何気ない日常生活の一コマだ。まるで普段の暮らし向きの延長のようにも見える。だが、鶴田は自宅で家事など一度もしたことがなかった。そんな父親の素顔をさやかは誰よりも知り抜いている。だからこそ、自然そのものの演技に驚かされたのだ。

ドラマの中で鶴田は吉岡司令補になりきっていた。買い物袋をさげ、洗濯物を取り入れる芝居と同様に、桃井かおりが扮する島津悦子に惚れられるくだりもさらりと演じる。

〈この人は、本当に天才だ〉

どんな作品で鶴田を見ても、さやかはそう感じずにはいられなかった。家庭内での日常にはかけらもないシーンであっても、役に入っていたからだ。

このドラマでは、水谷同様、桃井かおりの演技も味があり、鶴田演じる吉岡との掛け合いが中村には印象に残る。

「最初は緊張したと言っていたけれど、のちのち鶴田さんとやったことが勉強になったって言ってましたね。それまでは桃井かおり型のキャラクターでそのまんまで演じていただけで、女優とかの意識はなかったけれど、初めて、大俳優というか、それこそわざと遅れてきたりとか、その場で台本をまったく見なかったりとか、鶴田さんのスタイルが刺激になったんでしょうね」

鶴田のウリは、なんといっても哀愁のある背中であった。自分でも「俺は背中なんだ」とよく言っていた。

中村も撮影時、強く意識したという。

「キャメラマンもよく『後ろ姿が違いますよね』なんて言ってました。ディレクターとして分析すると、いかり肩ではなく、なで肩が哀愁を呼ぶ。あとは身体のわりに両手がちょっと長くて、手のひらの位置がやや低めに見える。それがなんとなく歩いているときに哀愁になる。それを理解して撮るようにしていました」

水谷豊も、のちに雑誌のインタビューで、鶴田との当時の共演について語っている。

第一シリーズ第三話の『猟銃』の撮影時、水谷の楽屋に鶴田の付き人が訪ねてきた。

「水谷さんにオヤジからのことづけです。好きなように芝居をやってくれ。オヤジがそう言っています」

「えっ、本当に鶴田さんがそうおっしゃったんですか？」

「はい。水谷さんの芝居は全部受ける。伝えてほしい、と」

水谷は次のように語っている。

「鶴田さん、直接お会いしているときは、口数は少ないんです。あの頃、僕、映画もやっていましてね。そちらで賞をもらったんです。そのときも、おまえがそんなにいい役者だとは知らなかったよ、って。ニヤッと笑っただけでした。いつも自然で、素敵でした」

水谷は、昭和五十一年公開の長谷川和彦監督作品の『青春の殺人者』で、主演の斉木順役を演じ、「第五十回『キネマ旬報』ベスト・テン」の主演男優賞を受賞していた。

本来、『男たちの旅路』は、第三シリーズを最後に終わる予定だったという。

だが、NHKの局内部はもちろん、視聴者からも、「続きをやってほしい」という要望が多く、第四シリーズの制作が決まり、二年後の昭和五十四年十一月に三回分放送された。鶴田自身も、続編に積極的だったという。

第四シリーズの一話目の『流氷』は、水谷豊演じる杉本が根室《ねむろ》に引っ込んだ鶴田演じる吉岡を遠く北海道《ほっかいどう》の根室まで捜しに行き、引き戻そうと奮闘する。

山田は、吉岡が隠れた先を根室にしたことについて『その時あの時の今』（河出文庫）の中で、次のように記している。

《演出の中村克史さんと、吉岡が暮らしていそうな土地をあれこれと思い描いた。

そして、漠たる勘とでもいうほかはないが、根室へ行ってみようということになった。

霧の多い季節で、町は鮮明な姿を見せず、港へ出ても盛り場を歩いても霧か靄が流れて、不透明なその奥にいくつもの物語がひそんでいるように思えた。身をかくした吉岡にふさわしいという気がした。》

当時の水谷は多忙で、日本テレビの『熱中時代』に主演していたため、スケジュールがいっぱいだった。そのため、三本中、この一本だけしか出演していない。

中村が語る。

「よく忙しい合間を縫って、付き合ってもらったと思いますよ」

前述したように『流氷』では、『別離』で、悦子の死をきっかけに、行方不明になってしまった吉岡を、陽平が北海道まで捜しに行く。

悦子の死を受け入れられない吉岡は、根室で無精髭《ぶしょうひげ》を生やして、皿洗いをしている。『流氷』では、これまでと一転し、今まで吉岡に幾度となく説教されてきた陽平が逆に吉岡に説教をし、滔々と責め立てる。

「特攻隊で死んだ友達を忘れねえとかなんとか、散々格好いいこと言って、それだけで消えちまっていいんですか？

……あの頃は純粋だった、生き死にを本気で考えていた、日本を生命をかけて護《まも》る気だったとか、いいことばっかり並べて、いなくなっちまっていいんですか？

そりゃあね、昔のことだから、懐かしくて綺麗に見えるのは仕様がないよ。俺だって、小学校の頃のこと思うと、いまのガキよりもましな暮らしをしてたような気がするもんね。だけど、懐かしいようなこと言いまくって消えちまっていいのかね」

「戦争にはもっと嫌なことがあったと思うね。どうしょうもねえなあ、と思ったこととか、そういうこといっぱいあったと思うね。戦争に反対だなんて、とても言える空気じゃなかったって言ったね。だいたい反対だなんて思ってもいなかったって言った。いつ頃から、そういう風になっていったか、俺はとっても聞きたいね。気がついたら、国中が戦争やる気になっていたとかさ、そういう風に、どんな風にしてなっていくのか、そういうこと、司令補まだ、なんにも言わねえじゃねえか」

「どうせ昔のことしゃべるなら、こんな風にいつの間にか人間てのは、戦争する気になっていくんだってところあたりをしゃべってもらいたいね。そうじゃないとよ、俺たち、戦争ってえのは、本当のところ、それほどひどいもんじゃねえのかもしれない、案外、勇ましくて、いいことといっぱいあるのかもしれないなんて、思っちゃうよ。それでもいいんですか？

俺は五十代の人間には責任があると思うね」

こうした陽平の言葉を受けて、吉岡はついに東京に戻り、再び警備会社で働くようになる。

今も古びない障がい者と戦争責任の課題

第四シリーズの三話目にあたる『車輪の一歩』は当時、山田太一が最も手がけたいテーマであった障がい者問題に迫っている。

この問題を真正面から捉えた『車輪の一歩』は『男たちの旅路』のなかでも、特に評価が高く、以降もたびたび再放送された。

中村が語る。

「山田さんが障がい者の方からインタビューを受けた際に、受けながら『あなたにはわからないですよ』と言われて、『えっ』と驚いて、自分が取材しないといけない立場だと思って勉強したそうです」

山田は、若い人たちをはじめ、さまざまな立場の人と交流を持ち、脚本に反映していた。

中村によると、実は、第四シリーズを始めるにあたって、山田側から条件として障がい者問題を描くことを提示されたという。

「山田さんは、自分の書きたいものがうまくハマりそうだから、それを条件に書かせてくれないか、と言ってました。こちらとしてはなんの支障もありませんから、ぜひやりましょう、と」

それまで一人の障がい者を取り上げるドラマはあったが、障がい者のグループを取り上げるドラマはなかった。

ドラマでは、車椅子の青年、川島敏夫役の斎藤洋介《さいとうようすけ》が風俗店に足を運ぼうとする場面まで描いている。

不安げな斎藤が風俗街を車椅子で右往左往するシーンについて、中村が回想する。

「川崎で許可を撮らずに撮影したので、呼び込みの人が何をやってんだと寄ってきたりして緊張しました。離れたところから撮っていたので、斎藤さんも完全に怯えちゃって。でも、それが初めてこういうところに来たという怯えに見えて、リアリティーがありました」

『車輪の一歩』では、鶴田が障がい者の青年たちに「ときには迷惑をかけることも必要だ」と熱く語る。

吉岡が斎藤洋介演じる川島と次のように会話をするシーンがある。

吉岡が言う。

「言いにくいというより自信がない。君たちは、いろんな目にあっている。わたしたちは、それを想像するだけだからね。見当はずれだったり、甘かったりしてしまうかもしれない」

「それでもいいんです。本気で言ってくれるのだったら、聞きたいんです」

「君たちは、丈夫で歩き回れる尾島君と妹にとりついて、迷惑をかけてやろうとした。車椅子の人間が、どんな気持ちで生きているか、思い知らせてやろうとした。それをいいとは言えない」

うなずく川島。

「そんなふうに恨みをぶつければ、結局は自分が傷つく」

うなずく川島。

「しかし、だからといって、アタマから人に迷惑をかけるなと、利いたふうな説教はできない。あの晩には、まだそれほど考えが熟さなかったが、今のわたしはむしろ、君たちに、迷惑をかけることを恐れるな、と言いたいような気がしている。これはわたしにも意外な結論だ。人に迷惑をかけるな、というルールを、わたしは疑ったことがなかった。多くの親は、子どもの、最低の望みとして『人にだけは迷惑をかけるな』と言う。のんだくれの怠けものが俺はろくでもないことを一杯してきたが、他人《ひと》様《さま》にだけは迷惑をかけなかったと自慢そうに言うのを聞いたことがある。人に迷惑をかけない、というのは、今の社会で一番、疑われていないルールかもしれない。しかし、それが君たちを縛っている。一歩外に出れば、電車に乗るのも、少ない石段を上るのも、誰かの世話にならなければならない。迷惑をかけまい、とすれば、外に出ることができなくなる」

斎藤洋介

吉岡は、さらに語る。

「だったら、迷惑をかけてもいいんじゃないか？　もちろん、嫌がらせの迷惑はいかん。しかし、ぎりぎりの迷惑は、かけてもいいんじゃないか。かけなければ、いけないんじゃないか。君たちは、普通の人が守っているルールは、自分たちも守るというかもしれない。しかし、わたしはそうじゃないと思う。君たちが、街へ出て、電車に乗ったり、階段を上がったり、映画館へ入ったり、そんなことを自由にできないルールは、おかしいんだ。いちいち、後ろめたい気持ちになったりするのはおかしい。わたしは、むしろ堂々と、胸を張って、迷惑をかける決心をすべきだと思った」

吉岡に問う川島。

「そんなことが通用するでしょうか」

「通用させるのさ。君たちは、特殊な条件を背負っているんだ。差別するな、と怒るかもしれないが、足が不自由だということは、特別なことだ。特別な人生だ。歩き回れる人間のルールを、同じように守ろうとするのは、おかしい、守ろうとするから歪むんだ。そうじゃないだろうか？」

中村が振り返って語る。

「基本的には、その世代は、みんな小さいときから人には迷惑かけるなと言われていますから。そこを少しぐらい迷惑をかけてもいいんじゃないかとあえて言う。あのドラマで描いたテーマは現在でも全然古びていないと思っています」

第四シリーズには、清水健太郎と岸本加世子が兄妹役で出演している。

「清水君は、なかなか好青年で、鶴田さんとぶつかっても物怖《ものお》じせずに、良い芝居をしていましたよ。なかには、緊張のあまり普段の芝居を出せない場合もありますから。特に岸本君と彼はあとから入ってきたわけですからね」

昭和五十七年二月十三日に最終回として放送されたスペシャルドラマの『戦場は遙かになりて』は放送文化基金賞を受賞した。

山田は、『戦場は遙かになりて』では、当時の戦中を美化する風潮に批判的な意味を込めて、戦争世代の問題点について描いている。

ストーリーは次のように進む。

十数人のバットなどを持った暴漢が、夜中、警備員を襲撃するという事件が何度も起こる。

吉岡は、警備員たちに立ち向かわずに「逃げろ」と命令する。

だが、雇い主や社の一部の幹部は「情けない」「身の安全を忘れて応戦することも必要だ」と息まく。

ある日、巡視中に暴漢の襲撃に出くわした吉岡は、一人で十数人の暴漢たちをやっつけてしまう。それを見て、本間優二《ほんまゆうじ》演じる若い警備士は吉岡を非難する。

「内心は得意でたまんないんでしょう。自分は逃げないでヒーローですか。あんた勇ましがり屋なんだよ」

その後、若い警備士は、ある夜暴漢に取り囲まれて、清水健太郎演じる尾島の制止を振り切って、立ち向かい応戦して、ついに殺されてしまう。

吉岡は、殺された若い整備士の恋人の真行寺君枝《しんぎょうじきみえ》演じる今井達子とともに、彼の遺骨を持って、彼の故郷の小笠原《おがさわら》諸島の父島に行く。

清水健太郎

ハナ肇《はじめ》演じる死んだ警備士の父親は、偶然、吉岡の戦友だった。
吉岡は父親に言う。
「若い者は、おとぎばなしを本気にします。国のために勇ましく戦って死ぬのも悪くないと思うでしょう。国のために死を決意する、国のために命を捨てる、本当にそうだったですか。一部の、思い上がった指導者のために、苦し紛れに

ハナ肇

考え出した、むちゃくちゃな攻撃方法のために、どれだけの若者が死んだか、日本人が死んでいったか、いや、殺されたといってもいい。本人はともかく、残された家族はいったいどうなるんですか。それが、それがあなたの言ってる、勇ましいことですか。勇気ということですか。私はそうは思わない。あんな思いは、二度と繰り返しちゃいかん。今、現在、戦争なんてもんは絶対やっちゃいかんと、大声で叫ぶのは、いや叫べるのは、現実に機関銃を撃って戦ってきた我々じゃないんですか。戦争を経験したものが年を取ってきて、その思い出を美しく語ろうとしている。そんなことでは、風向きが戦争に向き始めたとき、私たちは何の歯止めにもならない。現に、現に私は勇ましがっている。息子さんを煽《あお》って、そして死なせてしまった。どうか、許してください。こんな晩に、私はいったい何をしゃべっているんだ。自分を責めてるんです。ただ、それだけです」

ドラマでは、ハナ肇扮する父親を、戦時中の若者を美化する「いさましがり屋」として描いている。

達子は死んだ警備士の子を宿していた。父島に滞在中、急に腹が痛み始める。島には専門医はいない。ラストは自衛隊の飛行艇を着陸させるため、島の漁師たちが明かりを灯し、進入路を確保する。無事飛行艇は着水し、彼女は東京の病院に搬送され、母子ともに命を取りとめる。

山田太一は、戦争を美化しがちな当時の風潮に対して、警鐘を鳴らしている。

鶴田にとって『男たちの旅路』の吉岡司令補は晩年の当たり役となった。

中村が語る。

「鶴田さん自身、幼い頃に苦労されて、相当屈折したものがあったみたいですね。勝新太郎さんや、菅原文太さんもそうですが、気に入った役だと、長く付き合うとご本人と同化しちゃう。どっちがどっちなのかわからない。役になりきると言うのでしょうか、本人が役を取り込むと言うのでしょうか。鶴田さんも吉岡と同化しているようなところがありました。テレビ育ちの俳優さんは、たくさん仕事をやりますから、次々とやりこなすと言いますか、あえてまったく違ったキャラクターをつくって演じたりもしますが、あの頃の映画の大スターは、役そのものと同化しちゃうんですよね」

『男たちの旅路』が終わったあとのこと。柴俊夫はある場所で鶴田と再会した。そのときの言葉も印象的だった。

「おまえは最初の挨拶のときに、俺のことをギョロッて見た。おまえの目は忘れられない」

昭和二十二年四月二十七日生まれの柴俊夫は、令和二年（二〇二〇）四月二十七日で七十三歳を迎えた。鶴田浩二や萩原健一のようなスターと共演するいっぽう、自身が主役も張ってきた。

キャリアを振り返ってみると、脚本家との出逢いが大きいと感じている。かつての大家《たいか》は本当に素晴らしかった。脚本が良くないと、作品は残らない。

柴は名だたる脚本家たちと仕事をしてきた。市川森一、山田太一、倉本聰《くらもとそう》、橋田壽賀子《はしだすがこ》、田向正健《たむかいせいけん》、早坂暁《さかあきら》、向田邦子《むこうだくにこ》、杉山義法《すぎやまぎほう》、花登筐、平岩弓枝《ひらいわゆみえ》――。日本を代表する顔ぶれとはほとんど組んだ経験がある。

共演者や脚本家から受け取ったエキスは柴の中に蓄積している。それが今後、どう滲《にじ》み出してくるのか。今はそれが楽しみだ。

もはや鶴田の享年六十三歳を遙かに上回ってしまった。萩原は三歳年下なのに先に逝っている。柴はあらためて思う。

〈皆さん、いい時代を生きすぎたんだろうか。ショーケンも鶴田さんも「死に急ぎし者」だな〉

鶴田の遺作『シャツの店』の深い味わい

昭和六十一年一月十一日から二月十五日までのNHK総合の「ドラマ人間模様」シリーズで放送された『シャツの店』は、平凡な下町のシャツ屋の話で、ストーリーも通常のドラマのようなドラマチックな事件も展開も起こらない。それでも深い味わいを感じさせるところは、山田太一の脚本と、鶴田浩二の演技力あればこそである。

東京下町のオーダーシャツ専門店「磯島」。主人の磯島周吉（鶴田浩二）はシャツづくりに誇りを持ち生きてきた。ある日、妻の由子（八千草薫《やちぐさかおる》）と息子の秀一（佐藤浩市《さとうこういち》）が、万事において仕事中心の周吉に反発して、突然、家を出ていってしまう。そんなおり、宇本賢次（井川比佐志《いがわひさし》）という男が「磯島」にシャツをつくりにやって来る。

宇本が由子と秀一の住む同じアパートの住人で、由子に好意を持っていることを知った周吉は、できあがったシャツを取りに来た宇本を追い返してしまう。

いっぽう、秀一の交際相手である知子（美保純《みほじゅん》）の父・重彦（杉浦直樹《すぎうらなおき》）が自分と同じ価値観を持っていることを知り、二人は意気投合する。

秀一との交際を周吉に認めさせたい知子が「磯島」にやって来る。そのことを知った重彦は周吉に詫びに来たが、知子のことを「あばずれ」と言った周吉を殴ってしまう。

周吉と重彦が由子のアパートを訪れると、そこには秀一と知子がいた。新しく部屋を借りるという二人にそろって大反対するが、言い合いになったまま二人は出ていってしまう。周吉と重彦は、自分たちの価値観が時代に合わなくなってきたことをしみじみと実感する。お互いに縒《よ》りを戻したい周吉と由子。もう一度会って話し合うことになったが、周吉は待ち合わせの場所には行かず、パチンコ屋に行ってしまう。そのことを弟子の昭夫（平田満《ひらたみつる》）に怒られ、由子が働く小料理屋に詫びに行く。

由子が一つだけ出した家に戻る条件は、「月一回、私の目を見て『好きだ』と言ってほしい」だった。照れくささから周吉は激しく抵抗するが、昭夫や重彦から説得され、由子のアパートを訪れる。

相変わらず亭主関白な周吉は、開口一番「文句が言いたい。なんだ、若造が言うようなことを口に出して言わせるなんて」。

由子も譲らない。「言わなければ帰らない」

そして周吉が初めて「おまえのことを好きだ」と言うのを聞き、泣き出す。

それを見た周吉は、由子を抱き、「好きだ。好きに決まっているじゃないか」とついに本心を吐露《とろ》する。

平田満は、洋裁者である磯島周吉の弟子・里見を演じることになった。

衣装合わせは、NHKの近所にあるスナックのような喫茶店でおこなわれた。平田は喫茶店で、初対面の鶴田に挨拶した。すると、鶴田が言った。

「おう、深作《ふかさく》のを見たよ」

鶴田は、映画『蒲田行進曲』を観てくれていた。鶴田と深作が長い付き合いだということは知っていたが、やはり「深作監督とは旧知の友人」という雰囲気が滲み出ていた。

映画を観て好感を抱いてくれたのか、鶴田は平田に対して意外なほど饒舌《じょうぜつ》だった。役柄もヤクザではなく市井の人であるから、怖さはあまり感じられない。

が、平田にとって鶴田浩二といえば、スクリーンの中でしか知らない大俳優である。観客の一人としてずっと見ていた本人との共演であるから、緊張しっぱなしだった。

特に、役柄が親方と弟子という関係で、一緒にいる時間が長い。平田は、〈嫌われたらやりにくくなるな……〉と内心でヒヤヒヤしていた。

平田満

テレビなので、まずリハーサルをおこない、ランスルーと呼ばれる本番どおりにおこなう通し稽古をして、いよいよ本番となる。
演出の深町幸男《ふかまちゆきお》は、キャメラを五台も使って撮影に臨んだ。狭い場所などでは、隠しキャメラのように、小道具に穴を開けてキャメラを設置する。
当時のテレビは画面が小さく、小型キャメラでも画質にさほど影響がなかったという。が、何よりも深町は、〈芝居を途中で止めたくない〉と考えていた。当時は、同じシーンを何度も何度も撮り直すことはめったになく、鶴田も撮り直しを嫌っていた。

深町は、本読み、リハーサル、カメラ割りと進む中で、役者一人ひとりをしっかり観察していた。「このときの表情が良い」「あの目つきが良い」といったことをすべて捉えてすくい取り、しっかりキャメラに収めようと努めていた。

その分リハーサルは長めであったが、本番はＮＧをあまり出さずにスムーズに進んでいった。

深町の撮影は長回しが基本だった。俳優たちは舞台のときと同じような感覚になり、「一発勝負で失敗できない」という緊張感が常にあった。

鶴田はいつもどおりセリフを完璧に覚えており、手持ちの台本を一度も開かなかった。それだけに完璧主義で、共演者のミスにも敏感だった。

平田満の舌がちょっともつれ、しっかり発音できなかったりすると、「あ、今のＮＧだろ」と鶴田がキャメラを止めさせる。そして再び長回しの演技が最初から始まる。鶴田は、平田のミスを怒りはしなかったが、平田としては冷や汗ものである。

深町は助監督出身のため、映画界のことをよく知っていた。だから鶴田のことを尊敬していたし、鶴田ほどの大俳優に対する礼儀はわきまえていた。

鶴田もまた、そんな深町に敬意を払い、指示を受けるときも「わかりました」と素直に応じていた。揉《も》めることなど一切なく、他の役者たちも気持ちよく芝居ができたし、スタッフもてきぱきと仕事をこなしていった。

鶴田も六十二歳になり皺《しわ》も目立ったが、二枚目の顔立ちは崩れていなかった。渋すぎるほど渋い二枚目がホームドラマに出演し、妻や、小童《こわっぱ》のような弟子に言いたいように言われるちょっと情けない役が、また良かった。

昭和という時代をつくりあげ、しかし時代から少しずつ取り残されていく。山田太一のそうした世代への愛情のようなものも感じられた。

平田は演技に全力を注ぐ中にあっても、たまに鶴田の演技や二枚目っぷりに見惚《みと》れることもあった。

八千草薫の美しさは本物だった。平田満とは親子ほども年齢が離れているが、そんなことをまったく感じさせない。上品で、声が可愛らしく、自分を大きく見せたり偉ぶったりすることもない。

平田は、のちに思った。

〈八千草さんと似た顔立ちの女性は、若い世代にもいるだろう。でも……〉

八千草薫と同じような生き方は、現代女性にはなかなか難しい。平田はそんなふうに思った。

磯島周吉の息子の秀一の恋人・村川知子の父親村川重彦を演じた杉浦直樹は、都会的で洗練されており、非常にマメな性格だった。役者としては、善良で不器用な中年男の役が似合う人で、適度な〝おかしみ〟を演じられる希有《けう》な役者でもあった。

自分の個性を発揮することで、主役をはじめとする共演者たちを輝かせることができる俳優でもあった。

井川比佐志演じる宇本賢次は、店にやって来て、応対した八千草薫に惚れてしまう役である。

井川は、俳優座の舞台俳優から役者になり、山田《やまだ》洋次《ようじ》監督に重用されてきた。演劇界の数少ない庶民派として、作品を支えるバイプレイヤーである。

八千草薫

村川知子役の美保純は、にっかつロマンポルノ出身で、一般映画へ転身してからまだ日が浅かった。が、『シャツの店』では難解な役を見事に演じた。現代っ子の役が合っており、美保自身が持っているものを素直に出して、あっけらかんと演じていた。

平田は思った。

〈純ちゃんは、これからどんどん芝居が上手になっていくんだろう。今回は、その過程で「この役を演じるのにちょうど良い時期」にピッタリ合ったんだろうな〉

良い役者に「自分が、自分が」と目立ちたがるタイプはいない。常に芝居全体が良くなることを考えているため、適材適所で自分の役柄を心得ている。共演者たちにとって、そうした良い役者はありがたかった。格段に演技がしやすくなり、余計なことを考えずに済む。

当時のNHKは、山田太一、向田邦子、倉本聰など、シナリオライターが中心のドラマが多かった。そのため「山田太一ドラマ」などと銘打った作品を、全国の視聴者たちがワクワクしながら楽しみにしていた。

が、脚本家がスターのように脚光を浴び、老若男女問わずに話題となったドラマは、昭和五十六年から平成十四年（二〇〇二）まで続いた、倉本聰原作、脚本のフジテレビ系列のドラマ『北の国から』が最後だったかもしれない。

現在の民放テレビドラマは、プロデューサーが「こういうドラマをつくりたい」と企画を立て、シナリオライターがそれに合わせることが多い。たまに三谷幸喜《みたにこうき》や宮藤官九郎《くどうかんくろう》などのスター脚本家が前面に出るドラマもある。

が、「男たちの旅路」シリーズや『シャツの店』のように、市井のなんということはない日常を描くホームドラマを、腰を据えてじっくり撮ることはなくなった。

優れたアイデアやセンスを持つシナリオライターは、今も数多くいるはずである。が、ライターが中心となってドラマを制作することはほとんどなくなった。むしろ、ジブリの宮﨑駿《みやざきはやお》など、アニメ制作のほうが、よほど自由がきく。

現在は、鶴田浩二や高倉健のような大スターがいなくなり、神秘的な雰囲気の役者もどんどん少なくなっている。

昭和以前の人々は、「世の中には裏と表がある」ことをみんな承知していた。ヤクザのような反社会的な存在もあり、それなしでは世の中が成り立たないことを理解していた。

が、これを現代の感覚に当てはめると、みんななんらかの「ハラスメント」に引っかかってしまう。「ある」ものを「ない」ことにして隠したり、美辞麗句で誤魔化《ごまか》そうとすることで、反社会的な存在は地下に潜るしかなくなった。そしてヤクザたちは、街を歩いていても普通の人と区別がつかないようになり、目に見えにくい形を変えた暴力や犯罪が横行するようになった。

鶴田浩二や高倉健が活躍した時代の映画は、社会からはみ出さざるをえなかった人々の物語が多く描かれてきた。だからこそ面白かったし、みんなが映画館に足を運んでくれた。が、今は社会全体の許容量がなくなり、はみ出ることが許されなくなった。その抑圧されたストレスを発散するかのように、「殺人ゲーム」といった、リアリティにも人情味にも欠けた映画が大量生産されることになった。

うまく社会に適応できない人、世渡りが下手な人を生かすような、社会の仕組みがどんどん消えていく。

平田満は思う。

〈映画やテレビ業界くらい、許してもらえないものだろうか〉

結局、当たり障りのない役者が、当たり障りのない芝居をすることになり、「オンリーワン」の存在感を放つ役者が少なくなってしまった。

鶴田浩二は、セリフをすべて頭に入れて、撮影に臨む完璧主義者だった。

菅田俊《すがたしゅん》が語る。

「深町幸男さんが演出した『シャツの店』のときには、『セリフの変更がありました』と伝えられても、一度見ただけで長セリフを間違えずにスラスラとしゃべってました。マイクの影が映ってしまい、音声さんのミスで撮り直すことになったんですが、笑顔でオーケーして撮影に臨んでいましたよ」

鶴田浩二の遺作は、『シャツの店』だった。

『男たちの旅路』のＮＨＫチーフプロデューサーの中村克史は振り返って語る。

「鶴田さんがもっと長生きされてたら、笠智衆さんのような渋い役者になられたんじゃないでしょうか。

六十二歳で亡くなられたのは早すぎました」

第17章　ストイックな男の生きざま

脱走俳優も出た「地獄」の『八甲田山』ロケ

高倉健《たかくらけん》が東映を去って他社作品に出演し（第一作は昭和五十一年〔一九七六〕二月十一日公開の大映映画『君よ憤《ふん》怒《ど》の河を渉《わた》れ』）、自信を持った第二作は昭和五十二年（一九七七）六月四日公開の東宝映画『八甲田山』だ。東映時代の末期、高倉と俊藤浩滋《しゅんどうこうじ》の間にはさまざまな行き違いがあり、関係は冷えていった。

昭和四十八年公開の『仁義なき戦い』では当初、菅原文太《すがわらぶんた》ではなく高倉健の起用が予定されていた。あるいはこの作品に出演し、実録路線で活躍していれば、高倉が東映を去ることはなかったのかもしれない。だが、現実はそう動かなかった。

『八甲田山』は昭和四十九年二月からロケハンを開始。五十年六月十八日にクランクインし、五十二年二月にクランクアップした。同年五月に完成している。

高倉は東映を去るに当たり、「掛け持ちはしない」ことを決めている。『八甲田山』の撮影中、テレビコマーシャルも含めて他の仕事に手を染めることはなかった。ついには所有していたマンションを手放し、売却金を生活費に充てた。

『八甲田山』出演に際し、高倉健は日本で初めてインセンティブ契約を結んだ。公開後、作品は配収二十五億円を超える大ヒットとなった。契約に基づき、高倉は基本出演料一千五百万円に加え、さらに三千万円を手にしている。

青木卓司《あおきたくじ》も『八甲田山』に出演している。高倉健が演じる徳島大尉が率いる弘前《ひろさき》歩兵第三十一連隊の案内人となる熊ノ沢部落の村民四人の一人、沢田役だ。

森谷司郎《もりたにしろう》監督は素敵な人だったという印象がある。黒澤明《くろさわあきら》組の出身だけあって同じ雰囲気があった。森谷はこのあと、東映で『動乱』を撮っている。

秋吉久美子

『八甲田山』の撮影は筆舌に尽くし難いほどの過酷さを極めた。「もう耐えられない」と、出演者のなかから脱走者が出たほどだ。

酷寒の中で長時間続く撮影。俳優たちを乗せて現場に向かう自衛隊の雪上車が遭難しかかったことまである。雪上車が一台はぐれてしまったのだ。大騒ぎになった。

吹雪《ふぶ》いたら、何も見えない。すぐ前にいるはずの人間さえ確認するのが難しい。だから、キャストやスタッフは全員が腰にロープを巻かなければならなかった。それが八甲田《はっこうだ》の現実だった。

主演のスターである高倉健も撮影の過酷さにおいては他の人間となんら変わりはない。

踏破する前の八甲田山でのシーンを撮るときのこと。現場までは常に歩きだった。六時間かけて山まで登った。弘前歩兵第三十一連隊の三十一人と案内役の四人、それに秋吉久美子《あきよしくみこ》という顔ぶれだった。

全員がそろったところで背中越しに八甲田山系が広がって見えた。その荘厳さを青木はいまだに忘れられずにいる。

キャストのなかでは秋吉久美子が最も快活だった。秋吉は当時、二十三歳。雪の中をぴょんぴょん跳びはねていた印象が強い。ついた仇名《あだな》は「うさぎちゃん」。スタッフやキャストは皆そう呼んでいた。

一番過酷だったのは前田吟《まえだぎん》や浜田晃《はまだあきら》、加藤健一《かとうけんいち》ら弘前歩兵第三十一連隊のキャストである。三十一連隊のキャストからは結果的に脱走者は出なかった。高倉健や森谷司郎への尊敬の念が彼らを支えていた。

撮影の間、休憩時間になっても高倉健は座らない。半ば伝説化している話だが、それは『八甲田山』の現場でも同じだった。

主演の看板役者が腰を下ろさない以上、他のキャストも座るわけにはいかない。立ちっぱなしでいるしかなかった。

極寒の中の撮影だ。全員が携帯用カイロを入れていた。それでも身体は芯《しん》から冷えてくる。

実のところ、俳優たちは休憩中でも歩いていたかった。じっとしているよりも暖が取れるからだ。だが、歩けば足跡がつく。新雪を踏み越えていくシーンを一発勝負で撮っているのに、わざわざ足跡を残すわけにはいかない。立ちんぼで耐えるしかなかった。

現場には朝から六時間かけて登る。ようやくたどり着いたと思ったところで、キャメラマンの木村大作《きむらだいさく》の大音声が響いた。

「今日は撮れない。中止だ！　また明日」

帰路にもヘリなどは使えない。また歩く。下りは少々早めで四時間ほどで着いた。

現場に向かうもののキャメラは回せない。そんな日が三日ほど続いた。迎えた四日目。奇跡的に八甲田山の山影が雪の中に浮かび上がって見えた。

木村大作

キャメラマンの木村大作はこのときを待っていたのだ。山影はなんとしても綺麗《きれい》に撮っておかなければならない。これが中途半端だと、徳島隊が八甲田山を踏破したあと、雪中行軍で死んだ神田大尉（北大路《きたおおじ》欣也《きんや》）と徳島大尉（高倉）は夢の中で会うことができない。画《え》づくりにおいて木村はいっさい妥協しなかった。

このシーンをラッシュで見たときの感激を青木は今でも覚えている。霧が消え、それまで隠されていた八甲田の山影が浮かび上がる。まるで墨絵のような光景だった。

〈なんという画だ。やはり木村大作というキャメラマンは只者《ただもの》じゃない〉

『八甲田山』は「撮影」として木村の名前がクレジットされた最初の映画である。実景、ことに山岳を撮らせると右に出る者はいない。木村がそう評されるきっかけになった作品だ。

木村は平成二十一年（二〇〇九）、同じく山を描いた『劒岳　点の記』で初めて監督を務めた。『八甲田山』と同じく原作は新田次郎《にったじろう》の小説である。

青木の聞いたところでは『劒岳　点の記』の現場も過酷を極めたらしい。なかには「地獄だ」と表現する者もいた。

「『八甲田山』を撮ってる人だから、俺たちをあんなふうに使うのは平気なんだろうな」

そんな愚痴が撮影中も盛んに飛び交っていた。だが、青木は知っている。

〈なんだかんだ言ったって、『八甲田山』の撮影はもっとすごかった。ああいう映画はもう撮れないだろう〉

今、同じ撮影を敢行すれば、確実に問題になるだろう。俳優の人権に配慮していないとしてコンプライアンス違反を指摘されるのは間違いない。

『八甲田山』撮影中の脱走者は合計三人に上った。いずれも若手の俳優で所属事務所は別々だった。撮影が続く中、勝手に山から降り、東京《とうきょう》に帰った。もちろん、事務所には連絡しないままだ。ロケ地から事務所に連絡が入り、問題が発覚する。

「おかしい。いなくなった」

事務所のスタッフが自宅を訪ねてみると、三人ともしょんぼり引きこもっていた。

「あんなところに送り込まれるなんて。俳優辞めます」

脱走した俳優たちは、そろって芸能界を去っていった。

『野性の証明』は北上《きたかみ》山地の原生林を模した廃村で撮影

逆に、過酷な撮影環境にも動じなかったのは中野良子《なかのりょうこ》だ。発端のロケ地は石川県小松市《いしかわこまつ》の山奥の廃村であり、最後の決戦の場所はアメリカの荒野で撮った。

昭和五十二年、中野良子が高倉健と初めて共演した『君よ憤怒の河を渉れ』を観たという、角川書店の角川春樹《かどかわはるき》社長から中野に依頼が入った。

「『野性の証明』という映画を、佐藤純彌《さとうじゅんや》監督、高倉健主演で撮るので、ヒロインをお願いしたい」

「はい、いいですよ」

「まだ台本ができていないから、読んだあとに改めてお願いしたい」

「わかりました」

社長から直接、出演依頼をされたのは初めてだった。

さらに、京都《きょうと》で撮影中に、佐藤純彌監督が中野のもとまでやって来て、再度頼まれた。

「なんとか『野性の証明』に出てほしい」

台本ができあがった直後のことで、まだ正式な返事をしていなかった。高倉とは二度目なので、だいたい高倉のやり方も理解していたし、快諾した。

〈『君よ憤怒の河を渉れ』のストーリーとは逆で、今度はわたしが助けられる役なのね。これはよくある設定だわ〉

昭和五十三年十月七日公開の映画のストーリーは、次のとおり。

一九八〇年五月のある日、反政府ゲリラの一団がアメリカ大使と家族全員を人質にとって立て籠もり事件を起こした。

県警の救出作戦は失敗し、人質の命に危険が迫る中、政府首脳は秘密裏に陸上自衛隊に出動を命じる。

高倉健演じる味沢岳史一等陸曹を含む突入部隊は犯人たちを全員殺害し、人質を救出した。そののち、素早く現場を立ち去った。

味沢が所属する部隊は、極秘裏に編成された精強の特殊部隊「特殊工作隊」だった。

事件後、味沢たちの部隊は訓練の一環として北上山地の原生林の中に一人ずつヘリから降ろされ、目的地まで自力でたどり着くよう命令される。

訓練は精神異常をきたす隊員や行方不明者が出るなど過酷を極めた。味沢も疲労困憊《ひろうこんぱい》して登山道に滑落したところを通りかかった女性登山者で、中野良子が二役を演じる越智《おち》美佐子に見つかってしまう。

越智は近くの部落に助けを求めに走ったが、味沢は訓練中民間人との接触を厳禁されていたため、その場を離れた。

しかし、味沢が向かった先は美佐子が向かった村落だった。

村落では、住人の長井孫一が発狂し手斧《ておの》で次々に村人を殺していた。

美佐子も長井に殺されてしまう。

長井は最後に自分の娘の薬師丸《やくしまる》ひろ子演じる頼子を殺そうとする。

その様子を見ていた味沢は、頼子を助けようと命令に反して介入し長井を殺してしまう。

一部始終を見ていた頼子は、恐怖のあまり記憶を喪失してしまう。

国防軍への昇格をもくろむ自衛隊幹部は事件が発覚することで非合法部隊の存在が表面化する事態を危《き》惧《ぐ》した。が、唯一の目撃者・頼子が記憶喪失に陥ったため、真相が明るみに出ることはなかった。

一年後、味沢は自衛隊を除隊し、頼子を養子にとって羽代市の保険会社で働いていた。

記憶を失っていた頼子は、味沢が自分の父を殺した男とは知らず、親子として暮らしていた。

また、羽代市には村落で殺された越智美佐子の妹で、中野良子が演じる朋子が新聞記者として働いており、味沢親子は朋子と親しくなっていった。

そんなある日、岩手《いわて》県警察宮野署の北野刑事が、味沢親子の周辺を探り始める。

北野は村落の大量殺人事件を捜査する中で、事件の生き残りの頼子を味沢が引き取ったことを知り、やがて味沢が自衛隊で特殊部隊にいたことを突き止めた。

警察によって事件が暴かれることを恐れた陸自奥羽《おうう》方面総監部の幹部は、味沢親子を抹殺《まっさつ》することをもくろむ。

いっぽう、味沢は保険金殺人の調査を進めていくうちに、地元暴力団と政治家の大場一成、そして警察が癒着している証拠をつかむ。

大場一味による市政の壟断《ろうだん》に義憤を覚えていた朋子は、新聞でその実態を暴こうとするが、会社に入り込んでいた監視者からの連絡で駆け付けた大場の息子・成明と仲間の暴走族に襲われて殺される。味沢はその犯人に仕立て上げられて警察に追われる身となる。

頼子と共に逃走中、味沢は自分たちを襲ってきた暴走族を返り討ちにし、成明を人質に取る。が、成明を取り返そうと追ってきた暴力団の一団と戦いになる。

鍛錬で身に付けた特殊工作隊員の戦闘能力を発揮して成明や暴力団員たちを次々に殺していく味沢の姿を見て、頼子は記憶を取り戻し、味沢が自分の父を殺したと気がつく。

一部始終を見ていた北野刑事は味沢を村人たちを皆殺しにした殺人鬼として逮捕し、宮野署に連行しようとする。

途中、北野たちは羽代署の刑事に止められる。

刑事は北野から味沢親子を奪おうとするが、そこに一台のトラックが現れた。

トラックの運転手は自動小銃を取り出して刑事を射殺した。

運転手は味沢親子を監視していた特殊工作隊員・渡会であり、これ以上味沢親子を放置すれば、いまだ非合法である「特殊工作隊」の存在が明るみに出てしまうと判断し、ついに実力行使に出たのだった。

渡会は北野と味沢親子をトラックの荷台に押し込め、自衛隊の演習地にある作業小屋に拉致《らち》監禁すると、その抹殺任務の発動を特殊工作隊本隊に連絡した。

皆殺しの危機を察知した味沢は、隙《すき》を見て渡会を殺して脱出を図る。が、連絡で駆けつけた特殊工作隊の指揮官・皆川以下二十二名の隊員たちが追ってきた。

演習地の山林を舞台に味沢親子と北野、そして追跡する皆川たちの間で激しい戦いが繰り広げられる。

追跡者たちを全員倒したものの、ようやく我が身の危険を顧みずに戦い続ける味沢の覚悟を知って、誤解を解いて和解した北野を失い、続いて親子の情を捨てきれずに味沢を追いかけてきた頼子が銃撃を浴びて殺されてしまう。

一人生き残った味沢は、その無念とともに頼子の亡骸《なきがら》を背負い、押し寄せる戦車と歩兵部隊が待ち受ける中へ単身で突撃していった。

独特の厳しい精神世界を感じさせる高倉健

『野性の証明』の物語は複雑だった。陸上自衛隊で極秘裏に結成された特殊部隊、農村で起こった虐殺事件、地域暴力団と癒着する警察など、演じている中野ですら、どこでどんなふうに展開していくのか先が読めない。このようなサスペンスアクション映画で、最後に殺害されるような役は初めてだった。

朋子は新聞記者として、真実を世に知らせようと、田村高廣《たむらたかひろ》演じる上司の浦川隆と印刷所で密かに計画について話をする。台詞《セリフ》をしゃべりながら〈こんな小さな声でマイクは拾えるのかしら〉と心配しながら演じた。

が、絶対に聞かれてはならない話をしているのだから仕方がない。結果的に、映画の中できちんと声は拾えていいて、安心した。

中野良子演じる朋子が殺される直前、旅館の和室で高倉と中野が二人きりになるシーンがある。

中野は「あなたと一緒に行きたい」と心の内を明かし、高倉の背中にそっと抱きつく。高倉は、抱きしめ返したい思いに耐え、じっとしている。

このとき、背後から抱きついたのは、中野のアドリブだった。どういう動きをしたらよいのか、事前に考える必要はなかった。本番中の雰囲気、空気感で自然に身体が動いたのだ。

台本にも細かい指示はなかったし、佐藤監督も俳優の思ったとおりに演じさせてくれる。事前に何も考えず、身体が動くままに演じられることは、ありがたかった。

そして、高倉は今回も、中野の演技を受け止めてくれた。「あのシーンがとても好きだ」と言ってくれる映画評論家もいた。

中野良子は、二〇〇メートルも離れた場所から、高倉が薬師丸とともに演技をしているところを、見ていた。どんな演技をして、どんな動きをするのか、参考にしたかったのである。

すると高倉は、その視線をパッと察知して中野のほうを見る。勘が鋭いのだ。まるで半径数百メートル以内なら感知できる生き物のようである。思わずドキリとした。

〈健さんは、わたしがどこにいて、どういう動きをしているのか、どこかで全部見てらっしゃる〉

当時十四歳だった薬師丸ひろ子は、『野性の証明』がデビュー作。右も左もわからない中、突然キャメラの前に立たされて、はたから見ていてもちょっと戸惑っているような雰囲気だった。

中野は心配した。

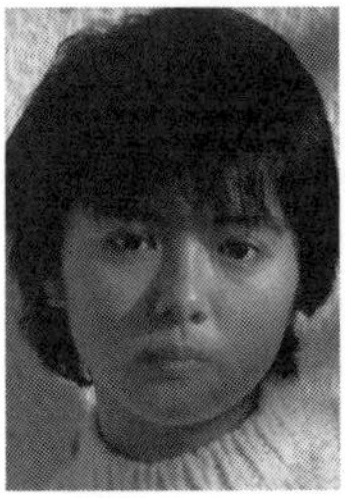
薬師丸ひろ子

〈もしこの業界に入るのなら、無事で元気でいてほしい〉

高倉は、『野性の証明』の撮影現場で初対面の薬師丸ひろ子に対しても、立ち上がって挨拶した。このときの感激を薬師丸は最近もラジオで語っている。

薬師丸は当時、中学二年生。前年のオーディションで優勝したばかりで、女優としての実績は皆無だった。

初対面の人への高倉の姿勢は相手の地位や年齢で変わることはない。誰に対しても同じだった。

薬師丸と高倉との共演作は『野性の証明』だけだったが、公私にわたる付き合いは高倉が亡くなるまで続いていく。

佐藤純彌監督は、撮影の準備中に大きなソファに横たわって眠っていた。

中野は思った。

〈みんな準備で大わらわのときに、よく平気で寝られるな〉

起こしてあげようと近寄った中野は、ふと思った。

〈寝ているように見えるけど、目をつぶってこの先のシーンをどう撮ったらいいのか、考えているのかも〉

結局、起こすのをやめた。寝ているのか考えているのか、近くに寄ってもわからない。中野にとって佐藤監督は、ちょっと不思議な監督だった。

いっぽう、キャメラマンの姫田《ひめだ》真佐久《しんさく》は、大柄でどっしりと構える感じで安心感があった。

角川春樹とは、記者会見で一度だけ一緒になった。その後、みんなで記念撮影をした。角川は独特な個性の持ち主で、映画づくりに燃えている様子が俳優たちにも伝わってきた。

角川映画は、時代に合っていた。活字だけでなく、映像の世界にチャレンジしたのは成功だった。


中野良子は、今回も高倉に話しかけることは控えた。高倉には、繊細で物事を深く掘り下げ、さまざまな困難を乗り越えてきた人特有の精神世界を感じさせた。

役を演じきるまで、決して体調を崩してはいけないし、常に万全な状態の元気な身体をキャメラの前で見せねばならない。高倉の持つそうした厳格さは、相変わらずだった。

人によっては、女性っぽい雰囲気で高倉に「お茶でもいかがですか」と声をかけられる人もいるかもしれない。が、中野はそれを控えた。高倉をオリンピック選手にたとえるとすると、中野自らも〝もう一人のオリンピック選手〟のように心掛けねばと思っていた。

中野が出会った俳優のなかで、高倉ほど独特の厳しい精神世界を感じさせる人はいなかった。だから、他の俳優と接するときは、中野の態度も違った。他の俳優であれば、中野があれこれ考え始める前に向こうから「みんなでお茶飲みに行こう」と声をかけてくれる。そして「あの演技は良かったよ」「あそこはもうちょっと変えてみる？　僕はこういう演技するから」といった役者談義に花が咲く。

中野は思う。

〈健さんは昔、周囲と親しくして、何かが壊れてしまった経験をなさったのかしら〉

だから中野から声をかけなくて正解だったのだろう。高倉は仕事以外の領域に踏み込まず、踏み込ませず、しかし仕事上で困ったり悩んだりしている人を助け、一緒に良い映画をつくろうという雰囲気があった。

『野性の証明』は、昭和五十三年十月七日に公開された。


「健さんは、あの時代だからこそ存在しえた」


昭和六十二年六月、中野良子は一般男性と結婚することになった。お見合いだった。

披露宴の招待状を送る際、高倉健に送って良いものか少し迷った。

〈健さんは、きっといらっしゃらないだろうな。でも礼儀だから、招待状は送らせていただこう〉

数日後の早朝、玄関の呼び鈴が鳴った。まだ七時前である。中野が、こんな朝から誰だろう、と思って出てみると、花屋だった。

「朝早くすみません、お時間指定でしたので」

花を渡されたものの、中野は数百本もあるバラを抱えきれず、ついよろけてしまった。花屋が気を利かせて玄関にうまく置いてくれた。

贈り主は、なんと高倉健だった。生花を贈るので、出かける前に受け取れるよう早朝を選んだのだろう。

高倉健に対して映画そのままのイメージをずっと抱いていた中野は、大量の真紅のバラを目の前にして、複雑な思いがどっとあふれてきた。強面《こわもて》の男の優しさ、思いやりにいきなり触れたせいなのか、不思議な感覚に包まれた。


中野良子は、高倉健に関する本や、高倉の死後に放送されたドキュメンタリー番組で、今まで自分が知らなかった高倉の素顔を知ることができた。

高倉は筑豊炭田《ちくほうたんでん》にある福岡《ふくおか》県中間《なかま》市の生まれで、朝学校へ行くときに死体が転がっている傍《そば》を通っていったという。戦後生まれの中野は驚いた。

〈本当に、そういうことがあったのね〉

父親は旧日本海軍の軍人で、戦後は炭鉱夫の取りまとめ役などをしており、代々健康と優れた身体能力に恵まれた家系だった。母親は教員である。父は肉体を使い、母は頭を使う。中野は、バランスの良い家庭環境だと思った。

戦前生まれで、ヤクザの多い炭鉱の町育ちの九州男児となれば、「男子たるもの」との自覚は強かっただろう。

もともと俳優を目指していたわけではなかったことから、昭和三十一年の映画『電光空手打ち』で主役デビューした際、初めて顔にドーランを塗り、化粧をした自分を鏡で見たとき、情けなくて涙が止まらなかったという。

中野は思った。

〈バランスの良い家庭で育って、大胆で剛毅で力強くて、いろいろ揃っている。こうした方が、生きるた

めにありとあらゆることを乗り越えて、大スターとなったのね〉

内田吐夢《うちだとむ》監督に「そんな身体じゃ撮れない！」と大勢の前で叱咤《しった》され、トレーニングを始めたこと。刺青《いれずみ》のペイントにあまりに時間がかかってつらいため、逃亡して数日間隠れていた話。一つひとつのエピソードが、中野の想像を上回っていた。

中野は思った。

〈健さんは、あの時代だからこそ存在しえたのね。そうでなければ、わたしたちの想像を絶するような状況を、生き抜くことはできなかったはず〉

頭で考えても、できることは限られている。高倉健の俳優人生の成功は、より良い方向に自己鍛錬を続けた結果なのだろう。きっと自宅でも、いろいろ研究していたはずだ。俳優として理想に向けた肉体と演技力を身につけたいと、身体を張って対応してきたのだろう。

中野は、初めて会った頃から、高倉の背中、目線、鋭すぎる感覚などから、俳優として大成功するまでの過去や苦労を何となく感じ取っていた。高倉に関する本をめくるたびに、納得できることが書いてあった。

〈ああ、健さんのああいうところは、こんな過去の出来事からきていたのね〉

中野自身も、芸能界で長年生きてきて、自分の気持ちや考えとはまったく違うところで、思わぬことが起きる経験を何度もしている。高倉ならなおさら、不本意な経験も多かったろう。

中野は、親友の家に遊びに来たときの高倉の、まるで泥だらけで家に帰ってきた野球少年のように屈託のない明るい声を思い出した。

〈同じ芸能界にいなければ、健さんと楽しくお話しできたかもしれない〉

芸能界という険しい山を、一人で登ってきた高倉を尊重すればこそ、中野は気安く話ができなかった。男性としても素晴らしい人だったのだろう。が、中野は、高倉の俳優としての誇りを最優先に考え、一歩退いていた。それ以外に考えられなかった。

『居酒屋兆治』の高倉への平田満《ひらたみつる》の感慨

昭和五十八年十一月十二日公開の『居酒屋兆治』に、平田満は、高倉健演じる主人公の元同僚で、「兆治」の常連客の越智役に抜擢《ばってき》された。

平田満は、昭和二十八年十一月二日、愛知《あいち》県豊橋《とよはし》市に生まれた。

平田は勉強が得意で、中学時代は学年で一番の成績だった。高校は県内でもトップクラスの愛知県立時習館高等学校に進学した。

勉強だけでなくスポーツも得意な平田は、中学時代に相撲部に所属して県大会で準優勝。高校時代はラグビー部でキャプテンを務めた。

昭和四十八年四月、平田は上京して早稲田大学第一文学部に入学。入学後すぐに、劇作家・演出家のつかこうへいが出入りしていた早稲田大学の学生劇団「劇団 暫《しばらく》」に入団。ここで、劇作家の長谷川康夫《はせがわやすお》や、夫人となる井上加奈子《いのうえかなこ》らと出会う。

昭和四十九年、劇団「つかこうへい事務所」の旗揚げに参加。加藤健一、根岸《ねぎし》とし江《え》、大津《おおつ》あきら、風《かざ》間《ま》杜夫《もりお》、三浦洋一《みうらよういち》、重松収《しげまつおさむ》らとともに芝居に没頭。つかこうへい原作の『初級革命講座飛龍伝』『熱海殺人事件』『いつも心に太陽を』『蒲田行進曲』など、ほとんどの作品に出演した。大学からは遠ざかって中退した。

昭和五十七年十月九日公開、深作欣二《ふかさくきんじ》監督の映画『蒲田行進曲』で、平田満は舞台と同じ「ヤス」役を演じ、八二年度日本アカデミー賞最優秀主演男優賞、報知映画賞主演男優賞をはじめ、多数の映画賞を受賞。一気にメジャー俳優となっていた。

『居酒屋兆治』には、高倉健、大原麗子《おおはられいこ》、加藤登紀子《かとうときこ》、田中邦衛《たなかくにえ》、ちあきなおみ、池部良《いけべりょう》、伊丹十三《いたみじゅうぞう》など、大物俳優や著名人たちが出演する。

平田は、錚々《そうそう》たる面々と共演できることに、大きな喜びと緊張を感じた。

平田が高倉に初めて会ったときは、さすがに身体をカチコチにして畏《かしこ》まっていた。高倉にその緊張が伝わったのだろう。絶妙な距離感と接し方で、平田の緊張をさりげなくほぐしてくれた。

当時は、じっくりと撮影に取り組むだけの時間的、金銭的余裕があった。ロケ地では重量のある照明をセッティングするだけでも時間がかかる。そのため、俳優たちの空き時間は多かった。

すると高倉が、平田に声をかけた。

「近所の喫茶店に来ませんか」

高倉はロケ地近くにあるごく平凡な喫茶店を貸し切りにして、空き時間はそこでくつろいでいるようだった。

平田は、喫茶店でコーヒーをご馳走《ちそう》になりながら、高倉の何ということはないおしゃべりにホッとした。

〈健さんはスーパースターなのに、僕らでも懐に飛び込める温かさがある〉

高倉はむしろ、周囲から持ち上げられ、気を遣われたりチヤホヤされたりするのが、あまり好きではないようだった。むしろ、同じ俳優仲間としてコーヒーを楽しんだり、日常会話を交わせるような関係でいいんだよ、という雰囲気があった。

平田は思った。

〈僕みたいに小劇場から急に売れたような立場の役者からすると、健さんのこの雰囲気は本当にありがたい〉

現場での高倉は寡黙《かもく》だったが、休憩中の喫茶店では饒舌《じょうぜつ》になった。平田とは、共通の知人の話などで、場が盛り上がったこともあった。

平田に与えられたのは真面目な若者役で、上司に連れられてやって来たすすきののキャバレーで、大原麗子演じるさよと出会う。さよは、越智が英治と知り合いだったことを知ると、英治の居場所を知るために越智にキスをして「英治のことを、もっと話してほしい」と迫る。

ベッドシーンもあった。すっかりその気になってしまった越智は、その夜、さよのアパートに泊まり、一夜を共にしてしまう。

翌朝、越智はさよに結婚してほしいと迫るが、さよは年が離れすぎていること、自分には夫と子どもがいることなどを理由に、越智の申し出を断る。

英治の居場所を知りたいさよに、利用される役である。

大原麗子は間近で見ても美しかった。映画俳優としてまだ経験の浅い平田は、萎縮するばかりだった。が、ベッドシーンも大原のリードですべてうまくいった。

大原は、撮影担当の木村大作と「大ちゃん。これは、こういうふうにする？」などとざっくばらんに話し合っていた。

最終的に、降旗《ふるはた》監督が、キャメラの前でどのように二人が絡むかを決める。平田は完全にお任せ状態である。

大原と初共演だった平田は思った。

〈ああ、大原さんって、こんなに気さくな方なんだ〉

大原が生々しいベッドシーンを演じることは、珍しいことだった。平田は、下着姿の大原を目の前にしてさすがにドキドキした。

リハーサルが何度か繰り返されたあと、本番は一回でオーケーが出た。

大原はリハーサル中もいろいろと平田に話しかけてくれ、周りとの会話も多かった。ベッドシーンだからと緊張も照れもせず、いつもと変わらない様子で撮影が進んでいく。ごく自然に振る舞う大原のおかげで、平田もずいぶん気が楽になった。二人そろって照れてしまったら、見ているほうもいたたまれなかったろう。ベッドシーンのあとも、大原はサバサバしていた。

全状況に屹立《きつりつ》する高倉の横綱相撲芝居

高倉健の芝居は、いわば横綱相撲だった。どっしりと構えていて、「君がどんな芝居をしても、受けてやるよ」と両手を広げてくれるようだった。

『居酒屋兆治』の撮影中、トラブルはいっさいなかった。天気が悪くて撮影が延期される事態が続いても、誰もイライラしなかった。

それは、降旗康男《やすお》監督と高倉健の関係が、非常に良好であることと関係があるようだった。当時、降旗のように品の良い監督はめったにいなかった。

降旗康男と木村大作コンビの撮影は非常に丁寧で、ある意味愚直であり、そのときどきの変な外連味《けれんみ》に惑わされない、ありのままを撮ろうという姿勢があった。

完成した映画は、「降旗監督ならでは」と言われる作品となった。降旗のように丁寧な撮り方は容易ではなく、昨今はそのような映画は絶滅寸前となっている。

大原麗子演じるさよが、高倉健演じる英治（兆治）を追い回すストーリーは、下手をするとストーカーの物語と受け取られてしまう。現代ではなかなか受け入れにくく、ハードルが高いだろうし、さよを演じられる女優も限られてくるだろう。

ちあきなおみ

『兆治』の向かいにある小料理屋『若草』を営む陽気な女性、峰子役のちあきなおみには、喜劇的なおかしみと、色っぽさが相まって、誰にも出せない妙な魅力があった。また、女の情念のようなものを演じさせると、迫真の演技を見せてくれる。平田満は、ちあきのように情念を演じられる俳優に憧《あこが》れを抱いた。

あれだけ多彩で芝居も上手なちあきだったが、ふだんはおとなしく、自分からおしゃべりを始めることはなかった。

平田満は、『居酒屋兆治』が公開された同じ昭和五十八年に、ＮＨＫの時代劇テレビドラマ『壬生《みぶ》の恋歌』でもちあきと共演した。

撮影の合い間のちあきは、まるで純粋培養のお姫様のようにおっとりとしており、俗世間のことをあまり知らない様子だった。誰でも知っているようなモノを指して、「あら、これなぁに？」と問うたりしていた。

伊丹十三

英治と幼馴染《おさななじ》みの先輩・河原を演じた伊丹十三も、良い味を出していた。酒が入ると英治に何かと目をつけて暴力をふるうイヤミな役は、知的な雰囲気の伊丹にピッタリだった。

さよの葬儀の日、皮肉にも高倉演じる英治と、左とん平演じるさよの夫の神谷、さよに求婚しても受け入れられなかった平田演じる越智が顔を合わせるシーンがある。

このシーンを撮るために赴いたロケ地の函館《はこだて》では、天候不順のため撮影ができず、三度も足を運ぶこととなった。

三度目に奇跡的に晴れ、無事ロケをおこなうことができた。

撮影隊やスタッフ、俳優陣が機材を持ってそのたびに大移動するのだから、大変な時間と金の浪費となった。今ではとても考えられないことである。

平田満は、平成十一年六月五日公開、降旗康男監督の『鉄道員（ぽっぽや）』でも、高倉健と共演をした。

ロケ地は、北海道《ほっかいどう》の南富良野《みなみふらの》町にある幾寅《いくとら》駅が中心である。撮影は、舞い落ちる粉雪が美しい、しかし一月の平均気温はマイナス一〇度にもなる極寒の地で、真冬に強行された。俳優やスタッフには、北極や南極でも耐えられる特別な防寒肌着が配られたが、それでも寒い。

その中で最も元気だったのは撮影の木村大作で、いつも大声を張り上げていた。

高倉も、寒さなど意に介していないようだった。撮影の合間の待機中も、ずっと駅のホームに佇《たたず》んだままでいる。スタッフたちが次の撮影の準備に動き回っている間も、役づくりのためそうしているのだ。

平田満ら若手の役者たちは、ホームに立ち続ける高倉を見て、うなずき合った。

「僕らも、健さんと一緒に外にいなきゃ」

すると、高倉と長年組んできた小林稔侍《こばやしねんじ》が平田たちを止めた。

「いいの、いいの。健さんはああやっていたいんだから、いいんだよ」

そう言って、ストーブのある待合室まで促してくれた。もし小林が招いてくれなかったら、外で寒さにブルブル震えながら待つことになったろう。

高倉健は、このときすでに六十八歳になろうとしていたが、ロケ中に一度もストーブの前に来ようとはしなかった。その役者魂は、すごいとしか言いようがなかった。

高倉健には、やはり北の大地がよく似合った。さもなければ、山の上か、北極か、南極か。いずれにしても寒い地域が、高倉のストイックさにふさわしかった。

高倉は、田中邦衛《たなかくにえ》と本当に仲が良かった。

東映を辞めてから、高倉からは「ヤクザ映画のスター」というイメージがどんどん払拭《ふっしょく》されていった。『居酒屋兆治』『駅　ＳＴＡＴＩＯＮ』の頃になると、むしろストイックな男の生きざまを描く作品の主人公のイメージとなり、最後まで「いい男」を通し切った。

高倉のキャリアに大きい山田洋次《やまだようじ》監督との出会い

ここで時を少し遡《さかのぼ》るが、昭和五十二年十月一日公開の『幸福の黄色いハンカチ』、昭和五十五年三月十五日公開の『遙かなる山の呼び声』と、高倉健は二作の山田洋次監督作品に出演している。青木卓司は後

山田洋次

者の作品に出た。

山田監督の印象としては「演出が非常に細やかなこと」だという。東映の監督は大雑把なタイプが多い。もちろん、例外もある。伊藤俊也《いとうしゅんや》や澤井信一郎《さわいしんいちろう》がその代表だ。この二人は非常に緻密な演出をする。

この対極にあるのが降旗康男だろう。おおらかな作風が特徴だ。それ以外の東映の監督は大雑把と言っていい。

これは社風とも関係している。東映はもともとスターシステムを取っている会社だ。俳優、とりわけスターを中心に映画を作っていく。

その点、松竹は監督の作家性を重んじてきた。小津安二郎《おづやすじろう》や成瀬巳喜男《なるせみきお》、木下恵介《きのしたけいすけ》、川島雄三《かわしまゆうぞう》、野村芳《のむらよし》太郎《たろう》、大島渚《おおしまなぎさ》、篠田正浩《しのだまさひろ》、吉田喜重《よしだよししげ》と、錚々たる顔ぶれが松竹の歴史を刻んできた。山田洋次はその系譜に連なる監督である。

脚本も監督が細かくチェックする。だから、味わいが出る。出演者もそれぞれが要所要所で生きている。

青木は思った。

〈そういう意味では、山田監督は本当にすごい〉

『遙かなる山の呼び声』のストーリーは、四季に分かれている。

「春」では、北海道、中標津《なかしべつ》の酪農地帯で、ある嵐の夜、一人の男（高倉健）が酪農を営む風見民子（倍《ばい》賞千恵子《しょうちえこ》）のもとを突然訪れ、雨風しのぎにどこでもいいので泊めてほしいと懇願する。民子は男を物置小屋に泊まらせる。深夜の牛の出産を手伝った翌朝、男は礼を言い立ち去るが、民子の息子から礼金を受け取るときに父親を亡くしたことを知る。

「夏」では、再びその男、田島が民子のもとを訪れ自分を農作業員として雇うよう懇願する。民子は一人息子の武志（吉岡秀隆《よしおかひでたか》）を育てつつ、亡くなった夫の精一が開拓した農場を女手一つで営んでいた。民子は田島をしぶしぶ雇い入れたが、当初は田島に警戒心を隠さなかった。

ある日、民子に好意を寄せる虻田太郎（ハナ肇《はじめ》）が現れ、民子に乱暴しかける。それを目撃した田島は水をかけて追い返したが、虻田太郎は兄弟を引き連れ仕返しにやって来る。そして草原で虻田三兄弟と決闘をすることに。しかし三人は簡単にやられてしまい、手打ちということで逆に田島を兄貴と慕うようになる。

民子が農場での作業中に腰を痛めて入院している間に、武志は田島にすっかり懐いてしまう。その息子の姿や虻田三兄弟に慕われる田島の実直な性格を見るうちに、民子は田島にだんだんと好意を寄せるようになる。田島も函館からはるばる訪ねてきた兄の駿一郎（鈴木《すずき》瑞穂《みずほ》）に、しばらく民子の農場に居るつもりだと打ち明けるように、落ち着きたい気持ちが湧いていた。

「秋」では、田島は草競馬に参加してみごと優勝。しかし長居することで身辺に警察の捜査が迫ってきたことを知り、田島は民子らのもとを去る決意をする。

倍賞千恵子

吉岡秀隆

その晩、別れを告げると同時に、隠し通してきた過去を民子に告白。二年前、田島は借金を苦に自殺した自分の妻を葬式の席で罵《ののし》った金融業者を殴り殺してしまい、警察の捜査から逃げているというのだ。それを聞いた民子はショックを隠せないでいた。
その夜、牛が急病になる。民子は急ぎ飲み屋で飲んでいた獣医（畑正憲《はたまさのり》）を呼んで診察を受けさせる。稼ぎ頭の牛が危ないというつらい状況の中で、民子は田島に「行かないで、私寂しい」とすがりついてしまう。明け方までには牛の手術も終わり騒ぎも収拾した。と間もなく農場のそばにパトカーがやって来て、田島は立ちつくす民子と「おじちゃん！　どこ行くの？」と泣きながら追いかける武志のもとから去って行く。

「冬」では、田島に傷害致死罪として懲役二年以上四年以下の刑が確定。ラストシーン、弟子屈《てしかが》駅（現・摩周《ましゅう》駅、急行大雪は通らないがロケは弟子屈駅でおこなわれた）に停車中の急行列車（「大雪」号）の車中に網走《あばしり》刑務所へ護送される田島を虻田が見つける。そして民子が田島の座る席まで来るのだが、護送員の目を気にして声をかけられないでいる。

　そこで虻田は向かい側のボックス席に民子と座り、彼女が酪農を辞めて武志と中標津の町で暮らしながら田島を待っているということを民子との会話にして田島に聞かせる。そして民子は黄色いハンカチを田島に渡し、田島は涙を拭いながら窓に顔を向けるのであった。

　青木には、アフレコでの山田監督の指示も印象に残っている。園田《そのだ》裕久《やすひさ》と青木の掛け合いのシーンでのことだ。

　二人は刑事で、高倉演じる殺人犯を追っている。

　高倉が草競馬に出場して一等賞を獲得し喜んでいる場所に、二人が現れる。

　園田が高倉に声を掛ける。

「ちょっと、あんたぁ、田島さんじゃないかね」

　驚く高倉はしらばっくれる。

「いえ、違います」

「函館の田島さんじゃないかね」

「俺、函館なんか知りません」

　二人は高倉の側《そば》に寄り、園田が執拗《しつよう》に迫る。

「ところで、あんた……」

　そこにハナ肇演じる虻田が来て、高倉を連れていく。

青木が園田に訊く。

「どうでした？　いまの」

「うーん、首から下はクロだが、人相がいまひとつ……」

青木のセリフはＯＫだが、園田が何度かＮＧを出してしまった。

そこで山田監督はこともなげに園田に告げた。

「すみません、芝居しないでもらえますか？」

園田はもともと舞台俳優だ。早野寿郎《はやのとしろう》や小沢昭一《おざわしょういち》も所属した劇団俳優小劇場に身を置いたこともある。

そんな役者に「芝居をするな」とはなかなか言えるものではない。

青木はその後も園田に付き合って、自分のセリフを言っていた。そこでまた山田監督から注文がつく。

「青木さん、ちょっと休んでください」

青木は、またも訝《いぶか》しく感じた。

「二人でしゃべらないと、合わないんじゃないですか？」

思わず山田監督に提案してしまう。

「違うの。青木さんとやってると、青木さんがぶっきらぼうにしゃべるから。園田さんは逆に芝居しようというセリフになっちゃうんで。ちょっと休んでください」

その後、園田が何回も同じセリフを言い続けた。あるとき、山田監督が身を乗り出した。

園田裕久

「あっ。本番行きましょう」
本番でようやくＯＫが出た。青木の中には猜疑《さいぎ》心さえ芽生えていた。
〈俺のほうが下手だから、監督は休ませたんじゃないか？　その上で一発を狙ったのかもしれない〉
山田監督の演出はそれほど細かいものだった。

もう一つ、山田演出の特徴を挙げるとすれば、地元の人の使い方のうまさだろう。『遙かなる山の呼び声』のロケ地・中標津の人々が数多く映画に出演している。ほとんどが素人だ。

俳優と呼べるのは高倉健、倍賞千恵子、吉岡秀隆、園田裕久、青木卓司ら数人にすぎない。それ以外にスクリーンに映っている何十人、何百人という人たちはすべて地域で生活している。演技のプロではない。

素人に芝居をつける上では説明のうまさがものをいう。山田洋次はそこでも完璧だった。

お祭りで馬の競走をやるシーンがあった。高倉がそのレースに参加している。山田はプロンプターで、素人の人たちに指示した。

「その雰囲気で全部やってください。どんな状況でも大丈夫ですから、やってください」

やがて本当にその土地のお祭りに加わっているような雰囲気が立ち上った。俳優はその中に入り込んで演技をしている。違和感はまったくなかった。

青木は思った。

〈やはり山田監督はすごい。松竹の監督は、こういう演出の仕方をするんだ〉

高倉健のキャリアにとっても山田洋次との出会いは大きかった。青木はそう考えている。

田岡《たおか》一雄《かずお》の男ぶりに惹かれた高倉

『駅 STATION』がまだ製作中の昭和五十六年七月二十三日、山口組の田岡一雄・三代目組長が急性心不全で死去した。

高倉健は『山口組三代目』と、その続編の『三代目襲名』で田岡一雄を演じている。だが、高倉は葬儀には出席せず、特に弔意を示すこともなかった。

これは高倉の流儀である。離婚はしたものの、生涯思い続けた江利《えり》チエミが亡くなったときでさえ、弔問は辞退している。だが、山口組関係者がそんな事情を知るはずもない。

「映画で三代目の役をやっていながら、肝心の死に目で親分に恥をかかせよった」

体面を重んじるヤクザ社会にあって、高倉の振る舞いは一部の幹部をおおいに刺激した。

「何考えとんや、あいつは。いてまえ！」

山口組内部で極秘裏に指令が出された。

ちょうどその頃、青木卓司は北海道・函館に向かった。高倉主演の『駅　STATION』の撮影に参加するためだ。青木の出番はワンシーンのみだった。

現地に到着し、さっそく高倉のもとに挨拶に出向いた。

「親父さん、おはようございます」

「おう、おまえ。来たか」

「今日撮ったら、明日帰らなくちゃいけないんです」

青木の何気ない一言に高倉の表情が曇っていった。

「そうか。おまえがいりゃ、安心なのにな」

「何かあったんですか？」

「いや。聞いてるか？」

「何なんです？」

山口組の動きはすでに高倉の耳にも届いていた。撮影が終わると、青木は後ろ髪を引かれる思いで帰路についた。

結果的に高倉や青木の懸念は杞憂《きゆう》に終わった。その後、すぐに指令は解除されたからだ。

「高倉健を狙ってはならない」

反対にそうした声が山口組内部で大勢を占めるようになっていた。

高倉健は確かに田岡一雄の葬儀に姿を見せなかった。神戸《こうべ》市灘《なだ》区の本家を訪ねてもいない。

だが、死去から一年と経たないある月命日に、田岡の墓前に白い花が手向けられていたことがあった。

「誰が供えているんだろう?」

そんな疑問が浮上する中、目撃者が現れた。

「間違いない。あれは高倉健だった」

早朝に墓前に線香を上げ、花を供えて立ち去る姿を見たというのだ。

目撃証言を受け、田岡一雄の夫人・フミ子も口を開いた。

「言うたやろう。健ちゃんはそんな人やないのや。表には出ない人やから。お父ちゃん(田岡一雄)は知ってるんや。そやから、誰か見張っときって言うたんや。案の定、健ちゃんやったやないか。今後、健ちゃんに何かあったら、あんたら破門じゃ済まへんで」

高倉襲撃指令は実行されずに済んだ。だが、現実に田岡一雄のようなアウトローを演じている以上、裏社会がどんな形で迫ってくるかはわからない。高倉健が新幹線をほとんど利用しないのはそのためだ。万が一、襲われたときの危険度が高い。

高倉は東京《とうきょう》から京都に移動する際にも飛行機を使うことが多かった。単純に列車よりも接触する人の数が少ないからだ。

人知れず、こんな苦労まで強いられる。高倉を見るたびに青木は思った。

〈映画俳優、いや、スターってのは大変な仕事だな〉


「演じる役柄を好きになれないと、僕はできない」

高倉健は常々そう公言してきた。高倉が演じてきたのは市井の名もなき善人ばかりではない。背中に刺青を背負った渡世人はもとより、実在する大物に扮《ふん》することも少なくなかった。

山口組三代目・田岡一雄もその一人だ。田岡は細かいことにあまり躊躇《ちゅうちょ》しない男気のある人物だったという。高倉は生き方に惚れ、役を気に入って演じていたのだろうか。

昭和六十年一月二十六日、山口組四代目・竹中正久《たけなかまさひさ》が大阪府《おおさか》吹田《すいた》市のマンションで待ち伏せていた一和会二代目山広組系組員に銃撃された（意識不明のまま翌二十七日に死亡）。このときもたまたま青木は高倉と一緒にいた。ニュースを聞いたときの高倉の反応はよく覚えている。

青木自身は田岡一雄とは会っていない。一度だけ、田岡が出席する会食の席に高倉を車で送り届けたことがあるだけだ。

京都・嵐山《あらしやま》の料亭・吉兆だったと記憶している。田岡一雄と竹中正久が同席すると聞いていた。青木が運転する車から降り、高倉は席に向かった。あとで俊藤浩滋が合流している。

青木は車で待った。とても自分が加われるような場ではない。そのことはよくわかっている。

食事をしながら、四方山話《よもやまばなし》に花が咲いたようだ。出てきて、車に乗ったとき、高倉は機嫌がよかった。

山口組二代目・山口登《やまぐちのぼる》は駆け出しの田岡一雄を「熊」と呼んでかわいがった。当時の逸話を聞いて、高倉が「おお、頼もしいな」と言っていたのを覚えている。

『山口組三代目』の続編の『三代目襲名』で、青木卓司は山口組三代目若頭・梶原清晴《かじわらきよはる》を演じている。兄貴分の地道行雄《じみちゆきお》役は渡瀬恒彦《わたせつねひこ》である。この配役に対して、梶原組から抗議があった。

「うちの親分の役を、なんで無名の役者がやるんや？」

若い衆がわざわざ東映に乗り込んできた。東映側もそこは心得ている。

「いや、実は、あの人は高倉健さんのたった一人のお弟子さんで」

それを聞くと、いきり立っていた梶原組組員の態度ががらりと変わった。

「あ、そうだったんですか？」

『山口組三代目』『三代目襲名』が製作されていた頃は東映が実録路線を邁進《まいしん》していた時期に当たる。山口組関係者が撮影所を訪れるのは珍しいことではなかった。駐車場にいかにもという感じのリンカーンが停まっていることもあった。機関銃の弾痕が鮮やかに残る車で乗り付ける者もいた。

実録路線の名作の数々はそうした交流の中から生まれている。現在なら、コンプライアンスに引っかかって、即座にアウトとなるだろう。

高倉健と田岡一雄は、高倉が田岡を演じているほどだから、面識があった。だが、しょっちゅう会うようなべったりした関係ではない。

前出の京都・嵐山での会食後は『山口組三代目』の試写、『三代目襲名』の撮影中など、顔を合わせたのは数回だけである。

頻繁に会うことがなかったのは田岡一雄の人となりに原因がある。

「俺は健ちゃんとは会わない」

田岡自ら、高倉のことを想い、あえて一線を引いたのだ。

高倉が田岡の男ぶりに惹かれたとすれば、こういったところかもしれない。

鶴田浩二《つるたこうじ》は、若い頃、田岡の不興を買い、襲撃事件が起きている。これとは対照的だろう。

鶴田浩二の選挙応援と山本健一《やまもとけんいち》との談笑

といっても、鶴田浩二が田岡一雄率いる山口組と不和のままあったというわけではない。

話題がちょっと飛ぶが、鶴田浩二は、政治家の選挙応援に駆けつけたこともあった。

昭和五十一年、田中角栄《たなかかくえい》の懐刀と言われた後藤田正晴《ごとうだまさはる》が、郷里の徳島《とくしま》県から衆院議員総選挙に出馬したときである。

後藤田は二年前の昭和四十九年七月七日投票の参院選にも出馬したが、三木派の久次米健太郎《くじめけんたろう》と争うことになった。選挙戦は保守が真っ二つに割れる壮絶なものとなり、後藤田は敗北した。

今回の衆院選では、徳島県全県区から立候補し、時の内閣総理大臣である三木武夫《みきたけお》と直接対決しなければならない。

山口組の神戸《こうべ》芸能社から、鶴田に連絡が入った。

「鶴さん、投票日の二日前に、後藤田先生の応援のため徳島へ行ってくれませんか」

後藤田は元警察庁長官である。当然、山口組とのつながりがあった。投票日は十二月五日である。

鶴田は、頼まれたとおり、徳島入りすることを決め、マネージャーに声をかけた。

「徳島に行こう」

十二月三日の朝、飛行機で徳島へ飛んだ鶴田は、街宣車に乗って三日、四日の二日間、選挙応援を手伝った。

当時の選挙戦は、それぞれの支持者たちが一斗缶に火を焚《た》き、暖を取りながら敵が街宣車で乗り込めないよう見張っているのが普通だった。

そこで鶴田は、「歩いて回ろう」と言って、一斗缶に集まる人々のもとを徒歩で回って「頑張ってくれよ」と声をかけた。

そのなかには、なんと後藤田の政敵である三木武夫を応援する者たちもいた。

鶴田は約二時間、寒い中を夜十一時ごろまで歩き、後藤田への投票をお願いして回った。

鶴田の応援も功を奏し、後藤田正晴は六万八千九百九十票を獲得し、トップで十万二千五百十九票の三木に続く、二位で当選を果たした。

後藤田正晴

後藤田本人だけでなく、田岡一雄もことのほか勝利を喜んだ。
田岡の招待を受けた鶴田浩二は、密かに神戸の三宮《さんのみや》に入り、山本健一からナイトクラブで接待を受けた。
店には他の来客もあったが、「ヤマケンさんと鶴さんが飲みに来ている」と耳打ちされるとあきらめて帰る。自然、貸し切り状態となった。

その後は、お祝い気分でハシゴをし、別の店に移った。

すると鶴田が「親分さん、歌を歌うわ」と言い、マイクを握った。選んだのは古賀政男《こがまさお》作曲、佐藤惣之助《さとうそうのすけ》作詞で藤山一郎《ふじやまいちろう》が歌った『男の純情』で、これ以上ないというくらい、一生懸命に歌いあげた。鶴田はこの歌の歌詞が一番好きであった。

♪影はやくざにやつれても
きいてくれるな　この胸を
所詮　男のゆく道は
なんで女が　知るものか

店の女の子二十人に囲まれた山本健一は、たいそう喜んで「俺も歌う」と言い出し、アメリカのジャズを披露した。

二十年以上前に、山本健一が起こした鶴田浩二襲撃事件のわだかまりは、そこにはまったくなかった。

その様子を目《ま》の当たりにした人々は、ささやき合った。

「二人は、メチャクチャ仲がええやないか」

松竹映画や舞台を楽しむ若山富三郎《わかやまとみさぶろう》

高倉健から鶴田浩二に話が移ったところで、他の俳優たちの〝脱東映〟関連について話しておこう。

田中健《たなかけん》は、昭和五十四年九月十五日公開、木下恵介監督の松竹映画『衝動殺人　息子よ』で、若山富三郎と共演することになった。その前年の東宝映画『火の鳥』で初共演となったが、このときは一緒に仕事をする機会はなかった。

若山が怖い人だ、というイメージはあった。ところが、実際に会ってみるとまったく違う。若山は田中のことを「健坊、健坊」と呼んで、まるで息子のように可愛がってくれた。芝居で一緒になるたびに、いつも何かを買ってきてくれる。

若山演じる主人公の妻は、高峰秀子《たかみねひでこ》が演じた。田中健は二人の一人息子の役である。息子は町工場を経営する父親のあとを継ぐべく、勤務先を退職して父親の工場で働き始める。そんな矢先、通り魔に腹部を刺されて重傷を負い、父親に「仇はとってくれよ」との言葉を残して死んでしまう。

木下恵介監督は、このとき、高峰に突然言った。

「高峰さん、田中君の足の指を舐《な》めて。親指から口に含んでください」

死んで布団に横たわる演技をしていた田中は、ビックリして高峰に謝罪した。

「すいません、俺まだ足洗ってなくて……」

田中は後悔した。

田中健

高峰秀子

〈ああ、こんなことなら、ちゃんと足を洗っておけばよかった〉

が、急に言われたのだからやむを得ない。高峰は木下監督の言うことを聞き、田中の足の指を含む芝居をした。

若山は、そんな無茶振りをする木下恵介監督とも、非常にうまくいっていた。

田中は改めて、若山の演技力をすごいと思った。

〈やっぱりリアリティがあって、本当に芝居の上手な人だなあ〉

若山富三郎は、この『衝動殺人』で第五十三回キネマ旬報主演男優賞、第二十二回ブルーリボン賞、第三十四回毎日映画コンクール賞、第三回日本アカデミー賞などの主演男優賞を受賞した。

田中は、一緒に芝居をするうちに、まるで若山が本当の父親のように思えてきた。

ところが、東映の撮影所にいる若山富三郎は違った。若山の控室の前には、いつも長蛇の列があった。若山に挨拶するため、共演者たちが並んで待っているのだ。周囲から「先生が来てるよ」と耳打ちされれば、挨拶に行かないわけにいかないらしい。田中もみんなに倣ってその列に加わり、挨拶をした。

「おう、健坊」

田中と接するときの若山は、松竹で共演したときの柔和な雰囲気そのままだった。五、六人いるお付きの人が、若山の態度を見てホッとした表情を浮かべている。ところが、次にやって来た俳優を前にした若山は、グッと厳しい顔つきに変わった。

田中は思った。

〈松竹のときと、東映のときと、わざわざ態度を変えているんだ〉

ホームグラウンドである東映での若山はがぜん厳しくなり、その態度はまるで本物のヤクザのようだった。いっぽう、松竹で仕事をしたときの若山は、「よそから来た客人」の立場を貫いていたらしい。

東映の俳優会館の控室は二階にある。廊下を挟んで左右に複数の部屋が並び、その一番左奥が若山富三郎の部屋である。その隣が高倉健の部屋と決まっており、この二部屋だけは他の者の使用が禁止されていた。

若山富三郎は、自分のことを「先生」と呼んでいた。「先生はな、こう思うぞ」といった調子である。だから周囲の人たちも、みんな若山を「先生、先生」と呼ぶ。田中も、東映ではそれに倣うことにした。

不思議なことに、ほかの者にはあれほど厳しい若山は、田中にだけは普通に接してくれた。田中自身、〈俳優のなかで自分が一番可愛がってもらったのではないか〉と思うほど、あれこれ世話を焼いてくれた。

若山は、酒を飲まない分、いつも饅頭《まんじゅう》など甘いものを口にしていた。それでもみんなと一緒にワイワイ騒ぐのが好きで、稽古が終わると共演者やスタッフみんなを連れ、飲みに行くのが常だった。

あるときは、三十人も引き連れて高級焼き肉店に入った。若山がみんなのために頼むのは、すべて特上肉ばかりである。

田中健は、ご馳走になりながら思った。

〈こんな良い肉を、みんなに大盤振る舞いしても大丈夫なのかな〉

若山のマネージャーを見ると、ひどく険しい表情をしている。確かに、こんな金の使い方をしていては、三、四回みんなと食事をするだけでギャラが吹き飛んでしまうだろう。

若山は女の話はしなかったが、役者の昔話などを披露してくれた。

「昔、田宮《たみや》二郎《じろう》がヤクザの女に手をつけて、連れ去られたことがあった。だから俺が助けに行って連れ戻してきたんや」

昭和五十七年三月、有島武郎《ありしまたけお》原作、山本陽子《やまもとようこ》主演の舞台『或る女　葉子・その愛』が新橋《しんばし》演舞場で一カ月間、公演されることになった。

船長役で、二枚看板の主役の一人である若山富三郎は、本番でもルール破りを平然としてのけた。

まず、事前にスタッフが舞台上に印をつけ、「主役の山本さんはこの位置」「若山さんはこの位置」と定めた場所を無視した。自分が良いと思った場所を占拠するのである。しかも、出番以外のときも、ずっと舞台に出ずっぱりだった。まったく関係のないシーンであっても、舞台に居座って新聞を読んだりして、遊んでいるのである。

山本陽子

物語は純文学が原作でシリアスなのに、勝手にジョークも挟んだ。山本陽子と船の上で話す場面は、恋愛がらみの真面目な会話が交わされる。ところが若山は、いきなりギャグをかましてきた。

「今日は、風が『ちゃっぷい』ですからねぇ」

この頃、金鳥が使い捨てカイロ「どんと」を発売し、桂文珍と西川のりおが「ちゃっぷいちゃっぷい、どんとぽっちい」と叫ぶテレビコマーシャルが流行していた。ちゃっぷいとは寒い、ぽっちいとはほしいという意味である。小学生が冬の登下校時などにコマーシャルの真似をするほど流行ったが、それを若山がシリアスな場面で使ってしまうのだから、芝居の雰囲気が壊れてしまう。会場からはどっと笑いを取れるものの、あまり良いことではなかった。

若山はこのように、まったく物語にそぐわない台詞を使い、アドリブをきかせまくった。その相手をする山本は、さぞ大変だったろう。また、演出家は文学座で有名な人である。彼は若山のアドリブをどう思って見ていただろうか。

共演した書生役の田中健は、半ば呆れて若山を見ていた。

〈ここまでいろいろ考えて演技を楽しむ人を、見たことがない。しかし、ちょっと楽しみすぎだ〉

田中は、このように無邪気で優しい若山の姿ばかりを見ていた。だから周囲の人みんなが「あの人は怖い」と言っても、ピンとこなかった。

昭和五十九年、若山富三郎は心筋梗塞で入院。その後、ハワイで血管五本に及ぶバイパス手術を受けた。手術は成功したものの、喘息《ぜんそく》、糖尿病にも構わず不摂生を続け、平成二年（一九九〇）には医師から余命宣告を受けてしまった。若山は京都市左京《さきょう》区にある京大病院に入院し、週三回の人工透析を余儀なくされた。

若山から息子のように可愛がってもらっていた田中健は、若山が心配でならなかった。顔を見ずにはいられなくなり、二回ほど病院へ見舞いに行った。が、二回とも若山は透析の最中で眠っており、話をすることは叶わなかった。

「差し込み」のカットを一発撮了にした鶴田

『男たちの旅路』を担当したＮＨＫのチーフプロデューサーの中村克史は、鶴田浩二が大久保利通役で出演した大河ドラマ『獅子の時代』でも、演出を担当した。

『獅子の時代』は、昭和五十五年一月六日から十二月二十一日に放送された大河ドラマで、菅原文太《すがわらぶんた》演じる会津藩の下級武士である平沼銑次と加藤剛《かとうごう》演じる薩摩藩郷士の苅谷嘉顕を主人公とし、明治維新の勝者側である薩摩の嘉顕と敗者側の会津の銑次がそれぞれの生き方を貫いて幕末から明治を生き抜いていく様子を描いた。

脚本は、『男たちの旅路』の山田太一が初めて大河ドラマを担当した。

鶴田浩二にとっても初めての大河ドラマであった。

中村が語る。

「『獅子の時代』は『男たちの旅路』と同じ近藤晋《こんどうすすむ》プロデューサーで、脚本も山田さんですから、鶴田さんはその頃はもう山田さんのことを大変信頼していて、山田さんの脚本ならばなんでも出るという感じでした」

鶴田演じる大久保は、紀尾井坂《きおいざか》で新政府に不満を持つ士族たちに暗殺される。

この場面がドラマで描かれるとき、たいていは大久保は暴れずに暗殺されることが多いが、鶴田演じる大久保は、剣を振り乱し、抗戦する。殺陣《たて》のシーンが取り入れられているのだ。

『獅子の時代』は、メインの登場人物二人が架空の人物で、彼らが史実や、歴史上の人物たちと絡む話なので、山田の脚本づくりが困難を極めたという。

中村たち演出陣も、脚本づくりに駆り出され、年表を手伝ったりとずいぶん苦労したという。

「材料つくりが大変でした。ふだんの大河ドラマでやらないところまでやりましたから」

音楽にダウン・タウン・ファイティング・ブギウギ・バンドを起用したことも話題を呼んだが、採用されるまでは困難があったという。

「まず部長の許可をとるのも大変でしたが、ＮＨＫ交響楽団からの反発もあって、何番目かの若手の指揮者にやってもらいました。条件として、ダウン・タウン・ファイティング・ブギウギ・バンドとN響とを違うスタジオでの別録音にしてくれということになったりもしましたね」

『獅子の時代』は、映画界出身の菅原文太と演劇界出身の加藤剛とそれぞれルーツが違う俳優が主演だった。

中村が語る。

「二人は芝居の質がまったく違います。加藤剛さんは積み重ねていくタイプで、文太さんはその場の感覚を大事にしていくタイプ。二人の調整が大変でした」

加藤と菅原の間で揉めることはなかったが、撮影現場に加藤剛の妻がマネージャーとして同行していて、そちらに気を使ったという。

「奥さんがキャメラの脇に立って、毎シーン毎シーン、加藤さんの目線を決めるから大変でした」

菅原文太演じる平沼銑次は、画面の中を縦横無尽に動いていた。従来のテレビドラマ俳優とは違い、菅原は全身で芝居をしたがるタイプだった。

「テレビドラマは生放送で始まったものですから、だいたい座ってセリフのやりとりでそれぞれの顔を撮っていく。舞台劇の延長みたいなところからスタートしているんです」

伊吹吾郎《いぶきごろう》が鶴田と共演した作品は、五木寛之《いつきひろゆき》の同名小説を原作とした『戒厳令の夜』もある。

昭和五十五年七月五日公開の作品で、山下耕作《やましたこうさく》が監督で、当初は海外ロケもあり、スケールの大きな作品となると期待されていた。

ところが、スポンサーだったマリンフーズが倒産してしまったのである。

伊吹は、そのことをロケしていたときに知らされた。

それから間もなくした朝、撮影現場にやって来た鶴田が言った。

「おい、みんな、スポンサーが倒産したからな、この映画やったって、劇場にかかることはないぞ」

主役の鶴田の言葉である。誰もがうすうす感じ取っていた現実を、改めて見せつけられた気がした。

しかし、その後、新たなスポンサーがついて規模を小さくした形で撮影は続行することになった。

伊吹は、鶴田とは、これが最後の作品となった。

その後、プライベートで会うこともなかった。

現場に台本を持ち込んだことがない。鶴田浩二にはそんな伝説が付きまとっていた。

昭和五十五年から五十六年にかけて東京12チャンネル（現・テレビ東京）で放映されたテレビドラマ『悪党狩り』に鶴田浩二は出演した。鶴田さやかも共演を果たしている。

原作は藤沢周平《ふじさわしゅうへい》。北町奉行所定町廻り同心の神谷玄次郎（尾上菊五郎《おのえきくごろう》）と町医者の新村出（鶴田浩二）が、秘密裏に悪党を退治する勧善懲悪型の時代劇。尾上菊五郎の義父で東映を代表するプロデューサー・俊藤浩滋が自身の個人事務所『藤映像コーポレーション』と共に企画と製作に参加。レギュラーの鶴田浩二・池玲子《いけれいこ》・品川隆二《しながわりゅうじ》をはじめ、ゲストに菅原文太・黒川弥太郎《くろかわやたろう》・桜町弘子《さくらまちひろこ》・梅宮辰夫《うめみやたつお》など東映系の俳優も多数出演、端役も東映京都の大部屋俳優で占められ、殺陣も東映剣会の殺陣師が担当するなど、製作は松竹だが東映色の強い作風となっている。

撮影は松竹京都撮影所でおこなわれた。ある日のこと、スタジオの隅では鶴田が自分専用のディレクターズチェアに腰を下ろしていた。さやかはそこから少し距離を置いてじっと様子をうかがっていた。

ちょうど撮影には待ちがかかっていた。差し込み待ちである。「差し込み」とは台本が間に合わなかった場合に現場で急遽《きゅうきょ》配布される紙のことだ。セリフやト書きが書き込まれている。

やがて差し込みが来た。助監督は恐る恐る鶴田に差し込みを手渡した。

「こんなの、今頃すみません」

助監督の手は震えているようにも見えた。それはそうだろう。大スターに新しいセリフをその場で言ってもらわなくてはいけない。ギリギリのタイミングだ。たじろぐなというほうが無理だろう。しかも、この差し込みにはかなり長めのセリフが書かれていた。

鶴田は差し込みを一応は受け取った。「何なんじゃ」とつぶやきながら、手元の差し込みをひょいと見ている。「はぁん」とうなりながら、ひととおり読んだようだった。

鶴田は腕を組んだままじっと押し黙っている。スタジオ内の空気は凍りついたようだった。

「はっ」

鶴田は吐き捨てるようにそう言うと、差し込みをポンと投げた。鶴田についている弟子が慌ててそれを拾う。

「おうっ」

続いて鶴田は椅子から立ち上がった。撮影を再開してもいいという意思表示である。

監督以下、スタッフや他のキャストは一斉に慌ただしく準備に取り掛かる。

「用意、スタート」

本番が始まる。問題の長ゼリフを鶴田は淀みない口調で難なくこなしてみせた。

「ＯＫ」

差し込みで付け加えられたカットを一発で撮り終えた。

〈すっごい、この人〉

一部始終を見ていたさやかはただ驚くばかりだった。

「ろくでもないセリフ書いてきやがって」

またも吐き捨てるように言いながら、鶴田は椅子に腰を下ろした。だが、さやかは鶴田の心情を見抜いていた。

〈お父さんはきっとあのセリフが気に入っていたんだ。だから、やった。そうに違いない〉

伝説は本当だった。現場に入る際、鶴田は台本を持つことがない。共演者のセリフまで頭に入っている。差し込みで付け加えられたセリフも初見でみごとにこなしてしまう。

さやか自身にはとうていできそうもない芸当だ。決して素敵だとは思わない。

鶴田と対照的だったのが丹波《たんば》哲郎《てつろう》だ。セリフを覚えない。台本にも目を通さない。カンニングペーパーを見ながら本番に臨むのが常だった。

だが、これは良い悪いの問題ではない。俳優がどう演技を組み立てるかは十人十色。鶴田は鶴田、丹波は丹波に適した手法がある。それだけのことだ。


『警視庁殺人課』は昭和五十六年四月から十月までテレビ朝日系で放映された全二十六話のドラマである。制作にはテレビ朝日、東映と並んで『藤映像コーポレーション』が入っている。この会社は東映から独立した俊藤浩滋が起こしたものだ。

このドラマは俊藤の企画。東映東京撮影所で撮られた。菅原文太を主役に据え、メイン監督は中島貞夫《なかじまさだお》が務めた。アクションものは東京撮影所お得意のジャンルだ。

菅原文太にとって、民放での連続テレビドラマの初主演作であった。

菅原は、ニューヨーク市警での勤務十年を経て帰ってきた「ミスター」こと五代警部役。彼を中心とした警視庁の新設セクション「殺人課」の活躍を描いたアクション刑事ドラマである。ミスターと彼の元で特殊訓練を積んだ刑事たちが凶悪犯罪に立ち向かう。

鶴田浩二は、ミスターの上司で理解者の田丸隆一郎警視庁刑事部長役。ミスターとは若いときからの付き合いで、仕事以外では先輩と呼ばれている。刑事部長という立場ながら自ら現場に立ち、狙撃もおこなう行動派である。

鶴田は、「文太の引き立て役は嫌だ」「テレビには出たくない」といった愚痴はこぼさなかった。昭和五十年代後半ともなってくると、菅原をメインにするほうが企画が通りやすい時代になってきた。菅原もその点はよく理解している。鶴田を立てるところは立てた。スター意識がないわけではないが、そこは抑え込む。それでも、出てしまうことはあったが、この現場で鶴田と揉めることはなかった。

なお、ミスターの妹で車椅子生活を送っている五代加奈子役に鶴田の娘の里見奈保（現・鶴田さやか）を当てている。

さやかは、父と共演を果たすことになった。俊藤の差配でさやかもキャスティングされた。

現場での菅原は「優しくていい人」だった。さやかにとって、菅原は「ナイスガイ」だ。『メンズクラブ』のモデルをしていただけあって、スタイルがいい。「モデル出身」の印象が強かった。

菅原は『仁義なき戦い』や『トラック野郎』で一気にスターの座に上り詰めた。さやかが見ても当たり役だった。

『警視庁殺人課』では文太が主役で鶴田は脇に回っている。東映時代の序列とは違った配役となった。だが、鶴田はそんなことはまったく気にかけていなかった。

かつての盟友で兄貴分でもある俊藤に「兄弟、文太を助けてやってえな」と頼まれたら、断るわけにはいかない。

「うん、ええで。トメで出てやるよ」

と出演を快諾している。菅原にとっては「叔父貴」のようなものだ。

菅原は鶴田を「おやっさん」と呼んでいた。菅原は、もともと安藤昇《あんどうのぼる》との縁で、松竹から安藤を追うような形で東映に移籍し、若山富三郎に可愛がられていたこともあった。菅原の側には外様意識があったかもしれない。

昭和五十六年八月八日公開の松林宗恵《まつばやししゅうえ》監督『連合艦隊』（東宝）に鶴田さやかは小田切美代役で出演している。主演の一人・中井貴一《なかいきいち》の妹役。中井はこの作品でデビューを飾った。さやかは思った。

〈貴一は素晴らしい拵《こしら》えでデビューを飾った。よかったな〉

この作品にはさやかの父・鶴田浩二も第二艦隊司令長官・伊藤整一役で特別出演している。共演ではあるが、直接二人が絡んだシーンはなかった。

この作品での鶴田は、実にかっこよかった。娘としての身びいきではなく、さやかはそう感じた。戦争映画は鶴田にとって聖域だった。軍人としてのものの捉え方は鶴田の血の中に溶け込んでいる。

鶴田が出演した戦争映画で、鶴田さやかにとって、特に印象深かったのが昭和四十九年九月十四日公開の『あゝ決戦航空隊』（東映）である。鶴田は大西瀧治郎役で主演だった。さやかはこの作品を見て思った。

〈普通じゃない。あの人、普通じゃないわ〉

劇中の鶴田は芝居をしているようには見えなかった。大西が降りてきて、鶴田の体を使っているのではないか。どうしてもそんなふうに見えてしまうのだ。

『連合艦隊』でのさやかの芝居について鶴田は特に何も言わなかった。いつものことだ。

第18章　東映社長跡目争い

岡田茂《おかだしげる》と俊藤浩滋《しゅんどうこうじ》とのあいだに生まれた確執

昭和四十八年（一九七三）、『仁義なき戦い』が大ヒットすると、東映社長の岡田茂は「任俠路線」から「実録路線」に転換しようとした。このために任俠映画のスターを抱えていた俊藤浩滋とのあいだに確執が生まれた。

「鶴田《つるた》浩二《こうじ》も高倉健《たかくらけん》も、しばらくやめや」

岡田は俊藤浩滋にそう言い放った。俊藤は岡田とともに任俠路線を切り開いてきたプロデューサーである。岡田と俊藤の蜜月関係は終わり、溝が深まっていった。

俊藤は鶴田浩二、高倉健、菅原文太《すがわらぶんた》、若山富三郎《わかやまとみさぶろう》ら、東映のスターたちのマネージメントも手がけていた。鶴田を東宝から引き抜き、高倉を任俠映画で開眼させ、菅原・若山をスターダムに押し上げた。彼らにとって俊藤は恩人だった。

いっぽう、俳優陣も長年続いた任俠路線で疲弊していた。着流しヤクザを主人公とする作品はラストで殴り込みのワンパターンを繰り返す。俊藤がつくりあげた「善玉のヤクザ」が棲《す》む世界は一種のファンタジーだった。

「またヤクザか。もう嫌だ」

そんな不満がだんだんと高じてきた。

俊藤はこれを好機ととらえる。スターたちを引き連れ、東宝への移籍を画策した。昭和五十年代半ば頃まで東映の興行成績は東宝を上回っていた。東宝との交渉は優位に進めることが可能だ。

いよいよ東映を割って出ようと腹を決めた俊藤は、菅原文太に電話をかけた。

菅原は昭和四十二年、安藤昇《あんどうのぼる》とともに松竹から東映に移籍。当初はほんのちょい役しかつかなかった。高倉健はその頃からヤクザ映画にあまり乗り気ではなかった。高倉向けに用意された企画に文太は次々と主演していく。そこから火が点いて、『仁義なき戦い』での大爆発につながった。道をつけたのは俊藤である。

任侠路線が下火になっているのは誰の目にも明らかだった。鶴田や高倉が東映に見切りをつけるのはわかる。だが、岡田が推進する実録路線の主軸は菅原だ。

俊藤は受話器を握りしめた。

「おう、文太。よく聴け。わしはな、岡田さんと揉《も》めた」

菅原は無言である。

「東宝へ行くつもりでいる。おまえはな、残ったら、金看板やろ。鶴田も高倉も若山もおらんのや。おまえの天下や。おまえは京都《きょうと》へこれから来い。断ってもええ。残るもええ。一緒に出るもええ。お前の腹一つや。俺はお前に頼むことはない。お前は岡田さんと揉めてないんやから。頭ごなしに『あああせえ』『こうせえ』と言うことは俺にはできん」

菅原は即答を避けた。一生がかかっている。簡単に答えは出せない。

二時間半、考えあぐねた。残れば、金看板。東宝に移れば、その先は未知数だ。悩んで、悩んで、悩み抜いた。

俊藤宅の電話が鳴った。菅原からだ。すぐに受話器を取る。

「わたしは俊藤さんに拾われてここまできました。俊藤さんについて行きます」

これで流れは決まった。東宝移籍が実現すれば、東映の屋台骨はガタガタになる。

菅原の決意はどこからともなく岡田に伝わった。東映を代表するスターは一人もいなくなる。松方弘樹《まつかたひろき》、北大路欣也《きたおおじきんや》、渡瀬恒彦《わたせつねひこ》、梅宮辰夫《うめみやたつお》、千葉真一《ちばしんいち》らだけではとても立ち行かない。

〈ここは俺が下がらんといかんな〉

そして、岡田は俊藤に引いてみせた。

「考えてみりゃ、東映がヤクザ映画でここまでこられたのは俊藤さんのおかげや、全部な。わしもわがまま言いすぎた。会社側に立ちすぎた。これもわしとすれば、立場上しょうがないことやけど。もう一回やり直さんか？」

結果的に東宝移籍は流れた。鶴田、高倉、菅原、若山はすべて東映に残留。俊藤も今までどおりプロデューサーを務める。だが、いったん決めた移籍を見送った後遺症は俊藤を苦しめることになる。

まず、岡田や俊藤と高倉の距離は縮まらなかった。以後、高倉は俊藤が意のままに操れる俳優ではなくなる。

『神戸国際ギャング団』の撮影中、崩れそうな岩があった。高倉はそのことに気づいた。

「危ないから、直しとけよ」

だが、岩はそのまま捨て置かれた。高倉の予想どおり、本番中に崩れ、高倉は怪我を負う。入院を余儀なくされた。

これに気分を害し、俊藤をさらに避けるようになる。

後述する『修羅《しゅら》の群れ』は松方弘樹主演。鶴田浩二、菅原文太も花を添えている。だが、高倉健の出演は実現しなかった。

この映画にモロッコの辰の若衆川内三喜役で出演した岡崎二朗《おかざきじろう》によると、そのころ、俊藤にとって使いやすい手駒は松方弘樹となっていた。大映からの出戻りという点でも使い勝手がいい。

「なかなか。ええ年になって。よくなってきたな」

周囲にもそう漏らしている。

これに反発したのが菅原文太である。『修羅の群れ』ではグッと堪《こら》えながら演じていた。

〈なんで稲川《いながわ》さんの役が俺じゃないんだ？　健さんと張り合っている役者といえば、俺だろう。大映に行って帰ってきた松方が主役なんだ？　俺は俊藤さんに「ついて行きます」と誓ったのに……〉

『修羅の群れ』の撮影当時、主人公のモデルとなった稲川聖城《せいじょう》会長が催した新年会にも菅原は姿を見せなかった。表向きはCMが決まっていることを理由にしている。

だが、実は新年会の前日、菅原は稲川に挨拶している。当時、NHKの大河ドラマ『獅子の時代』に菅原は出演中だった。そのことを稲川会長が気遣ったのだ。

「文ちゃん、あんたは今、NHKに出とるんだから。いろいろ面倒なことがあるかもわからん。だから、いいよ、いいよ。今日は来ただけで嬉しいよ」

稲川会長はそう言って、笑顔で菅原を出迎えた。

岡田を「助ける」俊藤の東映東京《とうきょう》本社行き

ところで、岡田と俊藤の確執は、傍目《はため》からは「東映社長の跡目争い」に見えた。

この社長後継争いということでは、当然ながら発端は、遡《さかのぼ》っての昭和四十六年八月十七日、東映初代社長の大川博《おおかわひろし》の死去による。

余人の見るところ、後継をめぐって熾烈《しれつ》な権力闘争が繰り広げられる。

岡田茂と俊藤浩滋の争いである。若山騎一郎《わかやまきいちろう》は後年、俊藤からこんな話を聞いた。

「俺は一度、勝プロに行こうとしたことがある」

五島昇

騎一郎の叔父・勝新太郎《かつしんたろう》は、こう言っていた。

「東映で岡田と俊藤は最後まで社長の座を争っていた。万が一、岡田が勝ち、言い分が通らなくなったら、俊藤は鶴田浩二や高倉健ら、配下の俳優たちを引き連れて勝プロに合流する話ができていた」

結局、岡田茂が社長に就任する。

だが、俊藤の計略は頓挫《とんざ》した。

騎一郎の見るところ、事態を収集したキーパーソンは京都撮影所の高岩淡《たかいわたん》所長だろう。

しかし実際は、俊藤にはナンバー2の肩書も、社長の肩書もまったく興味はなかった。

俊藤浩滋は現場で輝くタイプであるが、経営側はまったく違う。毎月二十五日の給料日までに金をかき集め、会議をし、さまざまな管理監督をする。なんでもどんぶり勘定の俊藤に、会社経営などできるはずもなかった。権力を重要視する者のなかには、俊藤に「神輿《みこし》に乗れ」とアドバイスする者もいた。

岡田も俊藤の能力を充分に理解していた。だからこそ、後継者となる組織のナンバー2になってほしくなかった。二番手というのは、カタギの世界でもヤクザの世界でも、最も難しいポジションである。たとえ社長の実子であっても難しい。常にソロバンをはじいて神経を尖《とが》らせていなければならないし、周囲からのやっかみもあり少しでも目立つと出る杭《くい》は打たれてしまう。

岡田と俊藤の確執は、東急電鉄の五島昇《ごとうのぼる》社長や、片岡千恵蔵《かたおかちえぞう》など、多くの人があいだに入って円満解決となった。現実は、そのようにして岡田が社長に就任した。

岡田は俊藤に言った。

「とりあえず京都におらんで、現場もちょっと休んで、東京本社に入ってくれ。そうすれば俺も助かる」

俊藤は「俺はそんなタイプじゃない」と言ったが、揉め事のあとの社長命令ではやむをえない。俊藤は京都をいったん離れ、東映東京本社の制作部長兼参与に就任した。

岡田が「助かる」と言ったのは本音だった。次から次へと映画の企画が持ち上がるので、俊藤にどんどんさばいてほしかった。

東京で俊藤は立派な個室を与えられ、背広を着て会社に通っていた。が、部屋に入ってふんぞり返っているだけの仕事など、俊藤にとってはつまらないだけだった。

鶴田浩二も、誰もいないときに俊藤の部屋に入って言っていた。

「兄貴、本社に入ってもしゃあないやろ」

東京で俊藤の楽しみといえば、現場のスタッフ七、八人を連れて、港区赤坂《みなとくあかさか》の蕎麦屋「砂場」で食事をし、ご馳走《ちそう》することであった。

何の気兼ねもなく、現場の空気を感じることができるからだろう。

「砂場」には、店のすぐ近くに本社を持つ芸能プロ「バーニングプロダクション」の周防郁雄《すほういくお》社長もよく来ていた。周防は、砂場で俊藤を見かけると、自分がまだ蕎麦を食べていなくても、黙って俊藤たちの分まで金を払って店を出た。同じ臭《にお》いがする俊藤のことを特別に思っていたらしい。

俊藤もまた、そうした気遣いをしてくれる周防のことを、特別に思っていた。

俊藤が言った。

「東京でも、バーニングの社長だけにはお世話になっとんねん」

実際は、バーニングから俳優の加藤雅也《かとうまさや》をちょっと借りたりしているだけで、特別に世話を焼いてもらっているわけでもない。

が、周防が俊藤を特別扱いするものだから、俊藤もそれに合わせていた。

俊藤の側近の川勝正昭は思った。

〈ああ、これが芸能界の人間関係いうものなんやな〉

結局、俊藤の本社通いは、ほとぼりが冷めた四年が限界だった。

俊藤は、誰に気兼ねする必要もない現場に復帰した。

『修羅の群れ』原作のための稲川会会長取材

岡田茂と俊藤浩滋について、筆者の想いを記すためにもまず私事から語っていく。

わたし（筆者）が稲川聖城稲川会会長と初めて会ったのは、東映の山下耕作《やましたこうさく》監督の映画『修羅の群れ』の原作を書くためであった。

東映の岡田茂社長が、稲川会長の半生を映画にしようということで、その原作をわたしが書くことになった。

岡田社長は、こう言った。

「稲川会長は、山口組の田岡一雄《たおかかずお》三代目と並ぶ日本の首領だ。関東のヤクザ、いや日本のもう一つの戦後史でもある。とことん話を聞き出せば、スケールの大きいドラマになる」

昭和五十八年（一九八三）の年明け、わたしは、さっそく俊藤浩滋プロデューサーと銀座《ぎんざ》の料理屋で会い、話を詰めた。

俊藤プロデューサーは、この映画の狙いについて熱っぽく語った。

「任侠映画も飽きられ、『仁義なき戦い』のような実録路線も撮ったが、これまた、殺伐としすぎて、飽きられかけている。そこで、タッチは実録調で、しかし、任侠の魂を残した映画をつくりたいのや。そのためにも、任侠の魂を、あなたのドキュメンタリータッチで描いてほしいのや」

わたしは、それまで描いてきた財界や政界でない、ヤクザの世界、それもその頂点を極め「首領」とまで呼ばれる人物に興味を抱いた。稲川会長が、住吉連合のように東京でもなく、山口組のように神戸《こうべ》でもない、神奈川《かながわ》県湯河原《ゆがわら》からスタートして、熱海《あたみ》を本拠としながら、稲川会をいかにして巨大な組織に成長させたのか、にも興味があった。

わたしは、さっそく、俊藤プロデューサーと稲川会の本拠である熱海に行き、稲川会長と会った。

稲川会長は、このとき六十八歳であったが、何より体のいかつさに驚いた。腕も太い。訊くと、大正三年（一九一四）十一月に横浜《よこはま》に生まれた彼は、十六歳のときから三年間、柔道を教える横浜浅間町《せんげんちょう》の吉岡道場の塾生をしていたという。柔道の腕を見込まれ、警察に誘われた。いっぽう横浜の保土ケ谷《ほどがや》を縄張とする堀井一家三代目の加藤伝太郎にも誘われた。警官になるかヤクザになるか迷ったすえ、結局、ヤクザの道を選んだという。

わたしは、一撃で牛を殺したといわれる「ゴッドハンド（神の拳《こぶし》）」の大山倍達《おおやまますたつ》極真空手総裁に取材し、『風と拳』という作品を描いていた。稲川会長にも、大山倍達に通じる肉体的迫力を感じた。

〈恐らく、若いときの稲川会長と一対一で素手で戦ったら、勝てる者は少なかったろうな〉

やはり、一対一で向かい合ったとき、相手にどれほどの脅威を与えるかは、力の世界で生き抜くためには必要なことであろうと思った。

稲川聖城

大山倍達

わたしは、稲川会長に十数回会い、取材を続けたが、その取材には、必ず俊藤さんが同行した。いい映画にしたいという鬼のような執念であった。

『修羅の群れ』の原作の取材中、今から振り返って、冷や汗の出る場面があった。

昭和五十八年の年明け、朝の十時から、熱海で稲原龍二のモデルの稲川聖城会長の取材が入っていた。ところが、週刊誌の連載小説がなかなか思いどおりに進まず、ついに一睡もできずに徹夜となってしまった。

わたしは、新幹線で熱海に向かいながら、さすがに不安にかられた。

森泉人

〈取材中、もしウトウトし始めたら、どうしよう……〉

相手は、人の震え上がる「首領」である。いくらこれまでの取材で最初の緊張感は解けてきたとはいえ、その取材中に目の前でウトウトしたら、いったいどうなるか。

朝の十時から、いよいよ取材を始めた。この日も、俊藤浩滋プロデューサーが同席していた。

わたしは、テープレコーダーを回しながら、質問を続けた。そのうち、恐れていることが起こった。眠気が、どうしようもなく襲いかかってきた。

〈いけない……〉

わたしは、右脚の太股《ふともも》を抓《つね》った。が、それでも眠気は治まらない。それどころか、執拗《しつよう》に眠気は襲いかかってくる。わたしは、血の滲《にじ》むほど太股を強く抓った。なお、眠気は襲いかかり続ける。さすがに俊藤さんも気づき、わたしに代わって質問を続ける。

稲川会長と同席している森泉人副理事長は、大親分の前でウトウトする物書きが許しがたかったらしい。顔を真っ赤にして怒りをあらわにしている。わたしにもはっきりと森副理事長の殺気立った雰囲気が伝わってくる。

俊藤さんも、さすがに困惑している。わたしは、体に冷や汗が滲んでくる。それでも、眠気は消えない。森副理事長の怒りの表情は、ついに爆発寸前となった。

そのとき、それを察したであろう稲川会長が言った。

「物書きは、大変だなあ。昨夜徹夜したんだろうが、普通なら、徹夜だったので、取材の日時をずらしてほしいと言うのに、無理を押してこうして頑張っている。いや、頭が下がる」

そのとたん、森副理事長の怒りが、その顔からスッと引いた。

稲川会長が、一瞬間をおいて言った。

「早めだが、昼食にしよう。取材は、午後の一時半からにしよう」

わたしは、ホッとした。

それまでは、昼の十二時から一時間食事して、午後の一時から取材に入っていた。が、稲川会長は、午後の取材の時間も一時半からとずらし、わたしの眠気を覚ます余裕を与えてくれたのである。

わたしは、早めに食事を終え、午後一時半からの取材まで、仮眠をむさぼり、午後の取材は、まともに質問ができた。

さすがに包容力のある親分であった。


わたしの原作による『修羅の群れ』の稲原龍二のモデルである稲川聖城会長は、横浜の堀井一家三代目の加藤伝太郎の若衆になるや、まず兄貴分の横山新次郎《よこやましんじろう》から教わったという。

「ヤクザの世界はな、馬鹿でなれず、利口でなれず、中途半端じゃなおなれず、という言葉がある。よく肝に銘じておけ」

その利口でなれずという言葉が深い意味を持っているという。

取材を通じて、若いころは「モーさん」と呼ばれるほど、獰猛《どうもう》な一面があらわであったこともわかった。

何しろ、バクチの最中、天井から女郎蜘蛛《じょろうぐも》が降りてくるや、ふいに手を伸ばし、パクリと口に放りこみ、ムシャムシャと食ってしまったという。これも、若き日の彼ならではの「稲川は何をしでかすかわからない」というパフォーマンスの一つといえよう。

荒くれ者ゆえ、敵も多かった。彼の活躍を嫉妬する仲間に、夜道で鉈《なた》で襲われ、頭を割られている。が、奇跡的に命をとりとめた。

彼は、襲われたとき、とっさに右手で頭をかばった。そのせいで、右手の人さし指が切れた。

横山新次郎

稲川会長は、前かがみになり、頭も見せた。頭には、鉈で割られた傷跡が、生々しく残っていた。

襲われてから二、三日後に見舞いにきていた横山は、いくらか落ち着いた稲川にしんみりと言ったという。

「強いものに油断はあっても、弱いものに油断はねぇ……この言葉をよく肝に銘じておけよ」

横山は、説明を続けた。

「弱いものはよ、面と向かっちゃ強いものにかなわねえ。騙《だま》し討ちでも、飛び道具でも持ってきて襲いかかる。強いものは、つい強いという慢心ゆえに油断をする……」

この言葉は、稲川の胸に沁《し》みた。のちのち、何度このときの横山の言葉が思い返され、役立ったかしれないという。

横山新次郎は、〝天一坊〟と呼ばれるほど知恵者であった。復讐心《ふくしゅう》に燃え、長ドスを持ち、病室を抜け出した稲川を、待ちかまえていた横山が、諭す。

「殺《や》るだけが、男の道じゃあねえ。我慢することも、男の道だ」

「モーさん」と呼ばれた稲川が、我慢ということを覚える。

稲川会長は、取材中、わたしに言った。

「今、物書きとして、いわゆる売り出し中でしょう。俺は、売り出し中のときには、全国の賭場を歩き、顔を売った。そのときには、無理をしても大金を張ったもんだ。おッ、稲川は大銭打ちだな、と目立った。しかし、勝ったときには、そのまま引き揚げることはしなかった。必ず、賭場の若い衆たちにチップをはずんで、気分よくさせて引き揚げたもんだ」

『修羅の群れ』の稲原龍二のモデルの稲川聖城会長は、昭和五十八年の春、取材中に他の組との抗争について触れることもあった。わたしとすれば、実に興味深い場面であった。が、ときに、こう釘を刺すこともあった。

「今の話は、注意して書くように。他の組を踏み台にして、ウチの組を浮かび上がらせることになる。いくら事実であっても、それじゃあ、渡世の筋をたがえることになる」

ヤクザ小説は、書いたあとで、厳しく書かれた組や人間が、本を回収しろと怒鳴りこんできたり、「ただじゃおかねえぞ」と、脅しをかけてくることがある。

わたしも、別のヤクザ小説で「命をとる」と地方から上京されたこともある。ある組の親分が語ったことをそのまま書いたのだが、屈辱を受けた破門された組員が、わたしを許せないと追ってきたのだ。その点、『修羅の群れ』では、書いたあとの揉め事はなかった。そういうのちのちのことも配慮しながら、稲川会長が語っていたせいもあるのだろう。

なお、小説のタイトルは、俊藤浩滋プロデューサーと何度も話し合った。

わたしは、一点にこだわった。

「修羅場をくぐってきた首領の話ですから、修羅は使いたいですね」

結局、修羅場をくぐり続けた男たちの群れ、その群れを統率する親分というニュアンスで、『修羅の群れ』とした。

松方弘樹主演に燻《くすぶ》る菅原文太の想い

わたしは、『アサヒ芸能』の昭和五十八年八月十八日号から『修羅の群れ』の長期連載をスタートさせた。

次は、稲原龍二役の主役を誰にするかであった。

稲川会長と幹部の前で、俊藤プロデューサーとわたしで主役を決めることになった。

わたしは、俊藤プロデューサーからその前の日、耳打ちされていた。

「実は岡田（茂）社長から、松方（弘樹）でいこうと言われてるのや。大下はんも、強く推してくれ」

いよいよ稲川会長と幹部を前に、主役の決定会議が開かれた。

森泉人副理事長が、まず口を開いた。

「主役は、高倉健でどうか。親分の役にはふさわしいのではないか」

わたしは、ただちに否定した。

「健さんは、すでに山口組の田岡親分を演じています。田岡親分と重なってしまいますから」

高倉は、山口組三代目の田岡一雄組長をモデルにした昭和四十八年の『山口組三代目』と昭和四十九年の『三代目襲名』で主役を演じていた。田岡組長といえば高倉健のイメージが固定していた。

そこで、俊藤さんが身を乗り出すようにして口火を切った。

「松方弘樹を考えています」

森副理事長が首を傾げた。

「松方？　ナンパすぎないか」

当時の松方は、『週刊ポスト』の『松方弘樹の突撃対談』で、毎回女性ゲストを相手に「俺は八百人斬りの男よ。ねェ、今夜、八百一人目にならない？」「俺は金運はダメでも、チン運は抜群なんだよ」とあけすけな突っ込みを繰り広げていた。松方が連発する「キツーイ一発」というフレーズは、当時の流行語にもなっていた。そのイメージが強かったので、森副理事長が不安がったのだ。

そこから、わたしの出番であった。

「松方はいいですよ。何より俠《きょう》の雰囲気がある。情の深さも滲んでいる。今の映画界で大親分の稲川会長を表現できる最適な役者として推薦できます。東映の岡田社長も、松方に稲川会長を演じさせて、より輝かせたいと期待しています」

稲川会長は、そこで初めて口を開いた。

「社長さんも押してらっしゃるのだ。松方弘樹でいいじゃないか」

稲川会長の一言で、幹部たちの不安は一蹴された。

俊藤さんはホッとしたようだった。

物語は昭和八年の冬に始まる。雪の舞う横浜浅間町の柔道場の吉岡道場を、横浜四親分の一人、加東伝三郎（丹波《たんば》哲郎《てつろう》）が訪ねてきた。そこで柔道を習う稲原龍二（松方弘樹）は加東の勧めもあって、彼の若い衆になることに決めた。

実は稲原には警官への誘いもあったが、インテリでありながら博奕《ばくち》で身を滅ぼした父の仇《かたき》をとるには、この道で男を上げるしかないと思ったのだ。

龍二はよく働き、そんな彼に加東一家の兄貴分横山新二郎（鶴田浩二）が仁侠道のイロハを教えた。

ある日、売り出し中の龍二は海岸でチンピラに絡まれている娘を助ける。娘の名は中田雪子（酒井和歌子《さかいわかこ》）、のちの稲原夫人である。日本が太平洋戦争に突入した昭和十五年、二人は結婚した。

昭和十九年、勤労奉仕で御殿場《ごてんば》の山北《やまきた》へ出かけた龍二は、伝三郎の兄弟分、横浜笹岡一家の桐原銀一郎とことを起こしてしまう。しかも、横浜四天王の一人、鶴岡政次郎（若山富三郎）の目前でだった。

しかし、鶴岡は、弱い人間をかばって喧嘩した龍二を見込んで、身柄を預かるといってくれた。

戦後の混乱期の湯河原。賭場で無法を働いた海軍復員兵の長谷部夏治（木之元亮《きのもとりょう》）と森谷義勇（清水健太郎《しみずけんたろう》）が龍二の貫禄に圧倒され、若い衆になった。

さらに、モロッコの辰（北島三郎《きたじまさぶろう》）、井沢輝一（菅原文太）という愚連隊あがりの暴れ者たちも次々と舎弟分となった。

鶴田さやか

『修羅の群れ』の映画では、稲原龍二は、昭和二十四年春、熱海の山崎一家石井光之助親分の跡目を継ぎ、稲原組が産声《うぶごえ》をあげた。わずか十年の間に稲原組は熱海を制覇するや、小田原《おだわら》、横浜、静岡《しずおか》へと進攻し、組員も増えた。龍二の人種差別をしない心に感動した韓国人の山村修道（張本勲《はりもといさお》）、田上圭（小林繁《こばやししげる》）、五、六百人の若い衆を抱える石河隆司（北大路欣也）も、稲原に惚れ身内となった。

しかし、組織が大きくなればなるほど上下の意思の疎通は欠けるようになり、稲原の若衆の井沢輝一の独断専行が目にあまるようになった。横山新二郎は、彼を破門せよと迫り、龍二は断腸の思いでこれに従った。

さらに不幸は襲った。龍二が親と仰いだ横山が死んだのだ。龍二は、横山のために建てた墓前で、さらなる前進を誓うのだった。

『修羅の群れ』には、鶴田浩二の娘・鶴田さやかも出ている。出演の依頼は俊藤浩滋プロデューサーから直接なされた。父の兄貴分であり、東映任侠路線を牽引《けんいん》した人物から声がかかった。大変なことだ。女優としてさやかは冥利《みょうり》に尽きる思いがした。

この映画で、さやかの役は主人公・稲原龍二の若衆で、通称「モロッコの辰」と呼ばれた出水辰雄の幼《おさな》馴染《なじ》みで妻、三谷千恵だった。主要キャストの一角を占める。

〈俊藤社長のキャスティングは、やっぱり素晴らしいな〉

さやかは感心した。

劇中、さやかと北島が抱き合うシーンがあった。北島は決して高身長ではない。さらに思ったよりも華《きゃ》奢《しゃ》で細身だった。帰宅後、さやかは鶴田に何の気なしに感想を漏らした。

「今日、北島さんと抱き合うシーンを撮影したんだ。細くて小さい方だね」

鶴田はしばし沈黙したあと、口を開いた。

「おまえ、馬鹿野郎。誰と比べてんだ？」

藪蛇《やぶへび》だと思ったが、もう遅い。

「いや、比べてません。それはもうお父さんですよ」

ごまかしたつもりだが、鶴田には通じなかったかもしれない。

三谷千恵役はさやかにとって当たり役となった。

「さやかもやっとあんだけの芝居ができるようになったか」

そんな評判が伝わってくる。特に玄人《くろうと》筋の受けがよかった。結果的に次の仕事にはつながらなかったものの、女優としての評価を上げたのは間違いない。

「危なげがなくなったな。見てられるようになった」

『修羅の群れ』でのさやかを鶴田はそう評した。娘の仕事についてあれこれ多くを語る人ではない。嬉しかった。

使用不可となったファーストシーンと事後のさまざま

山下耕作《やましたこうさく》監督は、実は、『修羅の群れ』のファーストシーンに、刺青《いれずみ》を入れた修羅の男たちの背をずらりと並べ、そこに真紅の「修羅の群れ」という文字を浮き上がらせる工夫を考えていた。

熱海の富士屋ホテルを借りて、その大広間の撮影であった。

そこに褌《ふんどし》姿《すがた》の稲川会の組員がなんと百八十人も集められていた。演壇に上がった三十人が背を見せて立つ。次に三十人が中腰に立つ。そして、三十人が座る。さらに演壇の下に三十人が立つ。次に三十人が中腰に立つ。そして三十人が座る。その六段の刺青は実に壮観であった。そこを山下監督のキャメラがゆっくりと舐《な》めていく。

山下監督は、いい画《え》が撮れた、と顔をほころばせていた。ところが、この撮影が、役者でなく、現役のヤクザを使ったということが、警察に漏れてしまった。

「現役のヤクザの出演は困る」

せっかくのフィルムは使えなくなってしまった。

山下監督は、刺青の群れでなく、石像の五百羅漢像をキャメラで舐め、真紅の「修羅の群れ」という文字を浮かばせた。これもそれなりの味わいはあった。

が、わたしは、ホテルでの撮影を見ているだけに、あのフィルムを使ったファーストシーンも今となれば見てみたかった。

『修羅の群れ』の主題歌『神奈川水滸伝』は、破滅型の暴れ者「モロッコの辰」役で出演していた北島三郎が歌うことになった。作詞、作曲は、『なみだ船』の名コンビ、星野哲郎《ほしのてつろう》と船村徹《ふなむらとおる》となった。

♪他人《ひと》を蹴落とし　お山に登りゃ
　次は自分が　落ちる番
　悔いを残さず　燃えようじゃないか
　幼なじみの　六郷橋が
　骨は拾ってやるという

ところが、稲川会の幹部から、やや不満の声があがった。料亭に、星野哲郎と船村徹、それと俊藤浩滋プロデューサーとわたしが集まった。

稲川会の幹部の一人が出席し、口にした。

「『日本の首領』の歌にしては、神奈川に限定しすぎていて、スケールが小さすぎはしないだろうか」

緊張感の走る中、その場の幹部に電話が入った。

なんと稲川聖城会長からの伝言であった。

「親分が、『神奈川水滸伝』の詞をえらく気に入っている。星野先生に感謝しているとのことです。特に『幼なじみの　六郷橋が　骨は拾って　やるという』という文句に若い頃のことを思い出して感激しているとのことです」

稲川会長は幹部たちの不満の声を察して、動いてくれたのであろう。これも稲川会長の星野さんや船村さんへの気遣いであった。

この歌は、素人にはなかなか歌いにくいが、カラオケでよく歌われている。

『修羅の群れ』の撮影時には、菅田俊は、菅原文太と鶴田浩二の二人の付き人を務めている時期だった。映画では、井上喜人をモデルにした井沢輝一役の菅原文太が崖から海に飛び込むシーンがあった。このシーンはアドリブであったという。

そのため、撮影後に菅原はずぶ濡れになってしまい、付き人の菅田が替えの下着を持参していなかったことが問題になった。

菅原は、菅田を責めた。

「なんだおまえ、替えの下着を持ってきていないのか」

そうは言うものの、もともとの台本には、海に飛び込む場面などないので、菅田にしてみれば、予期していない出来事であった。

菅原は、下着はお気に入りのグンゼに限っていた。

しかし、稲川会の組員たちが事情を聞きつけて、すぐに動いてくれた。彼らが各方面に連絡を取って、三十分ほどで買ってきてくれたという。

鶴田浩二は、松方弘樹を特別可愛がってはいなかった。が、あるとき、鶴田が側近の川勝正昭に言った。

「松方は、俺の若いときの顔に似てる。所作もよう似とるな」

また鶴田は、松方の芝居上手なところも評価していた。

松方は、『名奉行 遠山の金さん』でも『仁義なき戦い』でも、「ワルを演じたい」と言っていた。役者は、ワルを演じるのが面白くて楽しいのである。

映画『修羅の群れ』のラストシーンで、鶴田演じる横山新二郎の葬儀を終えた松方演じる稲原龍二は、彼の墓石に「兄貴の教えはきっちり守っていきます」と声をかけると、一人修羅の道を歩き出す。

このときの歩くシーンを、松方は必死に演じており、他の映画で見せたことのないすごみを感じさせた。

稲川会長は、『修羅の群れ』の松方弘樹について、わたしに語った。

「ラストシーン、稲原龍二が羽織袴《はおりはかま》姿で兄貴分の横山新二郎の墓に向かって歩む後ろ姿、あの毅然とした歩き方、たいしたものだ。ああいう歩き方、なかなかできないものだ」

まさに鶴田浩二の跡目を継ぐ任侠映画スター松方弘樹の襲名披露映画でもあった。

昭和五十九年十一月十七日に公開され、大ヒット。東映も俊藤プロデューサーも、ただちに続編の企画に入った。

ところが、続編に待ったがかかった。俊藤プロデューサーによれば、ほかならぬ稲川会長の許可が下りなかったというのだ。

「いろいろ世間の風当たりがきつくなっている頃だから、自分のような者の映画をこれ以上つくることはない」

稲川会の昭和六十年の忘年会が熱海のホテルでおこなわれた。出演者が出席し、原作者のわたしも出席した。北島三郎さんは主題歌を歌った。

が、昭和六十一年十二月、某新聞社が一年前の忘年会について取材し、北島三郎が、そのことについてインタビューを受けた。

北島は、稲川会長について、首領としての度量が大きいというニュアンスのコメントをした。それが、問題となった。紅白歌合戦に出場すべきでないとの非難が高まった。

そのとき、稲川会長サイドは、北島サイドにただちに連絡を取り、稲川会長の意志を伝えたといわれている。

「俺のことで、迷惑をかけている。歌手にとって、紅白歌合戦への出場は、大切なことだ。このままでは、紅白に出られなくなる。かまわないから、俺の悪口を徹底して言え。ウチの若い衆が、それによってハネるようなことは、決してさせない」

が、北島は、きっぱりと言った。

「わたしは、あえて会長の悪口を言ってまで紅白歌合戦に出場しようとは思いません。わたしは自分の歌に自信を持っています。たとえ紅白歌合戦に出場できなくても、北島三郎の歌は死にません」

結局、北島は、昭和六十一年の紅白歌合戦の出場は辞退した。

が、実力のある北島のことである。その翌年の「第三十八回紅白歌合戦」には復帰し、『川』を歌っている。その後も、紅白歌合戦に欠かせぬ大御所として出場し続けた。

鶴田さやかが始めた刑務所慰問の実態

いっぽう『修羅の群れ』『激動の1750日』と東映のヤクザ映画に出演したことで鶴田さやかは新たな活動に踏み出すことになった。刑務所への慰問である。

まだ慣れない頃、ちょっとした失敗があった。受刑者を前にして、舞台の上で自己紹介していたときのことだ。

「『修羅の群れ』という映画に出ています。これは稲川会の映画で……」

この発言が問題となった。さやかが慰問をするにあたり、あいだに入ってブッキングをおこなった人物は始末書を書かされた。後日、そのブッカーに叱られる羽目になった。

「『稲川』って言うたらあかんわ、お嬢。『修羅の群れ』ならいいんです。主人公はあくまで稲原龍二やから。『稲川会の映画』って言われると、困りますわ」

「ああ、そうなんだ」

さやかは謝るしかなかった。

刑務所への慰問は生前の鶴田も熱心におこなっていたライフワークともいえる活動だった。そんな父親の背中を見ていただけに、さやかもスケジュールが許す限り取り組んでいる。

コロナ禍のさなかではなかなか思うようにもいかなかったが、さやかは「行きたい」と思ってきた。誤解を恐れずに言えば、「刑務所が大好き」だからだ。

「わたし、刑務所が好きなんだ」

ふとそう口にしたときのこと。たちまち姉にたしなめられた。

「さやか、やめて。そんなこと言うのはやめてちょうだい」

刑務所好きを自認するさやかは日本中の刑務所に出向いてきた。網走《あばしり》刑務所はもちろん、北海道《ほっかいどう》で初めて同じ敷地内に設立された刑務所にも柿落《こけら》としで行った。さやかのような女性芸能人は女子刑務所に行くことはない。

もともと刑務所には興味があった。初めて慰問に行ったのは府中《ふちゅう》刑務所（東京都府中市）である。

体育館、講堂のようなところのステージに初めて出ていったときのことは今も忘れられない。

ステージは真っ黒だ。さらには鼻を突く独特の異臭。脂っぽい臭いに思えた。服役中の囚人には入浴が四日に一度しか許されていないためだ。

服役囚は皆同じ服を着ている。改めて見ると、やはり娑婆《しゃば》ではまずない異様な光景だった。全員前屈みで膝を抱えて座っている。拍手はしても構わないが、一斉に声を上げると、退場を命じられる。

衣装についても刑務所側から注文があった。

「着物はやめてください。なるべく肌が見えるドレスのほうがいい」

さやかには意味がよくわからなかった。囚人たちの「目の保養」という意味もあるのだろうか。

ステージ上でのトークにも決まりがある。言ってはいけない言葉がたくさんあるのだ。

「ようこそ」「ごゆっくり」「またお逢いしましょう」はすべて禁句。刑務所であると考えれば、当たり前だ。誰もごゆっくりなどしたくはない。

ピンスポットが当たるわけではない。十列目あたりまでは囚人の顔も見える。さやかは視力がいいほうだ。

さやかの持ち歌や他の歌手のカバーでは、拍手をしてくれている様子が見受けられた。

だが、さやかが鶴田浩二のヒット曲を歌い始めると、空気が一変した。前列に座っていた年配の囚人が泣いていた。流れ落ちる涙を拭おうともしない。さやかは思った。

〈ここにはいろいろな事情のある人が入っているんだな。よし、この仕事はできる限り続けていこう〉

それ以来、日本中の刑務所を楽しく回ってきた。一度だけ、特殊な事情で退場させられた囚人を見た。

さやかが登場するなり、なんと自慰行為を始めたのだ。六カ月もの間、異性を見ていないのだ。さやかは「わたしでもいいのかな」と思ったくらいだった。

刑務官に見つかると、すごい勢いで連れ出された。

あるとき、街を歩いていると、初老の男に声を掛けられた。

「ああ、どうも」

まったく見覚えのない顔だった。

「どこかでお目にかかりましたっけ？」

恐る恐る尋ねると、男は思い切ったように答えた。

「府中でお会いしました」

府中ってどこだろう。一瞬の後に記憶のパズルが完成した。

「ああ、『中』で。そうですか。お出ましですか？　よかったですね」

さやかはしばらく男と立ち話をした。印象に残ったのは「匂《にお》い」にまつわる男の記憶だ。慰問に来たさやかからはえも言われぬようないい香りが漂ってきたという。香水だろうか。刑務所の中ではまず嗅《か》ぐことはないだろう。

「半年ほど、そんな匂いは嗅いでなかったんで。犬並みに鼻が利くようになっていたのかもしれません」

こうした受刑者の話は役者として非常に学ぶところが多い。娑婆にいてはなかなか気づかない視点で興味深かった。

鶴田浩二が歌った楽曲には強い思い入れを抱いている受刑者たちも少なくない。

「演歌でもなく、歌謡曲でもない。『情歌』だ」

さやかは鶴田の歌をそう捉えてきた。

岡田・俊藤体制からの離脱

俳優・千葉真一は、昭和五十年七月五日公開の高倉健主演、佐藤純彌《さとうじゅんや》監督の東映映画『新幹線大爆破』に出演した。爆弾を仕掛けられた新幹線を舞台にしたパニック映画で、誰も殺さず殺されずに巨額の身代金を手に入れようと画策する犯人と、警察当局、国鉄との駆け引きを軸に、そこに巻きこまれた人たちの人間模様を描く。

主演は、爆破計画を立てた沖田哲男を演じる高倉健。千葉は、爆弾を仕掛けられたひかり109号の運転士・青木を演じた。その爆弾は、新幹線の走行速度が時速八〇キロ以下になると爆発するよう仕掛けられていた。

このときの演技は難しかった。大パニックに陥っている設定ではあるが、国鉄や警察当局の焦りを撮影現場では感じることができなかった。もちろん、国鉄や警察当局側にしても、新幹線を運転する千葉の焦りを感じることはなかなかできなかったに違いない。お互いがお互いに見えない中で緊迫したシーンを撮り続けた。千葉は、撮影の都度、監督の佐藤純彌に確認しながら撮影に入っていた。

『新幹線大爆破』は日本での公開後、香港、アメリカ、フランスで上映され、フランス映画祭からも招待された。高倉健はいつもよりも芝居を抑えていたのが効果的で、それが評価されていた。千葉にも参加の声がかかったが、スケジュールの関係で参加できなかった。

千葉は、『新幹線大爆破』の全体を観たときには、もう少しハラハラドキドキする抑揚のある展開があればよかったように思えた。たとえば、途中で、身代金の五〇〇万ドルを受取りに向かった犯人グループの一人大城が、パトカーの執拗な追跡に事故死するシーンなどを膨らませることができれば、作品に厚みを持たせることができたように思う。

アメリカ映画であれば、一人が片腕を撃たれて逃走するといったシーンをつくる。新幹線にしても走っているところばかりで、子どもが産まれそうな乗客を登場させて緊迫した状況をつくってはいたものの一本調子の様子はいなめなかった。

佐藤純彌監督は、どちらかというと純文学系の作品が多く、フランス映画に似たつくりを目指したといえばそう言えるかもしれない。アクションシーンをさらりと撮っていた。もっと深く広げていれば迫力が出てアメリカ映画風に仕上がったに違いない。恐らく深作欣二《ふかさくきんじ》監督ならば、違ったつくりになったことだろう。

K・リーブス

ただ、フランス映画祭に招待されたように、評価の高い映画であることに違いはない。実は、キアヌ・リーブス主演のアクション映画『スピード』は、この『新幹線大爆破』の影響を受けてつくられたといわれている。『スピード』は、あくまでもアクション映画に仕上がっていたが、その点では『新幹線大爆破』のほうが人間を描いていた。

小《お》沢《ざわ》茂《しげ》弘《ひろ》監督は、五十五歳となった昭和五十二年に東映を離れる。監督業から足を洗い、山伏になったとも、易者になったとも伊《い》吹《ぶき》吾《ご》郎《ろう》は聞いていた。

伊吹は、小沢が映画監督を辞めて一年ほど経った頃、小沢とばったり顔を合わせた。京都にある、伊吹が行きつけのスナックだった。

小沢は数人の仲間とやって来ていた。小沢のほかは、映画に関わる者たちが放つ独特の雰囲気を背負った者は一人もいなかった。恐らく易者仲間だったのだろう。

ただ、小沢は、伊吹と話すことで、一時《ひととき》のあいだ、映画を撮っていたときの輝きを取り戻したかのように見えた。

別れ際、小沢は、伊吹に、撮影時によく見せていた懐かしい愛嬌ある笑みを浮かべた。

「これからは君たちの時代だ。頑張れよ」

そう言って帰っていった。伊吹は、小沢の背中を見送った。

しかし、その背中は、伊吹のほうを振り返ることはなかった。

千葉の俳優人生で最もすごいと思ったのはどんな役でもこなす名脇役の成《なり》田《た》三《み》樹《き》夫《お》だった。

なかでも、千葉が主人公の柳生十兵衛を演じた昭和五十三年一月二十一日公開の深作欣二監督の『柳生一族の陰謀』では、敵方の烏丸少将文麿役がはまり役だった。

スマートな体つきだが、驚くほど身体を鍛えあげていた。だから、千葉と対決してもまったくひけをとらなかった。

マルチな才能を持つ成田が平成二年（一九九〇）四月九日に五十五歳という若さで亡くなったときには葬式に行ったものの悲しくてならなかった。

何よりも情を重んじ情で動く俊藤

いずれにせよ、俊藤浩滋と鶴田浩二、高倉健との関係が終わっていく。その最終盤までを中島貞夫《なかじまさだお》監督は側《そば》で見続けていた。

詳しくは第20章に後述するが、鶴田浩二は昭和六十年、肺癌《はいがん》であることが判明。だが、本人には伏せられた。

「おい、鶴田をなんとか映画に出したいんだ」

俊藤プロデューサーは言った。その気持ちはわかる。だが、中島監督は反対した。

「いや、鶴さんはあくまでも『鶴田浩二』なんです。その『鶴田浩二』を壊れた形でお客さんの前に出す。そんなことをしては絶対にダメですよ」

映画監督として、東映の一員として思ったとおりのことを口にした。正論である。だが、俊藤の考えは違った。中島監督は思った。

〈そういうところが俊藤さんと僕らの違い。俊藤さんは、どこか情の世界に入り込んでしまうところがある〉

何よりも情を重んじ、情で動く。俊藤はそういう男だった。高倉健との関係がどうにもならなくなり、最悪に近い形で別れざるをえなくなった。その背景にも俊藤のこうした性向が少なからず影響している。

中島は思う。

〈そこが俊藤さんのいいところでもあるんだけど〉

鶴田は晩年、病に冒され、容貌《ようぼう》も変わった。「鶴田浩二」の面影は消えていく。それでも、俊藤はそんな鶴田が可愛くて仕方がなかったのだろう。

そこで仕事よりも情を取る。情に走るのが俊藤だ。中島は思ったものだ。

〈ああ、俊藤さんって、こんなに情が深い人なのか〉

だが、その情が俳優・鶴田浩二のためになるのだろうか。


映画の遺作となった昭和六十年十一月十六日公開の『最後の博徒』で鶴田が演じた人物のモデルは菅谷《すがたに》政雄《まさお》。山口組三代目若頭補佐を務めた。俊藤とは古くから付き合いがある。奇しくも高倉が東映で最後に演じた『神戸国際ギャング団』での役と同じだ。

『仁義なき戦い』で描かれる広島《ひろしま》抗争をかき乱し、『北陸代理戦争』の川内弘の殺人教唆《きょうさ》の犯人として捕まった伝説的なヤクザ波谷守之《はだにもりゆき》を描いた映画である。

正延哲士の同名のドキュメンタリー小説の映画化で、脚本は『修羅の群れ』の村尾昭《むらおあきら》、監督も同作の山下耕作。

昭和五十二年四月十三日、北陸最大の組織で北陸の帝王と呼ばれた川名組・川名勇組長が越前三国《えちぜんみこく》で殺害された。福井《ふくい》県警はその日のうちに刺客四人を逮捕。

さらに殺人教唆の黒幕として、荒谷政之（松方弘樹）を逮捕した。荒谷には懲役二十年の判決が下った。

荒谷は少年時代から呉《くれ》の素人賭場に出入り、石岡博（梅宮辰夫）の子分となる。そこで博徒の行儀作法を学んだ。一年後には若中に成長した彼に目をかけてくれたのは兄貴分の大松義寛（江夏豊《えなつゆたか》）である。

昭和二十一年八月、大松は愚連隊を叩きつぶした。そのなかにはのちの大原組組長大原勝（泉谷《いずみや》しげる）がおり、彼はのちに呉一帯をしきる山辰信男（成田三樹夫）と親交があった。

石岡は大松を怒った。朝鮮戦争勃発直前、新興の運送業者山辰は勢力を伸ばし、山辰組を拡大していく。そんなとき、呉駅近くで博徒のいざこざが起こり、山辰組の若い者に突然現れた加納良三（千葉真一）が助っ人をした。

山辰は警察に捕まった加納を見込んで五万円の保釈金を積み子分にした。だが加納は刑務所内で大松と兄弟分の盃《さかずき》を交わしていた。荒谷と加納もすぐ親しくなった。

昭和二十四年九月、加納は石岡を撃つ。だが命までは取れず刑務所入りとなった。この事件が山辰の命令と知った荒谷は、単身山辰の命を狙う。が、彼をかばうために出てきて命を落としてしまったのは大松だった。

この抗争は、山辰が加納を破門にするという条件を加え、広島の大親分清島春信（萬屋錦之助《よろずやきんのすけ》）の仲介で手打ちとなる。

荒谷は山辰を狙って逮捕される。昭和二十七年六月、大原によって石岡が刺殺された。この仇は荒谷の若い者杉本が討ったが、山辰はのうのうと毎日を送っていた。荒谷はいつかは山辰を殺《や》ると決心した。

そんな荒谷に脅えて、山辰は刑務所内にまで刺客を送り込んできた。だが、荒谷の命はなかなか取れなかった。

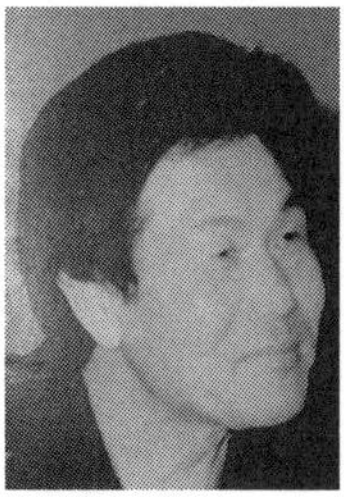
波谷守之

昭和三十四年二月、荒谷は出所。彼は神戸の神岡組の三代目、田城一正（丹波哲郎）の最高幹部の菅田組組長菅田猛雄（鶴田浩二）と兄弟分の盃を交わした。
その頃、山辰は呉を一本化、共栄会という組織をつくり、初代会長に収まっていた。昭和四十五年九月、加納の出所のときがきた。加納と荒谷は手を握り合い、打倒山辰を目指す。そんな二人の前に清島が現れ、山辰を引退させるから、彼から手を引いてくれと言うのだった。加納は足を洗い、荒谷は幼馴染みの道代を妻にして、大阪《おおさか》で一匹狼としての組を組織した。

昭和五十年九月、菅田組内の川名組と浅井組が戦争に突入。菅田は神岡組から絶縁状を送られてしまう。そんなとき、荒谷のところに川名殺害の殺人教唆の逮捕状がきた。彼は菅田に最後の言葉を送った。菅田と神岡組三代目は和解した。昭和五十九年九月、最高裁は荒谷の原判決を破棄した。

友田久志役で出演している待田京介《まちだきょうすけ》は、実はこの映画の主役のモデル波谷守之とも会ったことがあるという。

「波谷さんは生粋の博奕《ばくち》打ちでその世界では有名な人でした。大阪で鶴田さんが芝居をしたときに、『マチキョウ、紹介するよ』って言われて、波谷さんを紹介されたことがあります。そのときに楽屋見舞いで三百万円持ってきたって話を聞きましたよ。波谷さんは親指以外がほとんどなくて、片方の手は指が四本なくて、もう片方が三本ないんですよ」

鶴田は、三代目山口組菅谷組組長の菅谷政雄を演じる。ドラマでの役名は菅田組組長の菅田猛雄。

このとき、鶴田の面やつれはすでに隠しようのないものになっていた。中島貞夫監督は思う。

〈変な言い方になるけど、鶴さんを俊藤さんから守る。それが僕らの役割だった〉

『最後の博徒』公開から四年後、鶴田はこの世を去った。その間、映画への出演は実現していない。

「鶴田に最後の場を与えたいんや」

俊藤は何度もそう持ちかけた。だが、中島たちは頑として首を縦には振らなかった。中島は思った。

〈鶴さんには『鶴田浩二』のままで人生を全うしてほしい。映画と実生活は違うんだ。俊藤さんはそこを混同している。ちょっと甘いんじゃないか〉

岡崎二朗は、『修羅の群れ』に続いて昭和六十年十一月十六日公開の『最後の博徒』にも出演している。

「俺の演じる菅田猛雄の幹部の天尾洋志男の役は岡崎で」

鶴田は俊藤プロデューサーに推薦してくれた。思いがけず、鶴田の最晩年に東映で二本も一緒に仕事ができた。

　この作品が鶴田との最後の共演となった。

『最後の博徒』に出演したとき、鶴田浩二は六十一歳だった。すでに病気だったが、やつれ加減にも味があった。さすがは大スターと言うほかない。岡崎二朗は思った。

〈鶴田さんは渋い老け方をしている。「痩《や》せたな」と思っても、改めて見てみると、いい顔だ〉

『最後の博徒』で岡崎二朗は「出戻り」ならではの悲哀を感じることもあった。主演の松方弘樹、鶴田浩二と絡むシーンでのことだ。居並ぶ三人を順にキャメラが追っていく。松方、鶴田ときて、岡崎の番だ。だが、岡崎を大きく撮ることはなかった。キャメラはそこで引いてしまう。

〈監督は東映子飼いの山下さんだ。俳優がどういう道をたどってきたか。その流れをよく知っている。俺が鶴田さんや松方と同格に扱われることはないんだな〉

　俳優の扱いという点では東映宣伝部も同じだった。ある新聞に載った写真にやはり松方、鶴田、岡崎の三人が写っていた。キャプション（写真の説明文）には「鶴田浩二、一人置いて松方弘樹」とある。真ん中にいる岡崎は飛ばされたのだ。

〈わざわざ「一人置いて」とするくらいなら、「岡崎二朗」と書けばいいのに。真ん中に写ってるんだから〉

　岡崎は昭和四十二年、東映から日活に移籍した。「抜けた」という事実は何年経っても消えることはない。残り続ける。久しぶりの古巣での仕事で岡崎はそのことを思い知らされた。

　もちろん、北大路欣也のような東映生え抜きのスターは下にも置かぬ扱いだった。同じ生え抜きでも松方弘樹は少々事情が複雑である。キャリアの途中で東映から「レンタル移籍」し、大映に「預かり」となった時期があるからだ。

万感胸に迫る『最後の博徒』のエンド

千葉真一演じる加納良三が昭和四十五年九月、出所し、荒谷政之と打倒山辰を目指す。

その集まりの場所に萬屋錦之助演じる清島春信が着物姿で現れる。

清島が、加納と荒谷に言う。

「おまえら、何も言わずに、ワシに死にみやげくれや。ことを起こしゃ、おまえらを慕ってきた若い衆たちを犠牲にせにゃいかんど」

加納が不服を口にする。

「御大、あんたの言葉じゃが……」

「加納、おまいの気持ちはようわかっとる。荒谷、おまえも、親分とおとっつぁんの無念晴らしたいじゃろう。ここは一番、この老いぼれに死に花咲かせてくれや。のォ、どうだい、荒谷」

荒谷はきっぱりと言う。

「御大、ワシャぁ、御大の言葉に従いますけぇ」

しかし、加納は言い張る。

「ワシャ、承知できんわい」

清谷は、ゆっくりと羽織を脱ぐ。

「ほいじゃ、しょうがないけぇ、ワシを取っていけえや」

加納は、側にいる子分の背広の胸元に手を突っ込み、拳銃を手にする。

清島の胸に拳銃を突きつける。

荒谷はハッとする。

清島は表情一つ変えず、泰然としている。

加納は立ち上がり、清島に拳銃を向ける。

拳銃を清島により突きつける。

しかし、清島役の錦之助は、それを瞬き一つせずに見つめる。加納役の千葉は錦之助を撃つことができず、怒りをこめて床に向けて拳銃を放つ。

千葉は、錦之助とは初めての共演だった。

千葉にとって萬屋錦之助といえば、神様のような存在だ。その代表作といえば、江戸の二刀流として知られる「宮本武蔵」の人生を描いた、吉川英治《よしかわえいじ》原作、内田吐夢《うちだとむ》監督の『宮本武蔵』のシリーズ。宮本武蔵は数々の役者が演じているが、千葉にとっては生涯宮本武蔵と言えば萬屋錦之助だった。

千葉は、山下耕作監督からはそのシーンは、「好きなようにやっていい」と言われていた。が、さすがに緊張していた。その中での演技だった。

萬屋は腹の据わった大親分・清島として、千葉の演技を包みこむ雰囲気を漂わせていた。

あの演技があったからこそ、千葉演じる加納の苛立《いらだ》ちがおおいに引き立った。千葉の見せ場の一つとなった。

加納のサングラスの下から涙がしたたる。

一言言う。

「カタギになりますけぇ……」

その場にいる全員が跪《ひざまず》いたまま清島に向かい頭を下げる。

清島は大きく頷く。

「ありがとう……」

清島は、その足で山辰信男の本部に向かう。

山辰の幹部の集まる前で、清島が発する。

「山辰さん、あんた引退しないか」

幹部の一人が口を尖らせる。

「あんた、何を言いにきたんや」

清島は言う。

「それが、広島を平和にする鍵なんや。加納はカタギになる。荒谷は広島を去る。その二人は、ワシに死にみやげをくれたんじゃ」

山辰はハッとする。

清島が迫る。

「山辰さん、どうない」

「清島の先輩、よう言うてくれた。ワシ、気持ちよう引退させてもらいますわ」

清島の貫禄が光った。


「死ぬまでついて行きます」

『最後の博徒』で天尾洋志男役の岡崎二朗が口にした台詞《セリフ》の一つだ。セリフではあるが、岡崎の鶴田に対する心情にぴたりと重なるような気がしてならなかった。

波谷は、ドラマでは荒谷政之名で、菅田を料亭に訪ねる。岡崎演じる天尾洋志男も同席している。

「実はこのたび、広島を離れ大阪に住もうと思うとります」

「そうか。偉い。誰にもわからんでも、ワイはおまえさんの気持ちはようわかっとる。ま、これで広島も穏やかになるやろう」

「恐れ入ります」

「出内さんが組のあと、おまえさんに面倒見てもらいたい、言うとった。俺はなんぼでも力になるぜ」

「ありがたいお言葉ですが、ワシについてくる若いもんもおりますので、せっかくのお志に背きましてすみません」

「ほうか、ようわかった。そやけど俺と兄弟分の盃やったら、できるやろう」

「菅田さんとワシと兄弟分？」

「ワイとおまえさんとの付き合いや。それでどうだい」

天尾洋志男が言う。

「ボスは、荒谷さんが好きなんや」

荒谷が、改まって頭を下げる。

「菅田さん、ワシのほうからお願いしますけぇ、舎弟の盃をください」

菅田、静かにうなずく。

菅谷は、しばらくして再び菅田を訪ねる。

菅田は笑顔で迎えながら言う。

「俺はおまえと兄弟分になって嬉しいよ。広島の手打ちは、すべてあんたのおかげや。ようやってくれた。ワイも鼻が高いわ。なぁ、おまさん、オヤジ（神谷組三代目田城一正）の直若《じきわか》にならへんか。オヤジもそれを望んどる」

「兄貴、身にあまるありがたいお言葉ですが、ワシャ兄貴の舎弟で充分ですけぇ、三代目には、荒谷は心から喜んでいたと伝えてください」

「おまえちゅう男は……」

菅田は、荒谷の盃に酒を注ぐ。

ところが、菅田が神谷組から絶縁状を送られる。菅田は、荒谷も出席している中、幹部たちに言う。

「三代目は俺の親分や。どんなことをされても盾は突けん。いつかはわかる。おまえら、カタギになるものはなれ。俺と一緒に行こうというもんは、この先つらいことばっかしやぞ。そりゃ充分覚悟しとけ」

子分たちは、そろって言う。

「水くさいこと言わんとくなはれ」

その後、その席に菅田と荒谷、それに天尾洋志男の三人が残る。

荒谷が畏《かしこ》まって言う。

「兄貴、絶縁状はもう見なんなよ。すべてはのォ、あんたの考え方一つじゃけん。ワシャ、墓の中まであんたと一緒じゃけん」

荒谷は天尾に言う。

「天尾、兄貴についていって、万一のとき、一分一秒たり兄貴より先に死ぬんど」

「オジキ、わたしは、ボスにもオジキにもこの上のォ可愛がられて、若いもんにしてもうたのに恩返しのできんわたしでした」

だが、菅田と行動をすると誓い合った親分たちから、次々と脱退届が出された。

それから数日後の八月三十一日に荒谷に川名殺害の殺人教唆の逮捕状が出され、逮捕された。

菅田は荒谷に面会に行き、言う。

「荒谷、おまえをここまで追い込んだのはこの俺や。俺は独りきりになっても、骨がシャリになっても、組は解散せえへん……おまえの帰ってくるところがないじゃないか。せやろう」

「兄貴、ワシャ、兄貴に何もしてあげることができん。兄貴、カタギになりない。引退して長生きしてつかあさいや。あんたも、殺されるのを待っとるしかないんよ。どうせ殺されんなら、カタギになんない。どうせ殺されるんなら、三代目に会いない。あんたの気持ちを伝えない。三代目の意志も訊きない。あんたと三代目の仲じゃないですか」

菅田は丹波哲郎演じる田城一正を訪ねる。菅田は白い背広姿、田城は着物姿である。

田城は菅田に「座らんかい」と声をかけ、椅子に座る。

菅田はなお立ったまま、頭を下げ、詫びる。

「オヤジ、長いこと不孝をいたしました」

田城が菅田の顔をシミジミと眺め、ポツリと言う。

「やつれたのォ……」

それから改めて言う。

「座らんかい」

菅田は、田城と並んで腰を下ろす。懐かしそうに顔を見合う。

それから半年後、田城はこの世を去る。そのあとを追うように、菅田も去る。

そして五年後、荒谷の無罪が言い渡される。


なお、鶴田浩二は今、鎌倉霊園（神奈川県鎌倉市《かまくら》）に眠っている。偶然だが、横山新次郎《よこやましんじろう》の墓も同じ霊園内にある。横山新次郎は『修羅の群れ』で鶴田が演じた稲原龍二の兄貴分・横山新二郎のモデルである。父の墓参の際、さやかも横山の墓前で一度手を合わせる。

第19章　娘たちの視線

高橋信仁の念願叶える『父にかかる電話』企画

高橋信仁がプロデューサーとして鶴田《つるた》浩二《こうじ》と再びドラマづくりができる機会が訪れたのは『大空港』終了から五年後の昭和六十年（一九八五）のことだった。

その間、高橋は「必ず鶴田さんとドラマをつくりたい」と鶴田にふさわしい作品を探し続けた。そこでやっと見つけたのが、文芸誌に載っていた、梓林太郎《あずさりんたろう》作の『父にかかる電話』だった。

主人公は、妻に先立たれ一人娘・恭子（鶴田《つるた》さやか）を嫁がせたばかりのベテラン刑事の茂竹（鶴田浩二）。

家に帰り、亡き妻に娘の結婚を報告をする茂竹。そこに若い女性（中井《なかい》貴恵《きえ》）から「お父さん……」と間違い電話がかかる。

後日、茂竹は、泥棒が入った村山家に若い刑事は出かける。被害者宅には、赤いワンピースを着た派手な女性、村山梨江子。夫はニューヨークに赴任中で、家政婦は昼間しかいないので、子どもの英介と二人だけで不安だとこぼす。

その夜、間違い電話をかけてきた女性が再び電話をかけてくる。女性は自らのことを高桑光枝と名乗り、事故で父親が亡くなったことを明らかにし、茂竹と話をしたいと言ってくる。

翌日、娘の恭子から電話がかかってきて、夕飯を一緒に食べることに。そこに恭子の夫が迎えに来て一緒に帰る。茂竹は一人で晩酌《ばんしゃく》の続きをする。

光枝からの「一度会ってほしい」という電話があり、レストランで待ち合わせをする。四十九日を終えたと言う光枝は元気そうに見え、茂竹は今度は光枝をディナーに誘う。

九年前に母を亡くした光枝と、八年前に妻を亡くした茂竹。二人は、ディナーをとりながら光枝の父の話をする。「定年前に重役になれれば定年退職しなくて済む」と言っていた父が数カ月前にせっかく重役になれたのに、それからひと月ほどで事故死したと儚《はかな》げに語る光枝。

泥棒に入られた村山家の子どもの英介が誘拐されてしまう。誘拐犯からは三千万円を用意しろという脅迫電話。英介の祖父の吉岡は「いくらでも金を出す」と言う。

警察に光枝から電話があり、友達のアパートに拳銃を持った強盗が入り、子どもが人質になっているという。子どもの特徴は英介に似ていて、茂竹はそちらに向かう。

身代金を持った村山梨江子はタクシーで移動して駅へ。インフォメーションセンターから梨江子あてに呼び出し電話があってまた移動。

光枝の友達の部屋に突入した茂竹たちだが、声をかけるといきなり拳銃で撃たれてしまう。真っ暗な部屋で反撃し、部屋の明かりを点けると拳銃に撃たれて倒れていたのは子ども。名札を確認すると、やはり村山英介だった。

梨江子は橋の上からモーターボート目がけて身代金入りのボストンバッグを投げ、モーターボートに乗っていた人物が網で拾って逃げてしまう。

実際に銃を撃ったのは後輩の西條だが、責任はすべて負うと言ったため、マスコミに囲まれ責められる茂竹。署長や上司にも西條のことは伏せてほしいと言う。

中井貴惠

誘拐事件のことを調べているうちに、村山梨江子が再婚で子どもが連れ子であることがわかる。離婚した奥さんの旧姓は矢長冬子と言い、離婚の原因は冬子の父の矢長万紀夫の自殺だった。矢長万紀夫は、二年前の昭和五十八年八月に起こったモデル嬢殺人事件の容疑者で、茂竹がかつて取り調べにあたり、自殺に追い込んだ男だった。

矢長の同僚であり、英介の祖父である吉岡から話を聞く。吉岡は梨江子の父で矢長万紀夫を自殺に追い込み、村山と冬子を離婚させ、すぐに自分の娘である梨江子と結婚させていた。

事件には、高桑光枝を名乗り、茂竹に近づいてきた冬子が関与していることがじょじょに明らかになっていく。茂竹や、吉岡、村山梨江子を恨んでのことだった。

茂竹のもとに、冬子から助けを求める電話があり、罠でもいいと助けに行く。するると下着姿の冬子が縛られている。ロープをほどくと「誰か助けて！」とマンションの廊下に躍り出る。何者かに写真を撮られ、若い女性を襲う刑事のように仕立て上げられてしまったのだ。

父の墓参りをしている冬子のもとに茂竹が来て手を合わせる。万紀夫の自殺は会社の犠牲になったという冬子に自分に嘘をつくのがつらくなったという茂竹。

モーターボートを操縦できる草間勇次という男を追う刑事たち。草間は冬子の部屋に入っていく。自首するという冬子をぶん殴る草間。拳銃を手に冬子を抱きかかえながら出てくる。

冬子が抵抗し、茂竹は肩を撃たれてしまう。そして、草間は捕まり、冬子は自分のブラウスを引き裂いて茂竹の腕を縛って、「また電話してもいいですか？」と抱きついて泣いた。そして茂竹に連行されながら、パトカーに乗る。

ストーリーは、さまざまな情が絡み合い、鶴田を光り輝かせることのできるものであった。

高橋は、脚本家の村尾昭《むらおあきら》に電話を入れた。高橋は、鶴田とも親しい村尾昭に、鶴田出演の作品についてたびたび相談していた。

「これ、鶴田さんでいけると思うんですけど、読んでもらえませんか」

それをきっかけに企画は進み始めた。原作者・梓林太郎との交渉に入った。

しかし、その段階で、『父にかかる電話』のテレビドラマ化は、ほかのルートでも進めていた。そのことは、梓の口から聞かされた。梓に話を持っていったのは、あろうことか、高橋の知り合いだった。

高橋は、その知り合いと話した。「高橋さんならいいですよ」と譲ってもらった。

高橋は、日本テレビ系列の二時間ドラマ『火曜サスペンス』に企画を通した。

鶴田扮する茂竹に間違い電話をかけてくる女性には、中井貴惠をキャスティングした。中井は、鶴田がデビューした頃に、鶴田、高橋貞二《たかはしていじ》とともに「松竹〝新三羽烏〟」の一人に数えられた佐田啓二《さだけいじ》の長女である。

高橋が早々と中井貴惠を選んだのは、鶴田が「三羽烏」のことを口にし目頭を押さえているのを何度も見ていたからだった。中井も「ぜひとも！」とやる気を見せていた。

高橋が印象深いのは、鶴田の飲むブランデーだった。細かく砕いたクラッシュアイスで満たしたグラスに注いだレミーマルタンを好んだ。

「俺は、松竹の三羽烏と呼ばれていた。しかし、高橋貞二も、佐田啓二も死んだ。俺だけが生き残っている。だから、俺は、あの二人のことを思うとたまらんのだ」

その話を始めると、鶴田は熱いものがこみ上げてくるようで、いつも目頭を押さえた。

鶴田浩二の娘さやかの芸能界デビュー

いっぽう、茂竹の娘役には、鶴田の三女で『大空港』にも出演し、その頃、小野《おの》さやかと名乗っていた鶴田さやかを起用するつもりだった。

ここまでにも断片的ながら鶴田さやかのことを語ってきたが、改めてここに詳述しよう。

鶴田さやかは、昭和三十五年九月十九日、鶴田浩二の三女として東京《とうきょう》都に生まれる。

白百合学園高等学校を卒業し、昭和五十二年十一月から、昭和五十三年十一月にかけてＴＢＳで放送された石井《いしい》ふく子がプロデュースしたドラマ『家族』で女優としてデビューした。

鶴田浩二の娘のなかで俳優を生業としているのはさやかだけだ。十五歳の頃からさやかは「騎手か調教師になりたい」と思っていた。小学生時代から乗馬と体操を続けてきたからだ。

体操を始めたきっかけは通っていた小学校にオリンピック選手を指導する先生が指導に来たことだった。その先生自身もオリンピックに出場経験があった。

母親が体操の練習に通っているクラブにさやかも十七歳のとき、出入りするようになった。「非常に筋がいいので、預かりたい」と指導者に誘われ、本格的に練習するようになった。平均台の上で逆立ちしたり、バック転をしたり。さやかも体操が好きだった。中国に生まれていたら、雑技団に入っていたかもしれないという。

だが、さやかには体操以上に好きなものがあった。乗馬だ。馬には子どもの頃から乗っていた。

十五歳のとき、ある乗馬クラブでさやかは運命的な出会いをする。歌手の佐良《さがら》直美《なおみ》がたまたまそのクラブを訪れたのだ。馬を通じ、さやかは相良に可愛がられることになる。相良も同じクラブの会員で自馬を持っていた。

ちなみにさやかの父親・鶴田浩二は大の馬嫌いで知られていた。映画の登場シーンで馬が出てくると、すべてカット。

「鞍《くら》から降りて馬舐《な》めで」と監督やキャメラマンに言われても、「俺は馬は持たん」と譲らなかった。スタッフは、渋々鶴田の顔だけ撮ってつなぐしかなかった。それくらい馬を嫌っていた。

なぜ、そこまで馬を嫌うのか。さやかは鶴田についている若い衆に訊いてみたことがある。どうも以前、馬に乗っているシーンの撮影中、水に入れられたことがあったらしい。

銀幕の大スター・鶴田浩二とはいえ、馬にとっては関係ない。言うことなどまったく聞くはずがなかった。もともと馬は人間に背く生き物だ。鶴田にはそれが信じられなかった。

「馬なんて、あんなものはとんでもない。おまえ、よくあんなものに乗れるな」

鶴田はさやかによくそう言っていた。馬のことしか考えずに暮らしていたさやかは父親の言葉を聞き流すだけだった。

さやかは佐良直美と親しくなり、彼女の現場を手伝うようになっていった。

「このあと、仕事なのよ」

佐良にそう言われ、現場についていく。鶴田浩二の娘であるさやかの血の中には現場があった。

佐良直美

石井ふく子

佐良の紹介で石井ふく子に初めて会ったときも何の違和感も感じなかった。佐良は石井作品の常連であり、秘蔵っ子だった。

「あなたも、女優になりなさいよ」

佐良の勧めもあり、お膳立ては整っていった。こうしてさやかは十七歳でデビューを果たす。

もともと女優志望だったわけではない。自分から「なりたい」と言ったことなど一度もなかった。相良の誘いがきっかけでムードに乗り、風に誘われるようにデビューが決まった。それからはどんどん芸能の世界に転じていくばかりだった。

父親の鶴田浩二は娘を女優にする気など毛頭なかった。大反対である。

鶴田はよくこんなことを口にしていた。

「俺は悪いことは言わんよ。女優さんっていうのはいばらの道だからやめておけ。いいか、いばらの道なんだよ」

鶴田さやかが「女優になりたい」と言い出したとき、父親の鶴田浩二は猛反対した。さやかもそれは覚悟の上だった。自分に今、子どもがいたら、同じように反対しただろう。それは自然なことだ。十年ほど前、さやかは、五十歳になった頃に、当時の父親の気持ちに気がついた。なぜ、反対したのか。本当の意味がわかったのだ。

別にさやかと鶴田の間に何か確執があったわけではない。内に秘めたものは認めてくれていた。だが、姉妹のなかでさやかは最も鶴田に似ていた。そのためにぶつかったのだと後に鶴田は言っていた。そのことはさやかも自著に書き記している。

鶴田の反対を知った佐良は、さやかに告げた。

「わたしが、鶴田さんにお話しするわ」

佐良直美は当時、三十歳。世田谷区深沢《せたがやくふかさわ》にあった鶴田の家をある晩訪れた。大スターにふさわしい豪邸である。

相良は応接間で鶴田と差しで向き合った。説得の末、ついには鶴田を納得させてしまったのだ。さやかは思った。

〈お父さんは直《なお》さんに納得した。彼を口説けるなんて、直さんはやっぱり普通じゃない〉

今にして思えば、本当にすごい人だった。

鶴田の了承を得たことで石井ふく子からはすぐに「こういうデビューをさせたい」と申し出があった。鶴田のホームグラウンドである映画の世界ではない。現在のようにきらびやかな二世タレントとも違っていた。だが、さやかは「親の七光」を実感していた。デビュー後、しばらくは仕事の依頼が持ちきりだったからだ。

さやかには父親の「女優業はいばらの道」という言葉の意味がよくわからなかった。それまで蝶よ花よと育てられてきた。デビュー後も親の七光で仕事が殺到している。父の憂慮などわかるはずがなかった。

カタギではない。この言葉をさやかは父・鶴田浩二から聞いたことがある。十八歳のときだった。

その頃、さやかは明治座に出演していた。当時、この劇場にはまだ番頭がいた。番頭とは歌舞伎の世界にもともとあった役職で、俳優の身の回りの世話をするマネージャーのような存在だ。

その番頭があるとき、さやかに訊いてきた。

「姉妹のなかでカタギじゃないのは、あんただけ？」

さやかには何のことだかわからなかった。

帰宅後、夕食のテーブルに着いたとき、父・鶴田浩二に尋ねてみた。

「すみません、今日『姉妹のなかでカタギじゃないのは、あんただけ？』って訊かれたんですけど、あたしはカタギではないんですか？」

鶴田は素っ気なく答えた。

「おう、おまえはカタギじゃないぞ」

「どういう意味ですか？」

「まあ、素人《しろうと》の娘とは違うという意味だ」

さやかは思わず食事の手を止めた。

〈え、あたし、もうカタギじゃないの？　そうか、お父さんはカタギじゃないんだ。そういう意味か〉

しばらく父の言葉が頭から離れなかった。

今ではカタギではないことも腹に落ちている。いろいろ経験できたことはありがたかった。

波乃久里子

さやかは新派の女優・波乃久里子《なみのくりこ》と親しい。彼女は十七代目中村勘三郎《なかむらかんざぶろう》の長女で十八代目勘三郎の姉。中村勘九郎《かんくろう》・七之助《しちのすけ》の兄弟は甥《おい》に当たる。さやかとは似たような境遇だ。

「わたしたちはね、十あるんですよ。下から上がってきて、もう出たとき、立ったときは十です」

波乃はよくそんなことを言う。さやかにはその言葉が痛いほどわかる。

さやかは、デビュー直後からさんざん梯子《はしご》をかけられてきた。周囲は「どんどん上がれ、どんどん上がれ」とおだてる。さやかはその声に応えて嬉しそうに梯子を駆け上がっていった。

だが、梯子はいつか外されるときを迎える。さやかも、みごとに外された。鶴田浩二は淡々としたものだった。

「梯子が外れたか？」

そう言うだけだ。鶴田は芸能界で確固たる地位を占めていた。さやかが外された梯子は鶴田の力とはまた別の作用でかけられたものだ。

だが、高みに上ってしまったさやかはもう降りられない。あとは自力で上るだけだ。

だが、そこまで上がってこられたのはあくまで周りの人の引き回しによるものだ。そこからの道のりには困難が付きまとう。心ある人たちの支えで何とか切り抜けてきた。

鶴田が口癖のように言っていた「いばらの道だからやめておけ」の意味がようやく身に沁《し》みてわかったのは、前述したように五十をとうに過ぎた頃だった。確かに女優は素晴らしい仕事だ。だが、「これか」と思ったときにはもう遅いのかもしれない。

梯子を外されたあと、さやかを前に鶴田がしみじみと言ったことがあった。

「おまえな。別に不細工に生まれたわけじゃないし、俺の娘として生まれ生きてきて、いいご縁があれば、それに乗って、普通に家庭を持って奥様として生涯を終える。そんな生き方もあったんじゃないか。それを選ぶこともできた。苦労なんてしなくてよかったはずなのに。なんでこういう世界に入ったかなあ」

それを聞いて、さやかも「確かに」と納得した。だが、これればかりは仕方がない。

そのせいか、鶴田さやかはたびたび芸名を変えた。デビュー時は「里見奈保」、次いで本名の小野左也《さや》香《か》に沿った「小野さやか」、そして平成四年（一九九二）から現在の「鶴田さやか」になった。

娘と同じシーンの出演に照れる鶴田

長くなってしまったが、話を戻すと、鶴田浩二は常々、「娘とは同じシーンに出演したくない」と『大空港』のおりに口にしていた。

ほかの若手女優では、鶴田の娘役となれば緊張して演技に身が入らないだろうし、実の娘である小野さやかがその意味でも適役だし、共演させたいと思った。

高橋は、企画内容を説明するとともに、小野さやかを娘役にすることについて、鶴田のマネージャーに相談した。

「娘役にはさやかちゃんしかいないから交渉しようと思うのだが、鶴田さんはどう思うだろうか？」

「それは、鶴田本人に話したほうがいいね。じかに会って訊いてみたら」

「そうですか。わかりました」

高橋は、鶴田のもとを訪ねた。会ったのは、大阪《おおさか》・梅田《うめだ》の梅田コマ劇場の楽屋。高橋は、なんの作品までかは記憶が定かではないが、鶴田はそこの舞台に立っていた。鶴田は、白い軍服姿のままで迎えたのだった。高橋のほかには、日本テレビのプロデューサー、監督の鷹森立一《たかもりりゅういち》、脚本の村尾昭の三人がいた。

あらかじめ伝えてあった企画内容について、鶴田は口を差し挟まなかった。出演も承諾した。

しかし、高橋にとって本題はこれからだ。

「で、娘役についてですが……」

高橋が切り出した。

「小野さやかさんにお願いしたいと思います」

「えっ」

鶴田は、一瞬、目を見開いた。

高橋は息をつかずに続けた。高橋にとってもこれは賭けだった。もしここで「さやかはダメだ」と言われたら、鶴田の娘役を演じられる女優はほかには考えられなかった。

妻に先立たれ、娘を嫁がせたばかりの男だからこそ、偶然に知り合った、「父親を亡くした」悲しみを背負う女性に親近感を抱く。鶴田が拒否すれば、その設定が壊れかねなかった。ここはなんとしても口説き落とさねばならなかった。

「『大空港』のとき、さやかさんを同じカットには出すなといわれたのはわかっています。ですが、今回は娘の結婚の話です。どうしても娘が重い役になってくる。ほかの女優さんではできないと思います。（親子）共演をなんとか、了承してもらえませんか」

鶴田は黙って耳を傾けていた。高橋の言葉が終わってもなお口を開かないまま黙っていた。

しばらくして、にやっとした。

「わかった。君がそこまで言うのなら、いいよ」

鶴田は照れていた。高橋は、鶴田の表情からそれを見て取った。

「ありがとうございます」

『父にかかる電話』の撮影では、鶴田は、常に機嫌が良かったという。

あるとき、時間に正確な鶴田が珍しく、遅れて撮影所に入ってきたことがあった。

「道が混んでいてさ、間に合わなかったよ。もう嫌だよ」

そう言いながら、照れ隠しでにやにやしていた。撮影中、不機嫌になることはなかった。ロケに出たときにはよく食事に誘われた。横浜《よこはま》近辺で撮影しているときには中華街にも行った。中井貴惠も一緒に行った。

小野さやかも、スタッフから可愛がられた。

いよいよ、さやか演じる茂竹の娘の結婚式シーン。高橋は驚いた。式場の一角で、見慣れた女性が、鶴田とさやかの演技に見入っていた。『大空港』で鶴田を迎えに行った際、いつも顔を合わせていた鶴田の妻・照子《てるこ》だった。わざわざ、娘の晴れ姿を見にやって来ていたのである。

しかし、高橋のほかは、照子のことを知らない。そのうえ、鶴田にしても、娘のさやかにしても、照子が見に来ていることは決して口に出さなかった。そのあたりも親子で似ていた。

高橋は、照子に訊いた。

「奥さん、来られているなんて、どうしたんですか？」

「まあ、ちょっと……」

照子は照れていた。

高橋は、監督をはじめスタッフに鶴田の妻を紹介した。キャメラマンは言った。

「奥さんがいるのなら、いっそのこと、一緒に入ったほうが画《え》になるよなぁ」

さすがに照子は少し困ったような表情を見せた。

実の父娘でもドラマはあくまで虚像

私生活の鶴田浩二には父親らしさなどかけらもなかった。鶴田さやかは『父にかかる電話』で娘役を演じたが、これは一〇〇％演技によるもので、血がなせる業は一切含まれていない。

実際、さやかのすぐ上の姉、鶴田家三姉妹の次女が嫁ぐ際も大変だった。結婚式・披露宴はとても華燭《かしょく》の典などと呼べるような代物ではなかった。さながらヤクザの襲名披露の様相を呈していた。紋付と袴《はかま》で身を固めていた鶴田は、いつの間にか前をはだけてしまっている。仮にも新婦側の父親である。前日にはこんなことまで口走っていた。

「一応出席はする。でもな、明日壊してやることはできるんだ。壊してやろうか？」

娘を脅してどうするというのか。

鶴田は結婚そのものに反対していたわけではない。式や披露宴に出ることが単に嫌なのだ。耐え難い苦しみに苛《さいな》まれているようにさえ、さやかには見受けられた。

次女の結婚式での鶴田の振る舞いのひどさについてはいまだに家族で語り草になっている。

『父にかかる電話』で娘をにこやかに送るようなおこないは鶴田の辞書にはなかった。父親を役の上で演じていただけだ。

その点では娘になりきっていたさやかも変わりはない。自分で揚げた野菜の天婦羅《てんぷら》を父に振る舞うシーンがあった。だが、私生活のさやかは手料理を父に出したことなどない。

ドラマの中では、鶴田浩二と鶴田さやかは、父と娘だったが、さやかによると、これは現実の親子関係を投影したものでは決してなかったという。役柄としての父と実際の鶴田はまったく違うし、さやかの実像も役とは異なる。

プライベートにおける鶴田は父親らしいところが何一つなかった。撮影現場での鶴田とさやかは単なる共演者同士にすぎない。血がつながっているという意識は、お互いになかった。

鶴田とさやかが実の父娘であると知っている視聴者の目には「日常生活そのもの」と映ったかもしれない。だが、ドラマはあくまで虚像である。鶴田は父親を演じ、さやかは娘を演じた。素の演技ではない。

逆に言えば、役の上でならなんでもできる。その点では鶴田もさやかも変わりはない。少々気持ちは悪いが、依頼があれば、ラブシーンだってできた。映画やドラマの中での鶴田は鶴田そのものではないし、さやかもさやか本人ではない。

『父にかかる電話』のようなごくありふれた親子関係は、鶴田家では一切見られなかった。さやかは、放映されたドラマを見ながら思った。

〈こういうのが、普通の親子なんだろうな〉

劇中、鶴田がさやかに向ける視線は紛れもなく父親のものだ。まるで娘の結婚式を見守るかのようでもある。だが、それはすべて演技でしかない。さやかは思う。

〈鶴田浩二は天才。素で父親の役を演じるような甘い人ではない。お父さんの演技は読めない。本当に完璧だ〉

鶴田浩二の妻・中尾照子は『父にかかる電話』の撮影中、前述したように鶴田の撮影現場を訪れた。これまでになかったことである。

夫と娘が親子の役柄で共演する作品。さやかが演じる娘の結婚式のシーンがあった。

その頃、さやかは母親の中尾に「結婚はしない」と告げていた。

結婚式のシーンは式場でおこなわれる。花嫁姿や拵《こしら》えはもちろん本物だ。

実人生ではなかなか結婚に踏み切らない娘の花嫁衣装。そんな親心が中尾を現場へと向かわせたのか。いや、それほど重い気持ちからではない。

「せっかくだし、見とこうかしら」

母親にはそんなところがある。さやかはよく知っている。

母親は、夫と娘の演技をどう見たのだろうか。その感想をさやかは覚えていない。もしかすると、口にしなかったのかもしれない。母親はそんな不思議な女だ。

高橋貞二

佐田啓二

何しろ、鶴田浩二の妻を三十年間も務めたのだ。

さやかは思う。

〈お母さんは、本当にとんでもない女《ひと》だ。巫女《みこ》的といってもいい。人並み外れた精神力を持っていないとできるものではない〉

どんな強風に吹かれたとしても、竹はしなりこそすれたやすく折れはしない。そんな強さが母親にはある。

中尾照子は三十年間、折れずに妻の役割を果たした。その結果、ほかのところにはさまざまな破綻《はたん》が生じている。

女が我慢できる許容量は一生を通して決まっているという。中尾はそれを軽く上回る艱難辛苦《かんなんしんく》に耐え続けた。均衡を取るためにほかの部分は次々に壊れていったのかもしれない。

〈女の生き方は専門分野〉

常々そう公言しているさやかにはよくわかる。妻として見せる顔以外の面では、どこかでときおり爆発していたかもしれない。

家庭内暴力で済めばまだいい。流れによっては刺し、刺されるようなことが起きる可能性もありえる。だが、母親は鶴田の妻として、守るべきところはすべて守りきった。さやかはそんな母親を本当に偉いと思っている。

『父にかかる電話』で鶴田浩二の相手役を務めたのは、中井貴恵だった。

中井貴恵の亡父は、佐田啓二。終戦直後から『君の名は』をはじめ多くの作品に主演した松竹のスター俳優である。鶴田とはほぼ同時期にデビューしており、鶴田、佐田、高橋貞二の三人は、「松竹『新三羽烏』」と謳《うた》われて、映画館を賑《にぎ》わせた。

佐田啓二は、昭和三十九年に三十七歳の若さで惜しまれながら他界した。中井貴惠と貴一、二人の遺児は共に俳優の道に進んだ。

奇《く》しくもさやかは貴惠と同期に当たる。さやかが石井ふく子プロデュースのドラマ『家族』で世に出た昭和五十三年、中井貴惠は、市川崑《いちかわこん》監督の東宝映画『女王蜂』でデビューした。カネボウとのタイアップも成功し、興行的にも好成績を残した。

スター俳優の娘という点でさやかと貴惠には共通点がある。だが、二人のキャリアには決定的な違いがあった。

貴惠は昭和五十八年公開の東映作品『人生劇場』で松方弘樹《まつかたひろき》と共演。この作品で脱いだ。体を張ったのだ。これを機に貴惠はさらなる高みへと上り詰めていった。

さやかに同じ真似はとうていできない。そこが二人の違いだ。

『父にかかる電話』は、昭和六十年九月十七日に日本テレビ系列で放映された。高橋が『大空港』が終わったときに祈願した「もう一度鶴田さんと作品をつくりたい」という願いは成就できた。

しかし、それは高橋の思いを充分に満たしただけではない。

〈この作品で、鶴田への恩返しができたのではないか〉

とのかすかな自負も抱いている。

鶴田は『父にかかる電話』で愛娘のさやかと同じシーンに立った。そして、若かりし時代に「三羽烏」として共に光り輝いた佐田啓二の娘・中井貴惠とも共演した。一見すれば、一時代を築き華やいだ道を歩んできたように見える鶴田にも、その人生にも取り残した欠片《かけら》のようなものがあり、その一片を、この作品で鶴田に贈ることができたのではないか。高橋はそう思っている。

鶴田さやかの感じる父の時代と個性

鶴田さやかは、佐久間良子《さくまよしこ》と会ったことがある。石井ふく子が演出するテレビドラマに出演したときのことだった。この時代の女優にはほとんど会った経験がある。唯一の例外が岸恵子《きしけいこ》だ。

佐久間良子はさやかにとって大先輩。作品の内容はもう忘れてしまったが、底知れないエネルギーを感じたことは覚えている。個人的な話をすることは一切なかった。

さやかの甥《おい》であり、鶴田浩二にとっては孫に当たる歌舞伎役者・尾上右近《おのえうこん》のほうが佐久間良子とは近いかもしれない。舞台で共演したことがあるからだ。

尾上右近

橋田壽賀子

佐久間良子の息子である平岳大《ひらたけひろ》と右近はスーパー歌舞伎『ワンピース』で共演した。佐久間の息子と鶴田の孫が同じ舞台に立つ。不思議な縁ではある。時代が感じられる。

石井ふく子と長くコンビを組んできた脚本家・橋田壽賀子《はしだすがこ》もすでに他界した。橋田はさやかの母親の元女優の中尾照子と同窓で学年も一緒だった。さやかの母を橋田は「照ちゃん」と呼び、親しんでいた。さやかは橋田の代表作である『渡る世間は鬼ばかり』にも出たことがある。

五十を過ぎ、鶴田さやかは自分がだんだんと父親に似てきたことを実感するようになった。面立ちだけではない。心の持ちようもだ。鶴田が長年演じてきたヤクザのような精神性はさやかにも確実に受け継がれている。

さやかは鶴田浩二を「父親」とは思ったことがない。甥の尾上右近も同様だ。血筋の者とは受け止めていない。二人ともさやかにとってはあくまで一人の俳優である。

さやかは鶴田と舞台で二回共演している。

同じ板の上で今思えば、ありえないほどの大きな役をもらった。これも親の七光ではあるだろう。間近で接した演技者・鶴田浩二は本当に繊細な人物だった。あれほどの人はいない。さやかは冷静に鶴田を見て、何度もそう感じた。

メディアでは表立って口にしないが、さやかは父親の縁で大俳優に可愛がられてきた。萬屋《よろずや》錦之《きんの》介《すけ》や若《わか》山富三郎《やまとみさぶろう》はその筆頭だ。二人は鶴田と共に東映を支えたスターである。

さやかは錦之助を「萬屋」、若山を「富三郎先生」と親しみを込めて呼んでいる。同じ舞台に出て、同じ空間で息をしていられるだけで幸せで、それほどの役者たちだった。

だが、鶴田浩二は別格だ。

〈鶴田浩二はすごい〉

親子の贔屓目《ひいきめ》は抜きにしても、心からそう思える。あれほど魅力的な俳優はいない。さやかは今もそう感じている。

独特の色気。高倉健《たかくらけん》とはまた違う個性が鶴田にはあった。

さやかが「俳優・鶴田浩二」の魅力を力説し始めると、姉は「はいはい」と受け流すのが常だ。

「さやかの『あんな人いない』がまた始まった。お父さんの話になると、いつもこうなんだから」

そう言っては呆れた顔をする。だが、さやかは本気だ。本当に「あんな人いない」のだから、仕方がない。

「色っぽい男は、いつも耐えている」

「男の色気」をテーマとする取材でさやかはそう答えたことがある。当然、鶴田を念頭に置いた発言だった。ところが、記者は「何をですか？」と問い返してきた。

〈もうこの人とは話さない〉

さやかは密かにそう決めた。何もトイレに行きたいのを我慢しているわけではない。色気について書こうというのだから、少しは想像がつきそうなものだ。

何かに耐えている男の色っぽさは、はかなく、切なく、強くて熱い。忍耐強さは日本人の特質だとさやかは思う。

鶴田と同じ思いを持っている人は少なくないのかもしれない。同じような色気をたたえた人や、何かに耐えている人、切なさを知っている人たち。そうした人がいるからこそ、鶴田の出演する映画が感動をもって受け止められてきた。

「自分にはできない表現をしてくれている」

そういう共感が生まれるからだ。一人の表現者として、鶴田はみごとに画《え》を成立させてきた。さやかは思う。

〈やっぱり、お父さんみたいな人はそういない。あんな俳優はもう出てこないだろう〉

『弥太郎笠　前後篇』をはじめ、松竹や新東宝の映画に出演していた頃はまさに二枚目だった。娘のさやかでさえ、美しさに目を見張るほどだ。当時、整形手術の技術もまだ一般的ではない。天然物の顔だった。

だが、鶴田が俳優として本当に花開いたのはやはり東映に移籍してからだ。俊藤浩滋《しゅんどうこうじ》プロデューサーとの出会いは鶴田にとって人生の岐路だったと言っていい。

さやかから見た鶴田と俊藤の関係は「兄弟分」そのものだった。俊藤が部屋に入ってくると、どんなときでも、何をしていても、鶴田はパッと立ち上がって迎えた。最高の敬意を示していたのだ。そんな人間関係もなかなかあるものではない。

東映のヤクザ映画が任侠から実録へと路線を変えることで、俊藤と鶴田の時代も終焉に向かった。だが、『博奕《ばくち》打ち　総長賭博』や『明治侠客伝　三代目襲名』をはじめとする傑作の数々は今も決して色褪《いろあ》せてはいない。

俊藤といえば、鶴田や高倉健と並ぶ任侠路線のスター・藤純子《ふじじゅんこ》の実の父親でもあった。さやかは藤を「純子お姉ちゃま」と呼んでいる。

さやかにとって藤は、実に不思議な女優だ。俊藤の実の娘であるにもかかわらず、キャメラが回っていないところでは「ヤクザ怖いわ」とこぼしていた。

そのたび、さやかは思ったものだ。

〈緋牡丹《ひぼたん》のお竜を演じていたこと、忘れちゃったのかな？〉

鶴田の感情の動きには独特なものがあった。何が出てくるかわからない。一緒にいても、いつもハラハラさせられ通しだった。

〈この人は今、何を思い、感じているのか？〉

ごくたまに鶴田が父親らしく思える日がある。鶴田にしては珍しいことだ。さやかをはじめ家族もそれに合わせて楽しく過ごしていると、一瞬にしてムードが変わる。

〈あ、もう変わってる〉

そう思ったら、黙るしかない。鶴田が人並み外れているのは、これが家庭内の話である点だ。仕事の場ではないのに、家族をはじめ周囲の人間は四六時中気を遣わなければならない。なぜ、鶴田はいつもそうなのか。さやかにもわからなかった。

スターと呼ばれる人には仕事で接してきた。さやかも慣れてはいる。だが、鶴田の個性はそうした人たちとも違う。

松方弘樹は若手の頃から鶴田を手本としてきた。顔貌が似ていたせいもあるだろう。

だが、松方は鶴田のように周囲に緊張を強いたりはしなかった。外連味《けれんみ》や怖さはかけらもない。むしろ気を遣わなくていい。いつも優しい男だった。そういう意味では松方は普通の人だった。近衛《このえ》十四郎《じゅうしろう》の息子で、二世俳優であることも影響していたかもしれない。

国内の映画館の観客数が最も多かったのは昭和三十三年。その数は十一億二七百四十五万人である。当時は全国に七千を超える映画館があった。

昭和三十八年公開の『人生劇場　飛車角』に始まる仁侠路線は時代劇が衰退する中、暗中模索の状態にあった東映に第二の黄金時代をもたらした。鶴田浩二や高倉健の活躍は日本映画が放った最後の光芒《こうぼう》だったといえる。さやかは思う。

〈お父さんの全盛期は、邦画にとって最後の黄金期。素晴らしい時代だったし、夢もあった〉

今では鶴田や高倉のような俳優はまったく見当たらない。役者とはいえカタギであり、一般人となんら変わりはない。隣にいるお兄ちゃんのような男が求められる時代である。

『週刊文春』のスクープが「文春砲」と恐れられるようになった今、不倫に代表されるような醜聞《しゅうぶん》は芸能人が最も避けなければならないものだ。

一部には「俳優や小説家にとって色恋は芸の肥やし。放っておけ」と非難する声もある。だが、さやかは必ずしもそうは思わない。

〈人殺しを実際に経験しなきゃ人殺しの話は書けない、人殺しの役は演じられないのか。それは嘘。あたしは別に妻子ある男性との恋愛が人倫に悖《もと》るとは思わない。たまたま好きになった相手が既婚者で、純粋に恋に落ちたのであれば、それは仕方がない。取り沙汰《ざた》すること自体がナンセンスなんじゃないか。「真面目」って、いったい何なんだろう〉

相似た父と娘の舞台感覚と「情歌」

鶴田浩二は、さやかの映画出演にはほとんど批評しなかったが、舞台に関しては別であった。

さやかが出演する芝居には必ず劇場まで足を運んだ。妻・中尾照子も一緒だ。最上の席にゆったりと腰を下ろし、作品の世界に浸った。

小屋が跳ねてさやかが帰宅すると、鶴田が待ち構えている。台詞《セリフ》回しや所作など、細かい点に至るまで延々と駄目出しが続く。芝居に関しては鶴田が亡くなるまでこの習慣は続いた。

鶴田さやかが藤田《ふじた》まこと主演の舞台『人生まわり舞台』で地方公演を回っていたときのことだ。巡業は「乗り打ち」の連続で過酷を極めていた。

乗り打ちとは演劇や興行の世界で使われる符丁である。旅公演で会場となる土地へ行くことを「乗り」という。

朝から劇場に機材やセットを搬入し、仕込み（舞台設営）や場当たり（舞台稽古《ぶたいげいこ》）、ゲネプロ（本番どおりの通し稽古）を経て、本番へと至る。劇場に入ったその日に公演本番をおこなうことを「乗り打ち」と呼んでいる。

『人生まわり舞台』の巡業では乗り打ち、しかも一日二回公演が続く強行なスケジュールが組まれていた。さやかたち関係者は自虐的に「死の乗り打ち」と呼んでいたくらいだ。

蓄積される疲労により俳優たちは皆ゾンビのような風貌になっていく。疲弊のあまり大道具などのスタッフも相次いで怪我を負っていた。

藤田まこと

『人生まわり舞台』でさやかは白塗りのメイクで踊りを踊っていた。終演二十分後には次の公演先に向けてバスが出発する。そうしないと間に合わないのだ。メイクを落とす暇もない。女優たちは首の白塗りを隠すため、白いタートルネックの洋服を着たりしていた。

巡業の最中、最果ての地から東京の自宅に電話をかけた。携帯電話が普及する前、公衆電話の時代である。

電話を取ったのは父・鶴田浩二だった。

「おまえ、どこにいんの？」

鶴田は不思議そうに尋ねた。さやかは急いで説明する。藤田まことが座長の旅公演に出ていること。乗り打ちの連続で大変な思いをしていること。メイクを落とす時間もない毎日を送っていること。

「ふうん、そうか。変なの」

恐らく鶴田は疑問だったのだろう。さやかがなぜそんな大変な思いをしているのか。なぜそんな仕事をしているのか。

さやかは父とのこうした会話が嫌いではなかった。むしろ面白がっていたといっていい。

鶴田浩二の三女・さやかは父親と舞台で二度共演している。父との駆け引きは楽しかった。

〈今日は、変えてみよう〉

そう思って、芝居を変えると、鶴田も微妙に演技を変えてくる。さやかの変化球を受けられるだけの度量があった。

事前に打ち合わせなどは一切しない。わざわざ楽屋を訪ねて、「今日はこうしたい」と相談するほどのことでもなかった。それでも、鶴田は本番の舞台で感じ取るのだ。

鶴田ほどの感覚を持った俳優とはその後も巡り会えていない。脇役の一人として出演していたにもかかわらず、さやかが工夫しているところはちゃんと見てくれていた。

〈父は本当にすごい俳優。ふだんがどんなにはちゃめちゃでとんでもない男であっても、わたしは構わない〉

さやかにとって鶴田浩二は父であり、俳優としての師匠でもある。そんな男と長く一緒にいたため、いつの間にか妙な堪《こら》え性が芽生えてしまった。

〈あたしが女として幸せになれないのは、お父さんのせいかも……〉

そんなふうに思うこともある。

鶴田さやかは、父の歌を「情歌」と言い表してきた。歌の巧拙でいえば、もっと上手い人、声の出る人はたくさんいる。だが、鶴田には他の歌手には出せない独特の味があった。

北島三郎《きたじまさぶろう》と共演した際に、北島がさやかに話してくれたことがある。

「鶴田さんは歌い手としての北島三郎のことを尊敬してくれていた。それはすごいことだ。俺はそれを知っていた」

歌は「鶴田浩二の世界」の一つだった。「鶴田浩二が歌う」だけで意味がある。技術の問題ではない。

鶴田の弟子でもある松方弘樹からはこんな話を聞いた。

「親父の講演がすげえんだ。親父がどういう人かわかっていても、ボロボロ泣いちゃうんだよ」

鶴田には人を惹きつけてやまないエネルギーがあった。惹きつけて、惹きつけて、最後まで離さない。

講演では特攻隊の話も多く取り上げていた。軍歌を歌い出せば、いつの間にか涙を流している。

鶴田の「一家」と他の俳優への眼

俊藤プロの川勝正昭は思った。

鶴田浩二の三女の鶴田さやかは女優になったが、個性的で役が限定される顔立ちをしている。

いっぽう、鶴田の孫の岡村研佑《おかむらけんすけ》は、男でありながら妖《あや》しい色気を備えている。幼い頃から役者を志望し、七代目尾上菊五郎《おのえきくごろう》のもとで修業を積み、平成十七年に二代目・尾上右近を襲名した。

高倉健は俊藤浩滋に「自分と鶴田浩二のどちらを取るのか？」と迫ったことがある。俊藤は鶴田を選び、高倉は俊藤の元を去った。鶴田の娘・さやかは思う。

〈健さんは女性の心を持っている。「わたしだけを見て」と思っていたんだろう。最後に別れがくるのはしょうがない。でも、俊藤社長に別れの手紙なんて。女のわたしでも書かないかもしれない。要は心の問題。わかりやすい話だ〉

老いを認めなかったといえば、高倉健である。いつまでも青年であろうとした。だが、鶴田はある時期から父親役を演じることも厭《いと》わなくなっていく。この点で鶴田と高倉は大きく違っている。

六十二歳で早世した鶴田に対し、高倉は八十三歳まで生きながらえた。高倉は長生きしたとさやかも思う。

俳優はミステリアスであるべきだ。さやかはそう考えてきた。その点、高倉健は百点満点である。私生活はベールに包まれていた。どこに住んでいるのか、いつも誰と一緒にいるのか。芸能ジャーナリズムはもちろん、一般のファンは誰も知らない。俳優はそれくらい不思議な存在であらねばならない。高倉健はそれを全うした。

東映の内部で鶴田浩二には「一家」「組」とも呼べるような仲間たちがいたといわれる。だが、娘のさやかはそうは捉えていない。

〈お父さんは、お弟子さんを育てたり、チームをつくったりはしなかった。石原裕次郎《いしはらゆうじろう》さんのように「軍団」を率いたわけじゃない〉

レオナルド熊《くま》とのコンビ「コントレオナルド」で一世を風靡《ふうび》し、現在は性格俳優として活躍する石倉三郎《いしくらさぶろう》は東映の大部屋出身である。さやかに目をかけてくれている藤山直美《ふじやまなおみ》が座長を務める舞台で石倉との共演が叶った。さやかは石倉を「サブ兄」と呼んでいる。

楽屋で話をしたときのことだ。石倉は抱っこする仕草をしながら言った。

「こんなときから知ってるんやで」

さやかがそれほど小さい頃から鶴田と縁があったということだ。鶴田邸にも出入りしていた。

鶴田の全盛期、誕生日は大変だった。鶴田邸には生バンドが入り、仕出しで料理も運び込まれる。菅原《すがわら》文太《ぶんた》や松方弘樹、八名《やな》信夫《のぶお》ら東映の俳優陣もお祝いに駆けつけた。

その頃、大部屋俳優だった石倉は鶴田の「若い衆」として外で下足番をしていたという。並みいる来客たちの履き物の世話を焼いていた。

「それは、わしがやったんや」

笑顔の石倉にさやかは思わず頭を下げていた。

「申し訳ありません」

石倉の話は止まらない。

「わしらはな、ゴミ以下やった。たとえば、ゴミだったら、『あ、ゴミだ』と思って、つまんで捨ててもらえるやろ。だけど、わしら大部屋は見てさえもらわれへん。そやから、捨てられることもないんや。ゴミ以下やで。気にもされんのやから。おっさん（鶴田）に対して『こっらー』と思うことがあっても、本番カチンであの芝居されたら、もう何も言えへんわ」

「そんなことがあったんだ」と思いながらも、さやかはこう返した。

「家でもそうでした」

石倉三郎

鶴田浩二はどんな俳優を認めていたのか。鶴田さやかはその手の話を父から聞いたことが一度もない。他の俳優の評価は決して口にしなかった。

さやかは仕事の上で多くの名優・座長に世話になってきた。萬屋錦之介、藤田まこと、高橋英樹《たかはしひでき》、里見浩太朗《さとみこうたろう》。鶴田の生前にも彼らの舞台に立ったことがある。だが、鶴田は彼らの芸について一言も云々《うんぬん》することはなかった。

監督や演出家についても同様だった。さやかがどんな名匠・巨匠の作品に出演したとしても、特に何か意見するようなことはない。ただ、舞台のときだけは必ず客席から通しで見て、帰宅後にこと細かな駄目出しをするのが常だった。

「鶴田一家」の一員として弟子筋に当たる東映の若手俳優に対しても特に指導はしない。訊きにくれば、一言二言助言はする。だが、大方の若手は怖がって近寄れなかった。「見て学べ」が鶴田の唯一の教えだったのだ。

「俳優は人前に出ている仕事だ。俺は逃げも隠れもしない。少しでも上に行きたい気持ちがあるんだったら、俺を見ておけ」

さやかは父のそうした姿勢を本当にかっこいいと思ってきた。今でも俳優の仕事をそう捉えている。演技や役者道は手取り足取り教わるものではない。

川谷拓三《かわたにたくぞう》は昭和三十五年、東映京都《きょうと》撮影所の大部屋俳優募集に応じて入社を果たした。鶴田浩二の付き人を務めたこともあり、師と仰いでいた。松方弘樹や梅宮辰夫《うめみやたつお》、八名信夫らと共に「鶴田一家」の一員だったのだ。

一家の若い衆は鶴田を「若旦那」「親父」と呼んでいた。若い衆の間では鶴田の「勘」が恐れられていた。みんなで「飲みに行こう」と決めている日があったとする。鶴田に悟られまいと仕事を着実にこなし、撮影の終了に備える。そんな日に限って、「おい、今日はみんなで行くぞ」と御大《おんたい》から声が掛かるのだ。鶴田はすべてをお見通しだった。

梅宮は鶴田邸でよく飲んでいた。焼きおにぎりを焼いているところもさやかは何度も目撃している。

川谷は同じ脇役・斬られ役で飲み仲間だった岩尾《いわお》正隆《まさたか》や志賀《しが》勝《まさる》と忘年会をおこなうことになり、「ピラニア会」と名づけた。

この会に東映ニューフェイス出身でまだ芽が出ていなかった室田日出男《むろたひでお》や小林稔侍《こばやしねんじ》、片桐竜次《かたぎりりゅうじ》、成瀬正孝《なるせまさたか》らが加入。昭和五十年にこれらのメンバーを渡瀬恒彦《わたせつねひこ》が束ねて発起人となり、「東映ピラニア軍団」が結成された。

ピラニア軍団の結成は川谷の「鶴田一家」からの分派・独立を意味していた。鶴田浩二の娘のさやかは思う。

〈拓ぼんは一本立ちしてよかった。あそこで一家を出なければ、東映で役者として名を立てることはできなかった〉

東映時代は鶴田浩二と張り合っていた若山富三郎。だが、鶴田さやかは若山を敬愛している。共演した際にも世話になった。「富三郎先生」と呼び、慕っていた。

若山が心臓血管研究所付属病院に入院したときも母・中尾照子と共に見舞いに出向いている。舞台で共演した際には現場でのやり取りは特になかった。だが、何くれとなく世話を焼き、可愛がってもらった。

父に対する娘さやかの複雑な想い

鶴田さやかにとって最初に意識した男は父・鶴田浩二である。鶴田は永遠のヒーローだ。出発点が鶴田のような男だと、その後の恋愛事情にも大きな影響を及ぼす。

さやかもこれまでいくつかの恋をしてきた。だが、恋い焦がれているのは初めの「一・五センチ」だけ。あとは相手に父親の役割を求めてしまう。男の側がついていけなくなり、ついには破局を迎える。このパターンが多かった。

だが、このところ少し変化が訪れている。これまでの恋愛経験を修復するような付き合い方ができるようになってきた。自分が経験したこと、鶴田との関わり合いの中で積み重ねてきたものを返していく時期に入ってきたようだ。

年齢のせいもあるかもしれない。令和二年（二〇二〇）九月十九日、さやかは六十歳を迎えた。還暦には「生まれ直し」の意味がある。本来は産着《うぶぎ》である赤いちゃんちゃんこを着て祝うのもそのためだ。さやかは思う。

〈六十歳は人間にとってリセット。わたしのこれまでの経験を引っ提げて、人のためにそれを返していこう〉

最近流行りの言葉で言えば、「利他心」である。さやかはそうしたおこないを自分自身の役目と心得るようになった。

著書『父・鶴田浩二の影法師　末娘が綴った銀幕スタアの真実』でもすでに明らかにしているように、これまで家庭を持つ男性と恋に落ちたことも数多くあった。だが、いずれも成就はしていない。

もともと、さやかには相手の男を正妻から奪おうとする意思も気力もなかった。略奪婚には至らなくても不倫の関係を続ければいいという考えもあるだろう。

だが、さやかにはそれもなかった。

〈他人様《ひとさま》のものを盗《と》っても幸せにはなれない〉

古いと言われようが、さやかはそう信じている。奪われた側には怨念《おんねん》も生じるかもしれない。そんなものに祟《たた》られるのはまっぴらごめんだ。

妹分たちにも常々こう言い聞かせている。

「わたしの母親も経験したことだけど、『不倫ドシップ』なんて何もいいことはないよ。恋愛は女と男、お互いのロマンス。そのときだけの共同幻想だから。すべては泡沫《うたかた》よ。でも、そのときだけはいい思いをする。役者や歌い手にとって芸の肥やしになるのは事実かもしれない。しょせん、カタギじゃないんだから」

確かにそうだ。「フレンドシップ」と不倫ではおおいに違う。

鶴田さやかは未婚のまま還暦を過ぎた。結婚しなかった理由は縁がなかったからだ。恋愛対象に父親像を求めてしまう。この習慣は若い頃から変わっていない。相手には気の毒なことをしたと思う。

さやかの中には理想の父親像が明確にある。それは現実の父である鶴田浩二とは似て非なるものだ。

鶴田は確かに父親だった。だが、最後まで「お父さん」ではなかった。男として鶴田はすべてを兼ね備えていた。どこか欠落している部分がないと、お父さんにはなりえない。

それは母である中尾照子にも当てはまる。さやかにとって中尾は「お母さん」ではない。あくまでも俳優・鶴田浩二の妻である。

さやかたち姉妹を育ててくれたのは「ベビーナース」だった。赤ちゃんのケアをする看護師だった。

そうした生い立ちのせいか、今でも「お母さん」然とした人に惹かれてしまう。鶴田家の姉妹はどこかおかしい。その自覚はある。

〈子どもが普通に育つわけはない。鶴田浩二の家なんだから。それは難しい〉

恋愛の相手がさやかの望む父親像を演じてくれることはついになかった。しょせんはない物ねだりだ。

さやかの前を通り過ぎていった男たちにも無理を強いたとは思う。

雑誌の取材で、よく聞かれる質問があった。

「理想の男性とは？」

さやかの答えは決まっている。

「放りっぱなしで優しくて、邪険のようで行き届いている」

これは鶴田浩二そのものだ。その上で経済力があり、根っこはカタギ。ヤクザの気風を覗《のぞ》かせることもある。そんな男はざらにいない。

さやかはそんな理想を追い求めてきた。その結果、今でも独りでいる。

いっぽうで、現実の私生活で鶴田浩二と付き合うことの困難さはわかっている。

〈本当に温かみがあって信頼できるお父さんは、外連や色気の世界には住みようがない。だから、わたしの求める理想は現実の世界とは縁がないんだろう〉

無理とはわかっていても、求めてしまう。我ながら難儀な性格だとは思う。

鶴田浩二の娘でなければ、もっと早く平凡な結婚をしていただろう。女優という職業を選んでしまったことがさやかの孤独に拍車をかけてしまった面は否めない。

さやかが「女優になりたい」と言い出した頃から鶴田は恐らく今日の姿を見透かしていた。さやかは今でも父の言葉を覚えている。

「おまえには普通にお嫁さんにいってほしいな」

父の心の奥底まではわからない。ただ、三人姉妹の一番下だから許されたとは言えるだろう。見逃されたと言うべきか。鶴田は「隙《すき》を突かれた」とこぼしていた。

「三人姉妹で鶴田に一番似ているのはさやかさん」

そう指摘されることも多い。「一番可愛がられたでしょう?」と言われるたび、さやかは複雑な想いにかられる。

鶴田と「近親相愛」関係の長女、耐える母……

長女のカーロン愛弓《あゆみ》は父の鶴田浩二とまるで「近親相愛」に近い関係にあった。カーロン愛弓は鶴田の寵愛を一身に受けて育った。さやかの目から見ても、あれほど愛された女はいないと思えるほどだ。

「骨を吸って飲みたい」

鶴田の死後、カーロン愛弓はそう口にした。異常といえば、異常だろう。カーロン愛弓と鶴田の間には屈折した愛情があった。

当然、母親である中尾照子とは三角関係になる。母と娘でありながら、鶴田をめぐって女同士の確執が家庭の中で芽生えていった。

父の腕は二本しかない。子どもの頃からその腕に抱かれるのはまず長女のカーロン愛弓だった。次女・岡村《おかむら》矢尋《やひろ》も姉の振る舞いを真似た。さやかは二人の姉をドキドキしながら引いて眺めるだけだった。

感情の赴くままに行動するのはどこか苦手な子どもだった。「気持ちを伝えたい」とは思うのだが、うまくいかない。目の前にはいつも華やかな長姉・カーロン愛弓がいた。

「愛しているのよ、大好きよ。嬉しいわ」

父親に対してもそんなことを言える女だった。さやかは、そんな様子を見せつけられるたび、腰が引けていく。「たいがいにして」と投げやりな気持ちにもなった。確かにカーロン愛弓は人並み外れた美貌の持ち主ではあった。

中尾照子は決して愚痴を言わない妻だった。鶴田の女性遍歴はすべて知りながら、黙って耐えていた。

さやかは芸能界に入り、父親への見方が変わった。

〈どんなわがままも受け入れよう。お父さんは、何をしてもいい〉

もちろん、これはさやかだけの見方だ。二人の姉はもっと冷静に突き放して父親を見ていた。見解も異なる。

鶴田の行動がすべていいと思っているわけではない。だが、とんでもないものも許容する大きさは認めたいと思った。

とにかく父は大きかった。さやかのどんなわがままも、負の要素でさえ受け入れてくれた。

そんな鶴田の大きさがあったからこそ、さやかは「板の上」に乗せてもらえたのだ。二人の姉はそこを通過していない。女優にはなっていないのだ。これは決定的な差異だった。

　後年、さやかの母・中尾照子はこんな一言をもらした。

「三人の娘のなかでさやかだけが女優になってくれた。そのことで最終的にはすごく成功した。やっぱりパパの俳優としての側面を知っているのはあなただけでしょ。妻にも愛人にもわからないものを、あなたは知ったのね。焼き餅も焼けるぐらいパパとくっついて。パパとさやかの世界ができたと思うわ」

　さやかはうなずくしかなかった。そのとおりだったからだ。さすがに女優を経験し、鶴田浩二の妻となっただけのことはある。中尾の目は確かだった。

　カーロン愛弓は著書『父・鶴田浩二』で佐久間良子をはじめ、鶴田が浮名を流した女優たちに触れている。中尾照子が嫉妬の炎を燃やした鶴田の愛人はほかにもいたのだろうか。さやかは母である中尾照子を「可哀相《かわいそう》な女」と同情の目で見守ってきた。

〈生まれ変われるとしたら、もう一度と言わず何度でもお父さんの娘になりたい。でも、奥さんや愛人はいや。どちらにも決してなりたくはない。わたしには絶対に無理だから〉

　中尾は耐え忍ぶことに長《た》けていた。ただし、さやかにはそうした性分はない。鶴田のような男を好きになったら、ぼろぼろになっていくのが関の山だ。それは仕方がない。鶴田にはそれだけの魅力があったからだ。

　その意味で母・中尾照子は普通の人ではなかった。最後まで中尾は夫・鶴田浩二を愛していたのだろうか。本当のところ、さやかにはよくわからない。三人の娘を生んだのだから、好きではあったのだろう。

　男は新しく別の女に惚れたからといって、これまでの女をただちに嫌いになるわけではない。同時並行で複数の女を愛し続けることもできる。さやかは思う。

〈冗談じゃない。生き物として許されない。それなら、女だって、そうしたいよ〉

　もっともさやかより下の世代となると、話は別だ。現代の女性の一部には複数の男を部分ごとに愛し、コレクションしている女性さえいる。

忍耐力や我慢強さ自体が変わってきているのだ。女たちの経済力が向上したせいもあるのだろう。男がどんなに不貞を働いても、「パパがいないと、食べていけない」とすがる以外になかった時代ではもはやない。女たちは力を得てきた。

鶴田の時代であっても、女優はまた別格の存在だった。決して耐えるだけの女ではない。ある意味では「男」だった。

鶴田の愛人となった女優たちは決して一方的な被害者ではない。多くは自分の意思で言い寄って来た。「やられる」側ではない。あくまで「やる」側なのだ。鶴田と愛人のどちらか一方が悪いという話ではない。

この点は鶴田も認めていた。鶴田と女優たちとの噂の中には本当のこともあれば、はったりも含まれている。

生前の鶴田とは師弟関係にあった松方弘樹からもさやかは、父親の女性関係について、いろいろと聞いている。鶴田は「弘樹、余計なことを言いやがって」と苦笑していた。

松方は鶴田を「鶴田のおっさん」と呼んでいた。鶴田は「松方」と呼んで可愛がった。さやかは「松方のお兄ちゃん」と呼んできた。

松方はさやかにいろいろな話をしてくれた。鶴田と松方の間で起こったことをはじめ、撮影現場でのエピソード、鶴田と女優たちとの本当のところなど。さまざまだ。

突然変異的に出現したヤクザの世界の三《み》田《た》佳《よし》子《こ》

鶴田浩二とさやかに関わりすぎた。当章では最後に、別な視線も記すことにしよう。

さて、かつての東映の「任侠路線」や「女任侠」とはまったく質が違うが、突然変異的にヤクザの世界が出現した。

平成元年四月八日に公開された降旗康男《ふるはたやすお》監督の『極道の妻《おんな》たち「三代目姐《あね》」』であり、三田佳子が姐さん役を務め、萩原健一《はぎわらけんいち》と共演したヒット作である。

三田佳子については、佐久間良子とともに〈第2章〉で詳述してきたが、鶴田浩二や高倉健と共演して東映を支えてきた女優である。ただし〝脱東映〟は鶴田、高倉より早く、昭和四十二年に東映を退社しフリーとなった。

当時の三田は、男臭い映画ばかりを撮る東映の女優でいることに、物足りなさを感じるようになっていた。主役男優の相手役とはいえ、どこか添え物的な立ち位置にいつもある。なんともいえない中途半端な状況に、やがて考えるようになった。

〈思い切って外に出たい〉

三田は、東映の大川博《おおかわひろし》社長のところに直談判に行き、思いを打ち明けた。

「わたし、独立したいんです」

話を聞いた大川社長は、独特の高いキーで「チミィ（君ぃ）」と話し始めた。

「三田ちゃん。出てもいいけど苦労するよ」

「覚悟はしているつもりです」

「うん、だけどつらくなったら、帰っておいで」

「はい」

三田が社長室を出ようとすると、大川社長に止められた。

「ああ、こっちから出て行きなさい」

マスコミ対策なのか、裏口が用意されており、三田はそこから退室した。

それでも三田佳子にとって、東映はふるさとである。三田を育ててくれた場所であり、岡田茂《おかだしげる》を含め製作から裏方までのちに名を残す実力派が揃い、みんなで三田を可愛がってくれた。

三田がデビューした頃の製作者は、真面目な芸術性を求めていた。が、それも一九六〇年代をピークとし、その後はどんどん衰退していった。少し年代がずれていたら、巨匠と呼ばれる監督たちと出会うこともなかったし、教えられることもなかっただろう。

その後、昭和四十七年のNHKドラマ『北越誌』ほか数え切れないほど多くの作品に出演、昭和五十九年の宮尾登美子《みやおとみこ》原作・中島貞夫《なかじまさだお》監督・名取裕子《なとりゆうこ》主演の『序の舞』では脇役もこなした。

そうした中での『極道の妻たち』。物語は次のように始まる。

関西坂西組・三代目の坂西武雄（丹波哲郎《たんばてつろう》）が倒れ、妻の葉月（三田佳子）は一万人以上の組員を従えていたが、組長代行の寺田は四代目を狙っていた。

おりしも坂西の子分・若頭補佐の赤松徹郎（萩原健一）が出所し、赤松を推す幹部がいたことなどから三代目の死に伴い権力闘争が起きる。赤松は葉月に寺田が入れ札で組長に決定したことを報告するが、葉月は赤松に三億の金を渡し、寺田に勝つように言い放つ。赤松は寺田の子分を殺害、松江清美（吉川十和《よしかわとわ》子《こ》）という女を利用しようとするが、健気な清美に次第に心を寄せてしまう。

映画の撮影が始まる前、主役の三田佳子を囲んだ顔合わせがあった。特に相手役の萩原とは初共演で話もしたことがなかった。お互いに何も知らないまま現場に入る、というわけにはいかなかった。

この頃、萩原健一は大麻不法所持で逮捕されたり、飲酒運転で人身事故を起こすなど不祥事が続いていた。そういう状況のときに、萩原は極道という役柄を面白いと思ったのかもしれない。

三田は萩原と二人で話して、思った。

〈萩原さんは、実生活でもヒーローなのね。自分が丸損しても頑として口を開かず、筋を通す。そんなヒーロー性を持った人なんだわ〉

フィクションと現実の境目がなく、現実の世界でもどこかヒーローを演じているところがある。常に演技の世界と一体化しているところがあるから、迫真の演技ができるのだろう。

三田は、ふと自分のことを振り返った。

〈長い間、女優を続けてこられたのは、表現することが嫌いじゃなかったから。きっと萩原さんも、そういうタイプの俳優なのね〉

三田は、萩原の喧嘩っ早い性格を噂で聞いてはいた。萩原は、演技をするうちにいろいろな考えが湧いて出るため、その思いを伝えるたびに意見が衝突し、結果的に進行の邪魔になって喧嘩に発展するらしい。

『極道の妻たち』の物語の設定は、萩原健一演じる極道の赤松徹郎は松江清美を愛人にするとともに、三田佳子演じる急死した親分の妻・葉月に心を寄せ、葉月もまた心の中で密かに赤松を愛している。

そうした中、物語の終盤、萩原健一演じる赤松が少年ヒットマンに殺される。

報《しら》せを聞いた三代目姐・葉月が、ピンヒールの散らかる足元にもかまわず病院の長い長い廊下をすさまじい勢いで赤松の遺体のある部屋に走って行く。

部屋のドアを開けると、コンクリート打ちっぱなしの部屋の奥に、愛しい赤松が死体となって台車の上に白いシーツに覆われて横たわっている。もちろん人形ではなく、萩原健一が寝ている。

そこへ三田がガッと駆け寄り、「赤松！」と絶叫する。

子分が赤松の顔を覆っている布を取った。なんと、死んでいるはずの萩原の目が半開きになっているではないか。

三田はとっさに赤松の顔を両手で挟みこみ、「赤松！」と呼びながら、手のひらで、萩原の目を覆った。相手は死人なのだから、そっと閉じるのではなく、力を入れてしばらく手を瞼《まぶた》に当てた状態を保った。

「なんでや、なんでこんなことになったんやぁ！」

赤松の子分が伝える。

「オヤジ、姐さんにすんまへんと言ってくれと、自分はてっぺん高すぎましたと言うとくれと、言っとりました」

ところが、萩原は再び目をうっすらと開くではないか。それは、まるで萩原から演技者三田への挑戦状のようだった。

〈さあ、どうする?〉

三田がここで萩原に文句を言えば、喧嘩になるし撮り直しになる。三田は、再び手のひらで萩原の目を覆った。

三田の心の中に、萩原に対する怒りはなかった。今、三田は三代目姐になりきっている。愛しい男を成仏させてやりたい。その気持ちがあればこそ、二度も目をしっかり閉じさせてやる演技につながった。ただし、開けた目を閉じさせることについ集中し、このシーンのリズムが崩れた。降旗監督もカットと言わずにキャメラを回し続けている。

三田は赤松の顔を激しくゆすりながら言う。

「あんた、日本一の大親分になる男が、なんでこんなアホなことしたんやぁ!」

三田は、とっさにその場で床に転がり、床の上であまりの悲しさと男への愛にもだえ苦しみ泣き叫ぶ演技をしてみせた。萩原もその演技に納得したのか、そのまま静かにしていた。さすがに三度も目を開けたら喜劇になってしまう。

三田と萩原は一度もぶつかることなく、いい仕事ができた。三田は満足だった。

萩原健一は一つの時代の中でスターとされたが、三田佳子はそれに納得するものを覚えた。

モンゴル平原に立つ三田と高倉健

平成三年、三田佳子は、徳間書店社長の徳間《とくま》康快《やすよし》が主催するモンゴル・ツアーに参加した。徳間は中国との文化交流に熱心で、映画人を引き連れて毎年中国ツアーを企画していた。

参加者は、檀《だん》ふみ、名取裕子などのほかに、ツアー初参加だという高倉健もいた。

一九六〇年代を中心に高倉健と共演してきた三田佳子も、お互いに独立してフリーになったあとはすっかり疎遠になり、気がつけば二十年以上の時が過ぎていた。高倉健は六十歳、三田佳子五十歳になっていた。

旅先ではモンゴルの人々と焚《た》き火を囲んで、飲み、踊り、歌い、笑い合った。俳優はほかに檀ふみ、名取裕子などが参加していたが、当時はまだみんな若く、熟年を迎えた高倉と三田は別格扱いだった。

みんなが高倉に歌をリクエストする。高倉は大いに照れ、三田に救いを求めた。

「ヨッコ、歌わないとダメなの？」

「健さん、いいじゃないですか。歌ってくださいよ」

高倉は勇気を出して、『唐獅子牡丹《からじしぼたん》』を歌ってくれた。

モンゴルの人々は、日本からの客人たちを遊牧民族の移動式の家であるパオに招待して、お茶を入れてくれた。

みんなかしこまって緊張する中、最初にお茶を渡されたのは三田だった。

夜十時頃、モンゴルの平原に全員で出かけた。白夜なのでまるで日中のように明るく、地球の丸さがわかるほどの大平原である。

大人数だったが、高倉健と三田佳子が二人きりで平原に立つ写真がうまく撮られていた。高倉が三田の肩を抱き、三田が高倉の腕にすがる、まるで仲のよい兄妹のような姿である。

三田はモンゴルの大自然のあまりの美しさに圧倒され、また高倉とコンビを組んでいた古き良き時代を思い出し、気づけば涙を流していた。

ふと見上げると、高倉の遠くの地平線を見渡す目にも光るものがある。

「泣けてきますよね」

「いや、僕は泣いてないよ」

高倉はそう言ったが、三田は確かに高倉の涙を見た。

〈健さんはまだ若い。昔とちっとも変わっていない。だって、こんな豊かな感情が残っているんだもの〉

思えば、三田は俳優の仕事には満足していたが、映画界にいまだに馴染《なじ》めないでいた。高倉もまた、自分は馴染まないとわかっていて映画界に飛び込んだ。だから二人とも群れて行動しない。高倉と三田のあいだにも距離感はあったが、一緒に仕事をしたそのつどに、さまざまな思い入れが積み重なった。二人は世の中に媚《こ》びず、自分の世界で生きる、似たもの同士であった。

この写真は高く評価され、のちの高倉健の追悼式の際にも飾られた。

第20章　永遠のスターの輝き

高倉健《たかくらけん》担ぎ出しの俊藤浩滋《しゅんどうこうじ》執念の『トーキョー・ジョー』

平成元年（一九八九）十一月三日公開、降旗康男《ふるはたやすお》監督、高倉健主演の東宝映画『あ・うん』で、高倉健は、俊藤浩滋の娘の富司純子《ふじすみこ》と共演した。

高倉はこのとき、京都《きょうと》市岡崎《おかざき》の俊藤の家を訪ねた。京都に用事があって、そのついでに立ち寄ったのではない。俊藤に会うためだけに、東京《とうきょう》から新幹線に乗ってやって来たのだ。

高倉が俊藤家の門をくぐると、俊藤本人が家から顔を出した。高倉が言った。

「いま、純子さんと映画で共演しています」

「そうか。じゃあ中に入れよ」

が、高倉は家に上がろうとしなかった。

「いえ、いいです」

二人が対面するのは、何年ぶりのことだろうか。高倉が俊藤に一方的に別れを告げて以来である。お互いに言いたいことはたくさんあるはずなのに、胸が詰まって言葉が出てこない。高倉はそのまま、立ち去っていった。

これが、高倉健と、俊藤浩滋がこの世で会った最後となった。

高倉は、降旗康男監督に「俊藤さんに会ってきた」と軽く報告する程度で、他の者には黙っていた。高倉らしい別れの挨拶だった。

高倉は、最後の別れはする義理を持っていた。

高倉が自身の作品に出なくなってから、俊藤浩滋はなお高倉出演への未練を断ち切れずにいた。

中島貞夫《なかじまさだお》は俊藤の命を受け、高倉主演の企画で二本の脚本を執筆している。そのうちの一本が『トーキョー・ジョー』である。

『トーキョー・ジョー』は実在した日系米国人ギャング構成員の物語。主人公モンタナ・ジョーの異名を題名にした。

俊藤は周囲にいつもこう言っていた。

「健をどうしても出したいんや。次は『トーキョー・ジョー』をやる。脚本もつくる」

『トーキョー・ジョー』の脚本を中島は精魂を込めて書いた。

「これだったら、健ちゃんもやるんじゃないですか？」

中島は本気でそう思っていた。だが、この頃、高倉の気持ちはすでに俊藤から離れきっていた。

中島の書いた『トーキョー・ジョー』の脚本は、健さんの役としてはかなりいい企画だったという。

〈舞台は米国なので、実現したらどうなっていたかはわからない。ただ、モンタナ・ジョーが面白い素材であるのは間違いない〉

モンタナ・ジョーは、大分《おおいた》県出身で渡米した宣教師衛藤衛《えとうまもる》の長男。本名はケン・エトウ（日本名は衛藤健）。一九一九年（大正八）十月十九日カリフォルニア州ストックトンで生まれる。

十四歳のとき、父親と喧嘩をし、家出をする。二度と帰らなかった。その後、サンフランシスコなどに行き、いかさま賭博《とばく》で稼ぐようになる。

昭和十六年十二月七日、太平洋戦争が始まる。開戦後、命令によりアイダホ州のミニドカ収容センター

（日系人強制収容所）に収容される。が、日系二世部隊の一員として従軍する。

戦後、マフィアとの関わりを経て賭博師として頭角を現していく。日本人街にポーカー・ゲームの賭博場を開き、縄張りを拡大。

対抗する組織との抗争で勝利を収め、ジョーはシカゴマフィアの大物へと成長していく。

一九八〇年、不法賭博で逮捕、有罪判決を受ける。保釈中にシカゴマフィアの北部のボスのヴィンセント・ソラノから食事に誘われる。ジョーが約束の場所に着くと、ソラノの二人の部下が待ち受けており、頭を三発、撃たれた。しかし、奇跡的に一命を取り留める。

ソラノは、自分のことを当局にしゃべることを恐れていたのだ。

ＦＢＩ捜査官と連邦検事の勧めでジョーはＦＢＩ証人保護プログラムに入ることを決意。政府公認の匿名の存在となる。一般の刑務所に入ると、いつムショの中でシカゴマフィアのソラノの仲間に襲われ殺されるかもわからない。

その後は連邦保安官による最高度の警護を二十四時間体制で受け、誰も知らない場所で暮らす。

ジョーは一九八五年四月二十二日、大統領諮問委員会がシカゴで開いた公聴会に証人として呼ばれた。ジョーは自分の姿を隠すため目の部分をくり抜いた黒い頭巾をかぶり、黒のマントで全身を覆っていた。自分が命を狙われた理由について「自分がイタリア人でなかったから」と述べている。

ジョーの証言によって、当時のシカゴマフィアは次々に摘発。壊滅状態に陥っていく。

二〇〇四年（平成十六）一月二十三日、ジョーはジョージア州で死んだといわれている。

俊藤は、筆者に会うたびに声を弾ませるように言っていた。

「健にうってつけの企画があるのや。しかし、健がな……」

俊藤は、この企画にすっかり意気込んでいた。

「博奕を仕込むマフィアの幹部はロバート・デ・ニーロがいい。中井貴一《なかいきいち》とか若い役者も入れて、女の話も絡ませる。監督は日本人を考えていたけど、アメリカの監督にするべきかもしれない」

が、高倉は、その企画に動こうとしなかった。

「もう、いいじゃないですか」

俊藤が高倉を追い続けていた頃、中島はこう言ったことがある。本心だった。だが、俊藤はあきらめきれなかった。

『ブラック・レイン』を軸に見た高倉の付き合い

いっぽうで高倉健は、別のかたちでアメリカの映画監督の映画に出た。

『ブラック・レイン』の公開はアメリカが一九八九年九月二十二日、日本が十月七日である。

元WBC世界ライト級チャンピオンのガッツ石松《いしまつ》のもとに、ハリウッドのキャスティング・ディレクターから連絡が入った。

「ガッツさん、リドリー・スコット監督映画のオーディションを受けてみませんか？」

ガッツは断った。

「わたしはオーディションをしてまで俳優の仕事をする気はないんです」

それは自分なりの方針だった。タレントと俳優に転向する際、ガッツはどこの事務所にも属さずにガッツ・エンタープライズを立ち上げて代表取締役社長に就任。俳優兼社長兼マネージャー兼……となんでもこなして自由にやってきた。

R・スコット

しかし、ディレクターは食い下がった。
「これはアメリカのすごい映画の話なんです。ガッツさんの役は、日本のヤクザの若い衆です」
が、ガッツは『エイリアン』や『ブレードランナー』などの世界的大ヒット作を生んだリドリー・スコット監督のことをまったく知らず、何がすごいのかピンとこなかった。

ディレクターはなお続けた。

「日本と違って、アメリカでは、みんなオーディションをするものなんです」

これでガッツは納得した。

「そうか。国によってルールが違いますからね」

オーディションがアメリカ流なら仕方ない。ガッツは相手のルールを素直に受け入れることにした。

オーディションは都内のホテルでおこなわれた。部屋に入ると、リドリー・スコット監督と数名の制作スタッフが待っていた。監督はガッツが部屋に入ってくる様子から厳しくチェックし、上から下までなめ回すように立ち居振る舞いを観察していた。

ガッツは通訳を通して、世界チャンピオン時代に世界各国を訪ねたことを話した。外国慣れしているので、片言だが英語も話せる。内容はそんな世間話の延長のようなものばかりで、演技テストのようなものもなかった。おそらく日本のコーディネーターを使い、ある程度の下調べは済んでいるのだろう。

オーディションは話をするだけで終わった。それでも監督や制作スタッフが本気で「良い映画を撮りたい」と思っていることは強く感じ取れた。

制作スタッフが聞いてきた。

「いつ頃から、スケジュールは空いていますか？」

ガッツが答えた。

「エブリディ、ノースケジュール」

こうしてガッツは『ブラック・レイン』に出演することが決まった。

『ブラック・レイン』の日本人共演者は、高倉健のほかに松田《まつだ》優作《ゆうさく》、若山富三郎《わかやまとみさぶろう》、内田《うちだ》裕也《ゆうや》、安岡力也《やすおかりきや》など豪華な顔ぶれだった。高倉以外はみんな、ガッツと同様にオーディションを受けて採用になったという。

ガッツ石松は、若山富三郎演じる菅井国雄の元子分であった松田優作演じる佐藤浩史の子分片山役であった。

ガッツ石松はハリウッドに渡り、撮影が開始された。当然ながら右も左も英語なので、何をしゃべっているのかまったくわからない。

が、ガッツはボクサー時代に世界各国を渡り歩いた経験から、話は理解できなくても外国慣れしていたし、多くの外国人と接してきた。だから外国の水も平気だったし、精神的なストレスはほとんど感じなかった。

ただし、撮影のやり方が日本と違うのには少々参った。

日本での撮影は、「本番いきます、よーい、スタート！」と声をかけてカチンコを鳴らす。が、リドリー・スコット監督は何度も何度もリハーサルを繰り返し、なかなか「本番いきます」と言ってくれない。

ガッツは思った。

松田優作

内田裕也

〈もういい加減、本番に入ってくれよ〉

そのうちに、内田裕也がしびれを切らして文句を言い始めた。

「何回やらせるんだよ。おれは日本の役者だぞ！」

が、ガッツはそれを制した。

「裕也さん。アメリカだから、しゃあないですよ」

内田は日本男児として、日本の役者として、一応格好をつけたかったのだろう。

「うーん……ガッツくんがそう言うなら、しょうがねえな」

ガッツは内田が愚痴りたくなる気持ちもわかった。が、郷に入れば郷に従えである。何事も役割分担で、相手の立場も考えて労《ねぎら》ってやらねばならない。

M・ダグラス

リングに上がったときは、文字どおり血みどろになって闘う。が、試合後は讃《たた》え合うし、人の悪口は言わない。それがスポーツマンシップというものである。俳優業に転向してからも、その考え方に変わりはなかった。ガッツは日本の撮影現場でも、一度も文句を言ったことはなかった。

そのうち七、八回もリハーサルを繰り返すと、監督が突然ゼスチャーでＯＫのポーズを出した。日本の俳優たちは驚いた。

「え、今のが本番だったのか？」

どうやら、リハーサルだと思っていたあいだもずっとキャメラを回し続け、満足できる画《え》が撮れるまでそれを繰り返すのがリドリー・スコット流ということらしい。

高倉健は張り切っていた。何しろ日本の主役級の役どころである。松田優作も気合が入っていた。何も知らされていないガッツは、まさか松田が死病を患っているとは夢にも思わなかった。

『ブラック・レイン』には、若山富三郎も、関西ヤクザの首領の菅井国雄役で出演している。

実は、この役のオファーは、先に勝新太《かつしんた》郎《ろう》のところに舞い込んでいたという。

だが、当時の勝は、自身が監督する『座頭市』の製作に集中していたため、断った。

そのため、回り回って若山のところにオファーがきたという。

若山富三郎は、いっさい文句は言わなかった。それよりも、アメリカ映画に選ばれて出演している誇りに満ちあふれていた。リドリー・スコット監督と「自分の演技はこうしたい」としっかりコミュニケーションを取っていた。

マイケル・ダグラスやアンディ・ガルシアなどとは、通訳を介して話をすることもあった。が、とにかく言葉が通じないのでどうしようもない。

ガッツが大阪《おおさか》府警に捕まるシーンを撮っているとき、高倉が隅のほうで撮影の様子をじっと見ていた。

日本では自分の番が回ってくるまで出てこない高倉も、ハリウッドでの撮影では他人のシーンが気になるらしい。

撮影が終わり、ガッツが高倉のほうを見ると、指でOKサインを出して「良かったよ」とうなずいてくれた。


あるとき千葉真一《ちばしんいち》は、目を輝かせて筆者に語った。

「健さんからは、いろんなものをもらいました。一番の宝物は、女房（野際陽子《のぎわようこ》）と平成六年に離婚したあとに、落ち込んでいた俺のもとに届いた一通の手紙です」

そこには『誰にでも神から与えられた人生というハードルがある。そのハードルを一つひとつクリアしてこそ、最期に幸せをつかむことができる。飛び越すことを喜びに変えてしまえば、今の苦しみが苦にならない。しんどかった、でも面白かったね、とあとから話せるそういう人生を送ろうよ』と書いてあった。

ふさぎこんでいた千葉に、新しい闘志が湧いたという。

千葉は、平成四年にアメリカ映画『エイセス／大空の誓い』に出演したのをきっかけに、アメリカに移住していた。

そのため、晩年の高倉健との付き合いは疎遠になってしまった。

ただ、毎年二月十六日の高倉の誕生日には必ず花束を贈っていた。

「健さんおめでとうございます。元気で長生きしてください」

そういったメッセージも必ず添えた。

俊藤の遺作『修羅《しゅら》の群れ』リメイク版ビデオシリーズ三部作

『修羅の群れ』は、東映での映画公開から十八年後の平成十四年にGPミュージアムソフトで三巻もの大

中井貴一

作でリメイクされた。筆者の発案で、プロデューサーは前作と同じ俊藤浩滋がひと踏ん張りすることになった。

　俊藤は、最初別の若い役者を稲原龍二役に考えていた。ところが、待ったがかかった。なんと、稲川聖城《いながわせいじょう》総裁サイドからであった。

「稲原龍二の役は、会長がぜひ前作同様、松方弘樹《まつかたひろき》さんにしてほしいと言っている」

　稲原龍二役は、稲川聖城総裁のたっての要望で、東映版と同じく松方弘樹となった。

　稲川総裁は、よほど松方に惚れこんだようだった。

『修羅の群れ』のリメイクされたビデオ版には中井貴一も花を添えている。

中井は鶴田浩二《つるたこうじ》とほぼ同時期にデビューした松竹のスター俳優・佐田啓二《さだけいじ》の遺児である。鶴田と佐田、高橋貞二《たかはしていじ》の三人は「松竹新三羽烏」と呼ばれた。貴一の姉・中井貴恵《きえ》は鶴田の娘・さやかとは同期に当たる。さやかは中井貴一を「貴一」と呼ぶ。

　平成二年九月十五日公開の『激動の1750日』には鶴田さやかも出演した。

　中井貴一が演じる四代目神岡組若頭若竹正則が率いる、神岡組を割って出てきた八矢会に属するヒットマン、松永良介（火野正平《ひのしょうへい》）の女房松永久美の役だった。『修羅の群れ』同様、この作品での演技も玄人筋の評価が高かった。

　俊藤浩滋の遺作となったのは、前述したようにビデオ版の『修羅の群れ』である。岡崎二朗《おかざきじろう》は劇場版に続き、出演を果たした。

　鶴田とはタイプが違うものの、松方もまた魅力的な男だった。鶴田さやかは松方を「怖い」と思ったことが一度もない。

さやかが松方と最後に仕事をしたのはVシネマの現場だった。Vシネマでは何本も共演を果たしている。そのなかの一つが『修羅の群れ』のリメイク版のビデオシリーズ三部作だ。鶴田浩二と共に東映仁侠路線を牽引《けんいん》した俊藤浩滋プロデューサーにとっては遺作にも当たる。『修羅の群れ　第三部〜完結編〜大抗争列島!!』は平成十四年にリリースされた。この作品のフィルムが完成する直前、平成十三年十月十二日に俊藤はこの世を去った。

撮影中、俊藤は現場に足繁く通っていた。最後までエネルギーを燃やし続けた。現場が好きだったのだろう。

「あんな、これな」

とキャメラを見ながら、俳優陣に俊藤自ら演出をつける場面もあった。さやかは思った。

〈お父さんみたいな役者はもういない。でも、俊藤社長みたいなプロデューサーもこれから出てくることもないだろう。俊藤浩滋は本当にすごい〉

俊藤浩滋がいなければ、東映のヤクザ映画は生まれなかった。娘の藤純子《ふじじゅんこ》（現・富司《ふじ》純子《すみこ》）は父親の業績や自身の原点でもある東映時代についていまだ何も語らない。

夏の暑いときの撮影であったが、俊藤は毎日のように撮影現場に顔を出していた。

撮影期間中、朝八時にスタッフやキャストはバスに乗る。ところが、出演した岡崎二朗によると、若い俳優は誰一人、大プロデューサーの俊藤の存在に気づかない。同じバスに乗っているにもかかわらず、だ。

俊藤プロデューサーは、現場から何度も筆者に電話をかけてくれて、映画づくりへの執念を感じた。

撮影が終わったときも電話があり、満足していた。

「ええシャシンができた。観てえや」

「ご苦労さんでしたね」

ところが、俊藤は、完成作を観ることなく、急死したのだ。この作品で燃え尽き、まさに遺作となってしまった。

遺言「俊藤の片付けは岡田茂《おかだしげる》にしかできひん」

『おそめ』のママこと上羽秀《うえばひで》は、決して俊藤浩滋を裏切らなかった。その代わり、派手に遊んだ。神戸《こうべ》を代表する夜の街・福原《ふくはら》へ、役者を何人も連れて遊びに行った。

上羽秀は、能をたしなんでいた。秀が祇園《ぎおん》芸者をしていた頃、能役者の梅若猶義《うめわかなおよし》という男に一目惚れをしたのがきっかけだった。もともと裕福で、母親や実姉に資金力があったことも大きかった。

が、能を続けるには、年に二千万円もかけねばならない。そうした金も、俊藤が出してやるようになった。

また秀は、俊藤から都内港《みなと》区青山三丁目《あおやまさんちょうめ》の一等地に、マンションを二カ所与えられていた。一戸目は3LDKの大きなマンションで、もう一戸は2DKだった。

昭和五十三年二月、「店内工事のため休業させていただきます」という張り紙が『おそめ』のドアに張り出され、そのまま閉店となった。

『おそめ』を畳むときは、俊藤の周囲にいる人たちの力が必要だった。銀座《ぎんざ》の店も閉め、京都の店も閉め、俊藤の周囲の人たちみんなでその整理をした。

バブルの全盛期、俊藤浩滋は、上羽秀に与えたマンションを二カ所とも売却することにした。売却に一役買ってくれたのは、俊藤と秀との間にできた一人娘の高子《たかこ》の夫である高橋三郎だった。

高橋は元板前で人当たりも良く、酒も豪快に飲んだ。俊藤は娘婿ということで可愛がっていたが、すぐ調子に乗るタイプで俊藤によく怒られていた。

が、このときは本当に良い仕事をしてくれたという。マンション価格が天井のときに、タイミングよく地上げ屋に二戸十六億円で売ることに成功したのだ。

上羽秀は、そのカネで、京都の岡崎に能舞台付きの豪邸を建て、俊藤と暮らした。隣家には、平安神宮の宮司が住んでおり、「隣にヤクザのような人が越してきて困った」とボヤいていたという。何しろ宮司を務めているのは、天皇陛下の系譜の九条家である。九条家はおおいに困惑したものの、いっぽう俊藤にはまったく関係のない話で気にも留めなかった。

上羽秀は年を重ねても色っぽい女だった。『おそめ』を畳んだあとも、京都岡崎の豪邸の二階に設置したバーには、秀のファンがよく遊びに来た。ワコール創業者の塚本幸一《つかもとこういち》や、サントリー創業者の鳥井信治郎《とりいしんじろう》など秀のファンが集まった。「同友会」まで結成し、俊藤と秀の自宅のバーで食事をし、酒を飲み、カラオケを楽しんだ。

同友会のメンバーが、秀に訊いた。

「俊藤さんは、顔を見せんのか？」

「今日は、あかんねんて」

俊藤は、バーの上層階にいるのだが、客人が来ているときは決して顔を見せなかった。客人と会えば、秀は「俊藤です」と紹介するが、秀が同居人を紹介するなど、社交的に邪魔となる。だから俊藤は絶対に顔を出さなかった。

が、川勝は別の見方をしていた。

〈男として、焼き餅を焼くんじゃないか〉

秀はもてた。が、俊藤も秀も、夜の世界での修羅場は、いやというほど見てきている。お互いに何も言わなくても、ちょうどいい具合の付き合いの仕方を心得ている。その点で、二人はピタリと呼吸が合っていた。

何しろ、高齢となり、あと何年生きられるかわからない段階になってから、正式に結婚したのである。

俊藤と秀亡きあと、高子は京都の豪邸を売却した。娘婿の三郎は令和二年に亡くなったが、高子は現在も京都で暮らしている。

映画プロデューサーの俊藤浩滋と、おそめのママ上羽秀が事実婚をし、ごく親しい二十人ほどを招待して、帝国ホテルでささやかな披露宴を開いた。筆者も参加した。

ところが、のちに知ったことだが、このとき、二人は入籍しなかった。秀のほうが拒否したのである。

秀が、俊藤の側近の川勝正昭に言った。

「もう川さん、聞いてよ。お父さんが『籍入れ、籍入れ』って言うけれど、私は『もう八十歳になるのに、今さら籍入れんでもいいよ』と言ったのよ」

が、結局、その後に俊藤浩滋と上羽秀は入籍した。秀は最後の最後まで俊藤に惚れていたが、入籍にこだわっていなかった。俊藤のほうが「どうしても」とこだわったという。

その後、俊藤浩滋は、都内中央《ちゅうおう》区の国立がんセンターに入院した。

その直後、俊藤の側近である川勝正昭のもとに、『おそめ』のママの上羽秀から電話が入った。

「悪いけど俊藤の入院先へ行って、面倒を見てくれないかしら」

川勝は、都内荒川《あらかわ》区日暮里《にっぽり》の安宿に泊まりながら、病院通いをして俊藤の面倒を見ることにした。

俊藤には娘の富司純子がいた。が、自分の家庭を放置して父親の面倒まで見られなかった。

それに川勝は、純子から言われていた。

「川勝さん。父が一緒に暮らしているのは、母でもなく、娘の私ともちゃうねんから」

秀によると、俊藤本人も「身内のややこしい者は、かなわへん」と言っているらしい。その点、川勝なら何のわだかまりもなく、俊藤の何もかもを承知している。

入院中に一度だけ、東映の岡田茂社長が見舞いに来たことがあった。すると、俊藤が妙に神妙な面持ちで岡田に頼み込んだ。

「あのなあ、社長。俺の一生の頼みごとを聞いてくれへんか？」

「ん、なんや」

傍らには、川勝もいた。

〈何を言い出すのやろ。娘のことかいな〉

「俺が死んだら、社長に俺の葬式を出してほしいんや」

岡田が答えた。

「なんでやねん。入院しているとはいえ、まだ元気やろ」

「俺は純子にしろ、身内はようけおるけれどな。俺の片付けは、誰にもできひん。これは俺の遺言だから返事だけくれ」

岡田はうなずいた。

「おう、任しておけ！」

岡田は、横にいる川勝に言った。

「聞いておけ。おまえが証人や」

平成十三年十月十二日、俊藤浩滋は肝不全のため亡くなった。

俊藤浩滋の最期は、苦しまずに済んだ。入院中の病室に設置されたトイレに入り腰かけているとき、急に発作が出てそのまま急死したという。

亡くなったとき、高倉健は一人で東京から新幹線に乗り、京都市岡崎の俊藤さんの自宅を訪ねていった。

俊藤の娘で、かつての藤純子、富司純子が、高倉を家に招き入れた。家には親戚縁者が大勢いて、俊藤は能舞台のある部屋で静かに目を閉じていた。

高倉が言った。

「二人だけにしてくれませんか」

純子は承知して、親戚たちに俊藤が寝ている部屋から出てもらった。

「私も出ていますので」

「純ちゃんは、おってくれたらいいけど」

「いえ、外におります」

純子は廊下に出て、高倉と俊藤を二人だけにしておいた。

高倉は枕元に座り、それから三十分以上かけて無言の別れをした。

高倉が俊藤のもとを去ってのち、二人がじっくりと話し合うことのなかった別れである。

高倉の脳裏には、東映の任侠映画を支えた二人の日々が鮮烈に蘇り、改めてそのとき言えなかったことを語りかけていたのかもしれない……。

「映画人」鶴田浩二の多彩な引出し

鶴田浩二は昭和六十年、肺癌《はいがん》の診断を受けた。だが、本人には本当の病名は伏せられる。鶴田家でそのことを知っていたのは、次女・岡村矢尋《おかむらやひろ》（七代目清元延寿太夫《きよもとえんじゅだゆう》の妻、二代目尾上右近《おのえうこん》の母）と三女のさやかだけだった。

当時は今ほど癌の告知が一般的ではない時代だ。大病院で多くの癌患者を診てきた主治医は「家族のなかで誰になら病名を明かしても大丈夫か」を敏感に察知していた。

鶴田家の場合、妻・中尾照子《なかおてるこ》と長女への告知は避ける必要があった。鶴田が癌であると知ったら、取り乱すのは必定だったからだ。暴れ出す危険性すらあった。

鶴田の入院後しばらくして、次女の岡村とさやかの二人だけが主治医の部屋に呼ばれた。

「余命は、三カ月から半年です」

そう告げられたとき、さやかは、天井が回り始めた。本当にそんなことがあるのかとさやかは思った。

〈パパが死んじゃう。どうしよう……〉

すでに手遅れの状態だった。まずは肝臓のγ-GTP値が上昇し、好きだった酒を絶った。

もともと鶴田は健康には人一倍気をつけていた。だが、タバコは隠れて最期まで吸っていた。

肺癌の発見はなぜ遅れたのか。その理由はさやかにもよくわからない。

きっかけはさやかがひいた風邪だった。病院に行こうとすると、鶴田も空咳《からぜき》をしていることが気にかかった。そういえば、ずいぶんそんな咳をしている。鶴田は風邪をひいているわけでもないのにだ。

「いつも風邪の残った咳みたいなの。それよくないよ。それ、風邪じゃないでしょ、パパ」

さやかは医者にかかるように勧めた。いつもは娘の意見など洟《はな》もひっかけない鶴田が、どういうわけかこの日だけは態度が違った。

「じゃあ、おまえが言うんなら、行くわ」

自宅の裏にあった耳鼻科の診療所。鶴田家のかかりつけだった。そこの医師にまず診てもらうことにした。

鶴田を診たあと、医師はさやかだけを呼んだ。

「あの、ちょっとねえ、風邪ひいてない？　鶴田さん」

胸騒ぎを覚えながら、さやかは風邪ではないと答えた。

「ちょっと気になるから、胸の写真を撮りましょう」

紹介状をもらい、大きな病院に向かった。胸のエックス線撮影をしたところ、片方の肺は癌細胞でびっしり埋め尽くされていた。

昭和六十二年六月十六日に他界する二年ほど前のことである。

その後、鶴田は亡くなるまで一年八カ月の闘病生活を送ることになる。

肺癌の場合、自覚症状が出てからでは効果的な治療は望めないことが多い。鶴田もエックス線を撮るまでは空咳以外に不調はなかった。

主治医の説明によれば、四種類ある肺癌のなかでも鶴田が罹《かか》っているものは進行が最も早いという。鶴田は元来丈夫で、呼吸器も強かったのだろう。主治医は「肺の一つはもうほとんど機能してないはずです」と言ったが、まったく苦しんでいる様子はなかった。早朝からゴルフに出かけていたし、「疲れやすくなった」とこぼすこともない。

告知の前後、鶴田は至って元気だったのだ。生活の中で病気による大きな変化は見られなかった。

一年八カ月の闘病生活のうち、後半のほとんどは病院で過ごした。最後の三カ月は自宅療養で病院に通った。容態が悪化し、入院し、最期は病院で迎えた。

さやかたち家族は交代制で鶴田に付き添い、闘病を支えた。さやかにとっては父と話す機会が増え、これまでにはない時間となった。

結局、最後まで肺癌であることは鶴田には告げなかった。闘病中にもいくつか仕事はしたが、本人はそれとは知らずに出演している。

入院したのは昭和六十年十一月六日公開の東映映画『最後の博徒』を撮り終えたあとだった。この撮影時から、鶴田は身体が思うように動かなくなり、これが映画としては最後の出演作品となった。

テレビドラマの最後は、昭和六十一年一月十一日から二月十五日までの全六話のＮＨＫドラマ『シャツの店』だった。

舞台の最後となったのは、昭和六十年の梅田《うめだ》コマ劇場での『花の生涯』であった。

『花の生涯』では、合間に歌のショーを挟んでいた。が、回数を重ねるうちに、鶴田が言い出した。

「めまいがする」

歌のショーでは、暗い舞台の中を歩きながら歌わねばならない。平衡感覚がなくなってきたのは問題だった。

本番では眼鏡を外していたが、めまいがし始めてからは「なんだか怖い、倒れたらあかん」と言って、本番中でも眼鏡をかけるようになった。

その後、依頼を受けて取り組んだ仕事はレコーディングだけだ。そのために鶴田は病院からスタジオに通った。

白井伸幸元ディレクターの話によれば、鶴田は最後のほうでは外に出せないくらい苦しんだという。「作品としてリリースできないくらい苦しそうな声」だった。

それでもレコーディングに鶴田は挑んだ。はたで見ていたさやかには「生きよう」という父親のエネルギーが伝わってきた。

〈俺には、まだやり残したことがあるんだ〉

言葉にはしないものの、鶴田のそんな執念は感じられた。

〈病気って何なんだろう〉

鶴田さやかは、そう思わずにはいられなかった。

今日に至るまでさやかはその音源を聞いていない。発売されたかどうかも知らない。

鶴田浩二は「映画人」だった。生涯を通じて出演した作品の数は大変なものだ。

だが、映画だけでなく、山田《やまだ》太《た》一《いち》作品をはじめとしてテレビドラマでも代表作がある。

さらに舞台、歌謡曲の世界でも他にはない持ち味を発揮した。ジャンルを問わずに、場面場面に合わせた多彩な才能の引出しを持っていた。さやかは思う。

〈本当に不思議な人だった。偉いよ、あの方は。わたしにとってはヒーロー〉

鶴田浩二の亡くなるまでの闘病生活は、徐々に衰弱していくものだった。

その頃、鶴田は素のままだった。さやかにとって父親と一緒になる時間はほとんどなかった。それまではたまに家に帰ってきても、周囲には若い衆が控えていることがほとんどで家族が付け入るすきはなかった。

病室で過ごした二人きりの時間はこの上なく濃密なものだった。さやかをはじめ、二人の姉もそれぞれに違う思いをもってその時間を過ごしていった。

さやかの場合はそれまで鶴田とぶつかることが多かった。だが、病床で距離が近づいたことで、そうした諍《いさか》いは解消された。

また、鶴田浩二と妻の中尾照子との仲は、最後まで悪くなかった。晩年に鶴田が東京で入院した際も、病院近くのカラオケ屋に夫婦そろって出かけていった。

病床の鶴田の見舞いに訪れた人たち

鶴田浩二に憧《あこが》れて付き人になり、自らも俳優の道を歩み始めた細川純一《ほそかわじゅんいち》は、鶴田の入院先に二回ほど見舞いに行った。

亡くなる直前はかなり苦しんでいる様子で、見舞いに行くことも憚《はばか》られた。

しかし、二人で病院の屋上に上がったこともあった。

鶴田は細川にささやいた。

「タバコ、あるか」

細川は、持っていたセブンスターを鶴田に手渡した。

もちろん、病室ではタバコを吸うことは固く禁じられている。鶴田は一本抜き取った。

細川は急いでタバコにライターで火を点けた。

鶴田は実に貪るように吸う。

一本吸い終わると、もう一本、吸い始めた。

細川は鶴田のやつれた横顔を見つめながらも、おいしそうに吸い続けてもらうことが嬉しかった。

鶴田は、屋上から見える東京の景色を見ながら言った。

「あっちが大映の撮影所のほうか、こっちが東映の大泉《おおいずみ》の撮影所か……」

自分の人生を捧げた撮影所のある方角を指差して、懐かしそうな表情を浮かべながら語っていたという。

病床の鶴田には、撮影所に対しての惜別の気持ちがあったのかもしれない。

鶴田浩二が亡くなる直前、その病床を若山富三郎が見舞ったことがあった。

そのお見舞いから帰ってきた若山は、ボヤいていたという。

「俺がお見舞いに行ったのに、あいつは病床に女を呼んで楽しそうにしているんだよ。末期癌なのに、何をやってるんだ」

女性好きで有名な鶴田だったが、亡くなる直前まで女性好きなのは変わらなかったようだ。

見舞いということでは、鶴田の入院中、中島貞夫《なかじまさだお》監督は俊藤浩滋とともに見舞いに訪れた。この頃、俊藤自身も体調を崩していた。

病床の鶴田と中島が最後にした会話は天皇をめぐるものだった。

二人が一時、袂《たもと》を分かつきっかけになった『日本暗殺秘録』。撮影当時を振り返り、なぜぶつかったのかに話が及んだ。

「なんで？」

「こうだったよな？」

何度か言葉のやり取りをしたあと、意外なほどしっかりした口調で鶴田が言った。

「天皇陛下や」

鶴田の中には天皇の問題が非常に重くのしかかっていた。中島はそのことを初めて知る。

〈鶴さんはやっぱり天皇を信じていたかったんだな〉

中島は天皇についてこう考えている。

〈われわれが考える天皇、天皇自身が考える天皇はそれほど重要じゃない。天皇像とは、周辺にいる人々、時の政権がつくり出すものだ。これは天皇制自体の中にある矛盾と言ってもいい〉

鶴田の天皇観は中島とは異なる。戦中派特有のものかもしれない。現人神《あらひとがみ》としての天皇の存在が確固たるものとして鶴田の中にあった。

中島の父親は中国戦線で戦死している。

学生時代、靖国神社のすぐ近くに四カ月ほど下宿したことがあった。それでも、中島は決めていた。

〈靖国には、絶対に行くまい〉

かつて先祖代々の墓とは別に戦没者の墓を造り弔う習慣があった。戦争で亡くなった人は神。だから、代々の墓には入らず、独自に立派な墓を建てた。中島の家もそうだった。中島家が代々眠る墓とは別に戦死した父親は「陸軍上等兵」と刻まれた墓石の下に入っていた。あるいは「埋葬料」がどこかから出ていたのかもしれない。

鶴田は最期まで天皇を神として崇《あが》め、奉じていた。『日本暗殺秘録』で鶴田が演じた「二・二六事件」の反乱将校・磯部浅一《いそべあさいち》は天皇を恨み、憎んで銃殺された。だが、磯部の恨み、憎しみは「恋闕《れんけつ》」から生まれたものだ。

恋い焦がれていた天皇に裏切られた。恋闕の心情が深ければ深いほど、その後の恨み、憎しみも増していく。磯部が日記に記した「最後まで恨む」という言葉はそういうものとしてあった。中島は思う。

〈役は別にして、鶴さん個人としては天皇を絶対的な存在として捉えていたんじゃないだろうか〉

『日本暗殺秘録』で中島は笠原和夫《かさはらかずお》とともに磯部が天皇への恨み、つらみを強烈に述べた箇所を引いた。ナレーションで読んだのは鶴田本人である。

〈鶴さんは、そのことがすごく引っ掛かったんじゃないか〉

当初は磯部の日記から激烈な文言を引いていたが、圧力がかかって表現を和らげた。結果的にそれが通って、公開に漕《こ》ぎ着けている。

鶴田は内面で葛藤《かっとう》していたのかもしれない。絶対的存在としての天皇をどこまで信じればいいのか。信じていいのか。中島は思う。

〈ただ、これだけは言える。磯部は、日記に書き記した〉

以下、〈上巻〉第8章に前述しているが再掲しよう。

《今の私は怒髪天をつくの怒りにもえています。私は今は陛下をお叱り申上げるところに迄精神が高まりました。だから毎日朝から晩迄陛下をお叱り申しております。天皇陛下何と云ふ御失政でありますか。何と云ふザマです。皇祖皇宗に御あやまりなされませ》

〈ここまで言いながらも、磯部は決して天皇を拒絶してはいない。むしろ、愛し続けていたんじゃないか。鶴さんの中にも同じ次元での強い葛藤があったはずだ〉

中島は天皇に対する恨み、つらみを平気で文章に書ける。映画でも題材として扱ってきた。鶴田たちの世代とはそこが決定的に違う点だ。

鶴田もまた天皇をどこかで恨んでいた。それでも捨てきれない。絶対的な存在として胸の内にあり続ける。

これは鶴田ら戦中派に限った話ではない。日本人すべてがいつの間にかそういう心情にかられている。中島は思う。

〈日本人がよりすがる対象として天皇がある。だから、「天皇制廃止」へとつながっていかない。そこには何があるんだろうか〉

天皇の問題を映画で描く際、なんらかの形で具体化する必要がある。中島は「靖国に行く」「靖国には行かない」という行動を通して映画にしたことがある。

その意味では日本人の天皇観は昭和の終わりとともに大きく変わっている。昭和天皇と明仁天皇（上皇陛下）ではまったく違う。

〈鶴さんにとっての「天皇」は、明仁天皇じゃない。昭和天皇なんだろう〉

「エネルギーが強くないとヤクザは演じられない」

昭和六十二年六月十六日、鶴田浩二は、六十二歳で亡くなった。

亡くなる際には、最後まで鶴田に付いていた付き人にも病名は知らされていなかったという。

鶴田浩二の三女・さやかは今でも父の死に顔を鮮やかに思い出すことがある。娘の目から見ても、鼻筋は美しかった。いうまでもなく、鶴田はもともとが美形である。最晩年の鶴田は頬《ほほ》が痩せてきたこともあり、髭《ひげ》を蓄えていた。

鶴田本人の希望もあり、終末期には積極的な治療は施さなかった。髭のまま旅立つことになったが、死に顔は実に美しいものだった。

六十二歳。今から考えても早すぎる死だった。だが、鶴田浩二に老境は似合わない。さやかは鶴田にいつまでもきれいなままでいてほしかった。


昭和六十二年六月、鶴田浩二の葬儀・告別式が青山《あおやま》葬儀所（東京・南青山《みなみあおやま》）で執りおこなわれた。

生前の鶴田は梅宮辰夫《うめみやたつお》や松方弘樹を「鶴田組」の若衆として可愛がった。なかでも「鶴田派」を自認していたのが松方だ。松方は俳優としてだけでなく人生の師匠としても鶴田を慕っていた。葬儀では号泣する場面が目撃されている。

葬儀には多くの戦友や元特攻隊員が駆けつけた。鶴田の亡骸《なきがら》に旧海軍の第二種軍装（白い夏服）を着せる。棺を旭日旗（軍艦旗）で包んだ。戦友たちの歌う軍歌と葬送ラッパの流れる中を送られていく。

式場には数多くの弔問客が訪れた。昭和を代表するスターを送るにふさわしい最後の舞台である。

弔辞は池部良《いけべりょう》が読んだ。池部と鶴田は『渡世人列伝』や『あゝ決戦航空隊』『男たちの旅路』で共演している。

鶴田浩二の葬式のとき、鶴田の持ち歌の『無情のブルース』などをインストゥルメンタルで流した。出棺の際には、軍歌と葬送ラッパが流れた。

鶴田の遺志により墓碑は高野山《こうやさん》奥の院（和歌山《わかやま》・高野町《こうやちょう》）、位牌は高野山大円院（同前）に安置された。墓所は鎌倉《かまくら》霊園（神奈川《かながわ》・鎌倉）である。


ここで時を少しだけ遡《さかのぼ》ろう。

松竹プロデューサー補の高橋信仁が鶴田と仕事をしたのは、『父にかかる電話』が最後だった。鶴田の娘・さやかともそれ以後、仕事をすることもなく会うこともなかった。

そのさやかと再会したのは、思ってもみない場所だった。東京・新宿《しんじゅく》区の慶應義塾大学病院である。そのとき、高橋は鶴田の見舞いに訪れたのだった。前述したように家族は鶴田に伏せていたが、鶴田は肺癌に侵されていた。昭和六十一年に病をおしてＮＨＫで放映された『シャツの店』に出演したその後、闘病生活を続けていた。しかし、快方には向かわず、慶應義塾大学病院に入院したのである。

さやかは、病院に駆け付けた高橋を迎えた。そして、鶴田の容態がかなり悪いこと、一部の人のほかは面会を断っていることを、本当にすまなそうに語った。

高橋は、沈痛な思いでそれを聞き入れた。

鶴田の死を知ったのはそれから間もない、昭和六十二年六月十六日のことだった。

葬儀会場には、往年の鶴田のパネルがたくさん飾ってあり、そのなかには、高橋が『大空港』のプロデューサー補として迎えに行った世田谷区深沢《せたがやふかさわ》の家でくつろぐ姿もあった。ガウン姿の鶴田が笑顔をカメラに向けていた。

〈いろいろありましたけど、お世話になりました〉

懐かしさがこみ上げた。

鶴田さやかの感慨を記そう。

鶴田浩二が発症後に出演したのは『シャツの店』『最後の博徒』の二作だ。『修羅の群れ』のときはまだ診断される前だった。

それでも『シャツの店』ではまだ元気な表情が見られる。市井の人物を演じていたからだろうか。

いっぽうで、前述もしたように『最後の博徒』ではやつれが目立った。鶴田さやかは思う。

〈自分から発するエネルギーが強くないと、ヤクザは演じられない。しんどかっただろうな〉

鶴田の死去から六年後の平成五年、鶴田浩二の七回忌が執りおこなわれた。会場には大きなスクリーンが設置されていて、そこには往年の鶴田作品が流されていた。

〈やっぱり、そうか〉

その作品こそ鶴田親子が共演している『父にかかる電話』だった。あらかじめ七回忌で流されることは鶴田の親族から話はなかったが、鶴田親子が共演している『父にかかる電話』が会場で流されることをこのドラマを担当した高橋信仁松竹プロデューサーはあらかじめ予想していた。

高橋は、その場で鶴田の次女・矢尋の夫を紹介された。浄瑠璃清元節宗家を継いだ七代目清元延寿太夫である。高橋は歌舞伎好きで、歌舞伎を見に行っても延寿太夫の声だけは聞き分けることができる。それほど好きな演者である。

そのとき、延寿太夫は、幼い兄弟を連れていた。延寿太夫、矢尋夫婦の子どもだった。つまり、鶴田の孫たちだった。

それから三十年近くが経ち、その孫たちは今や、兄が清元節の清元斎寿、次男が歌舞伎役者の二代目尾上右近を名乗って舞台に立っている。鶴田の血を引く二人の姿を見ていると、ふと高橋の胸に、昭和の大スター・鶴田浩二が懐かしさとともに蘇ってくる。令和になった今でも鶴田は生き続けているのだ。

俊藤、鶴田死去後の高倉の訪問と若山富三郎の葬儀

俊藤の葬儀は、遺言どおり東映会長の岡田茂が葬儀委員長を務めた。そして岡田が、俊藤の〝片付け〟のすべてをおこなってくれた。

俊藤亡きあと、京都で一人暮らしをしていた妻は、娘の富司純子が住む都内渋谷《しぶや》区広尾《ひろお》のマンションに移り、亡くなるまで同居生活を続けた。

後日、俊藤浩滋と上羽秀との間にできた娘の高子が言っていた。

「父が亡くなって二日経ったら、枕元に置いておいた遺品がみんななくなっていたの」

生前の俊藤が特に大切にしていたのは、山口組五代目若頭で、山口組傘下の宅見組の創設者である宅見勝からもらった純金の置物だった。

平成二年九月十五日に公開された中島貞夫監督、中井貴一主演の東映ヤクザ映画『激動の１７５０日』は、俊藤がプロデュースし、いわゆる山一抗争をモデルにした内容だった。その映画公開の記念にと、宅見がプレゼントしてくれた貴重なものだった。

純金なので、値段の想像もつかないほど高価なものである。が、弔問に来た身内の誰かが、こっそり持ち帰ったらしい。結局、犯人はわからずじまいだった。川勝は思った。

〈はあ。みんな、こういうときだけはしっかりしとるわ……〉

納骨も済んでおらず、そろそろ四十九日を迎えようというある日。葬儀や告別式の前後は大挙して押し寄せた報道陣も潮が引くように消えている。東京・深沢の鶴田邸の前に一台のポルシェが止まった。鶴田と共に東映仁俠路線の金看板だった高倉健の愛車である。

その日、鶴田の妻・中尾照子と三女・さやかはたまたま家にいた。呼び鈴が鳴り、家政婦が玄関へと向かった。

「高倉です」

長身の男が低い声で名乗った。紛れもなく高倉健である。家政婦は慌てて居間の母娘に取り次いだ。

「高倉さんが、お見えです」

突然の来訪に中尾とさやかは狼狽《ろうばい》した。鶴田の生前にも高倉が来たことなど一度もなかったのだ。

玄関に一人で立ち尽くす高倉にさやかは言った。

「パパは、上にいます」

高倉は二階に上がると、二階の部屋に設《しつら》えてあった仏壇の前で正座し、長い間、手を合わせた。

その後、遺族と向き合う。高倉は一言も発しなかった。供されたお茶に手をつけることもない。高倉の周りにだけ独特の静寂がある。さやかは思った。

〈この人、やっぱりかっこいいわ〉

高倉はニューフェイス出身の東映生え抜き。鶴田は名プロデューサー俊藤浩滋によって引き抜かれ、東映に移籍した。社歴は高倉のほうが長いが、年齢と格は鶴田が上。だが、仁俠路線の人気が高まると、二人の地位は逆転した。複雑な関係にある。

「失礼します」

ようやく口を開いた高倉は辞去する旨を告げた。

玄関で靴を履き終えると、中尾とさやかの目を見て、さらに言葉を継いだ。

「伴侶を失ったようで。これからどうやって生きていっていいんだか……」

一礼して踵《きびす》を返した。

「さようなら」も言わないまま、高倉は中尾とさやかの前から立ち去ったのだ。

高倉の発した「伴侶」とは、連れや仲間、行動や考えを共にする人の意味で使われる言葉だ。高倉は同時代を生きた日本映画を代表するスター鶴田浩二をそう言い表した。

さやかは思った。

〈健さんとお父さんはずっと一緒に作品もやってらした。その後、健さんは東映を離れ、お父さんとも別れた。断腸の思いの別離だったのだろう。健さんは一匹狼。でも、いい役者さんだ〉

高倉と前後して丹波《たんば》哲郎《てつろう》も一人で鶴田邸を訪れている。この弔問もいきなりだった。だが高倉とは異なり、丹波はひたすら面白かった。


若山富三郎の晩年の歴史は、病気との戦いであった。痛風や糖尿病を患い、心臓にも爆弾を抱えていた。若山は、平成四年四月二日に亡くなるが、その三年ほど前にハワイで心臓のバイパス手術を受けて、メディアでも成功したと取り上げられた。

が、実際には弟の勝新太郎や、山城新伍《やましろしんご》は、担当した医師から余命三年を通告されていた。

さらに、腎臓を患って、人工透析も週に二回ほど受けるようになる。

その当時、若山企画のスタッフが若山に提案したことがあった。

「先生、腎臓移植をすれば改善するらしいので、敏章ちゃん（騎《き》一郎《いちろう》のこと）の腎臓を一個もらったらどうでしょうか」

しかし、若山はその提案を一蹴したという。

「あいつにもらうくらいなら、死んだほうがいい。俺はあいつに何もしてやれていないからそんなことを頼めないよ」

そう言って断ったという。若山騎一郎は、若山の死去後、その話を聞き、胸が熱くなったという。

両親の離婚の原因をつくった安田道代《やすだみちよ》と、騎一郎は不思議な縁で結ばれることになる。

平成四年四月二日、若山富三郎が急性心不全のため六十二歳で死去。葬儀の場に安田道代が現れた。応対した騎一郎に、安田は振り絞るように言った。

「ごめんなさい。でも、あたしも奪ったっていうんじゃなくて。そういうふうになったのは認めるけど。何も家庭を壊すつもりじゃなかった」

もともと離婚は両親の問題である。騎一郎も大人であり、女性関係ではいろいろと経験をしてきていた。安田の気持ちもわかる。

「とんでもない。これは母と父の問題ですから」

思わぬ謝罪の言葉を受け、すべてを水に流し、騎一郎は了とした。安田をとても素敵な人だと思えたからだ。

そこから安田と騎一郎は急速に親しい間柄になっていった。毎年、騎一郎の誕生日には安田から贈り物が届く。年に一度は食事にも行った。

現在に至るまで、騎一郎は安田と仕事は一度もしていない。

藤原礼子《ふじわられいこ》は平成十四年九月に六十九歳で亡くなった。平成四年に若山富三郎、九年には勝新太郎がすでに他界している。若山騎一郎は三十代で両親と叔父を亡くしたのだ。

高倉健は酒を飲まない代わり、タバコを一日八十本も吸うヘビースモーカーだった。が、昭和五十二年六月四日公開の『八甲田山』が三年がかりの長期ロケとなったとき、完成の願掛けに正月の成田山《なりたさん》の初詣の際におこなった禁煙をずっと続けることにした。

禁煙を決意した高倉から、谷隼人《たにはやと》は言われた。

「おまえも、禁煙しろ」

そこで谷も、禁煙することにした。タバコの味を知っている者がやめるのは苦労で、自分の目の前でうまそうにプカリと吸われたら誘惑に負けそうになる。だから周囲の人間にも禁煙を勧める。高倉も同じだった。

高倉の禁煙はその後も続き、平成八年から二年間、煙草「ラーク」のコマーシャルに出演したときですら禁煙を続けた。

谷隼人は、いつの頃からか「不良だからこの商売は成り立つ」が口癖になった。

かつて観客たちは、高倉健主演の映画を観終わったあと、健さんになり切って肩で風を切って映画館から出てきた。

石原裕次郎《いしはらゆうじろう》の映画を観たときは、ジーンズのポケットに手を半分突っ込み、長い足を引きずるように歩く姿を真似る。主役たちの非日常性に、みんな憧れたのである。

谷隼人は『キイハンター』などのアクションものをこなすテレビ俳優として人気を博した。が、映画に出演するときには覚悟が必要だった。テレビ全盛となり、映画俳優に輝きやカリスマ性がなければ、誰も映画館に足を運んでくれなくなったからだ。

あれから数十年の時が経ち、谷はつくづく思う。

〈今の俳優には、不良がいない〉

みんな経験不足なので、昔の俳優のような重厚さがない。だから台詞《セリフ》もフワフワと軽い。日本映画が衰退するのもわかる。ちょっと顔立ちが綺麗《きれい》だが普通の人を、わざわざ映画館まで高い入場料を払って誰も観に行かない。テレビ俳優もまた同じである。下手をすると、そのへんを歩いている一般人のお兄さんのほうが格好良かったりする。谷はそのことに、ひどく寂しさを感じる。だからオファーがあっても、演じたいという気持ちになかなかならない。

高倉が、谷隼人によく言っていた。

「おまえはバラエティとかいろいろやってるから、俺が死んだときには目立つように一番前を陣取るんだろう」

谷は言った。

「旦那、逆ですよ。マスコミが来ていたら、僕は後ろに隠れます。それくらい旦那を想っているんです」

高倉が亡くなる五年ほど前の平成二十一年頃、谷隼人は、ジムで高倉健を見かけてハッとした。

〈旦那、なんだか小さくなったな〉

谷の身長は一八〇センチ近くあるが、高倉はそれよりさらに高かった。いつも身体を鍛えていたので、さらに大きく見えた。それがその日は、やけに小さく見えるではないか。

このときの高倉は、筋トレの器具は使わずに、ウォーキングをしていた。傍らには、古くからの知り合いである元旅行代理店のカワグチが付き添っていた。

青木《あおき》卓司《たくじ》は思う。

〈東映を去ったあと、親父さんは『幸福の黄色いハンカチ』に出て、『八甲田山』『冬の華』『遙かなる山の呼び声』を経験していく中で俳優として一段と深みを増していった〉

東映退社後の高倉は降旗康男《ふるはたやすお》をはじめ、山田《やまだ》洋次《ようじ》、森谷司《もりたにし》郎《ろう》、佐《さ》藤純彌《とうじゅんや》、蔵原惟繕《くらはらこれよし》、市川崑《いちかわこん》、張芸謀《チャンイーモウ》らの作品に出演した。盟友ともいえる降旗を別にすれば、このなかで複数回仕事をしたのは山田（『幸福の黄色いハンカチ』『遙かなる山の呼び声』）と森谷（『八甲田山』『動乱』『海峡』）と蔵原（『南極物語』『海へ〜See you〜』）だけである。

高倉が降旗を「お殿様」と評していたことはすでに記した。ちまちましていないふわっとした演出を高倉は愛した。何かというと、「フルさん」「フルさん」と頼りにしていた。

青木が『居酒屋兆治』の撮影に参加したときにも驚いた。監督の降旗があまりに静かすぎる。高倉に何も言わない。

降旗の作風は、東映よりは東宝調に近い。『居酒屋兆治』や『あ・うん』では本領を発揮した。いっぽうで活劇となると、やや物足りないところがある。おとなしすぎるからだ。

東映出身で活劇の名手といえば、深作欣二《ふかさくきんじ》の名前がすぐに浮かぶ。だが、深作と高倉健との相性は必ずしもよくない。

深作は俳優をズタズタにするまで追い込む。そういう意味では高倉と本格的に組まなくてよかったのかもしれない。予定調和を壊さないことには映画を撮りきれない深作が高倉と共感し合うのは難しいだろう。

降旗が提示した企画のすべてに高倉が賛意を示したわけではない。なかには「ノー」の意思表示をしたものもある。

結果として、晩年の高倉は作品と作品のあいだが数年空くこともあった。その間、他の監督の作品に出る選択肢もあっただろうが、そうした形跡はない。

ジョン・ウェインとジョン・フォード、黒澤明《くろさわあきら》と三船敏郎《みふねとしろう》、あるいはマーティン・スコセッシとロバート・デ・ニーロ。名匠と名優の同盟関係はいくつかある。降旗康男と高倉健の「ゴールデンコンビ」もその一つと言っていい。

青木は思う。

〈降旗監督は親父さんにとって友達のような存在だった。降旗さんとやるときは、すごく落ち着いている。

イライラしていない。二人には、〈心と心のつながりがあったのだろう〉

青木卓司は東映で「高倉一家」の若衆の一人だった。だが、菅原文太《すがわらぶんた》にも好意を抱いていた。東映退社後も不思議とたまに顔を合わせることがあった。

ＮＨＫで偶然出会ったこともある。

「おう、青木。なんだ。おまえもＮＨＫに出てんのか？」

「はい、今回ちょっと出させていただきます」

「おう、そうか。健さん元気？」

「ああ、元気ですよ」

菅原だけではない。梅宮辰夫ら東映の関係者は青木の顔を見ると、高倉健の動静を尋ねてくる。青木は言葉を継いだ。

「僕も、最近あんまり会ってないですけど」

「いや、会わなくたって、おまえなら長いからわかるんだよ」

高倉の最初と最後のカチンコを打った泊懋《つまりつとむ》

平成八年、泊懋は東映本社副社長を兼務することになった。しばらくして高倉健と再会した。高岩淡《たかいわたん》と檀《だん》ふみが一緒だった。

高倉は東映を離れて松竹、東宝で製作する作品に出演していた。その頃の東映にはしばらくヒット作がなく、打開するためにはなんとしても高倉が必要だった。泊は高岩淡と共に「東映に戻って仕事をしてほしい」と頼み、高倉が抱いていた作品についても話し合った。

話が一段落したところで、泊がこう言った。

「僕は東映人生で自慢できるものは何一つないけれど、健さんのデビュー作でカチンコ打ったことだけが自慢だ。だから東映を辞めるときは最後に健さんのカチンコを打って、それで辞めようと思ってました。東映の写真じゃなくても、東宝でもハリウッドにでも行こうって、ずーっと思ってましたよ」

しばらくして高倉は、

「ゾクゾクしてきたよ」

と言って、腕をさすり、

「僕が出て、泊さんがファーストカットのカチンコ打って、その映画は当たるね」

高倉の東映復帰の気持ちが動いたようだった。

その翌年、泊が東映アニメーション上場のために東映から離れたあと、坂上順《さかがみすなお》が企画した『鉄道員（ぽっぽや）』が決まった。約二十年ぶりの高倉健復帰に東映は沸き返った。

平成十一年一月十五日、厳冬の北海道滝川《ほっかいどうたきかわ》で『鉄道員（ぽっぽや）』はクランクインした。泊は健さん登場のファーストカットのカチンコを打ちに、前日羽田《はねだ》のホテルに宿泊して助監督時代のようにカチンコの片手打ちの練習を何十回もやった。しかし、十回に二回は必ず失敗した。昔のようなわけにいかない、カッコつけて失敗したら役者にも現場にも大変な迷惑をかける。両手でしっかり打つことにした。

泊が現地入りした滝川の街は、雪が降りしきり気温は零下一五度を記録する寒さだった。その中でスタッフは夜間ロケの大がかりな準備をしていた。健さんの姿はどこにも見えず、まだ挨拶もできていない。午後五時、撮影開始。ファーストカットは女児誕生の知らせを受けて、高倉健演じる乙松が人形を買って帰る場面である。

キャメラが据えられた。降旗康男監督の「用意スタート！」の声がかかった。泊は両手でしっかりとカチンコを打った。

四つ角のビルの陰から高倉が大股で現れて店に入って行く。

「カット、オーケー」

声とともに高倉が店から飛び出して来た。

「カチンコが鳴り響いたよ！」

そう言って駆け寄り、

「忘れません！」

と泊の手を取った。泊は胸を熱くして握り返した。

『鉄道員（ぽっぽや）』がクランクアップすると、高倉から手紙が届いた。そこにはこう書いてあった。

《泊ちゃんのカチンコから気をもらって『鉄道員（ぽっぽや）』は完成しました。役者は気をもらうことが本当に大切なんです。忘れません》

この手紙は、泊の一生の宝物である。

平成十一年六月五日に封切った『鉄道員（ぽっぽや）』は大ヒットした。

『鉄道員（ぽっぽや）』の撮影から二年が経った頃、東映アニメーション社長に就任していた泊が、社内会議に出ていたときのことだった。泊の携帯電話が鳴った。映画監督の降旗康男だった。

「『ホタル』の撮影をしているのだけど、カチンコ打ってくれないか」

降旗は、高倉主演の『ホタル』のラストシーンを撮っていた。そこで、泊のことを思い出したのだという。泊がファーストシーンでカチンコを打った『鉄道員（ぽっぽや）』は大ヒットした。『ホタル』もヒットするよう、験《げん》担《かつ》ぎをしようというわけだ。

現場は東映アニメーションの向かいにある撮影所である。泊は会議を切り上げてステージに向かった。

無事カチンコを打ち『ホタル』は撮り上がった。

待っていた高倉と、久々に話し合った。

「岡本さんてどんな人？」

と高倉が訊いてきた。泊は驚いた。二年前『鉄道員（ぽっぽや）』が完成した頃、岡本行夫《おかもとゆきお》から高倉健に会わせてほしいと依頼され、高倉は快諾して連絡する手筈になっていたのだ。まだ会っていなかったのかと思うと同時に、二年前のことをまだ気にかけていたのかと驚いたのだった。

泊は、岡本行夫とは「私のあとに東映アニメーションの社長をやりませんか？」と言うほど親しい付き合いをしていた。

岡本は外務省北米課長を退官後、岡本アソシエイツを設立、コンサル・評論活動をしていた。傍ら、いまだに外務省の出版物のさまざまな分野で活躍する人々と対談するコーナーを持っていて、そのコーナーの締め括りに高倉健を招いて終わりたいと考えていた。岡本は外務省の高倉健と呼ばれていたいい男である。

が、高倉が岡本に会ったのはこれからさらに二年後である。

平成十五年十一月二十九日、イラクで日本人外交官が襲われ、井《い》ノ《の》上正盛《うえまさもり》・駐イラク三等書記官、奥克《おくかつ》彦《ひこ》参事官の二人が殉職した。

このとき、遺骨を迎えに行ったのが岡本行夫だった。

岡本は帰国の際、空港で待ち構えていた新聞記者に囲まれて質問攻めを受けた。岡本は涙ながらに一言答えた。

岡本行夫

「つらい……」

高倉は、このテレビを見ていた。胸を突き動かされた高倉は岡本に電話を入れた。

二人の親交は一気に深まった。高倉の追悼式には、親交のあった人たちを代表して岡本が弔辞を読み上げたほどだった。

その岡本行夫も令和二年（二〇二〇）四月、七十四歳で新型コロナウイルス感染症で他界してしまった。

泊は振り返ってみると、昭和三十年に東映に入社し高倉健と出会い、映画の最盛期を過ごし、テレビ全盛期にテレビ事業部に移り、そしてアニメが脚光を浴び始めたときに東映アニメーションを担当してアニメが駆け上がっていくのを体験し上場も実現した。なんと幸運なことだろう。そして今、東映アニメーションはコロナ禍で閉じ籠《こ》もる人たちにコンテンツを提供して、時価総額は六千数百億円に上っている。

東映は、現在、映画をほとんど製作していない。だが、令和二年六月に前会長の岡田裕介《おかだゆうすけ》は手塚治《てづかおさむ》を社長に抜擢《ばってき》した。手塚は就任すると「愚直にものづくりから始める」と宣言し、令和三年六月に東映テレビプロダクション専務の小嶋雄嗣《こじまゆうじ》を顧問に迎えた。二人とも泊のいたテレビ事業部出身の優れた男たちである。彼らが東映を復活させてくれるのではないか。

泊はそう期待している。

なお、手塚は沢口靖子《さわぐちやすこ》を起用して、テレビ朝日系列放映の『科捜研の女』を長寿番組に仕立てる等々の実績をあげたが、令和五年二月十一日に病没した。

知られざる高倉と草彅剛《くさなぎつよし》の交流

高倉は、結婚式にも出席しない。平成十三年六月の親しかった梅宮辰夫の娘・梅宮アンナの結婚式にも出なかった。その代わり、思い出話をつづった一文を贈った。それが驚くほど長いものだった。

出席していた山城新伍が、隣にいる菅原文太に言った。

「こんなに長々と書くくらいなら、なんで出てこないんだ。俺だったら、こんな長い手紙を書くくらいなら、出てくるけどなぁ」

菅原文太もうなずいた。

「そうだよな。こんなに長いのを書くのは面倒くさいから」

高倉としては、面倒くさいから欠席していたわけではない。自分がそのような場に行くと、自分に注目が集まりすぎて、むしろ招いてくれた人たちに迷惑がかかるかもしれない。そう思ってのことだった。

中島貞夫監督は、俳優・高倉健をこう見ている。

〈健さんはどこまでも自己中心的なナルシスト。でも、これはスターの条件の一つかもしれない。ただ、ある意味でそれが表に出すぎたかもしれない。決して嫌いな俳優さんじゃないけど〉

平成二十六年十二月に『週刊現代』が「半同棲」などと記した児島美《こじまみ》ゆきと高倉健との関係が話題になったことがある。報道に接して青木卓司は思った。

〈本当に情けない。実際に出入りしていたんだから、本当なんだろう。児島は浮かれてしまったんだろう。だから、マスコミにしゃべってしまった〉

高倉健は日本映画界を代表する大スターである。プライベートを公にすることを極端に警戒していた。江利《えり》チエミと離婚してから、交際した女性がいなかったわけではない。だが、表立って報じられると、高倉の側から距離を置いてきた。

典型的な例が倍賞千恵子《ばいしょうちえこ》との交際だ。週刊誌が報じたことで縁が切れてしまった。仮に秘密裏に結婚まで行けば、うまくいっていたかもしれない。

梅宮アンナ

実際に高倉健と結婚生活を送るとなると、容易ではないかもしれない。

青木は思う。

〈親父さんは非常に細かい人だ。潔癖症と言ったら失礼かもしれないが、それぐらい細かい。あれだけ自分に厳しい人も珍しい。一つ屋根の下に暮らしたら、息苦しく感じるだろう〉

高倉健は自分の性格をよく知っていた。だから、離婚後も独りでいたのだろう。だが、晩年になって体力の衰えを感じるようになった。「誰かいないと」と身の回りの世話をさせるために養女を迎えたのではないか。

体調に不安さえなければ、ずっと一人暮らしを続けていただろう。

映画の撮影を終えると、海外にふらりと出かけるのが常だった。外国に出さえすれば自由があった。誰も高倉のことを見てはいないからだ。

草彅剛

任侠路線を支えるだけの人材が豊富だったのも東映の特徴だった。高倉、鶴田、若山らスターはもちろん、中堅や若手、時代劇で鍛えられた大部屋の脇役に至るまで実力と熱量のある役者がそろっていた。

「今の俳優ではかつてのような任侠路線、実録路線はとても担えない」

そんな声をよく聞く。だが、青木は必ずしもそうは思っていない。

たとえば、元SMAPの草彅剛《くさなぎつよし》。平成二十一年九月に放送された連続テレビドラマ『任侠ヘルパー』（フジテレビ系）で主演を務めた。ヤクザが研修のために介護施設でヘルパーとして仕事をする話だが、いじめや虐待、家族介護の問題にも踏み込んだ社会派ドラマでもある。好評を博し、のちに単発スペシャルや映画版も製作された。

この『任侠ヘルパー』を高倉も見ていた。

「ああ、こいつはいい根性してるな。この子は筋がいいんじゃないか」

そんな感想を漏らしたのを青木は覚えている。

草彅は同年四月二十三日の未明、東京・六本木《ろっぽんぎ》の公園で酒に酔って全裸になって騒いでいたとして、公《こう》然《ぜん》猥褻《わいせつ》の疑いで現行犯逮捕された。当時のスポーツ紙によると、警官の職務質問に「裸だったら何が悪い」などと答えていたという。

逮捕が報道されてすぐ、草彅が所属していたジャニーズ事務所に一通の手紙が届いた。差出人は高倉だった。

「そういうことはみんなあるんです。彼も悪い子ではないと思うので許してあげてください」

そう書かれており、草彅宛ての手紙も同封されていた。高倉は平成九年、『SMAP×SMAP』（フジテレビ系）のコーナー「BISTRO　SMAP」に出演。本番中、高倉は草彅に「頑張った」と声を掛けた。草彅は「僕の作品見てくれたんだ」と感激していた。以来、高倉とSMAPのメンバーのあいだで交流が続いていたのだ。

こうした流れから、高倉の遺作となった平成二十四年公開の『あなたへ』では草彅との共演が実現している。

高倉の衰えと自分を全うした晩年

結果として高倉健の遺作は平成二十四年八月二十五日公開の『あなたへ』となった。だが、降旗康男監督はすでに次の主演作を準備していた。平成二十六年の春頃、青木卓司は降旗からこんな話を持ちかけられている。

「実は健さんの次の作品が決まっている。卓ちゃんをワンシーンでも出そうと思ってるんだ」

「おおーっ」と青木は心の中で絶叫した。俳優人生の恩人・高倉の作品に出られる。身の引き締まる思いがした。

青木はクランクインを心待ちにしながら、毎日を過ごしていた。だが、八月に入り、高倉が降板したという話が飛び込んでくる。脚本に難色を示したらしい。青木はにわかに信じられなかった。

〈そんなことないよな。だって、やるようなこと言ってたのに〉

悶々《もんもん》とするうちに季節は晩秋を迎えていた。そして十一月、高倉健の訃報が報じられる。高倉の次回作と青木の出演は永遠に機会を失った。青木は思った。

〈やはり縁がなかったということか……〉

この作品では、前回の『あなたへ』では珍しく休まされていたキャメラマンの木村大作《きむらだいさく》の起用が予定されていた。木村は大胆なタッチに定評がある。

『あなたへ』は全体に柔らかい画づくりになっていた。これはキャメラマン・林淳一郎《はやしじゅんいちろう》の持ち味によるものだろう。ことによると、きれいすぎたかもしれない。青木は思う。

〈作品が地味なのはいい。だが、画がおとなしすぎるのはどうなんだろう。ただ、親父さんももう年だ。走り回ったりするわけにもいかない。ああなるのも無理はないのか〉

『あなたへ』を見た木村大作は「俺なら南の長崎《ながさき》ではなく、北へ向かう」と感想を述べた。

『網走番外地』シリーズの頃から高倉健には「北」のイメージが付きまとってきた。本人は九州の出身であるにもかかわらずだ。

『八甲田山』『幸福の黄色いハンカチ』『遙かなる山の呼び声』『駅　STATION』『海峡』『南極物語』『居酒屋兆治』『鉄道員（ぽっぽや）』。過酷な環境に身を置く高倉に観客は感情移入してきた。

だが、高倉本人は別に極北を目指していたわけではない。どちらかといえば「南」、暖かいところで映画を撮りたいと思っていた。


『あなたへ』を、青木卓司は劇場で見た。内容以前に驚いたのは、高倉健の身体に起きている変化である。特に脚が「ハ」の字になっていたのはショックだった。かつて青木が間近についていた頃とは比べものにならないほど、立ち姿が変わった。

〈やっぱり前立腺がんで一回手術をしているからだろうか。あれからもう何年も経った。再発しているわけでもない。それでも身体には響いているんだろう。メスを入れるということは、これほどまでに身体にった。

負担を与えるものなのか？〉

晩年の高倉健はかつてのようにジムでのパーソナルトレーニングはもうしていなかった。それでもウォーキングだけは続けている。高倉ほど身体に気を使ってきた人間でも、寄る年波に打ち勝つことはできなかった。

俳優にとって身体は最も大切なものだ。高倉はこの基本を守ってきた。その姿勢は最後まで変わらなかった。

高倉健にとって、降旗康男はある意味精神安定剤だった。いっぽう降旗は、高倉健がいたからこそ出世できた監督である。そのため、高倉をずっと手元に引き留めようとした。

千葉真一は、高倉が「フルさん、フルさん」と慕う気持ちは理解できた。それはある意味、高倉の頭にわがままと尊敬があったのだろう。または、降旗の作品は、高倉自身の趣味でもあったのだろう。

千葉は思った。

〈もし健さんが「フルさん悪い、今回は俺、深作監督とやるわ」と言っていたら、また一つ俳優として変わっていたのではないだろうか〉

が、高倉健はそれをやらなかった。それは高倉の老いの現れだったのかもしれない。人生の後半でいま一度脱皮してさらに素晴らしい俳優になるチャンスを、高倉は逃した。が、高倉にとって降旗の傍《そば》にいたことは、心地よいことであった。

千葉は思った。

〈健さんには晩年に冒険してほしかった。冒険するんだったら、深作欣二監督と組むべきだった〉

さらに千葉は思った。

〈役者なんて、ボロボロに壊すべきだ〉

が、日本の映画界は吉永小百合《よしながさゆり》と高倉健だけは壊せなかった。イメージを守り抜いたことで、吉永も高倉も最後まで主役を勝ち取ったのだ。

高倉健はその生き方を最後まで貫いた。この点は中島貞夫監督も認めざるをえない。

〈健さんの生き方は最近の俳優のなかでは突き抜けている。誰にでも真似ができるものじゃない〉

いっぽうで、こうも思う。

〈高倉健といえば、「男の中の男」を演じてきた。ただ、非常に女性的な面もある。たとえば、一度自分から別れを告げた俊藤と会うことを拒絶したのもその一つ。生き方や物事への対処の仕方を一つひとつ見ていくと、女性的に見える〉

演出家との関係、企画の方向性という意味で中島は高倉健をこう見ている。

〈健さんはフルさん（降旗康男）でよかったんじゃないか。あまりうるさく言わず、本当に気持ちよく演じさせていた〉

ヤクザ映画は興行的にいくら成功したとしても、正当に評価されることはない。日本アカデミー賞やブルーリボン賞を受賞することはおろか、ノミネートされることさえ皆無だ。

鶴田浩二や高倉健らがいくら懸命に演じても、「ああ、映画俳優？　ヤクザやってる人？」で片付けられてしまう。

任侠路線で「またか」と心が離れていったのには、こうした背景もあった。

東映時代の高倉健の扱いには不文律があった。

「映画の中で、笑ってはいけない」

「女を抱いては、いけない」

たとえば、『人生劇場　飛車角』『人生劇場　飛車角と吉良常』で高倉が演じた宮川。姐さんを取ってしまう人物だ。本来であれば、高倉が演じてはならない。だが、脚色でいい人間にして、なんとか持たせた。

高倉の場合、配役や脚本の執筆、演出はこの不文律の延長線上でなされる。プロデューサーや監督、脚本家にとって決して使いやすい俳優ではなかった。

高倉は東映退社後、山田洋次や市川崑、森谷司郎、蔵原惟繕、リドリー・スコット、張芸謀ら名監督と組んでいく。それまで縁のなかった賞も数多く受賞した。平成二十五年には文化勲章を贈られている。

山城新伍と菅原文太の死の種々の意味合い

若山と生涯親しく付き合い、若山の死去後も息子の騎一郎に目を掛けてくれていた山城新伍も、平成二十一年八月十二日に七十歳で亡くなった。

糖尿病を患って、芸能活動をセーブしていた山城は、亡くなる一年前の六月、町田《まちだ》市にある老人ホームに入居した。

その直前、若山騎一郎のもとには山城から電話がかかってきたという。

「俺は、山城新伍をやめる」

訊けば、病気で体を悪くしたので、マンションを引き払い、老人ホームに入るという。

「新伍さん、大丈夫ですか」

「騎一郎、俺はちょっといなくなるから」

騎一郎は、そのとき、山城とも親しい梅宮辰夫と酒席を共にしていた。

すぐに梅宮に伝えた。

「新伍さんが、こんなこと言っています」

山城のことを案じた梅宮はすぐに言った。

「すぐもう一回、電話しろ」

若山騎一郎が山城を呼び出すと、梅宮が受話器をとって、説得した。

「新伍、お前、何を言ってるんだ」

それでも山城の気は変わることはなかった。

「騎一郎にも言ったけれど、俺は山城新伍を辞める。もう、みんなとサヨナラだ」

次の日になって、再びかけてみても、山城の携帯電話は通じなかった。

山城は、その一年後の平成二十一年八月十二日に、町田市の特別養護老人ホームで嚥下《えんげ》障害による肺炎で死去した。自身が山城新伍であることを伏せて、本名の渡辺安治《わたなべやすじ》として入居していたため、あと一歩のところで無縁仏として納骨されるところだったという。

結局、山城の代わりに開業医の父の跡を継いで医師となった実弟に連絡がついて、実弟が喪主を務め、山城の遺骨は京都市の金閣寺と妙満寺（顕本法華宗）に分骨して納骨された。

若山騎一郎は、梅宮に頼んだ。

「新伍さんが亡くなられました。偲《しの》ぶ会をやってもらえませんか」

「わかった」

二カ月後の十月九日、梅宮辰夫、松方弘樹らが発起人となった山城新伍を偲ぶ「お別れの会」が都内のホテルで開催された。

会には、若山騎一郎はもちろん、長門《ながと》裕之《ひろゆき》、菅原文太、中村玉緒《なかむらたまお》、地井《ちい》武男《たけお》、和田《わだ》アキ子《こ》、渡瀬《わたせ》恒彦《つねひこ》、小林稔侍《こばやしねんじ》、赤木《あかぎ》春恵《はるえ》、山本陽子《やまもとようこ》、五月《さつき》みどりら二百人ほどが出席し、山城のことを偲んだ。

菅原文太は、六十代になると、田舎暮らしや農業への関心を高めていった。

平成十年には、岐阜《ぎふ》県大野《おおの》郡清見《きよみ》村《むら》（現・高山市《たかやまし》）に移住する。

平成十三年十月二十四日に、息子で俳優の菅原加織《かおる》を踏切事故で失ってからは、菅原は、さらに農業に熱心に取り組むようになった。

平成二十一年には、山梨県《やまなし》韮崎市《にらさき》へ移り、農業生産法人「竜土自然農園おひさまの里」を設立。有機農業に取り組み、食の安全や命の大切さを人々に訴えた。

菅原が農業に取り組むようになったのは、自身がパーソナリティを務めていたラジオ番組『日本人の底力』で共演した無農薬での野菜づくりに勤《いそ》しむ農家の影響もあった。

菅田俊も、撮影の合間にたびたび菅原のもとに駆けつけて、農業の手伝いをしたという。

菅原文太は、平成二十六年十一月二十八日、転移性肝臓癌による肝不全により、死去。享年八十一であった。

中島貞夫は令和二年夏、『週刊新潮』の連載『飢餓俳優　実録菅原文太伝』のため、作家・松田《まつだ》美智子《みちこ》の取材を受けた。松田は菅原の後半生、生き方について尋ねた。中島は思う。

〈僕らには理解できない部分があった。役者をやっていた時代の文ちゃん、その頃の考え方は理解できる。でも、セミリタイアしてからの、あの生き方はわからない〉

映画にあまり出演しなくなって以降、中島と菅原の交流も絶えていた。中島は思う。

〈倅《せがれ》に死なれた衝撃は、大きかったんだろう。幸せの絶頂で突然訪れた不幸だった。でも、男じゃないのか。そこまで尾を引くとは思えない。それで自分が変わってしまうほどのことじゃないだろう。人間の生き方は難しいもんだな〉

『トラック野郎』の演技をどうこう言うつもりはない。ただ、シリーズ化され、ヒットして以降、菅原は変わった。中島は思う。

〈文ちゃんはあそこで、いい年こいてから踊り出した。あれも僕らにはちょっとわからない〉

中島の脳裏には今も菅原の姿がある。それは『トラック野郎』の桃次郎でも、百姓でもない。『仁義なき戦い』に始まる実録路線でギラついた目をしていた男だ。菅原はあのとき、確かに燃えていた。俳優としてではなく、人間として燃えていたのだ。

中島は監督として同年代の俳優・菅原文太を高く評価している。

〈文ちゃんは「あの時代」の生き方を知っている。もっと言うなら、「飢え」を知っているんだ。これがあるかないかで芝居は全然変わってくる。『仁義なき戦い』だけじゃない。『木枯し紋次郎』もそう。「飢え」とつながりのある役をやらせると、非常にいい〉

ヤクザ映画の時代が幕を閉じた昭和五十年代。高倉健と菅原文太は相次いで東映を離れた。だが、その後の歩みは対照的だ。

高倉は映画、主演作にこだわり続けた。数年に一本のペースだが、映画俳優として確実に生きてきた。菅原はそうではない。助演やテレビ出演にも手を広げた。だが、俳優としての存在感は低下していく。

中島は思う。

〈文ちゃんは、どういうわけか違う生き方になってしまった〉

鶴田浩二や高倉健と菅原文太では同じスターでも、度合いが違うのかもしれない。

鶴田浩二は闘病生活の末、最晩年は映画から遠ざかったまま死を迎えた。

高倉健は最期まで役者としての風情を守り抜いた。

そして、高倉健は、平成二十六年十一月十日に亡くなった。八十三歳だった。葬儀がおこなわれることはなかった。一緒に住んでいた女性がすべて仕切っていて、隆旗康男ら数人のみが火葬に参列した。

平成二十九年三月に鎌倉の光明寺の山門の背後に高倉健の墓碑が建てられた。

「そこにお参りに行けばいいのですかね」

内藤誠《ないとうまこと》監督は、隆旗康男監督に訊いたことがあった。

しかし、隆旗に言わせると、その墓碑は直接は高倉とは関係ないのだという。高倉の墓は、どこにあるのか内藤は知らない。あまりにもさびしすぎる。

鶴田のときには、十三回忌でも、梅宮辰夫や水谷豊《みずたにゆたか》など在りし日を偲ぶ人たちが集まった。

高倉の場合には、十三回忌どころか、いまだにどう気持ちのけじめをつけてよいのかわからない。


中島貞夫が東映に入社してからすでに六十余年が過ぎた。映画監督としてのキャリアも五十年以上だ。

〈僕らの世代はある程度方向性が見えて落ち着きだすと、ダメなのかもしれない。ガタガタと時代が動いているときはよかったんだけど。「これからどうなるんだろう?」と考えてみても、イメージが全然わからない。このままいくと、「昔々、『映画の時代』がありました」でまとめられてしまうのかもしれない。そんな気もする〉

たとえば、今、『仁義なき戦い』を撮るとしよう。俳優がいない。「飢え」を知る者。アウトローの精神を体現できる者。自分の芝居を大事にして粘る者。大部屋でストレスを溜め込んで、現場で爆発させる者。みんないなくなってしまった。

これから鶴田浩二、高倉健のようなスターが出ることはもうないだろう。昭和が終わり、映画はとっくに娯楽の王者の座を明け渡した。表現形式の中心にもいない。

観客が自分を重ね合わせ、「こうなりたい」と思えるような存在。真の意味でのスターはもういない。木村拓哉《きむらたくや》はスターではないだろう。萩原健一《はぎわらけんいち》や松田優作もその意味では違う。

おわりに

この作品は、令和三年九月七日から令和四年九月三十日にかけて、『東京スポーツ』で連載した『東映任俠映画の華　剛の高倉健　柔の鶴田浩二』に、新たに加筆し、上梓《じょうし》した作品です。

東京スポーツ新聞社の平鍋幸治氏、小林宏隆氏に感謝申し上げます。

また、執筆するにあたって、青木卓司、伊吹吾郎、岡崎二朗、岡本富士太、ガッツ石松、川勝正昭、栗塚旭、佐久間良子、里見浩太朗、柴俊夫、島田陽子、庄司宗信、菅田俊、菅原俊夫、高橋信仁、田中健、谷隼人、千葉真一、鶴田さやか、泊懋、内藤誠、中島貞夫、中野良子、中村克史、中村雅俊、渚まゆみ、平田満、細川純一、待田京介、三田佳子、峰蘭太郎、吉野寿雄、若山騎一郎の諸氏（五十音順）、その他名前を明かすことのできない多くの関係者の取材協力をいただきました。お忙しいなか、感謝いたします。

なお、わたしのかつての作品『小説東映　映画三国志』の執筆時に取材した岡田茂、日下部吾郎、沢島忠、俊藤浩滋、鈴木則文、深作欣二、山下耕作の諸氏の原稿の一部も再録しております。

本文中の肩書きは、その当時のもの、敬称は略させていただきました。

二〇二三年十月

大下英治

著者略歴

一九四四年、広島県に生まれる。広島大学文学部仏文科を卒業。「週刊文春」記者をへて、作家として政財官界から芸能、スポーツ、犯罪まで幅広いジャンルで旺盛な創作活動をつづけている。

著書には『十三人のユダ　三越・男たちの野望と崩壊』(新潮文庫)、『実録　田中角栄と鉄の軍団』シリーズ(全三巻、講談社＋α文庫)、『昭和　闇の支配者』シリーズ(全六巻、だいわ文庫)、『安倍官邸「権力」の正体』(角川新書)、『逆襲弁護士　河合弘之』『専横のカリスマ　渡邉恒雄』『激闘!闇の帝王　安藤昇』『百円の男　ダイソー矢野博丈』『田中角栄　最後の激闘』『日本を揺るがした三巨頭』『政権奪取秘史』『スルガ銀行　かぼちゃの馬車事件』『安藤昇　侠気と弾丸の全生涯』『西武王国の興亡』『最後の無頼派作家　梶山季之』『ハマの帝王』(以上、さくら舎)などがある。

任侠映画伝説《にんきょうえいがでんせつ》
高倉健《たかくらけん》と鶴田《つるた》浩二《こうじ》　下巻

二〇二四年三月九日　第一刷発行

著者　大下英治《おおしたえいじ》
発行者　古屋信吾
発行所　株式会社さくら舎　http://www.sakurasha.com
東京都千代田区富士見一-二-一一　〒一〇二-〇〇七一
電話　営業　〇三-五二一一-六五三三　FAX　〇三-五二一一-六四八一
編集　〇三-五二一一-六四八〇　振替　〇〇一九〇-八-四〇二〇六〇
カバー写真　共同通信社
装丁　石間　淳
印刷・製本　中央精版印刷株式会社

ISBN978-4-86581-419-4

JASRAC　出　2400057-401